I0882714

Michel, Gerichtliche Schriftvergleichung

Gerichtliche Schriftvergleichung

Eine Einführung in Grundlagen, Methoden und Praxis

Mit 73 Abbildungen

Von

Lothar Michel

1982

Walter de Gruyter · Berlin · New York

Professor Dr. *Lothar Michel*
Universität Mannheim
Lehrstuhl Psychologie II
Postfach 2428
6800 Mannheim 1

Die Wiedergabe von Gebrauchsnamen, Handelsnamen, Warenbezeichnungen und dergleichen in diesem Buch berechtigt nicht zu der Annahme, daß solche Namen ohne weiteres von jedermann benutzt werden dürfen. Vielmehr handelt es sich häufig um geschützte, eingetragene Warenzeichen, auch wenn sie nicht eigens als solche gekennzeichnet sind.

CIP-Kurztitelaufnahme der Deutschen Bibliothek

Michel, Lothar:
Gerichtliche Schriftvergleichung: e. Einf. in Grundlagen, Methoden u. Praxis / von Lothar Michel. – Berlin; New York: de Gruyter, 1982
ISBN 3-11-002188-9

Copyright 1982 by Walter de Gruyter & Co., vormals G.J. Göschen'sche Verlagshandlung, J. Guttentag, Verlagsbuchhandlung, Georg Reimer, Karl J. Trübner, Veit & Comp., 1000 Berlin 30.

Alle Rechte, insbesondere das Recht der Vervielfältigung und Verbreitung sowie der Übersetzung, vorbehalten. Kein Teil des Werkes darf in irgendeiner Form (durch Fotokopie, Mikrofilm oder ein anderes Verfahren) ohne schriftliche Genehmigung des Verlages reproduziert oder unter Verwendung elektronischer Systeme verarbeitet, vervielfältigt oder verbreitet werden.

Printed in Germany

Satz: Brigitte Stier, Mannheim
Druck: Rotaprintdruck Werner Hildebrand, 1000 Berlin 65
Buchbinderei: Thomas Fuhrmann, 1000 Berlin 36

VORWORT

Wenn von Hand gefertigte Schreibleistungen in Frage stehen, kann die Schriftvergleichung in Zivil- und Strafverfahren wertvolle Hilfe zur Rechtsfindung bieten. Schriftvergleichung, die häufig mit Graphologie verwechselt wird, genießt aber trotz ihrer erwiesenen Leistungsfähigkeit zuweilen nicht dasselbe Ansehen wie andere Bereiche des wissenschaftlichen Sachverständigenwesens. Diese Skepsis ist einerseits berechtigt wegen der teilweise unzureichenden Ausbildung mancher Personen, die als Schriftsachverständige tätig werden. Andererseits entspringt dieses Mißtrauen lediglich einer mangelnden Kenntnis der Vorgehensweise und der Erkenntnismöglichkeiten in der Schriftvergleichung.

Aufgrund meiner 25jährigen Tätigkeit in Forschung und Lehre wie in der Praxis der Schriftvergleichung möchte ich mit dieser Einführung vor allem Richtern, Rechtsanwälten, Staatsanwälten und Kriminalisten ein klares Bild von diesem Bereich des gerichtlichen Sachverständigenwesens vermitteln. Auf der einen Seite werden die derzeit noch gegebenen personellen Mißstände und die daraus resultierenden Gefahrenquellen deutlich gemacht werden. Auf der anderen Seite sollen in allgemeinverständlicher Form Grundlagen, Fragestellungen und Methoden der Schriftvergleichung dargestellt und ihre Möglichkeiten, Grenzen und Probleme aufgezeigt werden. – Das Buch soll insbesondere als Nachschlagewerk nutzbar sein, um einen Gutachtenempfänger in die Lage zu versetzen, ein Schriftgutachten verständig zu lesen sowie kritisch zu bewerten und zu überprüfen. Um jedoch den Charakter einer Einführung zu erhalten, konnten viele Spezialfragen der Schriftvergleichung und angrenzender Gebiete nicht ausführlich erörtert werden; hierzu werden jedoch in jedem Falle vielfältige Hinweise auf weiterführende und speziellere Literatur gegeben.

Das Buch möge endlich dem angehenden Schriftsachverständigen als Einführung in seine Disziplin nützlich sein. Es sollte allerdings niemand die Hoffnung hegen, er könne nach der Lektüre dieses Buches als Schriftexperte tätig werden. Hierzu bedarf es nicht nur eines weiteren Studiums, sondern in besonderem Maße auch einer gründlichen Einarbeitung in die Praxis.

Für die Entstehung dieses Buches habe ich sehr vielen Menschen zu danken. Die breite Skala reicht von meinen akademischen Lehrern über meine Kollegen und Mitarbeiter bis zu den vielen Urkundenfälschern sowie anonymen und sonstigen Schreibern, von denen ich viel über Schriftvergleichung gelernt habe. Mein besonderer Dank gilt meiner Mitarbeiterin, Frau Brigitte Stier, sowie den Teilnehmern meines Seminars für Schriftvergleichung, die in aktiver und unermüdlicher Weise an der Gestaltung dieses Buches mitgewirkt haben.

Weinheim a. d. Bergstr., 13. März 1982 *Lothar Michel*

INHALT

ANHANG

I. EINLEITUNG

1. Gegenstand der Schriftvergleichung

Diese Abhandlung beschäftigt sich mit den Grundlagen und Methoden der Untersuchung handschriftlicher Erzeugnisse aller Art zur Ermittlung ihrer Echtheit oder Unechtheit sowie zur Identifizierung des Schrifturhebers im Dienste der Rechtsprechung.

Die Erhebung eines Sachverständigenbeweises durch Schriftvergleichung erfolgt in Verfahren, die nach der Zivilprozeßordnung geregelt sind, vor allem bei strittigen Urkunden. Am häufigsten sind fragliche Unterschriften unter Verträgen, Quittungen, auf Wechseln etc. auf ihre Echtheit bzw. Unechtheit zu überprüfen. Daneben stehen Fragen möglicher handschriftlicher Veränderungen von Urkunden sowie die Überprüfung der Schrifturheberschaft von vollständig handschriftlich gefertigten Urkunden. Zu letzteren gehören insbesondere schriftvergleichende Analysen von eigenhändigen Testamenten. Zu den vielfältigen spezielleren Problemen der Urkundenprüfung gehören Fragen der Datumsechtheit, des Mißbrauchs von Blankounterschriften, der Art einer gewährten Schreibhilfe durch Dritte, um nur einige Beispiele zu nennen. – Gelegentlich kann aber auch in solchen Verfahren eine Urheberidentifizierung bei sonstigen Schriftstücken von Bedeutung sein; so z.B. bei in verstellter Schrift geschriebenen Anonymschreiben in Ehescheidungsverfahren oder Arbeitsgerichtsprozessen.

In Verfahren, für die die Vorschriften der Strafprozeßordnung gelten, werden zur Aufklärung von Urkunden- und Betrugsdelikten ebenfalls Methoden der Urkundenprüfung angewendet, durch die in der Regel zunächst festgestellt wird, ob überhaupt eine Urkundenfälschung vorliegt. Läßt sich dies bestätigen, kann sich die Frage nach dem Fälschungsurheber anschließen. – Ein weiterer klassischer Bereich der Schriftvergleichung stellt die Identifizierung des Schrifturhebers von anonymen und pseudonymen Briefschaften dar, die Beleidigungen, Drohungen oder Erpressungen zum Gegenstand haben können und meist in einer mehr oder minder verstellten Schrift gefertigt werden. – Darüber hinaus aber kann der schreibende Rechtsbrecher in vielfältiger Weise in Schreibleistungen Spuren hinterlassen, die zu seiner Überführung beitragen können. Wieder seien nur einige Beispiele genannt: handschriftliche Ausfüllung von entwendeten Schecks oder anderen Formularen, Eintragungen auf Meldescheinen des Beherbergungsgewerbes oder auf sonstigen Anmeldeformularen, (fingierte oder verstellte) Unterschriften unter Miet- oder Kaufverträgen, Quittungen etc., sonstige handschriftliche Aufzeichnungen, die am Tatort oder z.B. in konspirativen Wohnungen sichergestellt werden können, Kassiber usf. – Speziellere Fragen können schließlich darauf gerichtet sein, ob eine bestimmte Schreibleistung unter Alkoholbelastung, in einer bestimmten Streßsituation oder unter sonstigen psycho-somatischen Bedingungen gefertigt wurde, ob eine Beschriftung uno actu erfolgte oder ob ein Schriftstück auf einer bestimmten Unterlage oder unter anderen besonderen äußeren Bedingungen geschrieben wurde.

Man kann durchaus geteilter Meinung darüber sein, ob diese Disziplin, deren vielfältige praktische Aufgaben hier zunächst nur umrißhaft angedeutet wurden, angemessen durch den Begriff *Schriftvergleichung* gekennzeichnet wird. Diese Bezeichnung ist nämlich auf der einen Seite zu eng: Sie suggeriert nämlich einerseits die irrige Annahme, es handele sich lediglich um eine visuelle Tätigkeit, analog dem Identifizierungsakt bei einer Wahlgegenüberstellung. Andererseits werden aber bei gerichtlichen Handschriftenuntersuchungen – insbesondere bei Urkundenprüfungen – keineswegs nur Methoden des Vergleichens verwendet. Auf der anderen Seite ist der Begriff aber auch zu weit: Zur Schrift gehören nämlich auch Erzeugnisse, die mit Hilfe von Schreibmaschinen, Stempeln oder Drucktechnik hergestellt wurden.

Der Begriff *Schriftvergleichung* wurde dennoch beibehalten. Einerseits ist er nämlich insbesondere durch die deutsche Zivil- und Strafprozeßordnung fest eingeführt (§§ 441 f. ZPO und § 93 StPO), und andererseits existiert ohnehin schon eine beträchtliche Zahl synonymer Begriffe sowie ähnlich lautender Bezeichnungen, die jedoch andere Gegenstände oder Methoden betreffen. Das Adjektiv *gerichtlich* soll verdeutlichen, daß es sich bei der Schriftvergleichung um eine Anwendung wissenschaftlicher Erkenntnisse und Methoden zur Sachverhaltsklärung im forensischen Bereich handelt, wie dies analog z.B. für die gerichtliche Medizin oder die gerichtliche Psychologie gilt.

Darüber hinaus wird der Schriftsachverständige natürlich zuweilen auch im vorprozessualen Bereich tätig, wenn beispielsweise ein potentieller Kläger sich durch Einholung eines Gutachtens über eine strittige Urkunde über das zu erwartende Prozeßrisiko vergewissern möchte. In anderen Fällen werden Gutachten eingeholt, um die Vermutung einer bestimmten Schrifturheberschaft abzusichern, ehe eine Anzeige gegen den Verdächtigten erstattet wird.

Wenn im folgenden kurz von *Schriftvergleichung* gesprochen wird, so ist damit stets die Gesamtheit der Erkenntnisse und Methoden im Sinne der eingangs gegebenen Definition gemeint. In der Literatur werden synonym insbesondere auch die Begriffe "gerichtliche Schriftuntersuchung" (z.B. *Vorkastner* 1926, *R.M. Mayer* 1933 oder *Engelke* 1954) und "Schriftexpertise" (z.B. *G. Meyer* 1906, *Weder* 1944 oder *Pfanne* 1954) verwendet.

Diese Begriffe können insofern mißverständlich sein, weil sich ersterer primär auf den Vorgang der schriftvergleichenden Analyse und letzterer auf dessen Ergebnis, nämlich das Schriftsachverständigengutachten zu beziehen scheinen. Andere Begriffe werden heute nur noch seltener verwendet wie z.B. "Schriftindizienbeweis" (*Wentzel* 1927), "gerichtliche Schriftidentifizierung" (*Görtheim* 1942) oder "Gerichtsgraphologie" (*Busse* 1899), ja, es wurde schließlich sogar einmal eine "kriminelle Graphologie" kreiert (*Poppée* 1925).

Während letzterer Begriff allenfalls zur Erheiterung beitragen kann, ist der Begriff "Gerichtsgraphologie", der immer noch gelegentlich verwendet wird, wesentlich problematischer. Der Begriff gibt aber Anlaß zur Abgrenzung von Schriftvergleichung und Graphologie, die in der öffentlichen Diskussion – nicht zuletzt auch bei Juristen – immer wieder verwechselt bzw. gleichgesetzt werden.

2. Schriftvergleichung und Graphologie

Schriftvergleichung ist immer schon von der praktischen Erfahrung ausgegangen, daß die Handschrift einer Person – ceteris paribus – relativ konstant und weitgehend unverwechselbar ist. Ohne diese allgemeine Voraussetzung, die jedoch im dritten Kapitel noch differenzierter zu diskutieren sein wird, wäre Schriftvergleichung überhaupt nicht möglich. – Ein ganz anderes Problem betrifft die Frage, ob die mehr oder minder persönliche Handschrift eines Schreibers auch Rückschlüsse auf dessen Charakter zuläßt. Mit dieser Frage beschäftigt sich die charakterologische Handschriftendeutung, für die *Michon* 1871 den Begriff "Graphologie" eingeführt hat.

In aller Deutlichkeit muß zunächst festgestellt werden, daß es für die Schriftvergleichung n i c h t von Belang ist, ob Handschriften charakterologisch gedeutet werden können oder nicht. Für eine Personenidentifizierung durch Daktyloskopie ist es genauso wenig bedeutsam, ob sich die Handlinien im Hinblick auf Charakter und Schicksal seines Trägers deuten lassen. – Die Diskussion könnte damit eigentlich schon abgeschlossen werden, wenn nicht aus historischen und zum Teil auch aus sachlichen Gründen eine differenziertere Erörterung des zeitweise recht verworrenen und wechselvollen Verhältnisses von Schriftvergleichung und Graphologie erforderlich wäre.

Beide Gebiete bestanden zunächst völlig unabhängig voneinander. Schriftvergleichung gab es in vorwissenschaftlicher Form schon im Altertum: Das Corpus Iuris enthält im Codex eine Reihe von Vorschriften, die die Schriftvergleichung (scripturarum collatio oder comparatio litterarum) betreffen. – Der Gedanke, daß ein Zusammenhang zwischen bestimmten Schriftmerkmalen und Persönlichkeitseigenschaften bestehen könnte, wird vermutlich zum ersten Mal von dem Arzt und Philosophen *Camillo Baldi* aus Bologna in seinem 1622 erschienenen Buch "Abhandlung, wie man aus einem Brief Natur und Eigenschaften eines Schreibers erkennt" geäußert. Die weitere Entwicklung der Handschriftendeutung vollzog sich allerdings wenig kontinuierlich (vgl. *Groffmann* 1960).

Michon, der häufiger als der eigentliche Begründer der Graphologie angesehen wird, legte 1875 in seinem "Système de Graphologie" die "Kunst, die Menschen nach ihrer Handschrift zu beurteilen" dar. Als solche könne sie auch in der Rechtsprechung angewendet werden, um "die Justiz über den geistigen und moralischen Zustand des Angeklagten ... aufzuklären" (zitiert nach der von *Pophal* herausgegebenen Übersetzung 1971, S. 217). Zugleich erhebt er aber auch den Anspruch, daß diese Graphologie in der gerichtlichen Schriftvergleichung Anwendung finden könne und berichtet von einer Reihe von Fällen, in denen er sich mit graphologischen Schriftexpertisen gegenüber herkömmlichen Schriftsachverständigen (meist Kalligraphen) vor Gericht durchsetzen konnte.

Aus seinen Ausführungen wird indes nicht recht deutlich, worin er das Besondere einer solchen auf der Graphologie basierenden Schriftvergleichung sieht. Einerseits entsteht nämlich der Eindruck einer problematischen Vermengung von Graphologie und Urheberidentifizierung, die in späterem Zusammenhang noch zu diskutieren sein wird. So führt *Michon* aus, es müsse geprüft werden, ob "die Schrift, beispielsweise ein Testament, dem geistigen und moralischen Status der Person, der das Testament zugeschrieben wird" entspreche. "*Wenn keine Übereinstimmung zwischen dem Testament und dem angeblichen Schrifturheber besteht, ist das Testament gefälscht*" (zitiert in der von *Pophal* herausgegebenen Übersetzung 1971, S. 217). Er wendet sich gegen das "kindische Verfahren" der Schriftexperten, die sich an der scheinbaren Ähnlichkeit einzelner Buchstabenformen orientieren. Andererseits hebt aber auch *Michon* auf "Formbesonderheiten" ab und berichtet in einem praktischen Fall: "Von den 22 Buchstaben des Alphabets, die in dem gefälschten Testament vorkommen, hat ein einziger, das 'd', eine gewisse Ähnlichkeit mit der authentischen Schrift..." (a.a.O. S. 218).

Mit *Michon* begann das nunmehr über hundertjährige Verwirrspiel und Lehrmeinungs-Pingpong, was Schriftvergleichung und was Graphologie, oder ob das eine Teilgebiet des anderen sei, welche Disziplin Anspruch auf Wissenschaftlichkeit erheben könne bzw. wie Schriftvergleichung zu betreiben sei. Schriftsachverständige fühlten sich durch die Graphologen diskreditiert und umgekehrt. Zuweilen wurde gefordert, jeder Schriftsachverständige müsse Graphologe sein; zuweilen mißtraute man Schriftsachverständigen dann, wenn sie auch Graphologen waren. Darüber hinaus aber gab es insbesondere innerhalb der Graphologenschaft vielfältige Kontroversen und Schulbildungen.

Auch *Klages*, der zu Beginn des 20. Jahrhunderts eine der führenden Figuren in der sich etablierenden Graphologie wird, hat die begrifflichen Verwirrungen keineswegs gemindert, sondern eher gefördert, wenn er Graphologie nicht mehr nur als Handschriftendeutung, sondern als "Psychologie der Handschrift" verstanden wissen will (*Klages* 1926 a). In der Folgezeit verwendete auch eine Reihe anderer Autoren Graphologie als übergeordneten Begriff einer Wissenschaft von der Handschrift, die sich einerseits mit Schriftdeutung und andererseits mit Schriftvergleichung beschäftigt (so noch *Wittlich* 1948 und *Deitigsmann* 1954).

Zweifellos hat die moderne Schriftvergleichung auch der Graphologie, wie anderen Nachbardisziplinen, mancherlei zu verdanken. Insbesondere hat sie sich von der alten kalligraphischen Formvergleichung abgewendet und die Handschrift als graphische Objektivierung eines Bewegungsvollzuges erkannt. Die Graphologie hat weiterhin wesentliches zur graphischen Merkmalserfassung und zur Klärung der psycho-physischen Entstehungsbedingungen der Handschrift beigetragen. Ebenso nachdrücklich muß aber betont werden, daß deshalb keine Veranlassung zur Einverleibung der Schriftvergleichung in die Graphologie gegeben war, die insgesamt nur viel Verwirrung gestiftet hat und noch stiftet. Insbesondere wurde dadurch die Schriftvergleichung mit der Hypothek der Handschriftendeutung belastet, obwohl, wie oben ausgeführt wurde, die Frage einer möglichen Wechselbeziehung zwischen Schrift und Wesensart eines Schreibers für die Schriftvergleichung völlig unerheblich ist.

Erfreulicherweise setzt sich in Fachkreisen wieder zunehmend die Auffassung durch, daß zwischen schriftvergleichender Urheberidentifizierung und charakterologischer Handschriftendeutung eine klare Grenze zu ziehen ist. Dementsprechend werden sie überwiegend wieder als zwei separate Disziplinen mit wesentlichen Unterschieden in Aufgabenstellung und Methodik aufgefaßt. Es ist zu hoffen, daß es dadurch in Zukunft nicht mehr zu der – auch bei Juristen häufig anzutreffenden – Gleichsetzung oder Verwechslung von Schriftsachverständigen und Graphologen kommt. Daraus resultierten nämlich sicherlich einerseits mancherlei Fehleinschätzungen von Methodik und Leistungsfähigkeit der Schriftvergleichung und andererseits Fehlbeauftragungen von Sachverständigen, die sich mit Handschriftendeutung beschäftigen, aber für die Durchführung von Schriftvergleichsuntersuchungen nicht hinreichend qualifiziert sind.

Es ist hier nicht der Ort, in eine allgemeine Diskussion der Möglichkeiten, Grenzen und Probleme der charakterologischen Graphologie einzutreten. Nur ein paar Worte seien noch zur sogenannten Gerichtsgraphologie gesagt, deren Programm *Busse* schon 1899 entworfen hatte. Sie sollte nicht nur Anwendung der Graphologie zur Erforschung der Urheberschaft anonymer und gefälschter Schriftstücke sein, sondern auch zur "Gewinnung der Charakterkenntnis von Angeklagten, Klägern und Zeugen" beitragen (S. 118). *Schneickert*, der die Arbeit im gleichen Jahr in den "Graphologischen Monatsheften" referiert, ist seinerzeit voll Vertrauen und Optimismus in die graphologischen Möglichkeiten, von denen er sich "nicht nur interessante, sondern auch absolut wichtige und ausschlaggebende Enthüllungen für die gerichtliche Praxis erwartet" (1899, S. 155).

Derartige Erwartungen haben sich – man muß wohl sagen erfreulicherweise – in keiner Weise erfüllt. Die Graphologie hat in der forensischen Begutachtung keine nennenswerte Bedeutung erlangt. Handschriftendeutung stellt innerhalb der vielfältigen psychologischen Begutachtungsaufgaben im Dienste der Rechtsprechung allenfalls e i n Verfahren innerhalb eines breiteren psychodiagnostischen Ansatzes dar, dem ein vielfältiges Instrumentarium an psychologischen Tests sowie an diagnostischen Wegen der Verhaltensbeobachtung und des Gespräches zur Verfügung steht (*Groffmann & Michel* 1982). Allgemein ist der Wert graphologischer Persönlichkeitsgutachten nach wie vor sehr umstritten. Sicherlich ist die Auffassung mancher Kritiker überzogen, die wie *Guilford* (1959, S. 280) die Graphologie schlicht als "nutzlose Methode" bezeichnen. Als Ergebnis nunmehr etwa hundertjähriger Forschung, die allerdings auf sehr unterschiedlichem Niveau geführt wurde, läßt sich feststellen, daß der von der Graphologie postulierte Zusammenhang zwischen Schreibbewegung und Persönlichkeit des Schreibers zwar grundsätzlich gegeben, aber nur sehr locker ist. Eine alleinige Begutachtung der Persönlichkeit aufgrund ihrer Handschrift erscheint daher in Anbetracht der allgemeinen Möglichkeiten der psychologischen Diagnostik in der Regel nicht vertretbar.

Mit aller Entschiedenheit muß man sich in diesem Zusammenhang gegen Sachverständige wenden, die bei Schriftvergleichsgutachten in die Schrifturheberidentifizierung auch schriftdeutende Aspekte einfließen lassen. So wurde noch vor kurzem in dem Schriftvergleichsgutachten eines Graphologen, der sich über die Schrifturheberschaft mehrerer anonymer Briefe äußern sollte, ausgeführt, daß neben den "an sich schon recht beweiskräftigen Befunden der Schriftvergleichung zu berücksichtigen ist, daß die Schriftzüge der Verdächtigten unverkennbare Züge von Mißgunst, gepaart mit Verschlagenheit offenbaren, die auch Form und Inhalt der Briefschaften bestimmen". In einem anderen Fall wurde einem möglichen Testamentsfälscher die Tat deshalb zugetraut, weil seine Schrift auf "besondere Habgierigkeit" weise.

Es erscheint im höchsten Grade zweifelhaft, ob sich solche verbindlichen charakterologischen Aussagen aufgrund graphologischer Interpretation überhaupt treffen lassen. Selbst wenn sie aber zutreffend wären, ließen sie nur den Schluß auf eine Disposition zu, nicht aber darauf, daß der Verdächtigte im konkreten Falle eine strafbare Handlung begangen hat. Unabhängig von solchen Überlegungen stellen aber derartige Erörterungen eine völlig unzulässige Überschreitung der Fragestellung einerseits und des Kompetenzbereichs des Schriftsachverständigen andererseits dar. Der Schriftsachverständige wird nach der Urheberidentität von Schreibleistungen gefragt, nicht aber danach, ob er einer bestimmten Person ein rechtswidriges Verhalten zutraut oder nicht. In der Regel wird man wohl zu prüfen haben, ob ein solcher Sachverständiger nicht wegen Besorgnis der Befangenheit abzulehnen ist. Dies gilt auch für den – keineswegs so seltenen – Fall, daß der Schriftsachverständige sehr diffus mit der Erstattung eines "graphologischen Gutachtens" beauftragt wurde. In der Regel wird dabei nämlich aus dem Kontext der Akten eindeutig ersichtlich, daß nicht eine Schriftdeutung, sondern eine Schriftvergleichung erwartet wird.

Mit der gleichen Entschiedenheit muß jenen Versuchen entgegengetreten werden, Schriftvergleichung auf dem Wege einer vergleichenden Schriftdeutung durchzuführen. Ein solcher abwegiger Vorschlag wurde erstmals von *Schneikkert* gemacht, später aber von ihm selbst wieder verworfen. Angeregt durch den damaligen "Sturm und Drang" der Graphologie vertrat er nämlich vorübergehend die Ansicht, daß "nicht Buchstaben mit Buchstaben, sondern Charaktereigenschaften untereinander verglichen werden, indem nämlich zunächst der Charakter des Schreibers erforscht werden muß, um daraus folgern zu können, ob der anonyme Schreiber oder Handschriftenversteller mit dem in Frage stehenden Angeklagten hinsichtlich des Charakters identisch ist" (1902, S. 348).

Diese Anregung wurde in der Folgezeit übrigens auch von *Groß* aufgegriffen (1905), aber schon von *G. Meyer* mit aller Entschiedenheit zurückgewiesen (1909 a, S. 104 f.): "Mit dieser Ansicht steht *Groß* völlig allein da. *Busse* hatte ja früher ... einen entfernt ähnlichen Standpunkt vertreten, aber inzwischen ist er gänzlich davon abgekommen und anderen, die wohl in Anlehnung an ihn ähnliches gemeint hatten, ist es genauso ergangen. Nein, der Schriftsachverständige hat ... die Schriften selber miteinander zu vergleichen und nicht irgendetwas, was er aus den Schriften abgeleitet hat und was schon seinerseits wieder Irrtümer in sich bergen kann."

Eigentümlich anachronistisch blieb es aber *Deitigsmann* (1954!) vorbehalten, diesen "unseligen Gedanken" (*Klages* 1926 a, S. 28) in seinem Buch "Grundlagen und Praxis der Gerichtlichen Handschriftenvergleichung" als Grundansatz seiner von ihm empfohlenen Schriftvergleichung noch einmal aufzugreifen. Er schlägt nämlich eine graphologische Analyse der fraglichen Schrift und der Vergleichsschrift vor, um so "schließlich einen Gesamteindruck von der Wesensart beider Schreiber zu bekommen und damit entscheiden zu können, ob es sich um dieselbe Person handelt oder nicht" (S. 75). Auf diesem Wege soll es möglich werden, "zu der gewissermaßen hinter der Fälschungsschrift versteckten Person des Täters vorzudringen und aus dem Begreifen seiner Wesensart zu entscheiden, ob er mit dem Verdächtigten, dessen echte Schrift vorliegt, identisch ist oder nicht" (S. 75 f.).

Auch *Klages*, auf den sich *Deitigsmann* im übrigen so gern beruft, hatte ein solches Vorgehen als Irrweg scharf kritisiert (1926 a, S. 28 f.): "Jeder Graphologe ... weiß heute natürlich, daß eine verstellte Schriftprobe gar nicht als Unterlage für ein Charakterbild dienen kann; er weiß auch, daß es eine Narrheit wäre, statt der Objekte selbst, nämlich der Handschriften, zwei Sachverhalte miteinander zu vergleichen, die man aus jenen erst herausgeholt hat durch ein kompliziertes Schlußverfahren, das vorliegendenfalls überdies mit gefährlichen Fehlerquellen behaftet wäre! Unter Pfuschern und Stümpern aber kursiert dieser unselige Irrtum nicht selten auch noch heute!"

Nicht minder deutlich hat *Pfanne* (1958 und 1971 b) auf die Unbrauchbarkeit des Ansatzes von *Deitigsmann* und sonstige Mängel und Inkonsequenzen der Abhandlung hingewiesen, so daß hier auf weitere Ausführungen verzichtet werden kann.

3. Der wissenschaftliche Standort der Schriftvergleichung

Im angloamerikanischen Bereich ist die Einordnung der Schriftvergleichung als wissenschaftliche Disziplin weitgehend problemlos. Sie stellt nach überwiegender Auffassung ein Teilgebiet der Urkundenprüfung dar (Questioned Document Examination), die ihrerseits zu dem Gesamtgebiet der Forensischen Wissenschaften (Forensic Sciences) gerechnet wird. Die forensischen Wissenschaften entsprechen im wesentlichen der naturwissenschaftlichen Kriminalistik (*Geerds* 1980). Neben der Urkundenprüfung gehören zu ihr forensische Anwendungsgebiete der Physik, Chemie, Biologie, Medizin und anderer Naturwissenschaften. – Auch die Urkundenprüfung versteht sich als eine naturwissenschaftliche Disziplin und umfaßt den gesamten Bereich der Untersuchung von fraglichen Urkunden aller Art mit Hilfe chemischer und physikalisch-technischer Methoden sowie durch Sinnenprüfung. Die vergleichende Untersuchung handschriftlicher Produkte stellt also lediglich ein Teilgebiet dar. (Umfassende Monographien liegen insbesondere von *Hilton* 1956 a und *Harrison* 1966 vor.)

Daneben gibt es freilich auch im angloamerikanischen Bereich "handwriting experts" oder "graphologists", wobei auch hier die Unterscheidung zwischen Schriftsachverständigen und Graphologen meist verschwommen ist. Insbesondere in den USA konnte die Graphologie – was immer dort darunter verstanden wird – keinerlei wissenschaftliche Anerkennung finden. Sie wird nach wie vor in der Nähe von Handlinien- und Sterndeutung angesiedelt. Dementsprechend ist das Ansehen graphologisch orientierter Schriftsachverständiger vor Gericht in der Regel sehr gering. Es wird im allgemeinen – überwiegend offenbar zu Recht – angenommen, daß diese Sachverständigen weitgehend intuitiv arbeiten, und deshalb in einem Gerichtsfall oft so viele Meinungen vertreten werden, wie derartige Sachverständige tätig sind (*Harrison* 1966, S. 1 ff.). Die "American Society of Questioned Document Examiners" hat kürzlich (1978) eine strikte Abgrenzung vorgenommen und alle graphologisch orientierten Mitglieder aus ihrer Gesellschaft ausgeschlossen.

Im deutschsprachigen Bereich und – soweit ich sehe – auf dem ganzen Kontinent ist eine vergleichbar einheitliche Bestimmung des wissenschaftlichen Standorts der Schriftvergleichung nicht möglich. Wenn man Schriftvergleichung ausschließlich als Hilfswissenschaft zur Untersuchung sachlicher Beweismittel im Dienste der Verbrechensaufklärung auffaßt, so ist sie der Kriminalistik zuzuordnen. Nach *Groß-Geerds* (1977) ist sie innerhalb der Kriminalistik zu dem Bereich der Kriminaltechnik zu rechnen.

Durch *Groß-Geerds* wird der Begriff der Kriminaltechnik allerdings recht weit gefaßt. Ihr wird z.B. auch die Gerichtsmedizin (als kriminalistische Hilfswissenschaft) zugeordnet, die beispielsweise *Huelke* (1977) der Kriminaltechnik nebenordnet. Schriftvergleichung als eine kriminaltechnische Disziplin aufzufassen, wird sicherlich mancherlei Widerständen begegnen, insbesondere deshalb, weil bei Untersuchungen fraglichen Schriftmaterials in der Regel zwischen der (kriminaltechnischen) physikalisch-technischen Urkundenprüfung einerseits und der (im engeren Sinne nicht-kriminaltechnischen) schriftvergleichenden Analyse andererseits unterschieden wird.

Eine ausschließliche Zuordnung zur Kriminalistik begegnet auch insofern Bedenken, weil die Schriftvergleichung nicht nur im Rahmen von Strafprozessen Anwendung findet, sondern ebenso in Verfahren, die nach der Zivilprozeßordnung geregelt sind. Unabhängig davon sind aber die einzelnen kriminalistischen Hilfsdisziplinen bestimmten Wissenschaftsbereichen zuzuordnen. Die hier interessierenden Zuordnungen von *Groß-Geerds* verdienen besondere Beachtung. Die Handschriftenvergleichung wird als ein "Teilgebiet der Psychologie" verstanden, während die Graphologie unter der Überschrift "Nicht oder nicht voll anerkannte Sachverständige" aufgeführt wird.

Es ist sehr zu begrüßen, daß *Geerds* zwischen Schriftvergleichung und Graphologie deutlich differenziert und insbesondere nicht die Schriftvergleichung zu einem Teilgebiet der Graphologie erklärt. Dagegen wird die Auffassung, daß die Schriftvergleichung direkt ein Teilgebiet der Psychologie darstellt, für viele etwas ungewohnt sein. Zwar hat die Psychologie, wie die Medizin und die Kriminalistik, eine ganze Reihe von Grundlagenbeiträgen zur Schriftvergleichung geliefert, und in zunehmendem Maße sind in der Praxis Diplom-Psychologen als Schriftsachverständige tätig, aber man wird bislang nicht sagen können, daß die Schriftvergleichung systematisch in den Wissenschaftsbereich der Psychologie aufgenommen wurde. Sie ist für die Psychologie allenfalls eine Rand- oder Grenzdisziplin.

Allerdings wäre die Schriftvergleichung unter den etablierten Wissenschaften sicherlich bei der Psychologie am besten "aufgehoben". Die psychologische Methodenlehre kann mit ihren differenzierten Beobachtungs- und Experimentalmethoden, ihren Skalierungstechniken und quantitativen Methoden das formelle Rüstzeug bieten. Inhaltlich wären vor allem die allgemeinen Forschungsergebnisse zur Psychomotorik und zu den psycho-physischen Entstehungsbedingungen der Handschrift im speziellen von Bedeutung. Darüber hinaus ergeben sich aber auch Bezüge zu sonstigen Bereichen der Physiologischen Psychologie, der Psychopathologie, der Allgemeinen Psychologie und der Entwicklungspsychologie.

Statt einer vollständigen Integration der Schriftvergleichung in die Psychologie erscheint eine andere Kooperation vielleicht erfolgversprechender. Sie bestände in der Weiterentwicklung der Schriftpsychologie als Teildisziplin der Psychologie. Mit allem Nachdruck muß hier jedoch davor gewarnt werden, alten Wein in neuen Schläuchen zu verkaufen. Vielfach wurde nämlich lediglich das neue Etikett Schriftpsychologie gegen das alte der Graphologie ausgetauscht. Gegenstand dieser Disziplin sollte vielmehr die weitere systematische Erforschung der Schreibhandlung und der aus ihr resultierenden Schrift sein unter Berücksichtigung aller Variablen, die für den Schreibakt von Bedeutung sein können. Eine solche moderne Schriftpsychologie, die nicht mehr mit der Hypothek einer Handschriftendeutung belastet ist, kann die wesentliche Grundlagendisziplin für die Schriftvergleichung darstellen. Sie ist aber zu ergänzen durch nicht-psychologische Fachbereiche der naturwissenschaftlich-technischen Urkundenprüfung und die für den Sachverständigen relevanten juristischen Aspekte.

Es darf erwartet werden, daß es auf diesem Wege auch wieder zu einer stärkeren Annäherung zwischen dem angloamerikanischen und dem kontinentalen Schriftsachverständigenwesen kommt. Unter dem Einfluß der Graphologie ist die Schriftvergleichung teilweise zu sehr von einer exakten Beweisführung einer forensischen Wissenschaft (im Sinne von Science) abgeglitten und hat teilweise auch zu wenig die sich bietenden naturwissenschaftlich-technischen Untersuchungsmethoden genützt. (Es soll damit keineswegs die durchaus sinnvolle Arbeitsteilung zwischen spezialisierten Sachverständigen, wie man sie vor allem an den Kriminalämtern findet, grundsätzlich in Frage gestellt werden. Sicherlich ist ein scheinbar omnipotenter Urkundenexperte genauso problematisch wie ein hochspezialisierter Sachverständiger, der über den engen Tellerrand seines Fachgebietes nicht hinausblicken kann.)

Auf der anderen Seite scheint bei den angloamerikanischen Urkundenprüfern die Einsicht zu wachsen, daß gerade bei den speziellen Fragen der Schriftvergleichung eine einseitig naturwissenschaftlich-kriminalistische Ausrichtung genauso in die Irre führen kann wie eine mehr oder minder intuitive Vorgehensweise mancher Graphologen.

Dies wurde gerade unlängst in einem Vortrag von *Epstein* anläßlich der 37. Jahrestagung der "American Society of Questioned Document Examiners" deutlich, in dem er die Notwendigkeit einer Zusammenarbeit zwischen forensischer Urkundenprüfung und Verhaltenswissenschaften wie Psychologie und Psychiatrie betonte (*Baier* 1980 b). Nur so könne man beispielsweise situationsspezifische, krankheitsbedingte oder durch pharmakologische Belastung hervorgerufene Veränderungen der Handschrift in angemessener Weise erkennen und berücksichtigen. Er ermunterte seine angloamerikanischen Kollegen, sich in der Urkundenprüfung intensiver mit solchen Fragen auseinanderzusetzen. Sie seien in der Vergangenheit häufig aus der Furcht vernachlässigt worden, man könne in den Verdacht geraten, sich mit einer dubiosen Graphologie zu beschäftigen.

II. DER SCHRIFTSACHVERSTÄNDIGE

1. Historische Vorbemerkungen

Die Schriftsachverständigen bilden nach *Dilcher* (1975) neben den Ärzten die älteste Gruppe der gerichtlichen Sachverständigen (Codex 4, 21, 20, 3). Das Schriftsachverständigenwesen kann somit auf eine lange Geschichte zurückblicken, der jedoch das übliche zweite Attribut "stolz" sicherlich nicht zuerkannt werden kann. Soweit seine Geschichte überhaupt bekannt und erforscht ist (hierzu insbesondere *Schneickert* 1925 und 1939 sowie *Locard* 1935) kann im Schriftsachverständigenwesen kaum von einer kontinuierlichen Entwicklung gesprochen werden. Das Ansehen und wohl auch die Leistungsfähigkeit der Schriftsachverständigen war vielfältigen Schwankungen unterworfen. In manchen Epochen schon Erreichtes ging in der Folgezeit wieder verloren, und immer wieder findet man Ansätze zu einer Reformierung und Konsolidierung dieses Sachverständigenbereiches, die aber stets nur zu bestenfalls zeitlich oder sachlich begrenzten Erfolgen führten.

Immerhin gibt es einige erstaunlich frühe Versuche zu einer Institutionalisierung des Schriftsachverständigenwesens. *Locard* (1935, S. 11) berichtet darüber, daß sich 1569 die französischen Schriftsachverständigen in der "Communauté d'écrivains experts vérificateurs" vereinigten, der ein Jahr später das staatliche Patent zuerkannt wurde. Die Mitglieder durften sich aufgrund eines Diploms "Maîtres jurés écrivains experts vérificateurs en écritures et signatures, comptes et calculs contestés en Justice" nennen. In einer Aufnahmeprüfung wurden nicht nur die kalligraphischen Fähigkeiten geprüft, sondern der Bewerber mußte auch anhand einer Sammlung gelungener Fälschungen und echten Schriftmaterials seine Urteilsfähigkeit beweisen. Die Vereinigung wurde zwar noch 1737 durch *Ludwig XV.* zur Akademie erhoben, aber offenbar wurde schon vorher die Auswahl der Schriftsachverständigen nicht mehr streng genug vorgenommen, so daß Mißerfolge nicht ausblieben. Das Vertrauen in die Schriftsachverständigen in Frankreich sank wieder, so daß schließlich *Turgot* gegen Ende des 18. Jahrhunderts die Akademie auflöste und ihre ehemaligen Mitglieder unterdrückte.

Zu Schriftsachverständigen werden noch im 19. Jahrhundert "gewöhnlich Schreiblehrer, Gerichtsschreiber, Registratoren oder überhaupt Personen gewählt, welche vermöge ihres Berufes vielfache Gelegenheit zur Beobachtung von Handschriften haben" (*von Jagemann* 1854, S. 412). Und der Graphologe *Busse* (1898, S. 8) bedauert: " Wie immer liegt auch noch heute die gerichtliche Schriftexpertise fast ausschließlich in den Händen von Lithographen, Kalligraphen, Beamten des subalternen Büreaudienstes und ähnlichen Berufen."

Im ausgehenden 19. Jahrhundert kommt aber in zunehmendem Maße Bewegung in das Sachverständigenwesen. Zumindest zwei auslösende Momente treffen dabei zusammen. Einerseits kommt es zu einer ersten systematischen wissenschaftlichen Hinwendung zur Handschrift. Zu nennen sind hier vor allem die Arbeiten der Mediziner *Erlenmeyer* "Die Schrift. Grundzüge ihrer Physiologie und Pathologie" (1879), *Preyer* "Zur Psychologie des Schreibens" (1895) und *G. Meyer* "Experimentelles über Ausdrucks- und Schreibbewegungen" sowie "Über Schriftverstellung" (1899 bzw. 1900 in den "Graphologischen Monatsheften"). Diese wissenschaftlichen Arbeiten werden sogleich verbunden mit den Ansätzen der sich etablierenden Graphologie (in Deutschland vor allem *Langenbruch, Busse* und *Klages*). – Andererseits kommt es gerade in diesem Zeitraum zu einer Reihe von aufsehenerregenden Prozessen, in denen damalige Schriftsachverständige eine zweifelhafte oder unglückliche Rolle spielten.

Der Höhepunkt wurde im *Dreyfus*-Prozeß (1894) erreicht. In diesem politischen Prozeß, in dem drei von fünf französischen Sachverständigen Schriftexpertisen zuungunsten von *Dreyfus* erstatteten, kam es bekanntlich zu einem Justizirrtum. Zwei Jahre später stellten zwölf Sachverständige aus verschiedenen Ländern aufgrund einer Faksimile-Veröffentlichung des Schriftmaterials übereinstimmend fest, daß das fragliche Schriftstück, das Bordereau, nicht von *Dreyfus* herrührte (einen ausführlichen Bericht findet man bei *Schneikkert* 1924). Die *Dreyfus*-Affaire erregte internationales Aufsehen und entfachte erneut eine lebhafte Diskussion um die Schriftvergleichung. Es fehlte nicht an Stimmen, die für eine gänzliche Abschaffung der gerichtlichen Schriftvergleichung plädierten.

Daneben wurde aber der Ruf nach einer Reform des Schriftsachverständigenwesens immer lauter. Er kam von Juristen, Vertretern der Diplomatik (der Urkundenlehre als einer historischen Hilfswissenschaft), insbesondere aber von Graphologen. In der Folgezeit fanden tatsächlich, zunächst zögernd, dann in zunehmendem Maße Graphologen Eingang in das Schriftsachverständigenwesen. Wie oben schon angedeutet wurde (s. S. 4 f.), war diese Entwicklung keineswegs unproblematisch, sondern barg neue Gefahren. Viele der so berufenen Sachverständigen verfügen nämlich lediglich über eine graphologische Vorbildung, kennen sich aber in den speziellen Belangen der Schriftvergleichung nicht aus, nicht zuletzt fehlen ihnen meist die notwendigen Kenntnisse auf dem Gebiet der Urkundenprüfung.

So kommt es auch bei *Schneickert*, der sich zunächst so nachdrücklich für die Graphologen eingesetzt hatte und dem *Klages*kreis angehörte, zu einer Distanzierung "von der philosophisch-spekulativen Graphologie, wie sie gerne von einer gewissen Schule propagiert wird, aber für die *praktische* Anwendung noch keineswegs genügend ausgereift ist...". Er fühle sich vielmehr als "Befürworter und Förderer einer *naturwissenschaftlich* begründeten Behandlung der handschriftenkundlichen Probleme..." (1939, S. IV). – Auch *Pfanne* (1954, S. 15) warnt bei einer durchaus graphologenfreundlichen Grundhaltung: "Man ist noch heute, selbst in den Kreisen der Justiz, vielfach der Ansicht, der Graphologe sei imstande,

Schriftsachverständigen-Gutachten zu erstatten. Diese Ansicht ist umso bedauerlicher, als sich auch heute noch die Mehrzahl der Graphologen aus Menschen zusammensetzt, denen wissenschaftliches Arbeiten nicht selbstverständlich ist, sondern bei denen Begabung oder Intuition für die Berufswahl entscheidend waren."

Mit der Forderung nach inhaltlicher Reform des Schriftsachverständigenwesens gingen in der Regel auch Wünsche nach seiner formellen Reformierung einher. Gefordert wurden einerseits seit langem adäquate Ausbildungsmöglichkeiten und andererseits der Verantwortung der Tätigkeit entsprechende Prüfungs- und Zulassungsregelungen. Es konnten jedoch allenfalls einige Teilerfolge erzielt werden. Zu irgendeiner gesetzlichen Regelung des Sachverständigenwesens kam es weder in Deutschland noch in einem anderen Staat. Die Ausbildungsmöglichkeiten blieben nach wie vor dürftig und beschränkten sich auf dem Kontinent auf wenige kriminalistische bzw. kriminologische Institute der Universitäten und der Polizei. Im übrigen blieb nur die Möglichkeit eines in vieler Beziehung problematischen Eigenstudiums, für das jedoch nur Einführungen, nicht aber systematische Lehrbücher zur Verfügung stehen, oder eine praktische Ausbildung unter Anleitung eines erfahrenen Schriftsachverständigen.

Wegen des Fehlens verbindlicher Prüfungs- und Zulassungsregelungen hat der 1924 in Berlin gegründete "Deutsche Bund der gerichtlichen Schriftsachverständigen und Berufsgraphologen" versucht, verbandsinterne Fachprüfungen abzunehmen, von deren Bestehen die Aufnahme in den Bund abhängig gemacht werden sollte. In der Praxis wurden diese löblichen Vorsätze aber offenbar recht locker gehandhabt, was nicht nur die scharfen Angriffe von *Klages* (1926 a) belegen, der dieser Vereinigung zunächst auch angehörte. Auch *Schneickert*, der neben *Görtheim* der Initiator dieses Verbandes war, spricht später in bezug auf die Prüfungen und deren praktische Bedeutung nur von "Ausnahmen", die jedoch gezeigt hätten, "daß der 'Bund' mit seinen Fachprüfungen auf dem richtigen Wege war" (1935, S. 281).

In der Zeitschrift "Die Schrift" (1935) findet man interessante Berichte von *Fanta, Locard, Osborn, Mansfield, Schneickert* u.a. über den Stand der Schriftvergleichung und des Schriftsachverständigenwesens in verschiedenen europäischen und außereuropäischen Staaten. Zusammenfassend kann den Berichten einerseits eine berechtigte Befriedigung über die bemerkenswerten Fortschritte entnommen werden, die in Grundlagen und Methodik der Schriftvergleichung in den ersten Jahrzehnten des 20. Jahrhunderts erzielt wurden. Andererseits wird von allen Berichterstattern übereinstimmend beklagt, daß es auf dem Gebiet des Schriftsachverständigenwesens keinerlei verbindliche Regelung in bezug auf Ausbildung und Prüfung gebe. Zusammenfassend zeigt *Fanta* die Problematik in aller Deutlichkeit auf: "Es gibt wohl kein Gebiet der Rechtspflege, auf dem die gleichen chaotischen Zustände herrschen, wie auf dem Felde der gerichtlichen Schriftexpertise." Worauf die einzelnen Berichte hinweisen, "klingt so unwahrscheinlich, daß man es kaum für möglich halten kann: Ein außerordentlich verantwortungsvolles Amt, das unter Umständen über die Ehre und Freiheit eines Menschen und über große Vermögenswerte entscheidet, eine Tätigkeit, die bei wirklich sachgemäßer Ausführung ein gründliches Studium und eine langjährige vielfältige Erfahrung erfordert, wird Leuten anvertraut, die von den Grundlagen und Ergebnissen der Fachwissenschaft keine Ahnung haben" (1935, S. 260).

2. Die derzeitige Situation in der Bundesrepublik Deutschland

Die Situation hat sich in der Zwischenzeit keineswegs grundlegend geändert, wenn auch von einer gewissen weiteren Konsolidierung des Schriftsachverständigenwesens in der Bundesrepublik gesprochen werden kann. Es fehlt aber weiterhin an gesetzlichen Regelungen. Nach wie vor kann sich jeder, der sich dazu berufen fühlt, zum Schriftsachverständigen erklären. Innerhalb des inzwischen hochdifferenzierten Sachverständigenwesens gehört der Schriftsachverständige zu den ganz wenigen Expertengruppen, für die es keinerlei verbindliche Anforderungen an Vorbildung und Kenntnisstand gibt, keinerlei verbindliche Ausbildungs-, Prüfungs- und Zulassungsregeln (*Michel* 1981 b).

Es muß befürchtet werden, daß sich an diesem für die Rechtssicherheit zweifellos sehr bedauernswerten Zustand auch in absehbarer Zukunft kaum Prinzipielles ändern wird. Es ist zwar oft genug betont worden, welche erheblichen menschlichen und finanziellen Konsequenzen Schriftvergleichsgutachten haben können, so daß der Qualifikation des Schriftsachverständigen größte Bedeutung zugemessen werden sollte. In der Regel wird dem jedoch entgegengehalten, daß der Kreis der Schriftsachverständigen viel zu klein sei, als daß es sich lohne, gesetzliche oder institutionelle Regelungen zu treffen, einheitliche Ausbildungsvoraussetzungen zu schaffen, staatliche Zulassungsregeln zu setzen etc.

In der Tat zögert auch der Verfasser, in dieser Frage einfach nur nach dem Staat zu rufen, wie dies oft nur allzu leicht bei jedem Unbehagen getan wird (und nicht selten, um nachher staatliche Regelungen dann wieder als "unzumutbare Zwänge" anzuprangern). Um so mehr ist es aber einerseits erforderlich, daß verantwortungsbewußte Schriftsachverständige auf freiwilliger Basis zur Konsolidierung ihres Berufsstandes beitragen. Andererseits ist es notwendig, daß Gerichte, Staatsanwaltschaften, Rechtsanwälte und Privatpersonen, die Schriftsachverständige beauftragen und anhören, sich gründlich über deren Sachkunde und persönliche Eignung informieren.

2.1 Personen und Behörden als Schriftsachverständige

Nach Schätzungen des Verfassers – exakte Statistiken liegen nicht vor – sind in der Bundesrepublik mindestens 100 Schriftsachverständige hauptberuflich oder regelmäßig nebenberuflich tätig. Vermutlich eine etwa gleich große Anzahl von Personen betätigt sich gelegentlich als "Schriftsachverständige". Gerade die Vertreter dieser letzten Gruppe sind meist die problematischsten.

Ein Teil von ihnen ist leicht zu erkennen: Es sind die obskuren "Alleskönner", die ihre vielfältigen Dienste in "Kosmobiologie", "Schicksalsberatung", "Handlinien- und Schriftdeutung" etc. in umfangreichen Briefköpfen anbieten. Im Grunde gefährlicher sind jene selbsternannten "Schriftsachverständigen", die in ihrem eigentlichen Berufsfeld durchaus qualifiziert sein mögen und gelegentlich sogar mit einem akademischen Titel aufwarten können, aber eben nicht über die erforderliche Sachkunde in der Schriftvergleichung verfügen.

Doch wenden wir uns der Gruppe von Schriftsachverständigen zu, die regelmäßig – ob haupt- oder nebenberuflich – mit der Erstattung von Schriftvergleichsgutachten beschäftigt ist. Auch hier streut die fachliche Qualifikation noch immer recht beträchtlich, wenngleich es den Anschein hat, als würde zumindest die Anzahl krasser Außenseiter langsam geringer.

Soweit Schriftsachverständige eine akademische Vorbildung haben, handelt es sich nunmehr überwiegend um Diplom-Psychologen. Daneben findet man aber auch Juristen, Mediziner, Chemiker und andere Naturwissenschaftler sowie fachfremd vorgebildete Akademiker. – Nicht akademisch vorgebildete Schriftsachverständige kommen überwiegend einerseits aus dem gehobenen, gelegentlich auch noch mittleren Dienst der Kriminalpolizei oder ähnlicher Einrichtungen und andererseits aus dem Kreis der Graphologen, die sich ihre Kenntnisse durch Lektüre oder in außeruniversitären Kursen angeeignet haben. Darüber hinaus findet man die verschiedensten Ausgangsberufe, die häufig keinerlei oder nur äußerst lose Beziehung zur Tätigkeit des Schriftsachverständigen haben.

Es sei an dieser Stelle aber nochmals hervorgehoben, daß eine kriminalistische oder graphologische Vorbildung für einen Schriftsachverständigen zwar nützlich, keineswegs aber hinreichend sein kann. Da man besonders bei Graphologen unzulässige Grenzüberschreitungen feststellen muß, sei hier *Minna Becker* zitiert, die sich für die Graphologie wie für die Schriftvergleichung gleichermaßen eingesetzt hat und deshalb nicht in den Verdacht einer "Rivalität" kommen kann. In einer ihrer letzten Arbeiten zum Thema "Handschrift" hat sie noch einmal unmißverständlich ausgeführt: "Es muß betont werden, daß der nur für die Charakterdeutung vorgebildete Graphologe damit nicht die fachliche Vorbedingung für die Schriftexpertise besitzt" (1966, S. 372; vgl. auch *Becker* 1957).

So sehr der Verfasser für eine wissenschaftliche Grundausbildung der Schriftsachverständigen in einer Natur- oder Verhaltenswissenschaft (insbesondere Psychologie) plädiert, so sehr erschiene es ihm verfehlt, bei den derzeit tätigen Schriftsachverständigen eine Qualifikationsgrenze zwischen den akademisch und den nicht-akademisch vorgebildeten Sachverständigen errichten zu wollen. Es gibt nämlich Schriftsachverständige, die offenbar von der irrigen Annahme ausgehen, allein ihr Universitätsstudium (wie entfernt es auch von der Schriftvergleichung sein mag) und ihr akademischer Titel seien Ausweis genug, um auch in der Schriftvergleichung erfolgreich arbeiten zu können. Auf der anderen Seite sind in der Schriftvergleichung z.B. Kriminalbeamte tätig, die sich mit äußerster Sorgfalt in dieses Fachgebiet eingearbeitet haben und gewissenhafte und saubere Arbeit leisten. – Allerdings wird man bei allen Problemen, die über mehr routinemäßige Untersuchungen hinausgehen und eine Auseinandersetzung mit der wissenschaftlichen Lehre erforderlich machen, dem akademisch vorgebildeten Sachverständigen den Vorzug geben müssen, sofern dieser a u c h über die erforderliche einschlägige praktische Erfahrung verfügt.

Wie in anderen Sachverständigenbereichen kommen auch bei der Schriftvergleichung sowohl Gutachten von Einzelpersonen als auch – unter bestimmten Voraussetzungen – Behördengutachten in Betracht.

Als Einzelpersonen sind Schriftsachverständige sowohl freiberuflich als auch nebenberuflich tätig. Die freiberuflichen Sachverständigen sind nur selten ausschließlich in der Schriftvergleichung tätig, sondern unterhalten daneben häufig eine psychologische, graphologische oder andersartige Praxis (hierzu *Brandt* 1976 a und *Ockelmann* 1976 b). Bei den nebenberuflich tätigen Sachverständigen kann unterschieden werden zwischen solchen, die einen einschlägigen Hauptberuf ausüben oder ausübten (z.B. Schriftsachverständiger an einer Behörde) und solchen, die einen nur verwandten oder andersartigen Hauptberuf haben (z.B. Richter oder Lehrer). Endlich werden von Universitätsprofessoren (meist Psychologen, Gerichtsmediziner oder Kriminologen) in wissenschaftlicher Nebentätigkeit Schriftvergleichsgutachten erstattet.

Unter bestimmten Voraussetzungen können Einzelpersonen als Schriftsachverständige öffentlich bestellt werden. Die Bestellung erfolgt nach Feststellung des öffentlichen Bedürfnisses und nach Überprüfung der erforderlichen Ausbildung und Sachkunde sowie der persönlichen Eignung durch die örtlich zuständige Industrie- und Handelskammer bzw. in einigen Bezirken durch Regierungspräsidien oder andere Behörden. Allerdings wurde die Bestellungspraxis von den einzelnen Kammern bei Schriftsachverständigen teilweise recht unterschiedlich gehandhabt, weswegen *Ockelmann* (1976 b) grundsätzliche Bedenken geäußert hat.

Der Deutsche Industrie- und Handelstag und die regionalen Industrie- und Handelskammern haben für die wichtigsten Gebiete, auf denen Sachverständige bestellt werden, Bestellungsordnungen aufgestellt und Fachgremien zur Überprüfung der gesetzlich geforderten besonderen Sachkunde eingerichtet. Eine Anregung des Verfassers, solche Institutionen auch für Schriftsachverständige zu schaffen, wurde bislang noch nicht aufgegriffen. Zweifellos würde die Aufstellung einer Bestellungsordnung für Schriftsachverständige auch wesentlich schwieriger sein als in anderen Bereichen. Insbesondere wäre es derzeit kaum möglich, feste Forderungen an die Vorbildung des Schriftsachverständigen zu stellen, da es eben noch keinerlei einheitliche Ausbildung gibt. Auch die Einrichtung von Fachgremien zur Überprüfung der erforderlichen Sachkunde wurde in Anbetracht der geringen Anzahl von Schriftsachverständigen derzeit nicht für erforderlich gehalten. Vom DIHT wurde jedoch darauf verwiesen, daß für etwaige künftige Bestellungen von Schriftsachverständigen ad hoc einberufene Fachgremien tätig werden können.

Ein Teil der Schriftsachverständigen hat sich in zwei berufsständischen Vereinigungen organisiert. Es sind dies der 1951 gegründete "Fachverband der Sachverständigen für gerichtliche Schriftuntersuchung e.V." mit ca. 30 Mitgliedern und die 1968 gegründete Sektion "Schriftvergleichung" in der "Deutschen Graphologischen Vereinigung" mit ca. 10 Mitgliedern. Beide Vereinigungen machen die Aufnahme von neuen Mitgliedern vom Bestehen einer verbandsinternen Fachprüfung abhängig und wollen auf diese Weise zur Förderung und Auswahl eines qualifizierten Nachwuchses auf dem Gebiet der Schriftvergleichung beitragen.

Von Behörden werden in Strafverfahren (nicht jedoch in nach der Zivilprozeßordnung ausgerichteten Verfahren) vom Bundeskriminalamt in Wiesbaden, von den meisten Landeskriminalämtern sowie von einzelnen größeren Polizeipräsidien Schriftvergleichsgutachten erstattet. Die an diesen Ämtern beschäftigten Schriftsachverständigen gehören in der Regel dem höheren oder gehobenen Dienst an. Dem Kriminaltechnischen Institut des Bundeskriminalamtes ist ein Zentraler Handschriftenerkennungsdienst angegliedert, in dem Schriftproben schreibender Rechtsbrecher gesammelt und systematisch erfaßt werden.

Im Rahmen der Zoll- und Steuerfahndung werden Gutachten von Schriftsachverständigen des Zollkriminalinstituts in Köln erstattet, das darüber hinaus auch für andere Bundesministerien tätig wird. Innerhalb des Betriebssicherungsdienstes der Deutschen Bundespost werden schließlich von den Schriftsachverständigen des Posttechnischen Zentralamtes in Darmstadt Begutachtungen vorgenommen.

2.2 Ausbildung und Fortbildung für Schriftsachverständige

Wie oben bereits ausgeführt wurde, ist eine akademische Grundausbildung für Schriftsachverständige sehr wünschenswert und wird auch von den zuständigen Behörden angestrebt. Jedoch gibt es bislang keinen Studiengang, den man für Schriftsachverständige als mehr oder minder "maßgeschneidert" bezeichnen könnte. Grundsätzlich in Betracht kommen Jura, Medizin oder auch Chemie. Wie jedoch schon in anderem Zusammenhang bereits ausgeführt wurde (s. S. 10), empfiehlt sich primär ein Studium der Psychologie mit einem Abschluß als Diplom-Psychologe. Es ist allerdings nicht zu verhehlen, daß diese Ausbildung für eine spätere ausschließliche Betätigung als Schriftsachverständiger einerseits wesentlich zu breit ist, andererseits aber zugleich nicht spezifisch genug, so daß sich an das Studium immer noch eine spezielle Ausbildung und praktische Tätigkeit anschließen muß.

Ein Psychologiestudium wurde früher insbesondere deshalb für Schriftsachverständige bevorzugt, weil an vielen Universitäten im Rahmen dieses Studienganges auch Graphologie vermittelt wurde. Inzwischen ist allerdings die Graphologie weitgehend aus den Hochschulen verdrängt worden. Auch das Fach "Schriftpsychologie" ist nur vereinzelt an Universitäten vertreten.

Spezielle Lehrveranstaltungen zur Schriftvergleichung im Rahmen des Psychologiestudiums werden derzeit nur an der Universität Mannheim angeboten. Studierende der Psychologie können hier innerhalb ihrer Diplom-Hauptprüfung in Schriftvergleichung eine Prüfung als sog. Nachbarfach ablegen. Die Ausbildung erfolgt im zweiten Studienabschnitt nach der Diplom-Vorprüfung und umfaßt drei Semester mit dreistündigen Seminarveranstaltungen sowie ein Oberseminar. Das Studium vermittelt eine Einführung in Grundlagen und Praxis der Schriftvergleichung. Eine selbständige Tätigkeit als Sachverständiger kann jedoch erst nach einer weiteren gründlichen praktischen Ausbildung unter Anleitung eines erfahrenen Schriftsachverständigen (in Behörden oder freien Praxen) aufgenommen werden.

Im übrigen bleibt dem Schriftsachverständigen, der frei- oder nebenberuflich tätig werden möchte, nur die Möglichkeit, sich durch Literaturstudium und gleichzeitige praktische Anleitung durch einen ausgewiesenen Schriftsachverständigen in dieses Fachgebiet einzuarbeiten. Es ist *M. Becker* uneingeschränkt zuzustimmen, daß die Gesamtheit der erforderlichen Kenntnisse und Techniken "nur in einer speziellen, langjährigen theoretischen und praktischen Ausbildung zu erwerben" ist (1966, S. 372). Zu Recht hat auch *Pfanne* die Forderung vertreten, ein Berufsanwärter müsse "an mindestens 100 Gutachten eines erfahrenen Praktikers mitgewirkt haben" (1954, S. 17), ehe er selbständig Gutachten erstatten könne.

Zunehmend gebessert hat sich die Ausbildungssituation für die Schriftsachverständigen an Behörden, die sich nunmehr intensiver um die Heranbildung ihres eigenen Sachverständigennachwuchses bemühen. Insbesondere wurden am Bundeskriminalamt – in Zusammenarbeit mit den Landeskriminalämtern und den Ausbildungsmöglichkeiten an der Universtität Mannheim – die Voraussetzungen für die Ausbildung und Prüfung kriminaltechnischer Sachverständiger in der Fachrichtung Handschriften geschaffen.

Für diese Ausbildung sollen nur noch Beamte des gehobenen und höheren Dienstes oder vergleichbare Angestellte berücksichtigt werden. Innerhalb einer dreijährigen Vorbereitungszeit, in der die zukünftigen Sachverständigen in ihrem betreffenden Spezialbereich arbeiten, nehmen sie an einem zwölfwöchigen Grundlehrgang und an einem achtwöchigen Abschlußlehrgang teil. Die Ausbildung wird mit einer schriftlichen und mündlichen Prüfung abgeschlossen.

Fortbildungsmöglichkeiten bieten sich den Schriftsachverständigen einerseits durch das Studium der einschlägigen neueren Literatur. Den besten Einstieg hierzu bieten die “Mannheimer Hefte für Schriftvergleichung”. Dieses Periodikum, das seit 1975 von *Michel* herausgegeben wird und vierteljährlich erscheint, enthält neben Originalbeiträgen einen aktuellen Literaturüberblick sowie einen Berichts- und Nachrichtenteil zu Fragen der Schriftvergleichung und ihren Randgebieten einschließlich einschlägiger Rechtsprechung.

An Fortbildungsveranstaltungen für Schriftsachverständige sind die seit 1957 alle drei Jahre stattfindenden Kongresse (meetings) der “International Association of Forensic Sciences” zu nennen, die seit 1963 jeweils auch eine Sektion “Questioned Documents” einschließen. Die “American Society of Questioned Document Examiners” veranstaltet seit nunmehr nahezu 40 Jahren Jahrestagungen für ihre Mitglieder, an denen aber auch Gäste teilnehmen können. Beide Veranstaltungen beschäftigen sich mit dem Gesamtbereich der Urkundenprüfung. Spezieller auf die Belange der Schriftsachverständigen zugeschnitten ist das von *Michel* an der Universität Mannheim veranstaltete “Mannheimer Symposion für Schriftvergleichung”, das seit 1974, nunmehr im Zweijahresabstand, regelmäßig abgehalten wird.

Partiell von Interesse sind auch die Kongresse für Schriftpsychologie (bis 1975: für Graphologie), die von der Sektion Schriftpsychologie im Berufsverband Deutscher Psychologen, der Schweizerischen Graphologischen Gesellschaft und der Österreichischen Gesellschaft für Psychologie zweijährlich veranstaltet werden. Der Schwerpunkt dieser Kongresse liegt jedoch weiterhin auf dem Gebiet der charakterologischen Handschriftendeutung. Die Kongresse der Deutschen Gesellschaft für Psychologie, die ebenfalls alle zwei Jahre stattfinden, haben allenfalls Randfragen der Schriftvergleichung zum Gegenstand.

Das Bundeskriminalamt veranstaltet in unregelmäßigen Abständen Fortbildungsveranstaltungen in Form von Arbeitstagungen, die jedoch in der Regel nur den Behördenbediensteten zugänglich sind. Verbandsinterne Tagungen werden von den erwähnten Fachverbänden abgehalten. Endlich führen die Industrie- und Handelskammern Fortbildungsseminare für die öffentlich bestellten Sachverständigen durch, die primär Fragen des Sachverständigenrechts betreffen.

2.3 Die Auswahl des Schriftsachverständigen

Grundsätzlich ist das Gericht in der Auswahl des zuzuziehenden Sachverständigen frei (§ 73 Abs. 1 StPO, § 404 Abs. 1 ZPO). Im Rahmen seines Ermessens kann das Gericht jedoch nur einen Sachverständigen ernennen, von dessen erforderlicher Sachkunde und persönlicher Eignung es überzeugt ist. Aus dem Vorgesagten ergibt sich, daß für das Gericht bei der Auswahl eines Schriftsachverständigen alle Veranlassung besteht, dessen fachliche Qualifikation gründlich zu überprüfen, weil hier nicht von vergleichbaren Standards ausgegangen werden kann wie bei anderen Sachverständigen mit einheitlichen Ausbildungsgängen und Prüfungsabschlüssen. – Übereinstimmend sehen Zivil- und Strafprozeßordnung weiterhin vor, daß bevorzugt öffentlich bestellte Sachverständige heranzuziehen sind und andere Personen nur dann gewählt werden sollen, wenn besondere Umstände es erfordern.

Generell führt *K. Müller* (1978, S. 96) hierzu aus: " Die öffentliche Bestellung des Sachverständigen macht die Prüfung des Gerichtes nicht überflüssig, wenn sie auch in beschränktem Umfange ein Indiz für die Sachkunde und Eignung sein wird." Dem wird man grundsätzlich zustimmen können, gerade weil es – wie oben dargelegt – für die Industrie- und Handelskammern oder entsprechende Institutionen bei Schriftsachverständigen schwierig ist, die Bestellungsvoraussetzungen zu prüfen. Allerdings wird man sich fragen müssen, wie ein Gericht in praxi in der Lage sein soll, sich gründlicher und umfassender über einen Sachverständigen zu informieren, als dies in einem in der Regel sehr sorgfältig absichernden Bestellungsverfahren möglich ist. – Es sei aber auch noch angemerkt, daß das Fehlen einer öffentlichen Bestellung nicht notwendigerweise als negatives Indiz gewertet werden kann, da einige Industrie- und Handelskammern offenbar grundsätzlich auf eine öffentliche Bestellung von Schriftsachverständigen verzichten oder bei konkreten Anträgen die Bedürfnisfrage verneinen.

Nur mit kritischer Zurückhaltung sollten die Gerichte auch die Sachverständigenlisten der Fachverbände berücksichtigen. So sehr sich diese Vereinigungen sicherlich darum bemühen, nur qualifizierten Nachwuchs in ihre Reihen aufzunehmen, so ist es ihnen dennoch bislang nicht immer konsequent gelungen, einzelne weniger qualifizierte Mitglieder abzusondern.

Endlich sollte das Gericht aber auch Behördengutachten (in Strafsachen) nicht "blind" vertrauen. Insbesondere *K. Müller* (1978, S. 84 ff.) verweist auf die nicht ganz unproblematische Anonymität von Behördengutachten. Auch solche Gutachten müssen schließlich von einer natürlichen Person erstattet werden, aber das Gericht weiß nicht, welche Person die Begutachtung vornehmen wird. Auch wenn das Gutachten vorliegt, kann unklar bleiben, wer es tatsächlich erstattet hat, da die Zeichnungsbefugnis bei einer anderen Person als dem eigentlichen Gutachter liegen kann.

Schon aus diesem Grunde sollte sich das Gericht überlegen, ob es sich auf eine Verlesung des Gutachtens in Strafsachen beschränkt, die bei Behördengutachten grundsätzlich möglich ist. In vielen Fällen wird es vielmehr angezeigt sein, das Gutachten in der Hauptverhandlung durch den jeweiligen Sachverständigen erläutern zu lassen, um bei dieser Gelegenheit auch die Möglichkeit wahrzunehmen, sich von der Sachkunde und persönlichen Eignung des Sachverständigen zu überzeugen.

In Strafverfahren erfolgt die Heranziehung überwiegend nicht erst durch das Gericht, sondern im Ermittlungsverfahren durch den Staatsanwalt bzw. auch durch die Polizei. Auch die Staatsanwaltschaft sollte bei der Auswahl von Schriftsachverständigen mit ganz besonderer Sorgfalt vorgehen.

Es ist in diesem Zusammenhang auf die "Richtlinien für das Strafverfahren und das Bußgeldverfahren (RiStBV)" hinzuweisen, die im Bund und in den Ländern mit Wirkung vom 1. 1. 1977 eingeführt wurden. Diese empfehlen in Nr. 70 Abs. 3 den Staatsanwaltschaften, für die wichtigsten Gebiete Verzeichnisse bewährter Sachverständiger anzulegen. Vielleicht gehört die Schriftvergleichung nicht zu den wichtigsten Gebieten, aber gerade hier wäre es sehr nützlich, wenn eine besonders sorgsame Vorauswahl getroffen und in einem Verzeichnis festgehalten wird, zumal gerade bei den Staatsanwaltschaften erfahrungsgemäß häufig personelle Veränderungen gegeben sind. Auch die Gerichte werden auf solche Verzeichnisse gern zurückgreifen, sofern sie nicht eigene Sachverständigenlisten führen.

Endlich kann in Zivilverfahren eine Partei dem Gericht ein Gutachten vorlegen, mit dem sie privat einen Schriftsachverständigen beauftragt hatte. Ebenso kann in einem Strafverfahren der Angeklagte dem Gericht ein solches Privatgutachten zur Verfügung stellen und gemäß § 220 StPO einen Sachverständigen unmittelbar zur Hauptverhandlung laden lassen. Die allgemeine Problematik solcher Privatgutachten ist bekannt (vgl. *Jessnitzer* 1980, S. 104 ff. oder *K. Müller* 1978, S. 39 ff. und 60 f.). Gerade bei einem Privatgutachten sollte man sich nach einem unbedingt seriösen Schriftsachverständigen umsehen. Die Gefälligkeitsgutachten, die manche "Auch-Schriftsachverständige" in solchen Fällen zuweilen erstatten, sind völlig nutzlos. Entweder wird sie das Gericht schon als solche erkennen, oder aber das Gericht wird seinerseits einen (weiteren) Schriftsachverständigen beauftragen, der die Unbrauchbarkeit eines solchen "Gutachtens" deutlich machen wird.

Es wird allerdings nicht immer so leicht sein, für Privatgutachten wirklich qualifizierte Schriftsachverständige zu gewinnen. Eine Reihe von Sachverständigen lehnt solche Gutachten aus grundsätzlichen Erwägungen ab, nicht zuletzt, weil sie häufig an unzulänglichem Material (Fotokopien!) oder unter besonderem Zeitdruck durchgeführt werden müssen. Wenn aber eine Begutachtung lege artis möglich ist, so sollte ein seriöser Schriftsachverständiger genug Souveränität besitzen, um auch ein Privatgutachten zu übernehmen, ohne dabei in die Gefahr zu geraten, parteiisch zu werden.

Abschließend ist noch einmal zu betonen, daß es wegen des Fehlens verbindlicher Ausbildungs- und Prüfungsregeln für das Gericht wie auch für alle Prozeßbeteiligten nicht einfach ist, Schriftsachverständige auszuwählen, die über die erforderliche gründliche Sachkunde verfügen. *Un*brauchbare Kriterien für die bevorzugte Heranziehung eines Schriftsachverständigen sind mit Sicherheit die folgenden:

– Der Gutachter kann auch aus relativ geringem Schriftmaterial stets "viel herausholen".
  Ein Schriftsachverständiger, der sich mit unzureichendem Schriftmaterial zufrieden gibt, beweist damit vielmehr gerade seine mangelnde Kompetenz und wissenschaftliche Sorgfalt (vgl. Kap. V).

– Der Sachverständige gelangt grundsätzlich zu sicheren (positiven oder negativen) Schlußfolgerungen.
  Nicht selten ist aber das Befundbild zu unspezifisch, so daß nur Wahrscheinlichkeitsaussagen möglich sind. Ein verantwortungsbewußter Schriftsachverständiger muß auch den Mut zu einem non liquet haben.

– Der Sachverständige verfügt über ein (graphologisch) ausreichend geschultes Auge, so daß er nicht physikalisch-technische Hilfsmittel benötigt.
  Ein Schriftsachverständiger, der auf die einschlägigen Methoden der Urkundenprüfung verzichtet oder sie gar nicht durchführen kann, verfügt nicht über die erforderliche Sachkunde.

3. Zur Situation in anderen Staaten

Es ist im folgenden nicht beabsichtigt, einen systematischen Überblick über den Stand des internationalen Schriftsachverständigenwesens zu geben, zumal die Situation zumindest im kontinentaleuropäischen Raum mehr oder minder derjenigen der Bundesrepublik Deutschland entspricht. Wesentliche Unterschiede gibt es nur gegenüber dem angloamerikanischen Bereich, wo es Schriftsachverständige in unserem Sinne kaum gibt, sondern die Schriftvergleichung vielmehr von den Urkundenexperten wahrgenommen wird (vgl. S. 8 f.). Hinzu kommen in diesem Raum auch deutliche Unterschiede in der Rechtsprechung, die sich auch im Sachverständigenrecht niederschlagen. (Ältere Berichte über das Schriftsachverständigenwesen in England und den USA findet man bei *Mansfield* 1935 und *Osborn* 1935.)

Für den kontinentaleuropäischen Bereich ist traditionsgemäß eine stärkere Bindung zwischen Schriftvergleichung und Graphologie kennzeichnend. Allerdings ist nicht nur im deutschen Raum das Dreiecksverhältnis zwischen Schriftvergleichung, Graphologie und Kriminalistik vielfältigen Spannungen unterworfen; es gibt nicht nur ein Miteinander, sondern auch vielerlei Gegeneinander. Allgemein fehlt es an geregelten oder gar gesetzlich vorgezeichneten Ausbildungswegen. Es mangelt an adäquaten Ausbildungsmöglichkeiten für Schriftsachverständige. Der Zugang zur Schriftvergleichung kann über recht verschiedene akademische und nicht-akademische Vorbildung bzw. Berufe erfolgen, wobei die Meinungen geteilt sind, welche am ehesten als erstrebenswert anzusehen ist. Es fehlt überwiegend an Prüfungs- und Zulassungsordnungen. Dementsprechend wird immer wieder über das sehr unterschiedliche Niveau der Schriftsachverständigen geklagt, was nicht selten dem Ruf der gesamten Schriftvergleichung als wissenschaftliche Disziplin sehr geschadet hat. Selbsthilfebemühungen berufsständischer Organisationen haben nach wie vor wechselnde Erfolge. Das Verhältnis zwischen frei- und nebenberuflichen Schriftsachverständigen einerseits und solchen, die an Behörden arbeiten andererseits, ist teils freundlich-neutral, teils aber auch rivalisierend (*Fanta* 1935, *Locard* 1935, *Afzal* 1935, *Weder* 1944, *Deen* 1975, *Schima* 1976 sowie zahlreiche mündliche Mitteilungen ausländischer Kollegen).

Wenngleich sich also in vieler Beziehung im Sachverständigenwesen des Auslandes recht ähnliche Probleme stellen wie in der Bundesrepublik Deutschland, so kann man doch einige positive Lösungsmöglichkeiten feststellen, die auch für die Bundesrepublik wegweisend sein könnten. Drei Ansätze aus drei verschiedenen Nachbarländern verdienen besonders hervorgehoben zu werden.

Für die *Ausbildung* bietet das Institut für forensische Wissenschaften und Kriminologie der Universität Lausanne ein sehr interessantes Modell (*Mathyer* 1959).

Das Institut bietet ein vierjähriges kriminalistisches Studium an, das mit einem "Diplom für forensische Wissenschaften und Kriminologie" (Diplôme d'études de police scientifique et de criminologie) abgeschlossen werden kann. Das schon 1909 gegründete Institut ist interdisziplinär organisiert und gleichzeitig der Juristischen, Medizinischen und der Naturwissenschaftlichen Fakultät angegliedert. Die umfassende kriminalistische Ausbildung schließt auch die Urkundenprüfung und die Schriftvergleichung ein. Das Studium wird mit einer umfangreichen praktischen Prüfung, die auch eine Urkundenuntersuchung beinhaltet, sowie einer mündlichen theoretischen Prüfung abgeschlossen.

Dieser Studiengang, der mit einer naturwissenschaftlichen Grundausbildung im ersten Jahr beginnt, kann zweifellos eine umfassende kriminalistische Allgemeinbildung vermitteln. (Partiell ist dabei auch eine Spezialisierung möglich.) Wenngleich auch relativ viele Möglichkeiten zum praktischen Arbeiten gegeben sind, wird sicherlich das Studium durch weitere Erfahrungen in der kriminalistischen Praxis ergänzt werden müssen.

In bezug auf die *Zulassung* erscheinen die Regelungen des neuen Sachverständigengesetzes vom 1. 5. 1975 in Österreich (öst. BGBl. 137/75) gerade für Schriftsachverständige von besonderer Bedeutung (*Schima* 1976). Zwar gibt es auch in Österreich keine verbindlichen Ausbildungsvorschriften für Schriftsachverständige, durch das neue Sachverständigengesetz kann aber die Prüfung seiner Qualifikation wesentlich verbessert werden. Im Gegensatz zur Bundesrepublik Deutschland ist die Zulassung zum Gerichtssachverständigen in Österreich bundeseinheitlich geregelt. Von den Gerichten werden Listen von allgemein beeideten Sachverständigen geführt, die bevorzugt herangezogen werden sollen. Die Voraussetzungen für die Eintragung in die Liste betreffen einerseits die Person des Bewerbers und andererseits den Bedarf an allgemein beeideten gerichtlichen Sachverständigen für das betreffende Gebiet. Neben allgemeinen Erfordernissen, wie volle Geschäftsfähigkeit und Vertrauenswürdigkeit, verlangt das neue Sachverständigengesetz einerseits den Nachweis der erforderlichen Sachkunde des Bewerbers vor seiner Eintragung.

Schima (1976, S. 6) führt hierzu im einzelnen aus: "Das Gesetz verlangt wohl eine Prüfung der Qualifikation des Bewerbers, doch ist die Eintragung in die Liste nicht unmittelbar vom Bestehen eines obligaten Examens abhängig. Dessen Einführung hat sich den erläuternden Bemerkungen (= EB) zufolge als nicht durchführbar erwiesen. Doch sollen nach den Intentionen des Gesetzgebers die Sachverständigenverbände selbst für eine entsprechende Auslese in ihren Reihen sorgen. Die EB, S. 8, bezeichnen es als wünschenswert, daß dem Gutachten der Sachverständigenvereinigung eine in ihrem Rahmen abgehaltene Prüfung zugrunde gelegt wird. Derartige Prüfungen für angehende Schriftsachverständige wurden auf freiwilliger Basis schon bisher an den kriminologischen Instituten der Universitäten Wien und Graz durchgeführt."

Neben der Sachkunde nennt das Gesetz aber als zweite Eintragungsvoraussetzung eine "zehnjährige, möglichst berufliche Tätigkeit in verantwortlicher Stellung auf dem bestimmten oder einem verwandten Fachgebiet unmittelbar vor der Eintragung; eine fünfjährige Tätigkeit solcher Art genügt, wenn der Bewerber als Berufsvorbildung ein entsprechendes Hochschulstudium oder Studium an einer berufsbildenden höheren Schule erfolgreich abgeschlossen hat."

Schima (1976, S. 6) erläutert hierzu: "Diese Bestimmung ist neu und hat gerade für das Gebiet der Schriftvergleichung einschneidende Folgen. Da es in Österreich kein 'entsprechendes' Hochschulstudium gibt, welches man als Berufsvorbildung für Handschriftenidentifizierung bezeichnen kann, ist in Hinkunft für Schriftsachverständige eine zehnjährige

Vortätigkeit zu fordern. Diese Tätigkeit muß einschlägig sein und in verantwortlicher Stellung ausgeübt werden."

Als wichtige zusätzliche Absicherung ist in dem neuen österreichischen Sachverständigengesetz die Einführung einer Probezeit anzusehen: Die erste Eintragung erfolgt nämlich grundsätzlich mit einer Befristung von fünf Jahren. Danach hat das Gericht die Eignung des Sachverständigen erneut zu prüfen, wozu der entscheidende Präsident Stellungnahmen von Richtern einholt, für die der Sachverständige in den letzten fünf Jahren tätig wurde. Er kann auch selbst stichprobenartig einige der Gutachten auf Nachvollziehbarkeit und richtigen Aufbau prüfen.

Ein gutes Beispiel einer *Selbstorganisation* haben die freiberuflich tätigen Schriftsachverständigen in den Niederlanden gegeben.

Deen berichtet, daß auch in den Niederlanden die freiberuflich tätigen Schriftsachverständigen vielfach zerstritten waren und ein "bunt gemischtes Völkchen" darstellten, dem Vertreter aller möglichen Berufe angehörten. Nach dem zweiten Weltkrieg bemühten sich einige erfahrene Schriftsachverständige innerhalb der "Niederländischen Vereinigung zur Förderung der wissenschaftlichen Graphologie" um eine Sanierung der "bestehenden chaotischen Zustände in der Schriftexpertise" (*Deen* 1975, S. 86). Unter Einschaltung des Strafrechtlers Professor Dr. *Enschede* von der Universität Amsterdam als maßgebende neutrale Person für die Aufnahme von Nachwuchssachverständigen in die Liste der anerkannten Schriftsachverständigen wurde ein besonderes Zulassungsverfahren entwickelt. Bemerkenswert erscheint insbesondere die Zusammensetzung der Zulassungskommission, die über die Zulassung des Kandidaten entscheidet. Sie besteht außer dem Vorsitzenden, einem Angehörigen des Gerichtshofes der Niederlande, aus einem Oberstaatsanwalt, dem Direktor des (kriminaltechnischen) Gerichtslaboratoriums in Rijswijk, einem Richter als Schriftführer und aus zwei Schriftsachverständigen.

III. ALLGEMEINE GRUNDLAGEN DER SCHRIFTVERGLEICHUNG

1. Individualität der Handschrift und ihre Entstehung

In der Handschrift hinterläßt eine Person eine Bewegungsspur , die in ihrer Eigentümlichkeit unter normalen Bedingungen interindividuell mehr oder minder unverwechselbar und intraindividuell relativ konstant ist. Diese Erfahrungstatsache ist uns aus dem Alltag vielfältig geläufig. Erreicht uns ein handgeschriebener Brief einer uns vertrauten Person, so erkennt man am Schriftbild in der Regel unmittelbar den Absender. Auch bei bekannten Unterschriften ist es gleichgültig, ob diese leserlich sind oder nicht, man erkennt die jeweilige Person direkt an ihrer charakteristischen Zeichnungsweise wieder. Dies gilt meist sogar auch noch für kurze Handzeichen. Die eigenhändige Unterschrift hätte im Rechtsverkehr nicht seit alters her die unbestrittene und weittragende Bedeutung erlangt, könnte man nicht von einer (relativen) Individualität und (relativen) Konstanz der Handschrift ausgehen.

Die Individualisierung der Handschrift beginnt schon bemerkenswert früh. Blickt man in die Hefte von Schülern der 1. Grundschulklasse, so zeichnet sich bereits hier eine persönliche Ausdifferenzierung der Schrift ab, obwohl die Schüler ein und dieselbe Ausgangsschrift erlernen. Ja, selbst vorschulisches Gekritzel kann schon eine beachtenswerte Eigenprägung aufweisen (*Becker* 1926). *Von Bracken* (1932) hat nachgewiesen, daß Laien verschiedene Schreibleistungen von ein und denselben Schülern schon in den ersten Schuljahren erstaunlich gut zuordnen können, auch wenn die Schriftproben in zeitlichem Abstand von mehreren Monaten gefertigt wurden. Allgemeine Untersuchungen über die Entwicklung des Schreibens während der Kindheit und Jugendzeit wurden u.a. vorgelegt von *Kircher* (1926), *Gallmeier* (1934), *Legrün* (1956 a und b sowie 1962), *Edelmann* (1972) und *Rudolf* (1978).

Natürlich ist das Schriftbild von Kindern und Jugendlichen noch stärkeren Wandlungen unterworfen. Zu einer zunehmenden Verfestigung der Schreibgewohnheiten kommt es in der Regel beim Eintritt in das Erwachsenenalter. Der Abschluß der Schreibentwicklung im engeren Sinne kann aber nicht unbeträchtlich variieren; er liegt selten vor dem 18. Lebensjahr und ist meist mit Mitte 20 vollzogen. Selbstverständlich ist die Schrift im Erwachsenenalter noch einer Entwicklung im weiteren Sinne unterworfen. Aber unter normalen Umständen kommt es nur noch zu sehr langsam sich vollziehenden Wandlungen. Erst im höheren Alter können, bedingt durch graphomotorische Abbauerscheinungen, wieder deutlichere Schriftveränderungen auftreten. Es läßt sich dabei allerdings noch weniger ein Lebensalter fixieren, von dem ab mit altersspezifischen Schriftänderungen zu rechnen ist. *Paul-Mengelberg* (1965 und 1972 b) hat von Voralterungsprozessen in Handschriften von Personengruppen berichtet, die besonders schwere Lebensschicksale ertragen mußten. Auf der anderen Seite findet man aber auch immer wieder Personen, deren Schreibfähigkeit selbst im achten Lebensjahrzehnt noch weitgehend ungebrochen erhalten geblieben ist (hierzu auch *Doubrawa* 1977).

Durch Anlagefaktoren und Lernprozesse im weitesten Sinne bilden sich im

Individuum bestimmte Innervationsmuster für die Schreibbewegung, die neben den anatomischen Gegebenheiten des ausführenden Organs sowie der visuellen und kinästhetischen Kontrolle das normale Schriftbild bestimmen. Wir können freilich noch nicht präzisere Aussagen darüber machen, welche endogenen und exogenen Einflußgrößen für die Entwicklung eines mehr oder minder unverwechselbaren, personenspezifischen Schriftbildes bestimmend sind, welche Anteile der intraindividuellen Varianz graphischer Merkmale auf diese Einflußgrößen zurückgeführt werden können und welche Wechselwirkungen zwischen ihnen gegeben sind. Es darf angenommen werden, daß sich dieser Prozeß in einem sehr komplexen Wechselspiel von Anlage- und Umweltkomponenten vollzieht, der bislang nur bruchstückhaft bekannt ist.

Insbesondere ist unser Wissen über die zugrunde liegenden neurophysiologischen Prozesse noch recht begrenzt. Schon relativ früh wurde allerdings die Tatsache erkannt, daß der Handschrift nicht eine isolierte spezifische Fertigkeit der Hand zugrunde liegt, sondern daß der Schreibvorgang vom Gehirn gesteuert wird. Wie *Preyer* (1895) nämlich schon zeigen konnte, ist die individuelle Schrift bis zu einem gewissen Grade unabhängig von dem ausführenden Organ. Auch bei einem Schreiben mit der schreibungewohnten Hand, mit dem Fuß oder dem Mund zeigen sich in den Schriftzügen ähnliche graphische Eigentümlichkeiten, und mit zunehmender Übung wachsen die Entsprechungen.

Die allgemeine Einsicht, daß die Handschrift als Gehirnschrift aufzufassen ist, diente in der Folgezeit für mancherlei simplifizierende pauschale "Erklärungen". So wurde undifferenziert ein "Schreibzentrum" im Gehirn postuliert. Aber auch *Pophals* Ansätze zu einer Bewegungsphysiologie der Handschrift (1938 und 1949) erwiesen sich als vorschnelle und nicht tragfähige Verallgemeinerungen und Vereinfachungen (*Frauchiger* 1968, *Suchenwirth* 1981 a und b). Die Schreibbewegung gehört zu den höheren psychosomatischen Funktionen, bei denen motorische, sensible, sensorische, vegetative und vielleicht endokrine Leistungen sehr komplex miteinander verbunden sind. Eine einfache Zuordnung zu wenigen Hirnregionen, wie *Pophal* sie vornehmen wollte, ist nicht möglich. Wesentlich zurückhaltender als er äußerte sich unlängst *Suchenwirth* (1981 a), als er ausführte, daß wir in der Aufdeckung solcher Zusammenhänge "immer nur Stückwerk leisten können". – Im übrigen muß bislang dahingestellt bleiben, ob von erweiterten Einsichten in die Neurophysiologie des Schreibvorganges, so interessant diese im grundsätzlichen sein mögen, tatsächlich wesentliche Beiträge für die Praxis der Schriftvergleichung zu erwarten sein werden.

Wie einleitend ausgeführt wurde (s. S. 3), ist es für die Schriftvergleichung nicht von Belang, ob ein gesetzmäßiger Zusammenhang zwischen Schreibbewegung und Wesensart eines Schreibers besteht, wie er von der Graphologie bzw. von der Ausdruckswissenschaft (*Klages*) postuliert wird. Es kann daher darauf verzichtet werden, entsprechende Hypothesen zur Erklärung der Entstehung von personenspezifischen Handschriften zu diskutieren, zumal sich der sehr weit reichende Anspruch solcher Hypothesen empirisch nicht hat verifizieren lassen. (Zur grundsätzlichen Diskussion insbesondere *Fahrenberg* 1961 und *Pawlik* et al. 1973.)

Es soll auch darauf verzichtet werden, in eine differenzierte Diskussion der Frage der Erbe-Umweltdetermination der Handschrift einzutreten. Zu diesem Fragenkomplex liegt zwar eine ganze Reihe von empirischen Untersuchungen aus dem Bereich der Zwillingsforschung vor, die jedoch bislang nicht zu einer befriedigenden, in sich widerspruchsfreien Klärung geführt hat. (*Galton* 1883, *Legrün* 1932 und 1937, *Saudek* 1933, *Hartge* 1936, *von Bracken* 1940 a und b, *Hermann* 1939, *Nicolay* 1940, *Wanscher* 1943, *Román-Goldzieher* 1945, *Ostlyngen* 1945, *Norinder* 1946 und *Högler* 1958.)

Eineiige Zwillinge, die bekanntlich in ihrer äußeren Erscheinung weitgehend ununterscheidbar sind, schreiben keineswegs, wie man dies vermuten könnte, in der Regel auch eine gleichartige Handschrift. Nur gelegentlich findet man bei solchen Zwillingspaaren Handschriften, die einander zum Verwechseln ähnlich sind. *Saudek*, der die Handschriften von 234 eineiigen Zwillingen untersucht hat, kommt zu dem Ergebnis, daß bei 5 % die Schriften der beiden Partner so ähnlich sind, als stammten sie von ein und derselben Person. Auch andere Untersuchungen zeigen, daß ein so hoher Ähnlichkeitsgrad nur bei einer kleineren Anzahl von Zwillingspaaren zu beobachten ist, während im übrigen der Grad der Ähnlichkeit stark variiert bis zu einer völligen Verschiedenheit. Teilweise ergab sich sogar das scheinbar paradoxe Ergebnis, daß eineiige Zwillinge sich in ihrer Schrift deutlicher unterscheiden als zweieiige. *Von Bracken* hat versucht, dieses Phänomen sozialpsychologisch zu erklären: Eineiige Zwillinge neigen zur Ausbildung von asymmetrischen Sozialbeziehungen. *Román-Goldzieher* hat eine genetische Erklärung vorgetragen, nach der eineiige Zwillinge häufiger durch gegensätzliche Händigkeiten gekennzeichnet sind. – Ein entscheidender Mangel der bisher vorliegenden Untersuchungen ist darin zu sehen, daß die Untersuchungen fast ausschließlich an Zwillingspaaren durchgeführt wurden, die gemeinsam aufgewachsen sind. Es bleibt daher letztlich offen, inwieweit die Schriftähnlichkeiten auch durch Übernahme der Schreibgewohnheiten des Partners und Unähnlichkeiten durch bewußtes Absetzen gegenüber dem Schriftbild des anderen zustande gekommen sein können. Es bleibt aber für den Schriftsachverständigen die Tatsache, daß mit sogenannten "Doppelgängerschriften" bei eineiigen Zwillingen häufiger zu rechnen ist als bei zweieiigen Zwillingen oder gar normalen Geschwistern. Auf die Frage der sogenannten Doppelgängerhandschriften wird noch zurückzukommen sein.

Es muß bei den bisher vorliegenden Untersuchungen kritisch aber auch gefragt werden, ob es angemessen war, den Grad der Ähnlichkeiten der Zwillingshandschriften überwiegend nur am fertigen Schriftbild anhand der üblichen graphischen Merkmale zu bestimmen. Es sind möglicherweise wesentlich "elementarere" Merkmale der Strichbeschaffenheit und des Druckverlaufs, die bei Zwillingen durch gemeinsame Anlagefaktoren bestimmt sind als allgemeinere Merkmale der Bewegungsführung, der Flächenbehandlung und der Formgebung. Hierfür sprechen insbesondere die Untersuchungen von *von Bracken*, der Messungen der Druckgebung mit Hilfe der Kraepelinschen Schreibwaage durchgeführt hat und dabei feststellte, daß die Schreibdruckkurven, die auf Initialenanstieg, Verlaufsform und Verlaufsrichtung verglichen wurden, bei erbgleichen Zwillingen wesentlich deutlichere Entsprechungen aufweisen als bei erbverschiedenen Paaren . Neben den Entsprechungen in Merkmalen des Druckverlaufs konnten bei eineiigen Zwillingen – unter vergleichbaren situativen Bedingungen – auch bemerkenswerte Ähnlichkeiten im Schreibtempo festgestellt werden. Es erscheint in diesem Zusammenhang bemerkenswert, daß neuere Untersuchungen gezeigt haben, daß Schreibdruck- und Geschwindigkeitskurven, die von Namenszeichnungen abgeleitet werden, in besonders sichererer Weise eine Urheberidentifizierung gestatten (*Baier* 1980 a und b).

Es gibt jedoch eine Reihe weiterer Aspekte, die für die Entstehung des personenspezifischen Schriftbildes von Bedeutung sind, die weit besser überschaubar und bekannt, zugleich aber für die praktische Schriftvergleichung von besonderer Relevanz sind. Als wichtigste Faktoren sind die folgenden hervorzuheben:

1. Die Entwicklung der individuellen Schrift vollzieht sich in Auseinandersetzung mit der Ausgangsschrift, die dem Grundschüler gelehrt wird. In unterschiedlichem Ausmaß werden graphische Merkmale der Schulvorlage übernommen, modifiziert oder gänzlich verändert. Um aber die spezifische Umgestaltung als solche erfassen zu können, muß man die Schulvorlage kennen, nach der der jeweilige Schreiber unterrichtet wurde. Nur bei Kenntnis dieser Ausgangsschrift ist es nämlich möglich, zu bestimmen, welche Eigenheiten schreiberspezifisch und welche lediglich vorlagenspezifisch sind.

   Leider ist es im Rahmen dieses Buches unmöglich, eine vollständige Übersicht auch nur über die Schulvorlagen zu geben, die in unserem Jahrhundert im deutschsprachigen Raum verwendet wurden. Noch weniger können alle Schriftvorlagen fremdsprachiger Länder berücksichtigt werden. Eine kleine Auswahl von Schulvorlagen findet man in Anhang A. Im übrigen wird auf die Zusammenstellung von *Blumenthal* (1957) verwiesen, die allerdings leider auch nur mehr beispielhaft einen Überblick über die Schulschriften verschiedener Länder gibt. Eine ältere, noch knappere Übersicht findet man bei *Viktor* (1937).

2. Es ist aber zweifellos nicht möglich, Unterschiede in den Handschriften zwischen Vertretern verschiedener Generationen allein auf die Abweichungen in den Ausgangsschriften zurückzuführen. Vielmehr spiegeln sich auch Wandlungen in der Methodik und Grundeinstellung der Schreib-

erziehung wieder. *Edelmann* (1972) hat die prägende Bedeutung der Initialphase des Schreibenlernens für die zu erreichende Schreibperfektion und das Schriftbild empirisch nachgewiesen. Überblickt man die einschlägige Literatur und die verschiedenen Lehrpläne, so wird deutlich, daß auch in unserem Jahrhundert die Schreiberziehung vielfältigen Wandlungen unterworfen war.

Es muß sich verständlicherweise im Schriftbild der Schüler niederschlagen, ob schreiben lernen lediglich als reine Formvermittlung oder aber als graphomotorische Schulung verstanden wird, ob Schreiben nur als Zweckhandlung aufgefaßt wird oder der Schrift als solcher ein Wert zugemessen wird. Während zu Beginn unseres Jahrhunderts die kalligraphisch genaue Kopie von Buchstabenformen im Vordergrund stand, wurde in der Folgezeit als Endlernziel eine "charaktervolle", "geprägte" Handschrift des Schülers angestrebt. In jüngerer Zeit ist von den typischen Lernzielen "deutlich", "gefällig" und "flüssig" im wesentlichen offenbar nur noch das letztere übrig geblieben. Zu allgemeinen Fragen der Schreiberziehung in Vergangenheit und Gegenwart wird auf *Rudolf* (1973), *Glöckel* (1976), *Bärmann* (1979), *Diener* (1980) und *Neuhaus-Siemon* (1981) verwiesen.

3. In engem Zusammenhang damit dürfte aber auch der jeweilige "Zeitstil" der Handschrift stehen, der Wandlungen und "Moden" unterworfen ist. Um die Jahrhundertwende sind die Handschriften (besonders die Unterschriften) überwiegend durch Tendenzen zur Erweiterung, Ausschmükkung und Aufbauschung gekennzeichnet. Im Laufe unsereres Jahrhunderts kommt es zu einer zunehmenden Vereinfachung und Reduzierung, wobei aber auch Tendenzen eines Formverfalles unverkennbar sind.

Der bevorzugte Schriftstil scheint auch etwas von dem Lebensgefühl einer Epoche oder Generation widerzuspiegeln, ähnlich wie wir dies in Bereichen der Kunst und Architektur, der Kleidung und Wohnkultur, des Sprachgebrauchs und der Umgangsform etc. finden.

4. Von diesem Aspekt wiederum kaum scharf trennbar, ist die bevorzugte Verwendung bestimmter Schreibgeräte und ihre Rückwirkung auf die Handschrift.

Das Schreiben mit dem angespitzten Gänsekiel stellte oft eher einen "Kampf" mit dem Schreibgerät dar. Aber auch die Handhabung der spitzen Stahlfeder, die dann bis in unser Jahrhundert hinein dominierte, erforderte eine stärkere Disziplinierung beim Schreibvorgang als die nachfolgenden Redis- und Breitfedern. Auch diese Schreibgeräte – ob als einfache Federhalter oder als Füllfederhalter – bieten in den unterschiedlichen Schreibrichtungen verschiedene Widerstände, die dem Schreiber Halt geben. Eine solche Stütze fehlt dagegen insbesondere bei Kugelschreibern (ob mit Farbpaste oder flüssigem Schreibmittel), da die Schreibkugel dieser Geräte widerstandslos in jede Richtung geführt werden kann. Es ist daher nicht ungewöhnlich, daß die Schrift mancher Personen bei der Verwendung eines Kugelschreibers mehr oder minder "aus den Fugen" geraten kann. Wiederum andere schreibmechanische Begleiterscheinungen bringen die vielfältigen modernen Faserschreiber mit sich. – Übrigens sind für den ersten Schreibunterricht nach den Untersuchungen von *Edelmann* (1972) die Schiefertafel und der weiche Griffel in runder Holzfassung nach wie vor die optimalen Schreibgeräte und sollten erst später durch Heft und Bleistift ersetzt werden.

5. Neben einer – meist sicher unbewußten – Anlehnung an den "Zeitstil", kann es aber auch zu sonstigen leitbildartigen Orientierungen an bestimmten Schriftbildern kommen. Insbesondere *Legrün* hat über solche Schriftangleichungen bei Schülern wiederholt berichtet (zusammenfassend dargestellt bei *Bracht* et al. 1977).

Es handelt sich dabei um Übernahme oder Nachahmen von graphischen Einzelmerkmalen oder Merkmalsgruppen der Schrift Erwachsener (insbesondere Lehrer und Eltern), Klassenbester oder -führer sowie von Freunden. Die Schriftangleichung kann sich auf einen einzelnen Schüler beschränken, aber auch Schülergruppen oder gar ganze Klassen betreffen. – Es ist weiterhin über Familienähnlichkeiten von Handschriften berichtet worden, wobei hier keineswegs ein Erbeinfluß unterstellt werden kann oder gar muß. In besonderem Maße konnte nämlich gerade Schriftangleichung zwischen Eheleuten beobachtet werden.

6. Bekannt sind weiterhin die Unterschiede in den Schriften zwischen Vertretern verschiedener Nationen. Wir kennen beispielsweise das typisch "amerikanische" oder das typisch "französische" Schriftbild, das sich von dem deutschen unterscheidet. Insbesondere durch die Gastarbeiter wird der einheimische Schriftsachverständige immer häufiger mit Ausländerhandschriften konfrontiert.

Die Unterschiede zwischen den verschiedenen Nationalschriften lassen sich natürlich zu einem erheblichen Teil, aber nicht ausschließlich, durch die unterschiedlichen Schulvorlagen erklären. Darüber hinaus sind aber sicherlich auch noch andere Faktoren wirksam, wie Art und Ausmaß der Schreiberziehung, die allgemeine Einstellung gegenüber Schrift und Schreiben sowie aber vermutlich auch bestimmte leitbildhafte nationale Orientierungen.

Bei der Begutachtung ausländischer Handschriften sollte daher der Schriftsachverständige stets besondere Vorsicht walten lassen, wenn er nicht über besondere Erfahrungen in der jeweiligen nationalen Schreibweise verfügt. Wie sich aus dem vorher Gesagten ergibt, ist nämlich eine Kenntnis der Schulvorlage allein nicht ausreichend. Es erscheint daher nur konsequent, wenn einzelne Schriftsachverständige die Begutachtung von Ausländerhandschriften grundsätzlich ablehnen oder aber lediglich vorsichtig formulierte Aussagen abgeben.

7. Wenngleich die Zusammenhänge zwischen der allgemeinen Psychomotorik und der spezifischen Graphomotorik gar nicht so eng zu sein scheinen, wie man dies vermuten könnte (*Pawlik* et al. 1973), so ist es doch eine Erfahrungstatsache, daß die spezielle Art der (beruflichen) motorischen Betätigung eines Schreibers sich auch im Schriftbild niederschlagen kann.
   Insbesondere bei regelmäßig ausgeübter starker grobmotorischer Handarbeit können sich verständlicherweise in den Schriftzügen Anzeichen eines Schreibens mit einer "schweren Hand" zeigen. Umgekehrt muß sich aber eine besondere feinmotorische Hand- und Fingerfertigkeit keineswegs zwingend auch im Schriftbild niederschlagen.
8. Wie bei jeder motorischen Fertigkeit spielt natürlich auch das Ausmaß der Übung beim Schreiben eine nicht unbeträchtliche Rolle. Der Schreibungewohnte bleibt in der Regel der Schulschrift wesentlich stärker verhaftet als die häufig schreibende Person. Allerdings sind offenbar Flüssigkeit und Eigenprägung der Handschrift nicht allein vom Ausmaß der Schreibgeübtheit abhängig.
9. Endlich ist daran zu erinnern, daß alle Defekte der am Schreibprozeß beteiligten Teile des Nervensystems und des ausführenden Organs zu entsprechenden Störungen im Schriftbild führen können (*Leischner* 1957, *Suchenwirth* 1967).

Diese Übersicht macht aber zugleich deutlich, daß die Handschrift einer Person keineswegs schlechthin individuell ist. Gemeinsamkeiten zwischen Handschriften ergeben sich vielmehr vor allem durch Gleichheit oder Ähnlichkeit der Schulvorlage, nach der die Schrift erlernt wurde, durch bewußte oder unbewußte Anlehnung der Schrift an den Schriftstil bestimmter Nationen, Schichten und Einzelpersonen oder an den jeweiligen "Zeitstil", durch gleichartige Schreibgeübtheit und weiter durch anatomische, physiologische und pathologische Ähnlichkeiten.

Individualität der Schrift ist auch nicht durch die Singularität bestimmter Einzelmerkmale gegeben. Solche können zwar einen mehr oder minder großen Seltenheitswert haben, aber niemals als völlig individuell bezeichnet werden. Die Individualität einer Handschrift ist vielmehr durch die besondere *Konfiguration* ihrer graphischen Merkmale gegeben.

In diesem Zusammenhang sei auch gleich die Frage der sogenannten "Doppelgängerhandschrift" diskutiert, die in der Literatur des öfteren erörtert worden ist (*Saudek* 1933, *Ruml* 1935, *Jacoby* 1937, *Fanta* 1937, *Becker* 1957, *Brandt* 1977 a und *Schima* 1981 b),und die im Gerichtssaal ein nicht unbeliebtes Stichwort darstellt, um damit Schriftvergleichsgutachten in Frage zu stellen. Das Problem betrifft die allgemeine Frage, ob es zwei Menschen geben kann, deren Handschriften schlechthin voneinander nicht unterscheidbar sind. – In der Literatur und in der Praxis ist bislang kein einziger Fall bekannt geworden, bei dem man im strengen Sinne von einer "Doppelgängerhandschrift" sprechen könnte. Wohl aber findet man – und dies am ehesten bei eineiigen

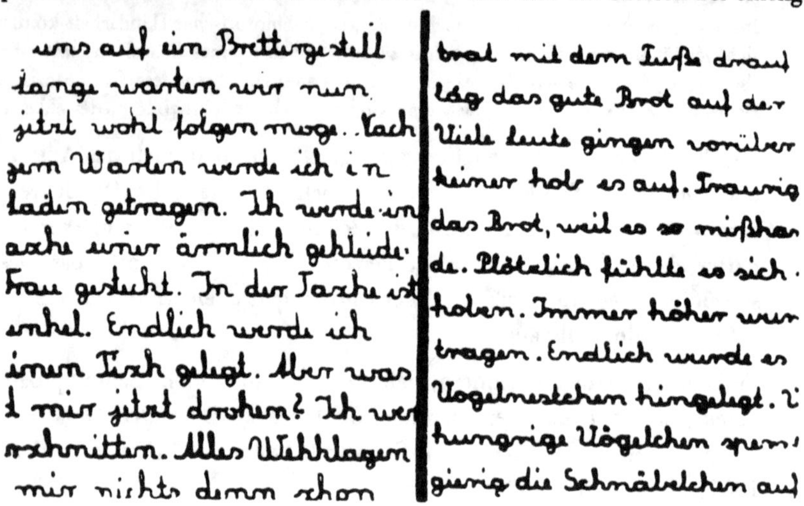

Abb. 1: Hohe allgemeine Ähnlichkeit in den Handschriften von 12jährigen weiblichen Zwillingen

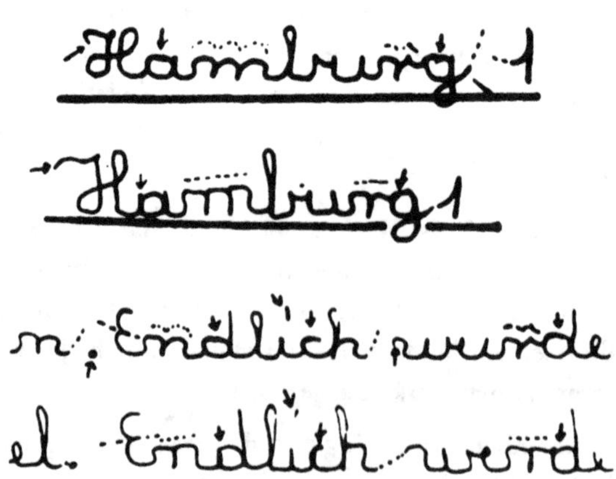

Abb. 2: Differenzierende Merkmale in Details der Zwillingshandschriften (Abb. 1 und 2 nach *Becker* 1957)

Zwillingen, gelegentlich aber auch bei sonstigen Verwandten und Eheleuten – Fälle von mehr oder minder großer Schriftähnlichkeit. Bei detaillierterer Analyse ergeben sich aber auch bei solchen Handschriften differenzierende graphische Merkmale. Ein Beispiel von Handschriften eineiiger weiblicher Zwillinge im Alter von zwölf Jahren, die auf den ersten Blick außerordentlich ähnlich erscheinen, findet man in Abbildung 1. Wie jedoch Abbildung 2 deutlich macht, ist im Detail eine Differenzierung zwischen den beiden Handschriften durchaus möglich.

Selbstverständlich kann rein theoretisch nicht ausgeschlossen werden, daß es dennoch irgendwann einmal einen Fall echter "Doppelgängerhandschrift" geben kann. Genauso wenig ließe sich aber strikt beweisen, daß zwei Personen daktyloskopisch doch keine Unterschiede in den üblicherweise berücksichtigten Merkmalen von Fingerabdrücken aufweisen. Ebenso könnten die Laufspuren von zwei Schußwaffen oder zwei Rißkanten zufällig völlig gleichartig sein (*Schima* 1981 b). Aber allein wegen solcher fiktiven Annahmen kann man nicht die Schriftvergleichung grundsätzlich in Frage stellen, wie dies z.B. *Peters* (1972, S. 182) und seine Schülerin *Lange* (1980, S. 147) glauben tun zu müssen, oder aber man müßte konsequenterweise gleiche Bedenken bei allen sonstigen Identifizierungsverfahren anmelden.

Von dem (Schein-) Problem der "Doppelgängerhandschrift" abzugrenzen ist die andere Frage, ob im konkreten Falle die zu untersuchende fragliche Schreibleistung, die ja nur eine Stichprobe der Schreibweise des Urhebers darstellt und zudem durch besondere äußere oder innere Bedingungen stark verzerrt sein kann, überhaupt ausreichend ist, um zu verbindlichen Aussagen über die Urheberschaft gelangen zu können. Im Extremfall kann also die Konfiguration der erfaßbaren graphischen Merkmale so gering und so unspezifisch sein, daß die Möglichkeit einer Schriftvergleichung ausgeschlossen werden muß. Einschränkungen ergeben sich vor allem einerseits bei sehr kurzen Schreibleistungen (z.B. eine einzelne unspezifische Ziffer, aber auch eine extrem vereinfachte Unterschrift wie in Abb. 3) und andererseits bei völlig entindividualisierter Schreibweise (z.B. mit Schreibschablonen hergestellte Schriftzüge). Auch dieses Problem hat die Schriftvergleichung mit allen anderen Identifizierungsverfahren gemeinsam, wenn nämlich die zu untersuchenden Spuren nur noch partiell erhalten oder zu unspezifisch sind.

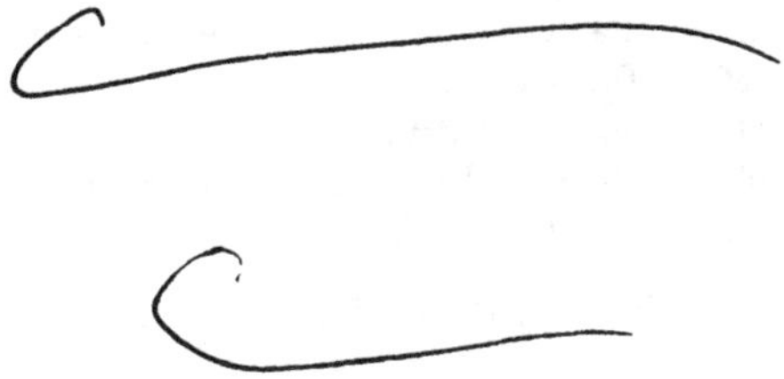

Abb. 3: Extrem vereinfachte und zugleich wenig konstante Unterschriften einer Ärztin

2. Konstanz und Variabilität der Handschrift

Die Handschrift einer Person ist nur relativ konstant. Konstanz ist in der Schrift niemals in dem Sinne gegeben, daß bei wortgleichen Schriftzügen völlige Deckungsgleichheit zu erwarten ist. Vielmehr weist jede Schrift auch unter gleichbleibenden Bedingungen eine mehr oder minder große natürliche Variationsbreite auf. Auch diese Tatsache ist aus dem Alltag durchaus geläufig: Vergleicht man die Namenszeichnungen ein und derselben Personen, so kann man bei allen unverkennbaren Gemeinsamkeiten doch feststellen, daß keine Unterschrift völlig identisch mit einer zweiten ist.

Meßtheoretisch gesehen handelt es sich dabei im Sinne der klassischen Testtheorie um ein Problem der Reliabilität (Zuverlässigkeit) graphischer Merkmale (*Gulliksen* 1950, *Michel* 1964 oder *Kerlinger* 1979). Reliabilität betrifft allgemein die Frage, in welchem Grade graphische Merkmale einer Handschrift tatsächlich urheberspezifisch, nicht also rein zufällig sind.

Anders formuliert: Im weitesten Sinne kennzeichnet Reliabilität das Ausmaß, in dem die interindividuelle Streuung der graphischen Merkmale durch "wahre" interindividuelle Unterschiede erklärbar, also nicht zufallsbestimmt ist. Wird als Streuungsmaß die Varianz (σ^2) verwendet, so kann Reliabilität unter den vereinfachenden Annahmen der klassischen Testtheorie als Anteilswert der "wahren" Varianz σ_w^2 an der Gesamtvarianz σ_t^2 bestimmt werden. Dieser Meßwert wird als Reliabilitätskoeffizient ϱ_{tt} bezeichnet:

$$\varrho_{tt} = \frac{\sigma_w^2}{\sigma_t^2}$$

Reliabilität beinhaltet nicht ein einheitliches Konzept, sondern ist vielmehr ein Oberbegriff für eine Reihe von Konzepten, die jeweils nur bestimmte Aspekte der Zuverlässigkeit betreffen. Die verschiedenen Verfahren zur Reliabilitätsschätzung berücksichtigen in unterschiedlicher Kombination die einzelnen Varianzanteile als "wahre" bzw. als "Zufalls-" oder "Fehler-" Varianz. Die resultierenden Reliabilitätskoeffizienten haben dementsprechend eine unterschiedliche Bedeutung und können einander nicht vertreten.

Für die Schriftvergleichung sind drei Reliabilitätsaspekte von Bedeutung, nämlich

1. Objektivität der Merkmalserfassung,
2. Interne Konsistenz graphischer Merkmale und
3. Stabilität graphischer Merkmale.

Diese drei Aspekte sollen uns im folgenden näher beschäftigen.

2.1 Objektivität der Merkmalserfassung

Objektivität wird in der deutschsprachigen Literatur häufig als ein gesonderter Aspekt betrachtet, der dem der Reliabilität neben- bzw. vorgeordnet ist. Er betrifft nämlich noch nicht die eigentliche Frage der Konstanz und Variabilität graphischer Merkmale, sondern inwieweit die Beobachter ein und derselben Schreibleistung in der Erfassung graphischer Merkmale übereinstimmen. Objektivität betrifft also den Grad der interpersonellen Übereinstimmung von Sachverständigen bei der Feststellung graphischer Merkmale.

Eine hochgradige interpersonelle Übereinstimmung (Interraterkonsistenz) ist verständlicherweise immer dann gewährleistet, wenn die graphischen Merkmale nach eindeutigen Meßvorschriften auf dem Niveau einer Intervallskala bestimmt werden. Unter solchen Bedingungen konnte beispielsweise *Birge* (1954) Objektivitätskoeffizienten zwischen .94 und .99 feststellen. Auch andere graphometrische Untersuchungen zeigen, daß die Beobachtungsfehler unter diesen Voraussetzungen ein Ausmaß nicht übersteigen, wie es üblicherweise in Naturwissenschaften anzutreffen ist. Eine Untersuchung von *Wallner* (1961 a) hat gezeigt, daß metrische graphische Merkmale auch sehr zuverlässig geschätzt werden können. Die durchschnittliche Korrelation zwischen Messung und Schätzung von elf metrisch erfaßbaren Schriftmerkmalen liegt nämlich bei r = .90.

Eine verminderte Objektivität findet man dagegen bei der Erfassung von Merkmalen, die nicht meßbar, sondern nur stufbar (Ordinalskala) oder klassifizierbar (Nominalskala) sind. (Hierzu *W. H. Müller* 1957, *Grünewald* 1961, *Wallner* 1961 b und c und 1962, *Conrad* 1964, *Timm* 1965, *Hofsommer* et al. 1965.) Insbesondere die Untersuchungen von *Wallner* (1961 c und 1962) machen deutlich, daß die Objektivität solcher Einschätzungen um so mehr abnimmt, je komplexer das zu schätzende graphische Merkmal ist. Erhebliche interpersonelle Unterschiede ergeben sich vor allem bei der Einschätzung allgemeiner Eindruckscharaktere oder Anmutungsqualitäten.

Solche globalen Schriftmerkmale, die für die graphologische Deutung bedeutsamer sein mögen, spielen für die Schriftvergleichung nur eine untergeordnete Rolle. Zumindest aber sollte man wissen, daß man sich bei der Beurteilung von allgemeinen Eindruckscharakteren auf einem unsicheren Boden bewegt. Dagegen liegen andererseits bislang leider keine Untersuchungen darüber vor, inwieweit Schriftsachverständige in der Erfassung von besonderen Merkmalsdetails, denen in der Schriftvergleichung besondere Relevanz zukommt, miteinander übereinstimmen. Aus der praktischen Erfahrung kann lediglich gesagt werden, daß weit eher zwischen verschiedenen Sachverständigen Diskrepanzen in der Einschätzung allgemeiner als spezieller graphischer Merkmale anzutreffen sind.

Eine Untersuchung zur Objektivität der Merkmalserfassung im Sinne der intraindividuellen Stabilität liegt bislang nur von *Drösler* (1960) vor. Bei einer wiederholten Merkmalseinschätzung von 15 meist einfachen metrischen Merkmalen durch einen Berufsgraphologen fand er einen durchschnittlichen Stabilitätskoeffizienten von .90. Auch die intraindividuelle Urteilsvariation scheint sich also in einem engeren Rahmen zu begrenzen.

Zusammenfassend ist festzustellen, daß die Objektivität graphischer Merkmalserfassung, soweit sie für die Schriftvergleichung relevant ist, einen Grad erreichen kann, der hinreichend verläßliche Beobachtungsdaten gewährleistet. *Pfanne* (1954, S. 64) hat in diesem Sinne schon formuliert: "Ob in den zu vergleichenden Schriften die graphischen Befunde übereinstimmen oder verschieden sind, darüber kann unter ausreichend geschulten Fachleuten keine Meinungsverschiedenheit bestehen."

2.2 Interne Konsistenz graphischer Merkmale

Dieser Aspekt der Reliabilität von Schriftmerkmalen wurde von *Seelig* (1935) durch das Begriffspaar "Simultankonstanz – Simultanvariablität" gekennzeichnet. Gemeint ist die Frage, inwieweit eine Schreibleistung in sich als homogen oder variabel bezeichnet werden muß.

Die Erfassung der internen Konsistenz kann entweder durch ein Halbierungsverfahren oder durch eine Analyse der Interitemkonsistenz erfolgen. Für Schriftmerkmale kommen praktisch wohl nur die zuerst genannten Verfahren in Betracht. Ein Halbierungsverfahren setzt die Möglichkeit einer Teilung der Schreibleistung in zwei gleichwertige Hälften voraus. Analog der bei Testanalysen verwendeten Odd-even method, bietet sich auch für Schreibleistungen eine entsprechende zeilenweise Aufteilung an. Um etwaige verlaufsabhängige Einflüsse auszuschalten, sollten die Zeilen auf die beiden Hälften A und B nach folgendem Schema aufgeteilt werden (*Cureton* 1958): ABBA ABBA ABBA ...

Systematische Reliabilitätsstudien nach dem Halbierungsverfahren liegen vor von *Fischer* (1962), *Timm* (1965), *Konttinen* (1968) und *Prystav* (1971). Alle Untersuchungen haben für die metrischen Handschriftmerkmale voll befriedigende Konsistenzen ergeben. Fast alle Koeffizienten liegen über .85, meist sogar über .90. Soweit jedoch graphische Schätzmerkmale einfacherer oder komplexerer Art berücksichtigt wurden (*Timm* 1965 und *Prystav* 1969), ergaben sich deutlich verminderte und zum Teil völlig unbefriedigende Konsistenzwerte, die jedoch offensichtlich nicht auf Inkonsistenzen im Schriftmaterial, sondern vielmehr auf Schätzfehler der Beurteiler (unzureichende Objektivität) zurückzuführen sind.

Obwohl wiederum bei den genannten Studien die für die Schriftvergleichung vor allem relevanten besonderen Merkmalsdetails nicht berücksichtigt wurden, lassen schon die vorliegenden Forschungsergebnisse eindeutig erkennen, daß die üblicherweise stillschweigend unterstellte Annahme einer Konsistenz von Schreibleistungen, die zu einem bestimmten Zeitpunkt und unter situativ gleichbleibenden Bedingungen entstanden sind, voll gerechtfertigt ist.

Wallner (1972, S. 520) formuliert in diesem Zusammenhang die Arbeitshypothese: "Die in einer Handschrift registrierbaren graphischen Variablen erscheinen in gleicher Ausprägung in allen vom selben Schrifturheber gleichzeitig produzierten Schriftproben." Er konnte diese Hypothese, die natürlich nur unter sonst vergleichbaren Bedingungen gilt, sehr eindrucksvoll bestätigen durch ein Datierungsexperiment des schwedischen Dichters *Birger Sjöberg* (*Norlén & Wallner* 1973 und 1974). (Hierzu weiterhin *Wallner* 1975 und *Michel* 1976.)

2.3 Stabilität graphischer Merkmale

Die Stabilität graphischer Merkmale betrifft die Frage nach der zeitlichen Konstanz von Schriftmerkmalen, die zu Beginn dieses Kapitels bereits schon kurz angesprochen wurde. Die allgemeine Frage lautet, inwieweit kann mit einer relativen Konstanz der Schriftmerkmale gerechnet werden (*Seelig* [1935] spricht in diesem Zusammenhang von "Sukzessivkonstanz"), inwieweit zeigen sich Wandlungen der Handschrift im Laufe der Zeit. Die Frage langfristiger Veränderungen der Handschrift ist nur schwer von dem Problemkreis situativer Schwankungen der Schriftmerkmale zu trennen. Natürlich können sich durch besondere innere oder äußere Schreibbedingungen auch nach sehr kurzen Zeitintervallen deutliche Änderungen im Schriftbild ergeben. Dieser Aspekt soll detailliert erst im dritten Abschnitt dieses Kapitels behandelt werden. Hier geht es zunächst primär um die Frage, inwieweit von relativ überdauernden graphischen Merkmalen gesprochen werden kann.

Neben dem zeitlichen Aspekt ist aber auch, was häufig übersehen wird, ein situationsspezifischer Aspekt zu beachten. Der Begriff "überdauernd" impliziert nämlich nicht nur eine Konstanz graphischer Merkmale über ein bestimmtes Zeitintervall, sondern auch über unterschiedliche Schreibsituationen. Es soll dabei zunächst von "normalen" Schreibbedingungen ausgegangen werden, die aber selbstverständlich auch immer eine mehr oder minder große Variabilität aufweisen, die sich im Schriftbild niederschlagen kann.

Fischer (1964) nahm von 140 Polizeischülern Schriftproben im Abstand von einer Woche unter sonst gleichen Bedingungen. Bei 20 allgemeinen metrischen

Schriftmerkmalen stellte er Stabilitätskoeffizienten zwischen .80 und .93 mit einem Mittelwert von .84 fest. Bei einem Zeitintervall von zehn Tagen zeigte sich bei *Fahrenberg & Conrad* (1965) ein vergleichbares Ergebnis: Für 26 metrisch erfaßbare Variablen ergaben sich Stabilitätskoeffizienten zwischen .62 und .95 mit einem Mittelwert von .81. – Die bislang umfangreichsten Stabilitätsuntersuchungen wurden von *Beiersdorf, Derleth* und *Küpper* am Psychologischen Institut der Universität Freiburg unter der Leitung von *Prystav* (1971) durchgeführt. Die Autoren ermittelten in unterschiedlichen Versuchssituationen bemerkenswert hohe Stabilitätskoeffizienten, die meist über .80, teilweise sogar über .90 liegen. Die Zeitintervalle variierten dabei zwischen 90 Minuten (*Beiersdorf*) und drei Wochen (*Derleth* und *Küpper*).

Zur Frage der Stabilität von Schriftmerkmalen über längere Zeiträume liegen bislang zwar noch keine systematischen Reliabilitätsuntersuchungen vor, jedoch lassen Schriftentwicklungsreihen erkennen, daß bei größer werdenden Zeitintervallen mit einer Verminderung der Stabilität zu rechnen ist. Solche Untersuchungen wurden u.a. von *Román-Goldzieher* (1936), *Hager* (1956 und 1957), *Grünewald* (1957), *Sokolova* (1963) und *Spieth* (1964) veröffentlicht. Es sei ferner auf die oben genannten Untersuchungen zur Entwicklung des Schreibens während der Kindheit und Jugendzeit verwiesen (S. 27). Diese Untersuchungen lassen weiterhin erkennen, worauf in diesem Kapitel schon einleitend hingewiesen wurde (S. 27), daß stärkere Schriftwandlungen vor allem im jüngeren und im höheren Lebensalter zu erwarten sind. Im mittleren Lebensalter ist dagegen in der Regel auch über längere Zeiträume mit einer relativen Stabilität zu rechnen, wenn nicht besondere exogene oder endogene Bedingungen auch die Graphomotorik mitbestimmen.

Für die Praxis der Schriftvergleichung ergibt sich aus den vorliegenden Untersuchungen eine Bestätigung der Forderung nach Vergleichsschriftmaterial, das nach Möglichkeit in größter zeitlicher Nähe mit der in Frage stehenden Schreibleistung gefertigt wurde, und zwar insbesondere dann, wenn sich der in Frage stehende Schreiber in einer Phase (vermutlich) stärkerer Schriftwandlung befand.

2.4 Individuelle Variabilität graphischer Merkmale

Wir haben die Frage der intraindividuellen Variabilität und Konstanz graphischer Merkmale bislang ausschließlich unter allgemeinen Gesichtspunkten erörtert. Es wurde also die Frage gestellt, inwieweit im allgemeinen Konsistenz und Stabilität von Schriftmerkmalen vorausgesetzt werden kann. Es war insbesondere *Heiß* (1943, 1948 und 1966), der zunächst unter graphologischen und diagnostischen Aspekten unter dem Begriff der "Wechselmerkmaligkeit" auf die Bedeutung der intraindividuellen Variabilität graphischer Merkmale und anderer Symptome hinwies.

Es ist wiederum eine alltägliche Erfahrungstatsache, daß es auf der einen Seite Schriften und Unterschriften von Personen gibt, die durch eine hohe Konstanz, ja sogar unbewegliche Starre gekennzeichnet sind und daß das andere Extrem Handschriften darstellen, die eine schillernde Variabilität aufweisen: Entweder weist das Schriftbild in sich vielfältige Wechselmerkmale auf, oder das Schriftbild ändert sich mehr oder minder von Situation zu Situation, endlich findet man zuweilen aber auch Simultan- und Sukzessivvariabilität nebeneinander. Variabilität und Konstanz müssen keineswegs für das gesamte Schriftbild kennzeichnend sein. Weit häufiger findet man Handschriften, bei denen einzelne graphische Merkmale durch relativ hohe Konstanz gekennzeichnet sind, andere dagegen durch eine höhere Variabilität.

Selbstverständlich sind für die schriftvergleichende Analyse im Einzelfall die individuelle Variabilität bzw. Konstanz der graphischen Merkmale von besonderer Bedeutung und müssen sorgfältig berücksichtigt werden. Im allgemeinen sind solche Merkmale verständlicherweise von besonderem Interesse, die für den jeweiligen Schreiber eine weitgehende Konstanz aufweisen. Auf der anderen Seite kann aber bei umfangreicheren fraglichen Schreibleistungen (Textschriftstücke oder Unterschriftsserien) gerade aber auch die Beachtung der Variabilität der einzelnen graphischen Merkmale entscheidende Hinweise für die Urheberschaft erbringen. Wenn die Eigenhändigkeit solcher Schriftstücke in Frage steht, kann das Fehlen oder das Vorhandensein der typischen graphischen Variabilität ein sehr wichtiges Indiz gegen oder für die Authentizität sein.

3. Veränderungen der Handschrift

Haben wir bisher die inter- und intraindividuelle Variabilität der Handschrift nur unter dem Aspekt "normaler", alltäglicher Schreibvollzüge betrachtet, so sollen im folgenden einerseits besondere äußere und innere Einflußgrößen erörtert werden, die das Schriftbild aktuell oder dauerhaft ungewollt verändern können, und andererseits die Möglichkeiten einer willkürlichen Veränderung der Handschrift.

Allgemein ist vorauszuschicken, daß eine eindeutige Trennung zwischen ungewollten und gewollten Schriftveränderungen keineswegs möglich ist, vielmehr findet man in der Regel eine mehr oder minder komplexe Wechselwirkung zwischen beiden Komponenten. Ohnehin ist die alternative Trennung in ungewollte und gewollte bzw. unwillkürliche und willkürliche Anteile beim Schreibakt eine Simplifizierung. Korrekter wäre es sicherlich, von einem Kontinuum auszugehen, doch würden die zu erörternden Tatbestände dadurch nicht an Klarheit gewinnen, so daß die vereinfachte Alternative beibehalten bleiben soll. – Einige Beispiele mögen das Wechselspiel zwischen (mehr) willkürlichen und (mehr) unwillkürlichen Komponenten beim Zustandekommen von veränderten Handschriften verdeutlichen.

Wenn eine Person in einem fahrenden Verkehrsmittel schreibt, so wird sie bemerken, daß sich durch die mechanischen Erschütterungen ihr Schriftbild ungewollt verändert. Die Einflüsse können so stark sein, daß das Schriftbild weitgehend unleserlich wird. Der Schreiber wird dementsprechend willkürlich versuchen, den Schreibvorgang trotz der mechanischen Behinderungen so zu beeinflussen, daß ein noch einigermaßen leserliches Schriftbild zustande kommt. Er wird sich allerdings bewußt kaum Gedanken darüber machen, welche speziellen graphomotorischen Maßnahmen er ergreifen muß, um dieses Ziel zu erreichen. Allenfalls wird er vielleicht willkürlich den Schreibvorgang verlangsamen, was aber zugleich unwillkürliche Begleiterscheinungen nach sich zieht. Der Schreiber wird weiterhin vermutlich unwillkürlich die Schreibimpulse verkürzen, wodurch die Schrift einen geringeren Verbundenheitsgrad erhält; er wird z.B. auch unwillkürlich den Schriftdruck verändern u.ä. Kurzum: Mechanisch ungünstige Schreibumstände können ungewollte Schriftveränderungen hervorrufen. Der Schreiber versucht, diese willkürlich zu kompensieren, die Ausführung dieses Zieles erfolgt jedoch überwiegend unwillkürlich. – Um ein ganz anderes Beispiel zu nennen: Es ist eine klinische Erfahrungstatsache, daß beispielsweise durch Hirnverletzungen hervorgerufene Schreibstörungen in zunehmendem Maße durch fortlaufende Übung wieder ausgeglichen werden können, wobei auch hier offensichtlich willkürliche und unwillkürliche Komponenten ineinandergreifen.

Umgekehrt ist es auch bei einer willkürlichen Veränderung der Schrift, z.B. mit der Absicht einer Schriftverstellung, keineswegs so, daß die einzelnen Merkmalsabweichungen tatsächlich willkürlich hervorgerufen werden. Schon *G. Meyer* (1900) und insbesondere *Pfanne* (1971 a) haben in besonderem Maße auf die stets anzutreffenden unwillkürlichen Begleiterscheinungen bei vorsätzlicher Schriftveränderung hingewiesen. – Ganz Entsprechendes gilt für willkürliche Nachahmung fremder Handschriften, z.B. bei Unterschriftsfälschungen.

3.1 Veränderungen der Handschrift durch besondere äußere oder innere Schreibbedingungen

Es gibt zunächst eine ganze Reihe von äußeren Schreibbedingungen, die sich direkt mechanisch hinderlich auf das Schreibgeschehen auswirken. Hierzu sind insbesondere zu rechnen:

– Ungünstige oder ungewohnte Körperhaltung.

Üblicherweise werden Schreibleistungen sitzend an einem Schreibtisch gefertigt. Schon die Tatsache, daß Schriftzüge stehend an einem Tisch oder an einer Wand oder in ähnlichen ungünstigen Positionen gefertigt wurden, kann, insbesondere wegen der ungewohnten Handhaltung, zu Veränderungen des Schriftbildes führen.

– Besondere oder fehlende Schreibunterlage.

Diese Entstehungsbedingung steht oft in engem Zusammenhang mit der ersteren. So ergeben sich z.B. beim Schreiben in der Hand, auf den Knien oder auf dem Rücken einer Hilfsperson Unsicherheiten in der Schreibunterlage. Störungen können sich aber auch ergeben, wenn Schreibleistungen z.B. auf Tisch- oder Ziertüchern, auf stärker gemasertem Holz, auf ungeschliffenen Natursteinen, auf Säcken oder sonstigen unebenen Schreibunterlagen gefertigt werden.

– Schreiben bei körperlichen Erschütterungen.

Die beiden ersten Momente können zusammenkommen bei Schreibleistungen, die in einem fahrenden Verkehrsmittel, während des Gehens oder Laufens oder bei sonstigen körperlichen Erschütterungen zustande gekommen sind.

– Besonderheiten des Schreibgerätes.

Auch Funktionsmängel des Schreibgerätes (wie z.B. mangelnder oder überschüssiger Pasten- oder Tintenfluß), mechanische Beschädigungen des Schreibgerätes (so z.B. auch schlecht gespitzte Bleistifte) oder aber einfach Unvertrautheit mit dem ad hoc verwendeten Schreibgerät können zu Veränderungen des Schriftbildes führen, die sorgfältig von Abweichungen aus anderen Ursachen (z.B. Schriftnachahmung) zu trennen sind.

– Besonderheiten des Schriftträgers.

Wird nicht ein normales, höherwertiges Schreibpapier als Schriftträger verwendet, können auch Unebenheiten des Schriftträgers, Rauhigkeit oder aber auch übermäßige Glätte oder Fettantragungen für Schriftveränderungen mit verantwortlich sein.

– Direkter mechanischer Einfluß durch eine dritte Person.

Eine Schreibhilfe durch eine dritte Person kommt insbesondere bei älteren oder akut nicht oder nur eingeschränkt schreibfähigen Personen in Betracht. Insbesondere bei strittigen Testamenten kann sich dabei die Frage einer Differenzierung zwischen einer zulässigen Handstützung und einer unzulässigen Handführung stellen. Diese Frage wird im Zusammenhang mit Testamentsprüfungen ausführlicher zu erörtern sein.

Daneben gibt es eine Reihe von äußeren Einflußgrößen, die jedoch nicht direkt mechanisch auf den Schreibvorgang einwirken, sondern indirekt über die am Schreibprozeß beteiligten Teile des Nervensystems und der Muskulatur Veränderungen im Schriftbild bewirken können. Gleichartige Wirkungen können aber auch innere Faktoren hervorrufen, wie z.B. endogene hirnorganische Prozesse oder Altersabbauerscheinungen. Es wird in diesem Falle jedoch sehr schwierig, zwischen exogenen und endogenen Einflußgrößen zu unterscheiden. Einerseits können nämlich z.B. bestimmte psychische Tatbestände, die sich im

Schriftbild niederschlagen können, wie z.B. Stimmungen, sowohl exogener als auch endogener Art sein. Zudem ist bei einer Reihe von psychopathologischen Erscheinungen, die Auswirkungen auf den Schreibvollzug haben, nicht gesichert bekannt, ob diese exogen oder endogen hervorgerufen werden oder aber eine Wechselwirkung zwischen inneren und äußeren Einflüssen besteht. Es soll daher auf eine weitere Differenzierung dieser Einflußgrößen verzichtet werden. Es wird lediglich bei der folgenden Aufstellung begonnen mit Bedingungen, die rein exogene Einflüsse auf die am Schreibprozeß beteiligten Teile des Nervensystems und der Muskulatur darstellen, und die Aufstellung wird beendet mit solchen Einflußgrößen, die vermutlich primär als endogen anzusehen sind.

– Direkte Beeinträchtigung der Schreibmotorik durch Umwelteinflüsse.

  Als Beispiele sind zu nennen: Vergröberung oder Verunsicherung der Schrift durch vorhergehende starke Beanspruchung der beim Schreiben beteiligten Muskulatur oder beim Schreiben unter ungünstigen klimatischen Bedingungen (z.B. Schreiben mit "klammen" Fingern).

– Fehlen oder Beeinträchtung der visuellen Kontrolle des Schreibvorganges.

  Solche Beeinträchtigungen ergeben sich z.B. beim Schreiben ohne die benötigte Brille, bei unzureichender Beleuchtung oder Dunkelheit.

– Sonstige beeinträchtigende Umwelteinflüsse.

  Hierzu wären z.B. Lärm oder sonstige ungünstige Umwelteinflüsse zu rechnen, die den Schreiber bei seiner Konzentration auf die Schreibhandlung beeinträchtigen.

– Einfluß bestimmter Pharmaka.

  In der Praxis am häufigsten spielt die Veränderung der Handschrift durch Alkoholeinfluß eine Rolle. Daneben sind aber auch Schriftveränderungen aufgrund der Wirkungen von Drogen (im engeren Sinne), von Medikamenten und Giften zu berücksichtigen.

– Besondere psychische oder psychosomatische Bedingungen.

  Hierzu sind einerseits z.B. aktuelle Zustände der Erregung, der Hast, Streßsituationen, Euphorie und Niedergeschlagenheit sowie aktuelle Ermüdungs- und Erschöpfungszustände, andererseits aber auch alle Arten von relativ überdauernden psychosomatischen Erkrankungen, die Rückwirkungen auf die Graphomotorik haben können, zu rechnen.

– Schreiben unter Hypnose oder hypnoseähnlichen Zuständen.

  Diese Bedingung wird der Vollständigkeit halber aufgeführt, obwohl sie für die Praxis der Schriftvergleichung kaum Bedeutung haben dürfte. Hypnoseschriften können aber für die Grundlagenforschung, insbesondere der Graphologie, von Interesse sein.

- Schreiben mit der schreibungewohnten Hand oder einem anderen Körperteil.

  Bei vorübergehender Schreibunfähigkeit der schreibgewohnten Hand oder Amputation muß der Schreiber zeitweise oder dauerhaft die schreibungewohnte Hand verwenden. Bei Schreibunfähigkeit oder Amputation beider Arme ist ein Schreiben mit dem Mund oder den Füßen möglich. (Der Gebrauch schreibungewohnter Körperteile zum Schreiben kann auch vorsätzlich erfolgen; s. Schriftverstellung.)

- Verletzungen oder Erkrankungen des ausführenden Organs.

  Hierunter sind alle Verletzungen und Erkrankungen zu rechnen, die zu einer Beeinträchtigung der Bewegungsfähigkeit beim Schreibakt führen.

- Läsionen oder Erkrankungen der am Schreibprozeß beteiligten Teile des Nervensystems.

  Wie oben dargelegt wurde, sind sehr vielfältige nervöse Leistungen am Zustandekommen der Schreibbewegung beteiligt. Dementsprechend können sehr verschiedenartige Schädigungen des Nervensystems Rückwirkungen auf die Graphomotorik haben.

- Altersabbauerscheinungen der am Schreibprozeß beteiligten Teile des Nervensystems oder des ausführenden Organs.

  Verständlicherweise ist hier eine Abgrenzung gegenüber Krankheitserscheinungen in der Regel nur sehr unsicher möglich.

Es ist innerhalb dieser Einführung unmöglich, die bisher vorliegenden kasuistischen und experimentellen Forschungsergebnisse zu Fragen der Veränderung der Handschrift durch besondere äußere oder innere Schreibbedingungen systematisch zu referieren, zumal die mitgeteilten Befunde oft keineswegs einheitlich sind und einer differenzierteren Erörterung bedürften. Solche Diskrepanzen in den Forschungsresultaten haben verschiedene Ursachen. Einerseits sind sie in der Methodik der Untersuchungen zu suchen, die sich nach Art der Durchführung, der Befunderhebung und der Datenaufbereitung nicht unbeträchtlich unterscheiden. Auch die untersuchten Populationen unterscheiden sich erheblich und sind oft gar nicht bekannt, weil Stichproben aufs Geratewohl gezogen wurden. Nicht selten ist auch eine unkontrollierbare Konfundierung mit anderen Variablen festzustellen (so läßt sich z.B. bei Patientengruppen oft nicht trennen, welche graphischen Effekte auf Krankheitseinflüsse und welche auf medikamentöse oder sonstige therapeutische Einflüsse zurückzuführen sind).

Darüber hinaus muß aber offenbar mit beträchtlichen interindividuellen Unterschieden gerechnet werden, wie und vor allem in welchem Ausmaß der einzelne Schreiber auf besondere äußere und innere Schreibbedingungen reagiert. Die vorliegenden Untersuchungen zeigen, daß ein und dieselben Einflußgrößen in recht unterschiedlichem Ausmaße auf die individuelle Graphomotorik einwirken und ebenso unterschiedliche willkürliche Kompensationsmöglichkeiten und -bereitschaften bei den Individuen und in den jeweiligen Situationen auslösen können. Die Situation kann noch wesentlich komplexer werden, wenn – wie dies keineswegs ungewöhnlich ist – mit einer Überlagerung unterschiedlicher äußerer und innerer Einflußgrößen gerechnet werden muß.

Prinzipiell muß daher vor einer vorschnellen Verallgemeinerung von Untersuchungsresultaten gewarnt werden, die unter einer speziellen Bedingungskonstellation gewonnen wurden. Insbesondere sollte man aus einzelnen empirischen Untersuchungen nicht, wie dies in der Vergangenheit in der Schriftvergleichung gern getan wurde, sogleich versuchen, allgemeine "Gesetzmäßigkeiten" abzuleiten.

Obwohl sich viele besondere Schreibbedingungen in der Regel in bestimmten graphischen Merkmalen niederschlagen, wäre es dennoch verfehlt, von einer strengen Kausalbeziehung zu sprechen. In vielen Fällen ist es nicht oder nur sehr eingeschränkt möglich, aufgrund festgestellter Merkmalsabweichungen die Ursache oder den Ursachenkomplex für solche Veränderungen des Schriftbildes zu bestimmen. Auch relativ unterschiedliche Einflußgrößen können nämlich recht ähnliche graphische Veränderungen bewirken, so daß eine Differenzierung oft nicht möglich ist. So können nur in Ausnahmefällen Schriftmerkmale, die auf graphomotorische Störungen hinweisen, bestimmten Krankheitsbildern zugeordnet werden. Weiterhin lassen sich beispielsweise akute Erregungs- oder Rauschzustände im Schriftbild erkennen, meist aber nicht Ursache und Art solcher Zustände.

Liegen jedoch Aussagen über die angeblichen oder vermuteten Schreibbedingungen vor, unter denen eine Schreibleistung zustande gekommen sein soll, ist weit häufiger feststellbar, ob die Schriftbesonderheiten durch solche situativen Einflüsse erklärt werden können oder nicht. Insbesondere ist es in der Regel möglich, echte, durch besondere Schreibbedingungen hervorgerufene graphische Abweichungen von solchen zu unterscheiden, die nur willkürlich vorgetäuscht wurden, wie z.B. imitierter Alterstremor oder vorgespielter Alkoholeinfluß.

Um dem Leser wenigstens den Einstieg in die relativ weit verstreute Literatur zu erleichtern, wird eine Übersicht über die wichtigsten Arbeiten zu Veränderungen der Handschrift unter den verschiedenen besonderen äußeren und inneren Schreibbedingungen gegeben.

ÜBERSICHT ÜBER UNTERSUCHUNGEN ZUR VERÄNDERUNG DER HANDSCHRIFT DURCH BESONDERE ÄUSSERE ODER INNERE SCHREIBBEDINGUNGEN

AUTOR BEDINGUNGSVARIATION

(K: Arbeiten kasuistischer Natur: Falldarstellungen oder allgemeine Erfahrungsberichte; E: Experimentelle Untersuchungen)

AUTOR	BEDINGUNGSVARIATION
Ungünstige oder ungewohnte Körperhaltung	
Kaiser (1932) K	Haltung des Armes, der Hand und der Finger sowie Federhaltung zwischen den Fingern
Luthe (1953) K	Körperhaltung, Lagerung des Schreibgerätes, Finger- und Handstellung, Position der Fingerspitzen am Schreibgerät, Handrichtung und Richtung sowie Neigungswinkel des Schreibgerätes
Deutschmann et al. (1965) E	Stehende Körperhaltung: Schreiben am Tisch, an der Wand und in der Hand. Schreiben auf den Knien (s.a. Conrad 1970 und 1971 sowie Michel 1968 und 1970)
Michel et al. (1979) E	Stehende Körperhaltung; Schreiben am Tisch und an der Wand (s.a. Baier 1979)

AUTOR	BEDINGUNGSVARIATION
Besondere oder fehlende Schreibunterlage	
Schneickert (1908) K	Buchunterlagen mit unterschiedlicher Körnelung (Reihenabstand und Kreuzungswinkel)
Ledden-Hulsebosch (1939) K	Senkrechte Schreibunterlage (an der Wand)
Langenbruch (1944) K	Unterschiedliche Schreibunterlagen
Pokorny (1963) K	Lage des Schreibpapiers (Winkel des Papierrandes zum Schreibenden)
Deutschmann et al. (1965) E	Harte und weiche Schreibunterlage an der Wand, in der Hand und auf den Knien (s.a. Conrad 1970 und 1971 sowie Michel 1968 und 1970)
Michel et al. (1979) E	Senkrechte Schreibunterlage (an der Wand) (s.a. Baier 1979)

Schreiben bei körperlichen Erschütterungen

Wittlich (1948) K	Schreibunterlage mit hoher Bewegungsfrequenz

Besonderheiten des Schreibgerätes

Delhougne (1908 ff.) K	Federbeschaffenheit
Woods (1953) E	Rote, schwarze, grüne Tinte (keine signifikanten Unterschiede)
Käser-Hofstetter (1955) K	Kugelschreiber
Weiss-Mossdorf (1955) K	Technische Störungen an Kugelschreibern
Legrün (1956 c) E	Art der Federspitze (spitz, mittelbreit und breit)
Mally (1956) K	Kugelschreiber
Etman (1962) E	Füllfederhalter und Kugelschreiber
Deutschmann et al. (1965) E	Federhalter, Kugelschreiber und Kopierstift (s.a. Conrad 1970 und 1971 sowie Michel 1968 und 1970)
Mathyer (1966) E	Sieben unterschiedliche Schreibgeräte
Rautenberg & Howorka (1971) K	Verschiedene Filz- und Faserschreiber
Edelmann (1972) E	Griffel und Bleistift im Erstschreibunterricht
Müller & Enskat (1973) K	Unterschiedliche Schreibgeräte

Direkter mechanischer Einfluß durch eine dritte Person

Buhtz (1931) E	Handführung und Handstützung

Direkter mechanischer Einfluß durch eine dritte Person (Fortsetzung)	
R.M. Mayer (1934) K	Handführung und Handstützung
Sellers (1962) K	Schreibhilfe bei Unterschriften
Mathyer (1963) K	Handführung und Handstützung
Bein (1970 a) K	Handführung und Handstützung
Blind (1972) E	Handführung und Handstützung
Michel (1978 a) E	Handführung und Handstützung

Direkte Beeinträchtigung der Schreibmotorik durch Umwelteinflüsse	
Bousfield (1932) E	Vorhergehende körperliche Anstrengung (Ergometer-Experimente von unterschiedlicher Dauer)

Fehlen oder Beeinträchtigung der visuellen Kontrolle des Schreibvorganges	
Werner (1937) E	Fehlende visuelle Kontrolle (Dunkelheit)
Hofstätter (1940) E	Fehlende visuelle Kontrolle (Dunkelheit)
Zuberbier & Grünewald (1964) E	Fehlende visuelle Kontrolle (Dunkelheit)
Grünewald & Zuberbier (1965) E	Fehlende visuelle Kontrolle (Dunkelheit)
Beacom (1967) K	Fehlende Sehfähigkeit (Blinde)
Caponi (1972) K	Beeinträchtigte visuelle Kontrolle durch Grauen Star
Michel et al. (1979) E	Beeinträchtigte visuelle Kontrolle durch Brille bzw. Brillenvorsatz mit +10 Dioptrien

Fehlen oder Beeinträchtigung der visuellen Kontrolle des Schreibvorganges (Fortsetzung)

Baier (1980 a) E	Beeinträchtigte visuelle Kontrolle durch Brille bzw. Brillenvorsatz mit +10 Dioptrien

Sonstige beeinträchtigende Umwelteinflüsse

Stern (1926) E	Abnehmender Sauerstoffgehalt der Atemluft
Schindl (1951) E	Sauerstoffmangel und Luftdruckverminderung
Altukhov (1965) K	Raumflug
Jansen & Hoffmann (1965) E	Lärm (Breitbandgeräusch 75 und 95 dB, Oktavbandgeräusch 95 dB, Terzbandgeräusch 95 dB und Sinuston 95 dB)

Alkoholeinfluß

M. Mayer (1901) K	Alkoholbelastung im Selbstversuch
G. Meyer (1909 b) K	Alkoholeinfluß im Anregungs- und Lähmungsstadium
Mauerhofer (1951) K	Unterschiedliche Alkoholbelastung
Rabin & Blair (1953) E	Blutalkoholkonzentration (BAK): 0,54-1,75 %o (Text- und Unterschriften)
de Trey (1954) E	BAK: 0,8-1,4 %o
Schweitzer (1955) E	BAK: ab 0,9 %o
Händel (1956) K	Alkoholbelastung bei Unterschriftsleistung
Gerchow & Wittlich (1957) E	BAK: 0,4-1,5 %o (Schriftänderungstest)

Alkoholeinfluß (Fortsetzung)

Gerchow (1959) E	BAK: ab 0,5 ‰ (Schriftänderungstest)
Grünewald (1959 b) E	Trennung in die Phase der bewegungsentfaltenden und der bewegungslähmenden Wirkung des Alkohols
Tripp et al. (1959) E	Alkoholgabe: 1g/1kg Körpergewicht
Gerchow & Wittlich (1960) E	BAK: 0,4-1 ‰ (Schriftänderungstest)
Wittlich (1961) E	BAK: 1-1,5 ‰ (Schriftänderungstest)
Legrün (1963) K	Alkoholbelastung (Einzelfalldarstellung)
Dennemark (1964) E	BAK: 0,25-2 ‰ (Unterscheidung von Vagotonikern und Sympathotonikern)
Wittlich (1967) E	BAK: 1,8 ‰ (Schriftänderungstest)
Baier et al. (1972) E	BAK: 1,2 ‰ (Text- und Unterschriften)
Bosch et al. (1974) E	Schreibdruckmessungen bei Alkoholbelastung
Neudert (1974) K	Unterschiedliche Alkoholbelastungen
Conrad (1975 b) E	BAK: 1,2 ‰ (Alkoholbedingte Variabilität bei authentischen und gefälschten Unterschriften)
Conrad & Baier (1975) E	BAK: 1-1,2 ‰ (Schreibdruckuntersuchungen unter zusätzlicher Berücksichtigung von Alter und Geschlecht)
Conrad & Mayer (1975) E	BAK: 1,2 ‰
Michel et al. (1979) E	BAK: bis 2 ‰ (Berücksichtigung vielfältiger Wechselwirkungen)
Baier (1980 a) E	BAK: bis 2 ‰ (Schreibdruckmessung unter Berücksichtigung vielfältiger Wechselwirkungen)

Einfluß sonstiger Pharmaka

Ammann (1916) K	Bromvergiftung
Neudert (1959) K	Gifteinwirkung
Lang (1961) K	Krisenhafte Zustände bei Vergiftungen und internen Erkrankungen
Puri (1965) K	Verschiedene Gifteinwirkungen
Haase (1954) E	Neuroleptika (Megaphen- bzw. Largactil-Dauerbehandlung bei psychomotorischem Parkinsonsyndrom)
Haase (1961) E	Neuroleptika (Differenzierung nach Diagnose, Versuchsdauer und Art des Medikaments)
Suchenwirth (1967) E	Neuroleptika (Chlorprothixene)
Haase (1979) E	Neuroleptika (Zusammenfassende Darstellung der bisherigen Untersuchungsergebnisse)
Legień & Pobacha (1981) E	Neuroleptika (Behandlung von Schizophrenen mit steigenden Dosen)
Hirsch et al. (1956) E	Psychodysleptika (LSD-25 und sechs verwandte Drogen)
Fisher et al. (1966) K	Psychodysleptika (Psilocybin)
Suchenwirth (1967) E	Psychodysleptika (Psilocybin)
Breil (1970) E	Psychodysleptika (LSD)
Purtell (1965) K	Einfluß von verschiedenen Drogen
Dhawan et al. (1969) E	Einfluß von vier zentral wirkenden Drogen
Erismann & Hofmann (1975) K	Einnahme des Inhalts von Asthmazigaretten

Einfluß sonstiger Pharmaka (Fortsetzung)

Legien (1977 a u. b) E	Einfluß verschiedener Drogen (LSD, Heroin, Meskaline und Psilocybine) bei Drogenabhängigen
Seufert (1977) K	Einfluß verschiedener Drogen auf Drogenabhängige
Foley & Miller (1978) K	Rauchen von Marihuana
Fahrenberg & Prystav (1966) E	Tranquilizer
Goetschel (1967) K	Tranquilizer (Valium)
Suchenwirth (1967) E	Tranquilizer (Valium)
Grünewald & Mücher (1964 a) E	Psychotonika (Peripherin-Homburg)
Suchenwirth (1967) E	Thymoleptika (Amitriptyline)
Suchenwirth (1967) E	Barbituratwirkung
Wennemar (1981) E	Einnahme von hirndurchblutungsfördernden und herzkraftsteigernden Medikamenten
Grünewald (1959 b) E	Verschiedene Pharmaka (Sammelreferat über eigene Untersuchungen)

Besondere psychische oder psychosomatische Bedingungen

Anmerkung: In diesem Bereich werden im folgenden nur experimentelle Untersuchungen berücksichtigt. Darüber hinaus gibt es in der graphologischen Literatur noch zahlreiche kasuistische Beiträge.

B. Mueller (1933) E	Schreibeile: Normalschrift vs. Eileschrift
Göttel (1933) E	Schreibeile: Normalschrift vs. Eileschrift

Besondere psychische oder psychosomatische Bedingungen (Fortsetzung)

Stracke (1933) E	Schreibeile: Normalschrift vs. Eileschrift
Ostermeyer (1937) E	Schreibeile: Normalschrift vs. Eileschrift
Fischer (1964) E	Schreibeile: Normalschrift vs. Eileschrift
Göttel (1933) E	Geistige und manuelle Nebentätigkeiten
Stracke (1933) E	Geistige und manuelle Nebentätigkeiten
Voigt (1955) E	Ermüdung nach längerer Aufmerksamkeitsanspannung: Drei Stunden Pauli-Test (Rechenprobe) mit und ohne Pausen
Grünewald (1959 a) E	Auswirkungen von Belastungs- und Überforderungsreaktionen bei Hirnverletzten und Gesunden (Ermüdung nach distributiver Aufmerksamkeitsleistung)
Zuberbier (1957) E	Schreibmotorik Depressiver
Zuberbier (1960) E	Einwirkung von Stimmungsfaktoren: "Dramatische" und "lyrische" Stimmungslage
Mücher et al. (1964) E	Angst: Experimentell induzierte Claustrophobie
Paul-Mengelberg (1965) E	Außergewöhnliche körperliche und psychische Belastungen (Spätheimkehrer und politisch Verfolgte)

Schreiben unter Hypnose oder hypnoseähnlichen Zuständen

Fanta & Fürst (1935) K	Hypnose: Niederschrift eines Textes ohne oder gegen den Willen des Schreibenden, Veränderung der Handschrift durch Hypnoseeinfluß, keine Steigerung der Nachahmungsfähigkeit
Stokvis (1943) E	Hypnose: Lebensbejahende und lebensverneinende Haltung
Lacy (1944) K	Schreiben und Fälschen unter Hypnoseeinfluß

Schreiben unter Hypnose oder hypnoseähnlichen Zuständen (Fortsetzung)

Kluge & Steinwachs (1952) E	Schreibpsychomotorische Veränderungen in Hypnose. Suggestion von fünf Bildersphären: König, Tänzer, Bettler, zehnjähriges Kind, Achtzehnjähriger
Gajwani & Sukerker (1974) K	Automatisches Schreiben während eines Trancezustandes

Verletzungen oder Erkrankungen des ausführenden Organs

Stein Lewinson (1937) K	Chronische Arthritis
Gottschalk et al. (1949) K	Rheumatoide Arthritis
Stein Lewinson (1980) E	Arthritis
Kelly (1975) K	Einfluß von künstlichen Hilfen und Prothesen auf Unterschriften

Schreiben mit der schreibungewohnten Hand oder einem anderen Körperteil

Preyer (1895) E	Schreiben mit schreibungewohnten Organen (Hand, Fuß und Mund)
G. Meyer (1909 c) K	Schriftverstellung durch Schreiben mit der linken Hand
Ruml (1936) K	Links- und Rechtshandschrift ein und derselben Person
Beacom (1961) K	Falldarstellung: Schreiben mit der linken Hand?
Stangohr (1968) K	Schreiben mit der schreibungewohnten Hand
Paul-Mengelberg (1970) K	Linkshändiges Schreiben

Schreiben mit der schreibungewohnten Hand oder einem anderen Körperteil (Fortsetzung)	
Hotimsky (1972) K	Schriftverstellung durch linkshändiges Schreiben
Brandt (1976 b) E	Schreiben mit der schreibungewohnten Hand

Läsionen und Erkrankungen der am Schreibprozeß beteiligten Teile des Nervensystems	
Hilton (1958) K	Einfluß schwerer Erkrankungen
Lang (1961) K	Krisenhafte Zustände bei internen Erkrankungen
Neudert (1974) K	Schädigende endogene und exogene Einflüsse verschiedener Art
Román-Goldzieher (1937) K	Verschiedene Hirnverletzungen
Suchenwirth (1967 u. 1981 a,b) K	Hirn- und Rückenmarkserkrankungen aller Art
Skoda-Somogyi (1979) K	Hirnorganische Veränderungen
Pakesch (1960) K	Cerebralsklerotiker
Häufler (1970) K	Cerebralsklerotiker
Leischner (1957 und 1979) K	Linguistische und konstruktive Agraphien
Paskind & Brown (1940) K	Parkinson-Krankheit
Eliasberg (1959) K	Parkinson-Krankheit
Eliasberg et al. (1961) K	Parkinson-Krankheit
Stein Lewinson (1980) K	Parkinson-Krankheit
Schuppius (1912) K	Epilepsie

Läsionen oder Erkrankungen der am Schreibprozeß beteiligten Teile des Nervensystems (Fortsetzung)	
Spitznagel (1958) E	Epilepsie
Breil (1960) K	Genuine Epilepsie
Stainbrook & Löwenbach (1944) K	Elektroschock
Grünewald (1961) E	Elektroschock
Grünewald & Mücher (1964 b) E	Elektroschock
Legrün (1958 b) E	Schriftveränderung kurz vor dem Tode bei Arteriosklerose
Paul-Mengelberg (1976) K	Chronischer Alkoholismus

Altersabbauerscheinungen der am Schreibprozeß beteiligten Teile des Nervensystems oder des ausführenden Organs	
Pophal (1944) K	Höheres Lebensalter (Differenzierung nach chronologischem und biologischem Alter)
Birren & Botwinick (1950 und 1951) E	Schreibgeschwindigkeitsmessungen bei Personen im Alter von 15 bis 89 Jahren
Doubrawa (1972) E	Ältere Männer und Frauen (Längsschnittuntersuchung der Altersgruppen 60 bis 65 und 70 bis 75 Jahre mit Schreibzeit- und Schreibdruckmessungen)
Paul-Mengelberg (1972 a) E	Schreibmotorik älterer Menschen
Mayer (1975)	Alters- und krankheitsbedingte Veränderungen der Handschrift (Sammelreferat)
Doubrawa (1977) E	Ältere Männer und Frauen (Längsschnittstudie mit 60 bis 77jährigen unter Berücksichtigung von Geschlecht, Gesundheitszustand und sozioökonomischem Status)

3.2 Willkürliche Veränderungen der Handschrift

Partielle und globale Veränderungen der Handschrift können mit unterschiedlichen Motivationen und Zielsetzungen erfolgen.

1. Insbesondere während der Schriftentwicklung in der Jugend findet man derartige Veränderungen in dem Bestreben, seiner Schrift – besonders häufig auch seiner Unterschrift – ein eigenes Gepräge zu geben. Nicht selten werden dabei, wie schon oben erwähnt, Vorbilder aus den Schriften anderer Personen übernommen, oder es kommt sogar zu weitgehenden Schriftangleichungen.

   Ein Teil solcher Veränderungen ist freilich nur mehr oder minder kurzlebig, während andere relativ überdauernd im Schriftbild erhalten bleiben. – Einen Sonderfall willkürlicher Schriftveränderung stellt die sogenannte "erworbene Schrift" dar (*Klages* 1956). Ohne auf alle Details einzugehen, die primär für die charakterdeutende Graphologie von Bedeutung sind, sei hier nur festgehalten, daß es sich dabei um relativ überdauernde künstliche Umgestaltungen der Schrift mit dem Ziel einer "Verschönerung" handelt (hierzu auch *Pfanne* 1961, S. 75 f.).

2. Schriftveränderungen können aber auch ad hoc mit verschiedenartigen Vorsätzen erfolgen, z.B. besonders deutlich, gefällig oder klein zu schreiben. Hierzu kann auch die Wahl eines Schriftsystems gehören, das der Schreiber üblicherweise nicht verwendet (wie z.B. Blockschrift).

   Typische Beispiele für Bemühungen um ein "gepflegtes Schriftbild" findet man häufig bei Bewerbungsschreiben, bei Eintragungen in Poesiealben oder Gästebüchern. Auch bei der Errichtung von Testamenten oder anderen besonders wichtigen Schriftstücken findet man zuweilen Schriftzüge, die gegenüber sonstigen Alltagsaufzeichnungen unverkennbar sorgsamer und bedächtiger gefertigt wurden. – Endlich findet man, um ein weiteres Beispiel zu nennen, bei Schreiben, die an noch wenig lesekundige Kinder gerichtet sind, eine willkürliche stärkere Anlehnung an die Schulvorlage. – Weiterhin können verschiedenartige Vordrucke zu einer Veränderung der üblichen Schreibgewohnheiten führen (insbesondere Anpassung hinsichtlich der vertikalen und horizontalen Ausdehnung). Zudem wird in solchen Formularen häufig zu einer bestimmten deutlichen Schrift aufgefordert.

3. Während mit den zuerst genannten Schriftveränderungen keine Täuschungsabsichten verfolgt werden, liegt ein solcher Vorsatz bei einer willkürlichen Schriftverstellung vor. Eine solche Schriftveränderung erfolgt nämlich in der Absicht, die Schrifturheberschaft unkenntlich zu machen. Da die Frage der Schriftverstellung noch ausführlicher zu erörtern sein wird, kann hier zunächst auf weitere Ausführungen verzichtet werden.

4. Auch bei der Veränderung der Schrift mit dem Ziel der Nachahmung der

Schrift, insbesondere der Unterschrift, einer anderen Person (Schriftnachahmung) liegt eine Täuschungsabsicht zugrunde, wenn diese mit rechtswidrigen Zielsetzungen erfolgt (z.B. rechtswidrige Erlangung eines Vermögensvorteils oder Ablenkung eines Tatverdachts). Auch die Frage der Schriftnachahmung wird uns noch ausführlicher zu beschäftigen haben.

4. Stand der Forschung

Aus den vielfältigen Variabilitätsursachen ergeben sich die besonderen Problemstellungen der Schriftvergleichung. Äußerliche Schriftähnlichkeit kann nicht nur durch Urheberidentität bedingt sein, sondern auch durch vorsätzliche Schriftnachahmung oder aber durch eine Schriftangleichung oder eine zufällige Ähnlichkeit mit der Schrift einer anderen Person. Äußerliche Schrift*un*ähnlichkeit kann nicht nur auf unterschiedliche Urheberschaft zurückgehen, sondern auch darauf, daß ein und derselbe Schreiber der Urheber ist, aber unter verschiedenen Bedingungen geschrieben oder seine Schrift willkürlich verändert hat.

Angesichts dieser Situation dürfte es ohne weiteres einsichtig sein, daß ein reiner Vergleich der Buchstabenformen, wie er bis zu unserem Jahrhundert in der Schriftvergleichung dominierte, notwendigerweise in vielen Fällen zu Fehlschlüssen führen muß und bekanntlich auch geführt hat.

Schriftsachverständige früherer Jahrhunderte waren im wesentlichen auf ihre persönlich erworbenen Erfahrungen angewiesen. Weder gab es eine systematische Forschung auf dem Gebiet der Handschrift, noch findet man in nennenswertem Umfang Literatur, in der praktische Erfahrungen in der Schriftvergleichung zusammengetragen wurden. Eine der ganz wenigen Ausnahmen stellt das Traktat über Schriftfälschungen von *Jacques Raveneau* dar: "Traité des inscriptions en faux et reconnaissances d'écritures et signatures par comparaison." In diesem Buch wird eine Anleitung zur Aufdeckung von handschriftlichen Fälschungen gegeben, die in mancher Beziehung auch heute noch keineswegs an Gültigkeit verloren hat. Dieses sehr bemerkenswerte Buch ist jedoch offenbar bald wieder in Vergessenheit geraten. Sein Autor nahm schließlich ein unrühmliches Ende, als er sich nämlich selbst als Fälscher versuchte und dabei entdeckt und ins Gefängnis gesperrt wurde.

Im übrigen kann aber, wie in den beiden vorhergehenden Kapiteln schon angedeutet wurde, von einer systematischen wissenschaftlichen Hinwendung zur Handschrift erst im ausgehenden 19. Jahrhundert gesprochen werden. Erst in unserem Jahrhundert kommt es zu der Konstituierung einer wissenschaftlich begründeten Schriftvergleichung.

Ein entscheidender Wandel ist darin zu sehen, daß Handschrift nicht mehr als ein reines Formengebilde betrachtet wurde, sondern als graphische Objektivierung eines Bewegungsvollzuges. Einerseits rückte dadurch die Erforschung der psycho-physischen Entstehungsbedingungen der Handschrift in den Vordergrund, andererseits wurde dadurch eine Grundlage für eine differenzierte Erhebung der graphischen Befunde geschaffen.

Weiterhin wurde aber erkannt, daß Schriftvergleichung wissenschaftlich nicht ohne systematische Grundlagenforschung betrieben werden kann. Solche Forschung nahm mit den Arbeiten von *Erlenmeyer* (1879), *Preyer* (1895) und *G. Meyer* (1899 und 1900) einen sehr bemerkenswerten Anfang. Weitere grundlegende Beiträge folgten im ersten Drittel unseres Jahrhunderts von *Buhtz, Langenbruch, B. Mueller, Saudek* sowie *Schneickert*, um nur die wichtigsten zu nennen.

Die Forderung nach empirischer Grundlagenforschung trat allerdings zeitweise – insbesondere unter dem Einfluß von *Klages* – bedauerlicherweise wieder etwas in den Hintergrund. Man glaubte nämlich, aus den "Gesetzen" der von *Klages* begründeten Ausdruckswissenschaft alles Wichtige auch für die Schriftvergleichung deduzieren zu können. Eine solche Position ist zuletzt noch für *Deitigsmann* (1954) weitgehend kennzeichnend, wenngleich er aufgrund seiner praktischen Erfahrungen als Schriftsachverständiger *Klages* zu ergänzen versucht. Wissenschaftstheoretisch gesehen stellen die "Gesetze" der Ausdruckswissenschaft lediglich Hypothesen dar (*Heiß* 1951).

Die von *Klages* aufgestellten drei "Grundgesetze" zur Schriftverstellung (bzw. zur erworbenen Schrift) werden uns im Zusammenhang mit der allgemeinen Diskussion der Schriftverstellung noch näher beschäftigen. Hier sei nur schon angemerkt, daß sich die ausdruckswissenschaftlichen "Gesetze" nur teilweise als brauchbare heuristische Arbeitsprinzipien erwiesen haben, was zum Problem der Schriftverstellung insbesondere die Untersuchungen von *Pfanne* (1971 a) gezeigt haben.

In den letzten 25 Jahren hat sich jedoch die für die Schriftvergleichung und auch die Schriftpsychologie gleichermaßen bedeutsame Grundlagenforschung wieder erfreulich intensiviert. Sie richtete sich auf allgemeine Fragen der Objektivität und Reliabilität der Erhebung graphischer Merkmale, auf faktorenanalytische Untersuchungen der Dimensionen graphischer Ausdrucksbewegungen, auf Versuche exakterer, insbesondere quantitativer Merkmalserfassungen sowie auf die weitere Erforschung der bewegungsphysiologischen Grundlagen des Schreibens.

Insbesondere aber wurden Untersuchungen zur Frage der Veränderung der Handschrift durch besondere äußere oder innere Schreibbedingungen vorgelegt sowie weitere wichtige Beiträge zu Problemen der Schriftverstellung und der Schriftnachahmung. Weiterhin wurden Urteilsbildung und Urteilsfähigkeit des Schriftsachverständigen Gegenstand wissenschaftlicher Forschung.

In der Forschung bestehen vielerlei Berührungspunkte und Querverbindungen mit Nachbardisziplinen der Kriminalistik, Psychologie, Medizin, aber auch Chemie, Physik und Mathematik.

Zu bedauern ist sicherlich, daß die für die Schriftvergleichung relevante Literatur sehr verstreut und damit teilweise nur relativ schwer zugänglich ist. In jüngerer Zeit ist dieser Mangel durch die Literaturübersichten in den seit 1975 erscheinenden "Mannheimer Hefte für Schriftvergleichung" gemindert worden. Eine systematische Aufbereitung der einschlägigen Literatur in Form eines Handbuches fehlt bislang noch.

Insgesamt ist in den letzten hundert Jahren auf dem Gebiet der Schriftvergleichung ein beachtliches Erfahrungswissen zusammengetragen und eine zunehmend differenziertere Methodik entwickelt worden. Aber wie in jeder lebendigen Wissenschaft gibt es keinen Grund, sich auf dem bisher Erreichten zufrieden auszuruhen. Vielmehr kann und muß die systematische Grundlagenforschung weiter vorangetrieben werden. Die Probleme der Schriftvergleichung sind aber nicht mehr in ihrer wissenschaftlichen Fundierung zu sehen, sondern in dem unterschiedlichen Ausbildungs- und Erfahrungsstand der Schriftsachverständigen. Es kann daher *Groß-Geerds* (1977, S. 584) nur nachdrücklich zugestimmt werden, wenn ausgeführt wird: "Allerdings ist die fachliche Qualifikation der Schriftsachverständigen recht unterschiedlich, weshalb durch mangelhafte Fähigkeiten verursachte Fehler häufig fälschlich dieser Disziplin angekreidet werden."

Es muß aber auch gesehen werden, daß die wissenschaftlichen Arbeiten zur Schriftvergleichung und ihren Grenzgebieten nach Art und Niveau – wie in vergleichbaren Disziplinen – nicht unbeträchtliche Unterschiede aufweisen. Neben (teilweise durchaus instruktiven) Einzelfalldarstellungen und allgemeinen Erfahrungsberichten findet man nur eine begrenzte Anzahl von experimentell angelegten Untersuchungen, die dem heutigen Stand der Methodenlehre voll entsprechen. Vor allem ältere Arbeiten weisen, gemessen an heutigen methodischen Standards, Mängel in der Versuchsanordnung, der Stichprobenauswahl, der Datenregistrierung und der statistischen Aufbereitung auf. Ein Teil der inhaltlich widersprüchlichen Ergebnisse von Untersuchungen zu gleichartigen Fragestellungen ist sicherlich auf solche methodischen Mängel zurückzuführen.

Die weitere Grundlagenforschung wird sicherlich primär graphometrischer Art sein und sich in zunehmendem Maße der weiterentwickelten multidimensionalen Ansätze der Versuchsplanung und -auswertung bedienen. Während die meisten bisherigen Untersuchungen auf bestimmte Einzelaspekte zielten, könnte durch solche Designs in umfassenderer Weise die Variabilität der Handschrift als Funktion unterschiedlicher Entstehungsbedingungen und ihrer Wechselwirkungen erfaßt werden (*Michel* et al. 1979).

"Graphometrie" wird dabei übrigens keineswegs im alten Sinne von *Langenbruch* (1914 und 1917) und zuletzt *Mardagant* (1968) verwendet, die damit ein Identifizierungsverfahren bezeichneten, das sich auf die Proportionsanalyse von Wörtern und Unterschriften stützt. Dieses unidimensionale Verfahren der Schriftvergleichung ist vielfältiger Kritik ausgesetzt gewesen und spätestens durch die Untersuchungen von *Conrad* (1970) empirisch widerlegt worden. Es erscheint daher auch müßig, den alten Methodenstreit zwischen "Graphometrikern" und "Graphonomen" (*Schneickert* 1914, *Langenbruch* 1915, *Meyer & Schneikkert* 1916, *Moll* 1929 u.a.) erneut zu diskutieren.

Mit *Grünewald* (1957, S. 81) werden unter Graphometrie "alle quantitativen Untersuchungsmethoden zur Analyse von Schreiben und Schrift" subsumiert. Der Psychometrie entsprechend wird dabei der weite Begriff von Messung im Sinne von *Stevens* (1951, S. 1) zugrunde gelegt: "Messung im weitesten Sinne ist die Zuordnung von Zahlen zu Objekten oder Ereignissen in Übereinstimmung mit Regeln." Der Meßbegriff ist also gegenüber der klassischen Physik wesentlich erweitert worden. Es können somit auch adäquate Skalierungsverfahren zur Erfassung aller graphischen Merkmale unter Berücksichtigung ihrer natürlichen Variationsbreite als Grundlage für graphometrische Forschung entwickelt werden.

5. Physikalisch-technische Hilfsmittel

Auch die physikalisch-technischen Hilfsmittel der Schriftvergleichung wurden weiter kritisch überprüft, verfeinert und durch neue Verfahren erweitert. Wichtigstes optisches Hilfsmittel ist neben der Lupe das Stereomikroskop. Es ist in der Regel einem monokularen Mikroskop eindeutig vorzuziehen, da es räumliches Sehen gestattet und damit auch die Erfassung der Tiefendimension der Schriftspur sowie der Beschaffenheit des Schriftträgers. In der Praxis werden heute fast nur noch Zoom-Stereomikroskope verwendet, die eine variable Vergrößerung gestatten. Überwiegend wird in einem Bereich um etwa zehnfacher Vergrößerung gearbeitet. Es besteht aber die Möglichkeit, an Details des Untersuchungsobjektes "heranzufahren", und sie bei einer bis zu etwa fünfzigfachen Vergrößerung zu inspizieren. (Entgegen zuweilen vertretener Auffassung sind noch stärkere Vergrößerungen nur für Spezialfragen bei Urkundenprüfungen von Bedeutung, nicht aber für den Regelfall schriftvergleichender Analysen.)

Die stereomikroskopische Inspektion erfolgt überwiegend bei Auflicht, daneben aber auch im Durchlicht sowie unter unterschiedlich einfallendem streifenden Licht. Neben der Beleuchtungsrichtung muß aber auch die Beleuchtungsintensität variierbar sein; maximale und optimale Lichtstärke können erheblich auseinanderliegen. Endlich müssen – vor allem im Rahmen von Urkundenuntersuchungen – zuweilen auch verschiedene Beleuchtungsarten eingesetzt werden (Verwendung von Filtern, ultraviolettes, polarisiertes oder monochromatisches Licht).

Für einige Spezialprobleme der Urkundenprüfung (bislang vor allem Untersuchung von Strichkreuzungen) hat sich in jüngster Zeit der Einsatz des Raster-Elektronen-Mikroskops bewährt (*Wäschle* 1979 und *Iten* 1981). Um Mißverständnissen vorzubeugen, sei jedoch ausdrücklich darauf hingewiesen, daß für die üblichen Belange der Schriftvergleichung die herkömmlichen Verfahren der Lichtmikroskopie nach wie vor einzig und allein adäquat sind und von dem Raster-Elektronen-Mikroskop in diesem Bereich keinerlei zusätzliche Erkenntnismöglichkeiten zu erwarten sind.

Raster-Elektronen-Mikroskope gestatten Oberflächenuntersuchungen im Ultramikrobereich (20- bis 20.000fach und darüber). Ihre besondere Leistungsfähigkeit betrifft nicht allein den wesentlich erweiterten Abbildungsmaßstab, sondern besonders auch die enorm gesteigerte Tiefenschärfe, die gegenüber dem Lichtmikroskop etwa 500mal größer ist. Es ergeben sich dadurch Bilder von höchster Prägnanz. Bei neueren Geräten ist es auch nicht mehr in jedem Fall erforderlich, das Untersuchungsobjekt mit einer elektrisch leitenden Substanz zu bedampfen, so daß weitgehend zerstörungsfrei gearbeitet werden kann. Raster-Elektronen-Mikroskope stehen seit 1965 zur Verfügung, haben aber erst in den letzten Jahren in verschiedenste Bereiche der Kriminaltechnik Eingang gefunden. – Noch wenige praktische Erfahrungen liegen mit der Raster-Auger-Spektroskopie vor. *Iten* (1981) hält es jedoch für möglich, auch dieses Verfahren für die Untersuchung von Strichkreuzungen zu nutzen, wobei eine dreidimensionale chemische Analyse der übereinanderliegenden Schreibmittel vorgenommen werden könnte.

Zu den Standardmethoden der Urkundenprüfung gehören weiterhin die Untersuchung der sichtbaren UV-Fluoreszenzen bei kurzwelligem (253 nm) und langwelligem (360 nm) ultravioletten Licht. Für die weitere UV- und IR-Reflexionsprüfung werden entweder Bildwandler benötigt, oder die Befunde werden mit fotografischen Mitteln sichtbar gemacht. Mit Hilfe dieser Methoden kann eine weitere Differenzierung zwischen Schreibmitteln möglich sein, können Vorzeichnungsspuren oder sonstige Manipulationsmerkmale auf dem Schriftträger (wie mechanische oder chemische Tilgungen etc.) sichtbar gemacht werden, die mit dem bloßen Auge nicht zu erkennen sind. Weiterhin können durch diese (und andere) Verfahren überstrichene oder partiell entfernte Schriftzeichen sowie Schriftzüge auf verkohltem oder verrottetem Papier wieder sichtbar gemacht werden, um nur die wichtigsten Einsatzmöglichkeiten zu nennen. – In jüngster Zeit ist mit dem VSC-1 (Video Spektral Komparator der Firma *Foster & Freeman* Ltd.) ein interessantes Mehrzweckgerät zur Urkundenprüfung entwickelt worden, das die verschiedenen IR- und UV-Untersuchungsverfahren vereint und durch Anwendung der Videotechnik eine rasche und zerstörungsfreie Dokumentenuntersuchung gestattet (*Richards* 1977, *Lehmann & Baier* 1981).

Das VSC-1-Gerät weist folgende Standardausstattung auf: Silizium-Vidiconröhre mit hoher IR-Empfindlichkeit, 9"-Bildschirm mit hohem Auflösungsvermögen, stufenlose Verstellung des Vergrößerungsfaktors von 3/4- bis 4fach, IR-Lichtquelle mit variabler Intensität, stark gebündelte Wolframhalogenlampe (500 W) zur Anregung der IR-Lumineszenz und einen kompletten Satz von Sperrfiltern für sichtbares und IR-Licht über den Bereich von 400 bis 1000 nm. Als Zubehör können übliche Kameras zur Aufzeichnung der Befunde vom Bildschirm verwendet werden (Kleinbild- oder Polaroid-Kamera). Ein Leuchtkasten zur Durchlichtuntersuchung steht ebenfalls zur Verfügung.

Eine Überprüfung auf Deckungsgleichheit (besonders bei Unterschriften; s. S. 132 f.) kann in einfacher Weise durch paarweise Inspektion im Gegenlicht bei entsprechender Vergrößerung erfolgen. Zusätzliche Möglichkeiten bietet eine von *Philipp* (1980) entwickelte 3-Kanal-Video-Vergleichsanlage. Durch die Kombination mit einer infrarotempfindlichen Kamera, deren Bilder auf einem Videorekorder zwischengespeichert werden können, gestattet sie insbesondere eine verbesserte Beurteilung von Vorzeichnungsspuren bei indirekten Pausfälschungen. Für die speziellen Belange der Schriftvergleichung ist dieses Gerät auch dem Universal-Makro-Vergleichsprojektor "Projectina" überlegen, der sich für sonstige Zwecke der Urkundenprüfung als sehr leistungsfähig erwiesen hat (*Forster & Rinderknecht* 1974).

Zur Sicherung von blinden Druckrillen (Abdruck von Schreibleistungen, Stempeln und sonstigen Prägespuren auf Papieren etc., die als Schreibunterlage gedient haben) ist schon seit langem eine Reihe von Verfahren bekannt. Hierzu gehört die Fotografie im Streiflicht sowie die Auftragung von Graphit oder spezieller jodhaltiger Tinkturen ("Forgery-Test"). Als sehr brauchbares Gerät hat sich in jüngster Zeit zusätzlich ein elektrostatisch arbeitendes Oberflächenprüfgerät erwiesen, der "Electrostatic Detection Apparatus (ESDA)" (*Foster & Morantz* 1979, *Baier* 1980 c, *Iten* 1981 und *Schima* 1981 a).

Das Gerät, das durch die Londoner Fachhochschule für Drucktechnik in Zusammenarbeit mit dem Kriminaltechnischen Laboratorium der Metropolitan Police und der Polizeitechnischen Entwicklungsabteilung des Britischen Innenministeriums entwickelt wurde, eignet sich übrigens auch zur Sichtbarmachung von Geheimschriften sowie – unter günstigen Voraussetzungen – zur Sicherung von relativ frischen Fingerabdrücken. Die Spuren werden auf einer Polymerfolie gesichert, die mit einer selbstklebenden Transparentfolie überzogen, und das Ergebnis so fixiert wird. Den Erfahrungsberichten (z.B. *Schima* 1981 a) und der systematischen Erprobung unter experimentellen Bedingungen durch *Baier* (1980 c) kann übereinstimmend entnommen werden, daß sich das Gerät in der Regel gegenüber herkömmlichen Verfahren deutlich überlegen erweist. Neben seiner völligen Zerstörungsfreiheit und seiner Praktikabilität sind vor allem seine höhere Empfindlichkeit bei der Erfassung auch nur sehr schwacher blinder Druckrillen hervorzuheben. Schlechtere Resultate ergeben sich lediglich bei starken Durchdruckspuren, wie sie z.B. auch durch Schreibmaschinen erzeugt werden. In solchen Fällen ist nach wie vor der Schräglichtfotografie der Vorzug zu geben.

Relativ lange Tradition haben Schreibdruckmessungen. Da es sich hierbei jedoch um Registrierungen während des Schreibaktes handelt, kommt diesen primär Bedeutung für die Grundlagenforschung zu. Im übrigen kommt eine Messung des Schreibdrucks nur bei der Erhebung von Vergleichsschriftproben in Betracht. Mit *Bayer* (1939) kann neben dem Schreibdruck im engeren Sinne auch ein Schriftdruck unterschieden werden, der am fertigen Schriftstück bestimmt wird.

A. Goldscheider und *E. Kraepelin* entwickelten schon zu Ende des vorigen Jahrhunderts erste Schreibdruckwaagen, durch die der auf die Schreibfläche ausgeübte Druck gemessen und in einer Schreibdruckkurve festgehalten werden konnte. In der Folgezeit wurden die Schreibdruckwaagen vielfältig verbessert und präzisiert und gestatteten eine zunehmend rationellere und zugleich objektivere Auswertung der Meßwerte (*Steinwachs* 1951). – Um einigen Nachteilen der Schreibdruckwaagen zu begegnen (kleines Schreibfeld, Einschränkungen der Handbeweglichkeit u.a.), wurden parallel auch Schreibgeräte mit Druckaufnehmern entwickelt. *Baier* (1980 a), der zusammenfassend über solche Entwicklungen referiert, berichtet über Registrierverfahren, die schon seit 1913 verwendet und bei denen der Druck auf eine am Schreibgerät befindliche pneumatische Blase übertragen wurde. *Vernon* (1934) entwickelte einen Registrierstift, durch den gleichzeitig auch der Griffdruck erfaßt werden kann. Das erste Schreibgerät mit elektronischer Schreibdruckmessung konstruierte *Kroehner* (1938). Neuere Entwicklungen stellen die drahtlose elektronische Drucksonde von *Bühler-Oppenheim* (1973), der Druckmeßstift von *Bosch* et al. (1974) und der Schreibdruck-Wandler, den *Baier* in Zusammenarbeit mit der Firma *Hommel* entwickelte (*Baier* 1980 a), dar. – Endlich sei aber auch noch auf nicht-apparative Verfahren der Schreibdruckmessung verwiesen *Baxter* (1927) und *Bills* (1927) verwendeten als Schreibunterlage eine Schicht im Wechsel von Paus- und Durchschlagpapier: Je weiter die einzelnen Schreibelemente durchgedrückt sind, desto druckstärker sind sie geschrieben worden. Ein ähnliches Verfahren hat *Hönel* (1975) zur Schreibdruckmessung bei Kugelschreiberschriften vorgeschlagen, das mit einem speziellen Blaupapier arbeitet, und bei dem durch die Strichbreite die Stärke des jeweiligen Schreibdrucks erfaßt wird.

Wesentlich jüngeren Datums sind dagegen die Versuche, am fertigen Schriftbild Merkmale der Druckgebung durch apparative Hilfsmittel exakter zu erfassen. Gerade diese Verfahren sind aber für die Praxis der Schriftvergleichung von besonderem Interesse.

Baake (1966 a und b) hat zunächst zwei Verfahren zur technischen Erfassung des Schriftdrucks am fertigen Schriftbild beschrieben, die sich jedoch als sehr zeitaufwendig und nicht ausreichend präzise erwiesen. Interessanter sind zweifellos seine weiteren Hinweise auf technische Hilfsmittel zur Vermessung der Schriftträgeroberfläche, wie sie bis dahin vor allem zur Prüfung der Oberflächenbeschaffenheit von Werkstücken im Maschinenbau verwendet wurden (*Baake* 1966 c). – Über den praktischen Einsatz eines Tastschnittgerätes zur Vermessung von Schreibrillen berichtete *Frei-Sulzer* (1971). Er verwendete dieses Verfahren in dem von ihm dargestellten Fall zur Altersbestimmung einer Kugelschreiberschrift, wobei er davon ausging, daß die Schreibdruckrillen im Papier sich eine gewisse Zeit zurückbilden, sich dann aber praktisch nicht mehr verändern.

Systematisch wurden die Einsatzmöglichkeiten eines Oberflächenprüfgerätes ("Hommelmeter") von *Maus* (1974) untersucht. Er kommt zusammenfassend zu dem Ergebnis, daß die Oberflächenvermessung von Schriftträgern durch Tastschnittprüfung ein (praktisch) zerstörungsfrei arbeitendes, reliables Verfahren ist, das bei Kontrolle verschiedener Einflußgrößen (Papierbeschaffenheit, Schreibunterlage etc.) vor allem bei Kugelschreiberschriften brauchbare Ergebnisse zu liefern vermag. Er entwickelte weiterhin ein Rasterverfahren zur Rekonstruktion des Schreibdruckes (*Maus* 1979). Die Möglichkeiten einer Altersbestimmung mittels eines Oberflächenprüfgerätes beurteilt er jedoch wesentlich zurückhaltender, da die Erholungsgeschwindigkeit des Schriftträgers nicht nur von seiner Art und Qualität sowie von der Tiefe der Druckrille abhängt, sondern auch noch von einer Reihe sonstiger, oft schwer kontrollierbarer Bedingungen (wie Feuchtigkeit, Lagerung etc.).

Nunmehr hat *Maus* (1981) sein "Mannheimer System für Schrift- und Schreibdruckprüfung (MASYS)" entwickelt, das in einem Kompaktsystem die derzeitigen Möglichkeiten zur Druckmessung während des Schreibaktes und am fertigen Schriftstück unter Nutzung der Mikroprozessorsteuerung vereinigt. Die anfallenden Daten können direkt in einen Tisch- oder Großrechner übertragen werden. Das System von *Maus*, das insbesondere auch für die Belange der Praxis entwickelt wurde, entspricht im grundsätzlichen Ansatz einer aufwendigeren Experimentaleinrichtung des Bundeskriminalamtes, die für die Grundlagenforschung zur Dynamik des Schreibens aufgebaut wurde und derzeit erprobt wird (*Deinet* et al. 1981).

Das "MASYS" setzt sich aus folgenden Einheiten zusammen:
Schreibdruckmeßstift: Kugelschreiber mit "schwimmender" Mine, deren Bewegungen in elektrische Signale umgewandelt und über ein leichtes Kabel übertragen werden, wodurch eine natürliche Schreibweise gewährleistet bleibt.
Schreibwaage: Der Schreibdruck anderer Schreibgeräte wird über ein druckempfindliches

Schreibfeld erfaßt, welches nur minimal nachgibt.
Blattschreiber: Ein mikroprozessorgesteuerter Schreiber für DIN A 4-Blätter zeichnet die Kurven praktisch publikationsreif auf. Die Computersteuerung ermöglicht nachträgliche Formatwahl der Kurve, Erstellung von Topogrammen u.a.m.
Schreibdrucktaster: Es wurde ein spezieller Tastkopf für die Belange der Schriftprüfung entwickelt, der durch den Blattspeicher geführt wird. Große Schriftfelder können ohne Justierprobleme abgetastet werden. Unerwünschte Signalanteile werden automatisch unterdrückt. Der Meßbereich ist 250 My, die Auflösung 1 My. Der Taster kann sehr genau positioniert werden. Die Mikroprozessorsteuerung ermöglicht automatisches Rastern ganzer Schriftfelder.

Die oben kurz angesprochenen Forschungsarbeiten des Bundeskriminalamts stehen in Zusammenhang mit einem weiteren Projekt, das der Entwicklung computergestützter Bildverarbeitungs- und Mustererkennungstechniken zur Schreiberidentifizierung gewidmet ist (*Klement* et al. 1981). Vergleichbare Ansätze wurden – hier allerdings als reine Grundlagenforschung – vom Laboratorium für allgemeine Physik und Optik an der Universität Besançon innerhalb des Projektes "Holographie und optische Verarbeitung von Zeichen" verfolgt (*Duvernoy* 1976, *Duvernoy* et al. 1977, *Duvernoy & Charraut* 1978 und 1979). Die Anwendung von Bildverarbeitungs- und Mustererkennungstechniken kann für den Handschriftenerkennungsdienst praktische Bedeutung gewinnen. Dagegen wird man im eigentlichen Bereich der Schriftvergleichung von diesem Verfahren in absehbarer Zeit bestenfalls eine Computerunterstützung zu erwarten haben.

Für die Untersuchung von Schreibmitteln und Schriftträgern können sich häufig schon die eingangs erwähnten zerstörungsfrei arbeitenden physikalisch-technischen Hilfsmittel als ausreichend erweisen (insbesondere Stereomikroskopie unter Verwendung unterschiedlicher Abbildungsmaßstäbe, Beleuchtungsintensitäten, Lichtarten und -richtungen). Darüber hinaus kommen aber physikalisch-chemische und chemische Verfahren in Betracht, deren Anwendung jedoch in der Regel nicht mehr in den Kompetenzbereich des Schriftsachverständigen fällt, sofern er nicht über eine einschlägige zusätzliche Ausbildung verfügt. Allgemeine Informationen über diese Methoden findet man bei *Specht* (1966), *Groß-Geerds* (1977), *Pohl* (1981) oder *Maehly & Strömberg* (1981).

Über physikalisch-chemische und chemische Methoden der Schreibmitteluntersuchung (Tüpfelanalyse, Papierchromatographie, Dünnschichtchromatographie, Papierelektrophorese und Spektralfotometrie) informieren u.a.: *Bosch* (1958), *Doud* (1958), *Bosch & Mueller* (1960), *Crown* et al. (1961), *Hofmann* (1962), *Hamman* (1968), *Grube* (1970), *Naumann & Rentz* (1970), *Rautenberg & Howorka* (1971), *Tewari & Bhatt* (1971), *Rautenberg* (1974 und 1975). – Eine knappe und übersichtliche Zusammenstellung über die verschiedenartigen Untersuchungsmöglichkeiten vliesartiger Materialien (Papier, Pappe, Karton) gibt *Pohl* (1981). Mit speziellen Fragen von Papieruntersuchungen im Rahmen von Urkundenprüfung haben sich in letzter Zeit unter anderem beschäftigt: *Schoch* (1962), *Grant* (1973), *Polk & Giessen* (1977), *Kruger* (1978) sowie *Lehmann & Dhom* (1979).

In Nachbargebiete der Schriftvergleichung führt weiterhin die Sicherung und Auswertung von Fingerabdrücken auf Schriftträgern (Daktyloskopie) sowie die Auswertung von Objekten (Briefmarken und Verschlußklappen von Briefumschlägen), die mit Speichel benetzt wurden (Rechtsmedizin bzw. Biologie).

Wie auch bei Sperma, das gelegentlich bei Anonymschreiben anzutreffen ist, können in solchen Sekretspuren häufig die Blutgruppensubstanzen des Verursachers nachgewiesen werden. (Nahezu 80 % der mitteleuropäischen Bevölkerung sind "Ausscheider", d.h. sie scheiden in erhöhter Konzentration Blutgruppensubstanzen in ihren Sekreten aus.) – Weiterhin können gelegentlich sonstige Spuren (Haare, Blut oder auch anorganische Substanzen), die einem Schriftstück absichtlich oder versehentlich beigefügt wurden, zur Identifizierung des Urhebers beitragen.

Zur fotografischen Sicherung von Spuren und zur fotografischen Dokumentation der Untersuchungsbefunde wird allgemein auf die Einführungen in die kriminalistische Fotografie von *Ginner* (1969) oder *Grasmeier* (1980) verwiesen sowie auf die knapperen Zusammenfassungen bei *Groß-Geerds* (1977) oder *Pohl* (1981). Fragen der Mikrofotografie behandeln *Schoepf* (1957), *Schenck & Kistler* (1960) oder *Gander* (1974). Allgemein informieren über Infrarotfotografie *Nürnberg* (1957) oder *Wagner* (1972), spezielle Fragen innerhalb der Urkundenprüfung werden von *Mildbrandt & Stargardt* (1971), *Rautenberg & Stargardt* (1976) und *Lamp'l* (1977) behandelt. Spezielle Fragen der Ultraviolettfotografie erörtern *von Bremen* (1965) sowie *Lamp'l* (1977).

IV. SYSTEME DER ERFASSUNG GRAPHISCHER MERKMALE

Zu den grundlegenden Aufgaben einer Wissenschaft gehört es, zur Beschreibung oder Messung der Phänomene, die sie zum Gegenstand hat, ein System von Kategorien oder Skalen zu entwickeln, das eine möglichst vollständige und zugleich ökonomische Erfassung gestattet. Die allgemeine Frage lautet: Welches Minimum von einander (möglichst) nicht überschneidenden Dimensionen muß eingeführt werden, um bestimmte Phänomene adäquat beschreiben oder messen zu können?

Die exakteste Art der Erfassung in Form von Meßsystemen findet man bekanntlich in den Naturwissenschaften. Beispielsweise werden unsere mehr oder minder poetischen Alltagsschilderungen des Wetters wie "laue Maiennacht" oder "drückende Schwüle eines Hochsommertages" in der Meteorologie in Teilvorgänge des Wettergeschehens zerlegt und als Temperatur, Luftdruck, Luftfeuchtigkeit etc. gemessen. Erst durch eine solche Reduktion auf meßbare physikalische Größen konnte sich die moderne Meteorologie entwickeln.

Wir verfügen nicht über ein vergleichbares Variablensystem zur Erfassung der Handschrift. Es soll hier nicht noch einmal die grundsätzliche Frage angeschnitten werden, ob bei der systematischen Erfassung von Schriftmerkmalen die naturwissenschaftliche Methodik als Vorbild dienen kann, ob es also prinzipiell möglich sein könnte, graphische Tatbestände auf ein System von mathematischen Größen und deren Verknüpfungen umkehrbar eindeutig abzubilden. In jedem Falle stellt sich aber die Frage, wie dieses komplexe Gebilde Handschrift systematisch so analysiert werden kann, daß alle relevanten Aspekte erfaßt und in die Vergleichung einbezogen werden.

Obwohl es eine Reihe von Ansätzen zu systematischen Befunderhebungen in der Schriftvergleichung gibt, muß man in der Gutachtenpraxis doch immer wieder feststellen, daß die graphische Bestandsaufnahme und Vergleichung bei verschiedenen Sachverständigen recht unterschiedlich erfolgen kann, auch wenn sie im Untersuchungsergebnis zu den gleichen Schlußfolgerungen gelangen. Zuweilen liegt aber schon in der unterschiedlichen Merkmalserfassung der Grund für Diskrepanzen in den Schlußfolgerungen der Gutachten. Es muß für den Außenstehenden zumindest teilweise der Eindruck entstehen, als läge es bei vergleichenden Analysen von Handschriften weitgehend im Ermessen des jeweiligen Sachverständigen, welche Befunde er erheben will und welche er vernachlässigen kann. Ein solcher Zustand ist zweifellos wenig befriedigend, auch wenn sicherlich in anderen Bereichen des Sachverständigenwesens ganz analoge und zum Teil noch gravierendere Probleme bestehen.

Von Schriftsachverständigen wird nun gern der Einwand vorgetragen, jeder Schriftvergleichsfall sei anders gelagert, und deshalb könne man nicht alles über einen Leisten schlagen. Diese Argumentation ist aber nur recht begrenzt zutreffend. Man kann nämlich feststellen, daß die meisten Gutachten viel stärker gutachterspezifisch als fallspezifisch sind. Auf der anderen Seite ist es natürlich richtig, daß sich auf die allgemein gehaltene Frage, welche graphischen Merkmale bei einer schriftvergleichenden Analyse zu berücksichtigen sind, keine verbindliche, für alle Fälle gültige Antwort geben läßt.

Zum Nachweis der Nichtidentität zweier Schrifturheber kann das Aufweisen ganz weniger, aber beweiskräftiger Merkmalsdiskrepanzen voll ausreichen. Der Beweis einer Urheberidentität kann dagegen nur durch einen lückenlosen Vergleich aller bei dem jeweiligen Schriftmaterial analysierbaren Merkmale erfolgen. Der Katalog der erfaßbaren graphischen Merkmale kann dabei aber im einzelnen nach Art und Umfang der zu untersuchenden Beschriftung beträchtlich variieren. Bei der Prüfung der Echtheit einer strittigen Unterschrift stehen andere Merkmalsaspekte im Vordergrund als bei der Identifizierung des Schrifturhebers eines in verstellter Schrift gefertigten Schreibens usf.

Dennoch ist ein möglichst universelles System zur Erfassung der graphischen Merkmale von Handschriften als allgemeine Grundlage für eine wissenschaftliche schriftvergleichende Analyse unerläßlich.

1. Von der Graphologie entwickelte Klassifikationen von Schriftmerkmalen

Häufig wird auch in der Schriftvergleichung bei der Erfassung graphischer Merkmale auf Einteilungen zurückgegriffen, die von der Graphologie entwickelt wurden. Bei allen Unterschieden im Detail zwischen verschiedenen Graphologen bzw. Graphologie-Schulen wird überwiegend zwischen drei Merkmalsarten unterschieden:

- Ganzheitliche Eindruckscharaktere,
- Allgemeine graphische Merkmale und
- Merkmalsbesonderheiten.

Die ganzheitlichen Eindruckscharaktere beziehen sich auf das gesamte Schriftbild. Sie stellen globale Qualitäten einer Handschrift dar, die mehr eindrucksmäßig als durch eindeutig exakte Feststellung aufgenommen werden. Zu solchen ganzheitlichen Eindruckscharakteren gehört z.B. das Formniveau nach *Klages*, Bewegungs-, Form- und Verteilungsrhythmus, Schreibreife, Eigenprägung oder Einheitlichkeit. (Im einzelnen sehe man hierzu die einschlägigen Lehrbücher der Graphologie, insbesondere *Wittlich* 1948, *Grünewald* 1954, *Klages* 1956, *Heiß* 1966 oder *Müller & Enskat* 1973.)

Die allgemeinen graphischen Merkmale betreffen verschiedene Einzelaspekte der Handschrift wie z.B. Druckstärke, Neigungswinkel, Größe, Weite sowie Merkmale der Flächengliederung und Formgebung. Solche Merkmale sind in der Regel meßbar, zählbar oder zumindest doch einstufbar. – Hinsichtlich der Klassifikation und Terminologie der allgemeinen graphischen Merkmale besteht zwar zum größten Teil Übereinstimmung zwischen den verschiedenen Autoren, es lassen sich aber wohl keine zwei Lehrbücher finden, die einen völlig identischen Katalog bieten. Vielmehr zeigen sich immer – wenn auch zuweilen nur in Nuancen – gewisse Unterschiede in den gewählten Einteilungen und Termini. Jeder Autor scheint seinen Ehrgeiz darein zu setzen, seinem Merkmalsinventar eine persönliche Note zu verleihen.

Diese Tatsache ist zuweilen bedauert worden, und es hat nicht an Versuchen zur Vereinheitlichung gefehlt, so zuletzt auf dem Salzburger Kongreß für Graphologie (*Wallner* 1967). Erfolge sind jedoch bislang weitgehend ausgeblieben. Zweifellos können Abweichungen in der Klassifikation und Terminologie sich für das Fortschreiten der wissenschaftlichen Arbeit nachteilig auswirken und in praxi zu Mißverständnissen führen. Andererseits darf die Bedeutung dieser Tatsache auch nicht überschätzt werden, und es muß gesehen werden, daß es offenbar außerordentlich schwierig ist, für ein so komplexes Gebilde, wie es die Handschrift darstellt, allgemein verbindliche und überzeugende Beschreibungskategorien herzuleiten.

Hinzuweisen ist in diesem Zusammenhang noch auf die verdienstvolle Arbeit von *Legrün*, der in mehreren Aufsätzen (1958 a, 1959 und 1960) versucht hat, die Terminologie im Schriftfache (für Graphologen, Schriftsachverständige und Schreibmethodiker) zu vereinheitlichen, wobei sich sein Augenmerk jedoch weniger auf die hier diskutierten allgemeinen graphischen Merkmale richtete, als auf das, was in einem späteren Zusammenhang noch als Bewegungselemente der Schrift zu diskutieren sein wird. Diese Ansätze wurden von *Sprengel* (1976) modifiziert und komprimiert wieder aufgenommen und durch terminologische Vorschläge auch für allgemeine graphische Merkmale ergänzt. (*Legrüns* und *Sprengels* Vorschläge werden bei dem hier darzustellenden System der Merkmalserfassung berücksichtigt werden, soweit sie sich in den eigenen Ansatz integrieren lassen.)

Noch weniger Einigung besteht im Hinblick auf die Ordnung der allgemeinen Merkmale in bestimmte Klassen. Eine Reihe von Autoren verzichtet ganz auf bestimmte Unterordnungen (so z.B. *Pfanne* 1961 oder *Wieser* 1969). Andere ordnen nach Höhen-, Breiten- und Tiefenkomponenten (*Stein Lewinson* 1973, *Wallner* 1959). *Pophal* (1966 und 1968) unterscheidet zwischen eidetischen (Gestaltmerkmale raumsymbolischer Natur) und kinetischen Aspekten (Merkmale der Bewegungsebene). Die weiteste Verbreitung scheint aber die Einteilung in Merkmale der Bewegung, des Raumes*) und der Formgebung gefunden zu haben, wie sie unabhängig voneinander zunächst *Groß* (1942) und *Heiß* (1943) vorgeschlagen haben *Wittlich* (1948) hat dieser Einteilung noch die vierte Klasse der Ordnungsmerkmale hinzugefügt. Zusätzliche Einteilungsgesichtspunkte bilden bei *Müller & Enskat* (1973) Kriterien der Skalierungsmöglichkeiten, die auch *Wallner* (1967) einbezieht.

---

*) Der Terminus "Raum" ist unglücklich, da er ein dreidimensionales Gebilde bezeichnet; gemeint ist aber nur die Behandlung der zweidimensionalen Schreib*fläche*.

Die meisten Graphologen stimmen darin überein, daß die allgemeinen graphischen Merkmale, deren Anzahl meist etwa um die 20 liegt, nicht ausreichen, um die Eigentümlichkeit einer Handschrift vollständig zu erfassen. Eine Handschrift muß vielmehr in der Regel auf zusätzliche Merkmalsbesonderheiten untersucht werden. Die Graphologen knüpfen damit an die "Signes fixes" von *Michon* (1875) an, ohne allerdings seinem noch recht naiven Deutungsansatz ohne weiteres zu folgen. In der Regel wird von den verschiedenen Autoren darauf verzichtet, einen Katalog der Merkmalsbesonderheiten zu geben, da dies in Anbetracht ihrer Vielfalt unmöglich zu sein scheint. Andere Autoren führen nur solche Merkmalsbesonderheiten auf, für die bislang persönlichkeitspsychologische Deutungshinweise bekannt geworden sind.

Es muß gefragt werden, ob bzw. inwieweit die von der Graphologie entwickelten Merkmalsklassifikationen für die Belange der Schriftvergleichung geeignet sind. Sicherlich wäre es töricht, auf den vielfältigen, von der Graphologie gesammelten Erfahrungsschatz in der Erfassung graphischer Merkmale prinzipiell verzichten zu wollen. Es muß jedoch deutlich gesehen werden, daß die Zielsetzung einer graphologischen Untersuchung einer Handschrift eine andere ist als die einer schriftvergleichenden Analyse. Der Graphologe wird nur solche Schriftmerkmale beachten, von denen er annimmt, daß sie einen Rückschluß auf Persönlichkeitsaspekte zulassen. Solche graphischen Merkmale müssen aber nicht notwendigerweise auch für eine Schriftvergleichung relevant sein. Umgekehrt muß aber der Schriftsachverständige Merkmale – insbesondere im Detail – beachten, die für eine graphologische Schriftdeutung irrelevant sind. Des weiteren muß festgestellt werden, daß in graphologische Merkmalsanordnungen in der Regel – wenn auch mehr oder minder explizit – bereits charakterologische, persönlichkeitstheoretische oder philosophische Konzepte oder Vormeinungen eingegangen sind.

2. Faktorenanalytische Ansätze zur Merkmalsklassifikation

Bevor wir jedoch die Brauchbarkeit der von der Graphologie entwickelten Klassifikationen von Schriftmerkmalen weiter erörtern, wollen wir uns zunächst mit graphometrischen Ansätzen zur Ordnung der Schriftmerkmale beschäftigen. Von besonderem Interesse sind dabei faktorenanalytische Untersuchungen von Handschriftenvariablen. Zu diesem Themenkreis liegen – wenn teilweise auch mit mehr oder minder unterschiedlichen Zielsetzungen – nicht weniger als 14 Untersuchungen vor (*Lorr* et al. 1954, *Drösler* 1960, *Adolfs* 1963, *Fischer* 1964, *Seifert* 1964, *Fahrenberg & Conrad* 1965, *Timm* 1967, *Lockowandt* 1968, *Stein Lewinson* 1968, *Wallner* 1968, *Cohen* 1969, *Hildebrandt* 1969, *Prystav* 1973, *Pawlik* et al. 1973).

Es ist hier nicht der Ort, die allgemeinen Möglichkeiten und Grenzen der Faktorenanalyse zu erörtern. Grundsätzlich erscheint die mathematisch-statistische Methode der Faktorenanalyse geeignet, Schriftmerkmale nach funktionalen Einheiten zu ordnen. Die Grundfrage faktorenanalytischer Untersuchungen lautet nämlich, wieviel Dimensionen oder eben Faktoren müssen eingeführt werden, um die Mannigfaltigkeit beobachteter interindividueller Merkmalsunterschiede darstellen zu können. (Elementar einführend z.B. *Guilford* 1964 oder *Herrmann* 1969; eine umfassende Monographie bietet *Überla* 1968.)

Ausgangspunkt der Faktorenanalyse bildet die Ermittlung der Enge des Zusammenhangs zwischen den einzelnen Merkmalen. Mit Hilfe der Korrelationsstatistik wird der Grad der Ähnlichkeit zwischen je zwei Merkmalen numerisch bestimmt. Die Faktorenanalyse erlaubt nun, dieses Netz von vielfältigen Zusammenhängen oder Korrelationen mit dem Ziel zu analysieren, diese Zusammenhänge auf die Wirksamkeit einer möglichst kleinen Anzahl von Grunddimensionen (Faktoren) zurückzuführen, an denen die Einzelmerkmale graduell unterschiedlichen Anteil haben. Der Grundgedanke der Faktorenanalyse ist somit eine Weiterführung und der Versuch einer Präzisierung der Realitätserkenntnis im Alltag: Die große Fülle von Einzeleindrücken und Beziehungen zwischen ihnen wird zurückgeführt auf eine geringe Anzahl von Begriffen, die eine relativ einfache Ordnung der Vielfalt der Einzelheiten gestattet.

Unter Beachtung der Modellrestriktionen der Faktorenanalyse scheint es grundsätzlich möglich zu sein, den gemeinsamen Variationsraum interindivuell variierender graphischer Einzelmerkmale in übersichtlicher Weise zu ordnen und die Einzeldaten als lineare Funktionen einer begrenzten Anzahl von Faktoren aufzufassen. Dabei muß man sich jedoch sehr wohl im klaren sein, daß Faktoren zunächst nichts anderes sind als hypothetische Variablen, die sich zur Beschreibung einer Merkmalsvielfalt als zweckmäßig erweisen können. Es ist bislang unbegründet, Faktoren etwa als zugrunde liegende Entitäten aufzufassen.

Überblickt man die bisher vorliegenden faktorenanalytischen Untersuchungen von Schriftmerkmalen, so ist es nicht leicht, ein Fazit zu ziehen. Es muß festgestellt werden, daß keine der bislang bekannten Studien für sich in Anspruch nehmen kann, eine verbindliche Ordnung funktionaler Einheiten der Handschrift bestimmt zu haben. Weiterhin wird die Vergleichbarkeit der verschiedenen Untersuchungen durch eine Reihe von Ursachen mehr oder minder stark eingeschränkt.

Eines der wichtigsten Probleme bei den Faktorenanalysen stellen Anzahl und Art der jeweils berücksichtigten graphischen Merkmale dar. Schon der Umfang der jeweiligen Merkmalsstichproben variiert sehr beträchtlich und liegt zwischen 15 (*Drösler* 1960) und 73 Schriftmerkmalen (*Timm* 1967). Wesentlich wichtiger noch als die Frage des Umfangs ist die der Repräsentativität der Merkmalsstichprobe für die Grundgesamtheit aller Schriftmerkmale. Möglichkeiten einer exakten Überprüfung der Repräsentativität der Merkmalsauswahl sind bislang nicht bekannt. Es ist aber unmittelbar evident, daß einseitige Merkmalsstichproben notwendigerweise im Endergebnis der Faktorenanalyse zu Verzerrungen führen müssen. Weiterhin bestehen zwischen den verschiedenen Studien Unterschiede in der Merkmalserhebung: Teilweise wurden nur meßbare Variablen, teilweise nur Einschätzungen von Graphologen, teilweise wurden nebeneinander meßbare und schätzbare Merkmale berücksichtigt. Immer wieder wurden dabei die Merkmale zum Teil unterschiedlich definiert und skaliert. Nicht selten wurden experimentell oder rechnerisch abhängige Variablen verwendet, die die Faktorenlösung notwendigerweise beeinflussen und zu Artefakten führen können. Weiterhin wurden teilweise keine ausreichenden Überprüfungen der Merkmalsverteilungen und -reliabilitäten vorgenommen bzw. erwiesen sich als nicht in jedem Falle befriedigend. Endlich aber wurden teilweise ausschließlich Schriftmerkmale, zum anderen aber auch zusätzliche Markierungsvariablen (Variablen aus psychologischen Tests, biographische Daten, psycho-physische Variablen etc.) in die Analysen einbezogen, was ebenfalls zu unterschiedlichen Faktorenlösungen führen kann.

Weitere Unterschiede resultieren aus den verwendeten verschiedenartigen faktorenanalytischen Techniken. Insbesondere wurden unterschiedliche Extraktionsverfahren, unterschiedliche Abbruchskriterien und schließlich unterschiedliche Rotationstechniken verwendet.

Vergleichsweise von eher geringerer Bedeutung scheinen demgegenüber Umfang und Art der Stichprobe der Schriftprobengeber zu sein. Ihre Anzahl variiert zwischen 50 und 429. Die untere Grenze des Stichprobenumfangs erscheint für eine explorative Studie noch vertretbar. Keine der Schriftenstichproben weist Repräsentativität auf, sondern sie stellen Stichproben aufs Geratewohl oder Stichproben aus spezifischen Unterpopulationen dar (häufig Studierende oder Schüler). Es muß daher auch mit stichprobenspezifischen Resultaten bei den Faktorenanalysen gerechnet werden.

Versucht man dennoch, mit der gebotenen Zurückhaltung gemeinsame Befunde der verschiedenen faktorenanalytischen Untersuchungen herauszudestillieren, so wird man zu dem gegenwärtigen Stand der Forschung folgendes aussagen dürfen:

1. Bei nahezu allen faktorenanalytischen Untersuchungen, die in der Merkmalserfassung auch Anmutungsqualitäten berücksichtigen (wie z.B. "leicht – schwer", "lebendig – starr" oder "energisch – kraftlos", konnte jeweils ein Faktor festgestellt werden, der allgemeine Eindruckscharaktere repräsentiert, wie wir sie auch in den verschiedenen graphologischen Systemen finden. Ein solcher Faktor kann charakterisiert werden als "Faktor der übergeordneten Koordination und Steuerung der Schrift: allgemeiner Rhythmusfaktor, der die rhythmische bzw. arrhythmische Gestaltung des Bewegungs-, Raum- und Formbildes bestimmt" (*Prystav* 1973, S. 172).

2. Des weiteren scheint sich eine begrenzte Anzahl Hauptfaktoren oder Faktoren elementarer Art herauszuschälen, die sich in jeweils mehreren Untersuchungen, wenn auch mit unterschiedlicher Prägnanz, ergeben haben. Es handelt sich dabei um Funktionseinheiten, die in der Regel weniger global sind als übergreifende Klassifizierungen der Graphologen (z.B. nach Bewegungs-, Raum- und Formbild), aber andererseits globaler als die allgemeinen Merkmale, die in der Graphologie verwendet werden.

3. Endlich werden in einigen Faktorenanalysen noch Faktoren spezifischer Art festgestellt, wie z.B. Ausprägung oder Variabilität des Linksrandes, Verbundenheit oder Oberzeichenbetonung. Solche Faktoren, die einzelne allgemeine graphische Merkmale oder sogar Merkmalsbesonderheiten betreffen, erschöpfen jeweils nur einen recht geringen Anteil an der gesamten Merkmalsvarianz. Sie scheinen überdies in besonderem Maße stichproben-, rotations- und extraktionsabhängig zu sein.

Eine überblickhafte Zusammenstellung der Einzelergebnisse der bislang vorliegenden graphometrischen Faktorenanalysen findet man in Abschnitt 4 dieses Kapitels.

3. Herkömmliche Erfassung graphischer Merkmale in der Schriftvergleichung

Wie einleitend ausgeführt wurde, muß in der Gutachtenpraxis zuweilen mit einigem Unbehagen festgestellt werden, wie unterschiedlich die graphische Bestandsaufnahme und Vergleichung von verschiedenen Sachverständigen durchgeführt oder zumindest im Gutachten dargestellt wird. Während die einen überwiegend oder ausschließlich die Gestaltungen einzelner Buchstaben und Ziffern gegenüberstellen, vergleichen andere im wesentlichen nur allgemeine graphische Merkmale und Eindruckscharaktere. Wieder andere Sachverständige geben eine graphische Darstellung der Allgemeinbefunde nach *Müller & Enskat* (1973) und ergänzen diese durch Einzelbefunde. Die einen zählen die Merkmalsübereinstimmungen lediglich auf, die anderen stellen sie differenziert dar oder erläutern sie durch Lichtbildtafeln oder Schemaskizzen. Bei einigen Gutachtern läßt sich eine systematische Ordnung erkennen (z.B. vom Allgemeinen zum Speziellen oder eine Gliederung nach Merkmalen der Bewegung, Formgebung und Gliederung etc.), andere bevorzugen eine "bunte Vielfalt": die Form des "R", der breiter werdende Linksrand, die doppelten Unterstreichungen, die gewandte "er"-Verbindung, die zugeflossenen Oberschleifen...

Am häufigsten wird in der schriftvergleichenden Analyse unterschieden zwischen allgemeinen und besonderen oder "individuellen" Schriftmerkmalen (so z.B. *Osborn* 1921, *R.M.Mayer* 1934 und *Wittlich* 1948). *Schneickert* (1918) hat das Begriffspaar "sekundäre und primäre" Schriftmerkmale vorgeschlagen, das sich jedoch kaum eingebürgert hat. *Conrad* (1970) hat schließlich in Anlehnung an Termini der Persönlichkeitspsychologie die Unterscheidung zwischen universellen und differentiellen Merkmalen vorgeschlagen. Eine differenziertere Aufteilung hat *Pfanne* (1954) eingeführt. Er unterscheidet zwischen (allgemeinen) Grundeigenschaften und gliedert die besonderen Schriftmerkmale in Aufbaueigenschaften und Einzeleigentümlichkeiten.

Übereinstimmend gehen alle Autoren – gleichgültig welcher Termini sie sich bedienen – davon aus, daß allgemeine graphische Merkmale in jeder Handschrift analysiert werden können, weil sie "in allen Schriften notwendigerweise vorhanden sind" (*Pfanne* 1954, S. 39). Nicht so eindeutig ist dagegen die Festlegung des zweiten Begriffes. *Wittlich* (1948, S. 172) sieht sie "in Gestalt charakteristischer, individueller Bewegungseigentümlichkeiten und eigenartiger Formgebungen" und führt weiter aus: "Ehe noch an die Analyse der allgemeinen Schriftmerkmale geschritten wird, treten schon bei der Betrachtung einer Handschrift die wirklich individuellen Besonderheiten, wie Kristallisationspunkte, deutlich aus dem Untergrund des noch nicht analysierten Gesamtschriftbildes hervor." *Conrad* (1970, S. 8) definiert differentielle Handschriftvariablen als "Merkmale, die nur bei Populationsausschnitten in Erscheinung treten. Differentielle Merkmale, für die sich der Populationsausschnitt auf ein Element, d.h. einen Schreiber, reduziert, sind singuläre oder individuelle Merkmale". – *Pfanne* endlich führt aus (1954, S. 43): "Unter Aufbaueigenschaften sind diejenigen Eigenschaften der Handschrift zu verstehen, die durch die Eigenart der Bewegungsführung bei der Erzeugung der Buchstaben entstehen und in ihrer charakteristischen Beschaffenheit den Details der Schrift das Gepräge geben, wobei freilich nur dann von einer Aufbaueigenschaft gesprochen werden kann, wenn die Eigenschaft sich nicht an einen speziellen Buchstaben, sondern an eine Gruppe aufbaumäßig verwandter Buchstaben heftet oder es sich um eine Buchstabenverbindung handelt." Unter Einzeleigentümlichkeiten sind nach ihm (S. 48) "diejenigen Teile der Handschrift zu verstehen, die die noch nicht bei den Grundeigenschaften und Aufbaueigenschaften ausreichend erfaßten Abweichungen der Schrift von der Schulvorlage darstellen".

Kritisch ist zu den angeführten Definitionen zunächst zu sagen, daß die sogenannten allgemeinen oder universellen Schriftmerkmale keineswegs in jeder Handschrift analysierbar sind. Es ist dabei nicht nur daran zu denken, daß die Merkmalsklassifikationen hier auf Schriften unseres engeren Kultuskreises, kaum aber etwa auf die neugriechische oder russische Handschrift und erst recht nicht auf hebräische, arabische oder altchinesische Handschriften anwendbar sind. Vor allem wird aber von allen Autoren offenbar grundsätzlich Handschrift mit Kurrentschrift gleichgesetzt. Erfolgen aber handschriftliche Schreibleistungen in Druckschrift oder in Blockschrift (also ausschließliche Verwendung von Großbuchstaben), so ist insbesondere bei letzterer eine Reihe von Merkmalen nicht mehr analysierbar (z.B. Größenproportionen und Bindungsform). Des weiteren ist offenbar nur an Textschriften, nicht aber an Unterschriften gedacht worden, die ebenfalls in der Regel – wie auch einzelne Wörter oder Ziffern etc. – nur einen eingeschränkteren Merkmalsbereich repräsentieren.

Noch problematischer wird aber der Bereich der sogenannten besonderen

Merkmale, zumal hierunter die zitierten Autoren recht Unterschiedliches verstehen. *Wittlich* meint die "wirklich individuellen Besonderheiten", die *Conrad* zutreffend als singulär bezeichnet. Vermutlich nicht zu Unrecht ist schon von *G.Meyer* (1909 d,S. 138) bezweifelt worden, ob es solche "Eigentümlichkeiten, die wirklich einzigartig und nur für eine Handschrift kennzeichnend wären" überhaupt gibt. Diese Frage ist natürlich empirisch schlechthin nicht klärbar, das bedeutet aber, daß man aus Gründen wissenschaftlicher Vorsicht grundsätzlich auch das eigentümlichste graphische Einzelmerkmal in einer Handschrift nicht als einmalig betrachten sollte. Überdies sind aber die von *Wittlich* angeführten hervorstechenden Merkmalsbesonderheiten für die Schriftvergleichung meist gar nicht von besonderer Bedeutung: Bei Schriftverstellung werden solche Merkmale bevorzugt unterdrückt und bei Schriftnachahmung bevorzugt vom Fälscher beachtet.

Zweifellos bedeutsamer sind die graphischen Merkmale, die die Details einer Schrift bestimmen, und zwar gerade jene Details, die unauffällig zu sein scheinen. Diese Merkmale hat *Pfanne* primär im Auge, wenn er von Aufbaueigenschaften und Einzeleigentümlichkeiten spricht. (Wobei allerdings die Kategorie "Einzeleigentümlichkeiten" ein nicht unbedingt überzeugender "Sammeltopf" für alle die Merkmale darstellt, die sich unter die beiden übrigen Merkmalsgruppen nicht einreihen lassen. So versteht *Pfanne* darunter ebenso Besonderheiten in der Formgebung einzelner Buchstaben, wie etwa Verjüngung oder Verbreiterung der Schriftränder.)

Endlich bereitet aber auch bei *Conrad* – wie analog auch bei *Pfanne* und anderen Autoren – die Trennung in universelle und differentielle Merkmale immer wieder Begriffsschwierigkeiten. Wie wir oben gesehen haben, sind nicht alle sogenannten universellen Merkmale an jeder Handschrift analysierbar und müssen dementsprechend konsequenterweise als differentielle Merkmale betrachtet werden. Soweit andererseits aber sogenannte differentielle Merkmale als "vorhanden – nicht vorhanden" klassifiziert werden können, müßte man sie konsequenterweise als universelle Merkmale bezeichnen, da sich jede Handschrift unter diesem Aspekt analysieren ließe.

Abgesehen von solchen begrifflichen Schwierigkeiten sehe ich aber auch vor allem Probleme für die Praxis der Schriftvergleichung. Zwischen den meisten Schriftsachverständigen dürfte Einigkeit darüber bestehen, daß einem Vergleich der sogenannten allgemeinen Schriftmerkmale immer nur eine begrenzte Bedeutung zukommen kann. Merkmalsabweichungen auf diesem Niveau sprechen nicht notwendigerweise gegen eine mögliche Urheberidentität, denn die Abweichungen können durch besondere Schreibbedingungen oder Schriftverstellung bedingt sein. Gemeinsamkeiten in allgemeinen graphischen Merkmalen sprechen andererseits noch nicht notwendigerweise für eine Urheberidentität, denn die Entsprechungen könnten zufällig oder durch Schriftnachahmung bewirkt sein.

Wendet sich dann aber die schriftvergleichende Analyse zu den sogenannten besonderen Schriftmerkmalen, besteht leicht die Gefahr, daß dabei mehr oder minder unsystematisch Einzelmerkmale gesammelt werden, die angeblich für oder gegen eine Urheberidentität sprechen. Diese Gefahr scheint besonders groß zu sein bei Schriftstücken, die in verstellter Schrift gefertigt wurden. Leider muß man in solchen Fällen immer noch gelegentlich beobachten, daß zunächst die bestehenden Unterschiede in allgemeinen graphischen Merkmalen mit Schriftverstellung erklärt werden und daß dann ein Sammelsurium von Einzelmerkmalen geboten wird, deren Ähnlichkeit angeblich für die Urheberidentität sprechen soll.

Es wird nun andererseits in der einschlägigen Literatur immer wieder aufgeführt, daß es unmöglich sei, sämtliche sogenannten besonderen Merkmale, die überhaupt jemals in Handschriften auftreten können, in einem Katalog zu erfassen. Das ist grundsätzlich natürlich völlig zutreffend. Dennoch muß aber eine schriftvergleichende Analyse durch eine klare Systematik in der Erfassung und Vergleichung des graphischen Repertoires gekennzeichnet sein. Bei einer Analyse, die einer solchen Systematik entbehrt, wird sich der Schriftsachverständige immer wieder dem Vorwurf ausgesetzt sehen, er habe willkürlich *diese* Merkmale für seine Beweisführung herangezogen und *jene* ebenso willkürlich vernachlässigt.

4. Ein allgemeines System zur Erfassung von Schriftmerkmalen

Das System zur Erfassung graphischer Merkmale für schriftvergleichende Analysen, das hier vorgestellt wird, soll folgende Forderungen erfüllen:

1. Das System soll möglichst universell verwendbar sein, zumindest für alle Analysen von handschriftlichen Leistungen in lateinischer oder deutscher Schrift.

2. Es soll zugleich flexibel genug sein, daß es den vielfältigen jeweiligen konkreten Fragestellungen schriftvergleichender Analysen angepaßt werden kann. (Es sei hier noch einmal daran erinnert, daß – wie einleitend ausgeführt wurde – je nach Art der zu untersuchenden Schreibleistung und der speziellen Fragestellung andere Merkmalsaspekte primär von Bedeutung sein können.)

3. Es soll die Voraussetzung zu einer für die jeweilige Fragestellung vollständigen und möglichst objektiven Merkmalserfassung gewährleisten.
4. Es soll das graphologische Erfahrungsgut in der Befunderhebung wie die Ergebnisse graphometrischer Faktorenanalysen berücksichtigen.
5. Endlich soll das System der Merkmalserfassung möglichst praktikabel und ökonomisch sein.

Um diesen Anforderungen entsprechen zu können, muß bei der Merkmalserfassung von hinreichend universellen Grundkomponenten der Schrift ausgegangen werden, die den gesamten Variationsraum von Handschriften abdecken. Die folgende Übersicht gibt eine Zusammenschau der bisherigen graphometrischen und graphologischen Erkenntnisse und Erfahrungen in der Klassifikation graphischer Merkmale. Es wurde dabei eine Aufteilung in neun Grundkomponenten gewählt, die einerseits nach Möglichkeit umgrenzbare Funktionseinheiten der Schreibhandlung und andererseits möglichst praktikable Analyseeinheiten für die Schriftvergleichung darstellen. Diese neun Grundkomponenten lassen sich kurz folgendermaßen kennzeichnen:

1. *Strichbeschaffenheit*: Merkmale des Striches, als dem "Urelement" der Schrift.
2. *Druckgebung*: Druckstärke und Druckverlauf.
3. *Bewegungsfluß*: Geschwindigkeit und Verbundenheit der Schreibbewegung.
4. *Bewegungsführung und Formgebung*: Modifikationen der von der Schulvorlage vorgesehenen Bewegungen und Formen.
5. *Bewegungsrichtung*: Bewegungsentfaltung in den vier Schreibrichtungen.
6. *Vertikale Ausdehnung*: Schriftgröße und Größenproportionen.
7. *Horizontale Ausdehnung*: Buchstabenbreite und -abstände (primäre und sekundäre Schriftweite).
8. *Vertikale Flächengliederung*: Anordnung der Beschriftung in der Senkrechten.
9. *Horizontale Flächengliederung*: Anordnung der Beschriftung in der Waagerechten.

Diese Aufgliederung erscheint aufgrund des heutigen Forschungsstandes und nach vieljährigen Erfahrungen in der Anwendung durchaus begründet und praktikabel, erhebt aber nicht den Anspruch einer verbindlichen Allgemeingültigkeit.

	Strichbeschaffenheit	Druckgebung	Bewegungsfluß	Bewegungsführung und Formgebung
LORR et al. (1954)				
DRÖSLER (1960)				Differenziertheit der Bewegungsformung
FISCHER (1964)				IV Überbetonung der Ober- und Unterschleifen
ADOLFS (1963)	M Strichbeschaffenheit	O Druckgebung A Ausdehnung im Raum (Tiefe)	G Schreibzeit L Durchgehender Schreibzug	C Plastizität (Völle) und Bereicherung D Bogige/ P eckige Bindungsform
SEIFERT (1964)		F Tiefendimension	B Bewegungsantrieb	C Bewegungsquantität oder Formmoment
FAHRENBERG & CONRAD (1965)	D Schwache/kräftige Strichführung		F Hohes/niedriges motorisches Tempo	G Bindungsform: Girlande/Arkade O Großes/kleines Schleifenvolumen in der Untenzone
TIMM (1967)		H Druckstärke	K Unverbundenheit	G Bogenzügigkeit I Schulförmigkeit H Individuelle Formung K Bereicherung
LOCKOWANDT (1968)	F Breite, teigige/scharfe Strichführung			

Bewegungsrichtung	Vertikale Ausdehnung	Horizontale Ausdehnung	Vertikale Flächengliederung	Horizontale Flächengliederung
C Zeilenrichtung	A Längenausdehnung B Größe der Mittelzone	D Breite der Buchstaben in Oben- und Untenzone E Breite der Buchstaben in Mittelzone		
Vorherrschende Bewegungsrichtung	(Amplitude der geradlinigen Bewegungsführung)		Präzision der Bewegungssteuerung	
	II Höhe der Mittelzone (Überwiegen über Oben- und Untenzone) V Größe der Obenzone	I Weite und Breite in der Mittelzone	III Verteilung der Schrift auf dem Blatt	
A Ausdehnung im Raum (Oben-Unten, Links-Rechts)	N Mittelbandausdehnung	H Weitenvariabilität	R Raumausdehnung	E Linksrandvariabilität F Verdichteter Schreibraum (horizontal)
E Richtungstendenz	G Bewegungsexpansion		A Raum- bzw. Flächendisposition	
B Linkszügige/rechtszügige Bewegungsrichtung	A Große/kleine vertikale Bewegungsamplitude	P Weite/Enge	C Raumausfüllung/Raumaussparung	I Geringe/große Zeilenlänge
E Rechtslage				
	B Große/kleine vertikale und horizontale Expansion		E Raumaussparender, geprägter/raumfüllender, ungeprägter Schriftduktus	H Weiter/enger Linksrand

	Strichbeschaffenheit	**Druckgebung**	**Bewegungsfluß**	**Bewegungsführung und Formgebung**
STEIN LEWINSON (1968)	12 Strichbreite	13 Druckstärke		10 Bereicherung/ Vereinfachung der Form 15 Magerkeit/Völle
WALLNER (1968)	V Strichbeschaffenheit		III Bewegungsfaktor	II Formfaktor
COHEN (1969)		IV Druckstärke	VIII Strichunterbrechungen	VII Unterlängenbetonung VI Hervorhebung der Großbuchstaben
HILDEBRANDT (1969)		XIV Druckstärke		III Völle des Schriftbildes
PAWLIK et al. (1973)		1 Druckfaktor		
PRYSTAV (1973)		H Druckstärke	N Verbundenheit: Kontinuität der Bewegungsführung	E Raumgreifende, runde/raumaussparende, eckige Bewegungsführung
GRAPHOL. MERKMALS-ERFASSUNG (Klages 56, Pfanne 61, Heiß 66, Wieser 69, Müller & Enskat 73 u.a.)	Strichqualität Strichbild Strichstruktur Strichspannung Schärfe/Teigigkeit	Druckgebung Druckschwäche/ Druckstärke Wucht	Tempo (Strich- und Erfolgsgeschwind.) Verbundenheitsgrad Zusammenhang	Bindungsform Strichzügigkeit/ Bogenzügigkeit Magerkeit/Völle Vereinfachung/ Bereicherung Formfestigkeit Gestalt

<table>
<tr><th>Bewegungsrichtung</th><th>Vertikale Ausdehnung</th><th>Horizontale Ausdehnung</th><th>Vertikale Flächengliederung</th><th>Horizontale Flächengliederung</th></tr>
<tr><td>9 Schriftlage
20 u. 21 Schwankung des Neigungswinkels
18 u. 19 Zeilenrichtung</td><td></td><td>11 Buchstabenbreite
14 Schriftweite</td><td>16 u. 17 Zeilenabstand</td><td></td></tr>
<tr><td></td><td colspan="4">IV Raumfaktor</td></tr>
<tr><td>VII Unterlängenbetonung
II Konstanz des Neigungswinkels
III Rechtsgeneig. (Winkel-)Schrift</td><td colspan="2">I Größe und Weite</td><td colspan="2">V Wort- und Zeilenabstand
IX Breite des Rechtsrandes
X Breite des Linksrandes</td></tr>
<tr><td>X Rechtslage (Rechts-links-Orientierung)
XII Zeilenschwankung</td><td>II Schriftgröße</td><td>IV Horizontal-expansive Bewegung</td><td>XV Zeilenabstand</td><td>XIII Exaktheit (Rechtsrand)</td></tr>
<tr><td>4 Schriftneigung</td><td>2 Allgemeine Schriftgröße
5 Schriftgröße außerhalb der Mittelzone</td><td colspan="3">3. Gliederung der Schrift und Schriftweite</td></tr>
<tr><td>G Rechts-links-Orientierung
O Zeilenschwankung</td><td>B Vertikale Expansion (Schriftgröße)</td><td>A Lockere, horizontal expansive Bewegung</td><td></td><td>F Variabilität des Linksrandes</td></tr>
<tr><td>Links- u. Rechtsläufigkeit (Richtungscharakter)
Unten-,Oben-, Rechts-,Linkszug (Strichrichtung)
Mittelpunktsflüchtig/-strebig
Neigungswinkel
Zeilenführung</td><td>Größe
Größenverhältnisse
Längenunterschiedlichkeit
Längenteilung</td><td>(Primäre und sekundäre)
Weite
Dehnung</td><td colspan="2">Gliederung
Raumausfüllung/Raumaussparung
Zeilenabstände, Oben- und Untenrand | Wortabstände, Links- und Rechtsrand</td></tr>
</table>

Die neun Grundkomponenten stellen die allgemeinen Analyseeinheiten innerhalb eines hierarchisch gegliederten Prozesses der Befunderhebung dar. Ausgehend von den einzelnen Grundkomponenten vollzieht sich die Merkmalserfassung in systematischen Schritten vom Allgemeinen zum Besonderen.

Die Trennung von allgemeinen und besonderen Schriftmerkmalen wird damit aufgegeben. Es wird also nicht, wie dies bislang üblicherweise in der einschlägigen Literatur vorgeschlagen wurde, zunächst der Bereich der allgemeinen Schriftmerkmale untersucht und danach die Schrift nach Merkmalsbesonderheiten inspiziert. Vielmehr wird in dem hierarchisch gegliederten Analyseprozeß innerhalb jeder graphischen Grundkomponente vom Allgemeinen zum Besonderen vorgeschritten. Der Vorzug einer solchen Merkmalserfassung ist u.a. darin zu sehen, daß sie immer wieder dazu zwingt, die zu analysierende Schrift unter bestimmten Gesichtspunkten in ihrer Gesamtheit zu betrachten, ehe sich dann eine detailliertere Analyse anschließt. Durch die Integration der beiden Betrachtungsweisen wird einerseits ein ungerichtetes Sammeln von Merkmalsbesonderheiten vermieden, andererseits eine zu globale Betrachtungsweise, die für die schriftvergleichende Analyse ebenfalls unzureichend ist.

Die Analyseschritte vollziehen sich so, daß die Grundkomponenten unter Berücksichtigung von graphischen Merkmalen, die sich ausdifferenzieren lassen, unter folgenden Gesichtspunkten erfaßt werden:

1. Zunächst wird die für die jeweilige Schrift allgemein kennzeichnende, typische oder durchschnittliche Ausprägung ermittelt.
2. Weiterhin wird die *allgemeine* Variabilität oder Streuung des Merkmals bzw. Merkmalskomplexes erfaßt.
3. Sodann erfolgt die Erfassung der *systematischen* Variabilität, d.h. es wird untersucht, ob sich ganz bestimmte, wiederkehrende Merkmalsvariationen feststellen lassen und zwar
   - im Gesamtverlauf,
   - im Detailverlauf von Zeile, Wort oder Bewegungseinheit,
   - in bestimmten Schreibzonen (Ober-, Mittel- und Unterzone),
   - an bestimmten sonstigen Positionen (z.B. Satzanfängen, An- und Ausstrichen etc.),
   - an bestimmten Schriftzügen (Grundgestalten, Einzelbuchstabenverbindungen etc.).

4. Endlich ist die Merkmalsvariabilität als Funktion verschiedenartiger Schreibbedingungen zu beachten. Es ist also festzustellen, ob bzw. in welcher Weise bestimmte Varianten unter besonderen inneren oder äußeren Schreibbedingungen auftreten, wie z.B. bei größerer Eile. (Dieser Gesichtspunkt ist vor allem bedeutungsvoll bei der Untersuchung nicht gewollter Begleiterscheinungen in verstellten Handschriften, worauf später noch ausführlicher einzugehen sein wird.)

Die praktische Vorgehensweise läßt sich vorab vielleicht am einfachsten an einem leicht erfaßbaren Einzelmerkmal wie der Schriftlage (Neigungswinkel der Schrift) demonstrieren, einem Aspekt der Grundkomponente Bewegungsrichtung:

1. Durch Messung oder Schätzung ist der durchschnittliche Neigungswinkel zu ermitteln.
2. Durch ein geeignetes Streuungsmaß oder wiederum durch Schätzung ist die allgemeine Variabilität des Neigungswinkels anzugeben.
3. Sodann wäre im Detail zu prüfen, ob sich systematische Variationen der Schriftlage feststellen lassen wie z.B.:
   - leichte Zunahme der Rechtsschräglage im Gesamtverlauf eines Schriftstückes,
   - Tendenz zu Lagekreuzungen an Wortenden (Umschlagen in Linksschräglage),
   - stärkere Rechtsschräglage der Untenschleifen oder
   - Änderungen des Neigungswinkels bei bestimmten Buchstaben oder Ziffern.
4. Liegen Schriftstücke vor, die unter besonderen inneren oder äußeren Schreibbedingungen entstanden sind, ist schließlich noch zu prüfen, ob diese Bedingungen Merkmalsänderungen bewirkt haben, wie z.B. eine Zunahme der Rechtsschräglage bei größerer Schreibeile oder eine geringere Rechtsschräglage als ungewollte Begleiterscheinung bei schulförmiger Verstellung der Schrift.

Eine detaillierte Darstellung des Ganges der Erhebung graphischer Befunde findet man in Anhang E. (Dem Leser, der sich vertieft in die Schriftvergleichung einarbeiten möchte, wird empfohlen, dieses Zusatzkapitel zunächst durchzuarbeiten. Für die übrigen Leser wird dieser Teil vor allem zum Nachschlagen bei terminologischen Fragen von Nutzen sein.)

V. SCHRIFTMATERIAL UND INFORMATIONEN ÜBER ANKNÜPFUNGSTATSACHEN

Für die Durchführung einer fundierten Handschriftenvergleichung müssen in der Regel vorliegen:

- Das Original des fraglichen Schriftstücks
- Informationen über die angeblichen oder tatsächlichen Entstehungsbedingungen
- Quantitativ und qualitativ ausreichendes Vergleichsschriftmaterial.

Diese Grundforderungen sind in der einschlägigen Literatur seit langem einhellig und mit großem Nachdruck vertreten worden. Trotzdem wird dem Schriftsachverständigen nicht nur von privaten Auftraggebern, sondern auch von Ermittlungsbehörden und Gerichten nicht selten ein mehr oder minder unzureichendes Schriftmaterial zur Verfügung gestellt und keine hinreichenden Informationen über Anknüpfungstatsachen, die für die Begutachtung des Schriftmaterials von Bedeutung sind.

1. Allgemeine Anforderungen an das Schriftmaterial

Durch die Arbeitsgemeinschaft der Leiter der Landeskriminalämter mit dem Bundeskriminalamt wurden 1964 in der Bundesrepublik Deutschland einheitliche "Richtlinien für die Beschaffung von Schriftproben für die Handschriftenvergleichung" beschlossen (*Pfanne* 1963 a und 1964). Diese durch das Bundeskriminalamt (1977) modifizierten Richtlinien sind wegen ihrer besonderen Bedeutung im Anhang B wiedergegeben. Des weiteren wurden anläßlich des IV. Mannheimer Symposions für Schriftvergleichung 1979 von Schriftsachverständigen des In- und Auslandes "Empfehlungen zur Material- und Informationsbeschaffung für Handschriftenvergleichungen in Zivilprozessen" erarbeitet, die im Anhang C enthalten sind.

Die Richtlinien bzw. Empfehlungen enthalten die Anforderungen, die aus fachlicher Sicht im Regelfall an das Schriftmaterial zu stellen sind. Selbstverständlich können solche allgemein gehaltenen Hinweise niemals jede spezielle Aufgabenstellung abdecken und in jedem Einzelfall eine optimale Schriftprobenerhebung gewährleisten. In schwieriger gelagerten Fällen kann sich auch ein richtliniengetreu erhobenes Vergleichsschriftmaterial gelegentlich als unzulänglich erweisen. In besonderen Problemfällen wird es daher immer zweckmäßig sein, den gezielten Rat des Schriftsachverständigen einzuholen. Solche besonders gelagerten Fälle hat offenbar *Ockelmann* (1979) primär im Auge, wenn er grundsätzliche Kritik an den BKA-Richtlinien übt. Generell kann jedoch seinen Ausführungen nicht gefolgt werden, da in den weitaus meisten praktischen Untersuchungsfällen eine Anwendung der Richtlinien bzw. Empfehlungen die Beschaffung eines adäquaten Vergleichsschriftmaterials gewährleistet. Die bisherigen Erfahrungen mit den polizeilichen Richtlinien und den Empfehlungen für den zivilrechtlichen Bereich lassen vor allem folgende positiven Auswirkungen erkennen:

1. Es ist festzustellen, daß dem Schriftsachverständigen – zumindest bei Ermittlungsverfahren – in zunehmendem Maße ein befriedigendes Schriftmaterial zur Verfügung gestellt wird. Diese erfreuliche Tendenz dürfte aber nicht nur eine direkte Auswirkung der Richtlinien sein, sondern ebenso sehr abhängig sein von der Haltung des Sachverständigen: Ein Sachverständiger, der immer wieder nachdrücklich auf der Beschaffung optimalen Vergleichsmaterials besteht, wird natürlich im Laufe der Zeit von seinen Auftraggebern in steigendem Maße besseres Schriftmaterial erhalten als jener Sachverständige, der aus Bequemlichkeit, falscher Rücksichtnahme oder aus welchen Motiven auch immer sich mit einem unzureichenden Schriftmaterial zufrieden gibt.

2. Sofern aber dem Sachverständigen zunächst ein nicht ausreichendes Schriftmaterial zur Verfügung gestellt wird, kann die Anforderung zusätzlichen Schriftmaterials durch den Hinweis auf die Richtlinien bzw. Empfehlungen erleichtert werden. Es ist dabei zweckmäßig, speziell auf diejenigen Punkte zu verweisen, die für den jeweiligen Fall von besonderer Bedeutung sind. Im übrigen kann sich der Sachverständige nunmehr aber auf zusätzliche gezielte Hinweise für die Schriftprobenbeschaffung beschränken.

3. Der Verweis auf die Richtlinien bzw. Empfehlungen bedeutet für den Schriftsachverständigen aber nicht nur eine Arbeitserleichterung, sondern kann zugleich dazu dienen, seinen Forderungen größeren Nachdruck zu verleihen. Insbesondere solche Sachverständige, die sich aus einer falsch verstandenen Rücksichtnahme nicht recht trauen, zusätzliches Schriftmaterial zu fordern, haben durch die Richtlinien eine "Rückenstütze" erhalten.

4. Weiterhin haben die Richtlinien möglicherweise dazu beigetragen, den Auftraggebern deutlicher zu machen, mit welchem Aufwand die Beschaffung des Schriftmaterials verbunden sein kann. In Bagatellangelegenheiten sollte er sich daher immer wieder fragen, ob der erforderliche Aufwand noch in einem angemessenen Verhältnis zur Bedeutung des Falles steht. Diese Entscheidung kann selbstverständlich der Sachverständige dem Auftraggeber nicht abnehmen. Wohl kann es aber in solchen Fällen zweckmäßig sein, wenn dem Sachverständigen zunächst ein noch unvollständiges Schriftmaterial zur Verfügung gestellt wird, anhand dessen er überprüfen kann, welches Schriftmaterial und welche zusätzlichen Informationen noch erforderlich sind und wie groß vermutlich die Möglichkeiten einer ausreichend sicheren Beantwortung der Fragestellung auf dem Wege einer Schriftvergleichung sein werden.

Im folgenden sollen zunächst nur die wichtigsten allgemeinen Grundsätze, die bei der Beschaffung des Schriftmaterials zu beachten sind, kurz zusammengefaßt werden. Speziellere Probleme der Schriftprobenbeschaffung sollen dann im folgenden Abschnitt bzw. bei der Erörterung der einzelnen Gegenstände der Schriftvergleichung behandelt werden.

1. Das fragliche Schriftstück wird für die Untersuchung im *Original* benötigt. Es ist vor jeder Art von Beschädigung, Veränderung, Beschriftung, Faltung etc. sowie vor Benutzung als Schreibunterlage zu sichern. Hierzu empfiehlt es sich, das Schriftstück in einer gesonderten Hülle zu den Akten zu nehmen. Keinesfalls darf das fragliche Schriftstück, wie dies leider immer wieder geschieht, unmittelbar in die Akten eingeheftet oder gar eingeklebt werden. – Liegt das Schriftstück nur noch in einer Durchschrift oder einer Reproduktion vor, so muß der Sachverständige prüfen, inwieweit anhand dieses Materials Aussagen möglich sind. (Hierzu im einzelnen Abschnitt 2.3 dieses Kapitels.)

2. Von jeder Person, die als Urheber der fraglichen Schrift in Betracht kommen kann, ist zunächst unbefangen entstandenes Schriftmaterial in ausreichendem Umfang zu beschaffen (*Spontanschriftproben*). Es soll möglichst aus dem gleichen Zeitraum stammen wie die fragliche Schrift. In der Regel ist möglichst vielseitiges Material erforderlich (von flüchtig hingeworfenen Notizen bis zu akkurat gefertigten Reinschriften), damit es einen möglichst weiten Überblick über die Variationsbreite der Handschrift gibt. Von besonderem Wert ist Schriftmaterial, das mit dem fraglichen Schriftstück hinsichtlich des Schriftsystems, des Schreibgerätes, des Schriftträgers sowie sonstiger möglicher Schreibbedingungen direkt vergleichbar ist.

3. Darüber hinaus müssen in der Regel von den in Frage stehenden Personen weitere Schriftproben abgenommen werden (*Ad-hoc-Schriftproben*). Durch diese Schriftprobenabnahme sollen vor allem gezielte Schriftproben gewonnen werden, die in der allgemeinen Schreibweise und ihren Entstehungsbedingungen der fraglichen Schreibleistung möglichst entsprechen. Dem Schreiber darf dabei aber niemals das fragliche Schriftstück gezeigt werden; der Text ist vielmehr – in der Regel wörtlich – zu diktieren. Im einzelnen ist vor allem folgendes zu beachten:

   – Schreibgeräte und Schriftträger müssen den bei der fraglichen Schrift verwendeten entsprechen.

   – Es muß in demselben Schriftsystem geschrieben werden, in dem die fragliche Schrift gefertigt wurde.

- Alle Schreibbedingungen, die bei der Entstehung des fraglichen Schriftstückes tatsächlich oder vermutlich gegeben waren, sollen – soweit dies überhaupt möglich ist und vertretbar erscheint – bei der Schriftprobenabnahme reproduziert werden.
- Der in Frage stehende Text ist in der Regel mehrfach zu schreiben. Dabei werden meist spezielle zusätzliche Anweisungen zu geben sein, die sich nach der Schreibweise in dem fraglichen Schriftstück im Vergleich mit Normalschriftproben ergeben (z.B. schneller, schulförmiger, linksschräger, "wie ein General" zu schreiben).

Durch alle diese Vorkehrungen und Anweisungen bei der Schriftprobenabnahme soll erreicht werden, die Entstehungsbedingungen der fraglichen Schreibleistung, soweit diese bekannt sind oder doch vermutet werden können, zu reproduzieren, um möglichst direkt vergleichbare Schriftproben zu erhalten. Inwieweit es allerdings tatsächlich möglich ist, den Schriftprobengeber zu veranlassen, "experimentell *so* zu schreiben, wie er damals geschrieben haben müßte, wenn er der fragliche Schreiber wäre" (*Pfanne* 1963 a, S. 454), soll uns an späterer Stelle noch ausführlicher beschäftigen (s. S. 195 ff.).

4. Bei fraglichen Unterschriften gelten die vorgenannten Hinweise sinngemäß. Am wichtigsten ist in der Regel die Beschaffung einer möglichst großen Anzahl unbefangen entstandener Unterschriften des Namenseigners, die erforderlichenfalls durch ad hoc geleistete Unterschriften ergänzt werden müssen. Unter Umständen sind aber auch vom Namensträger noch gezielte Schriftproben abzunehmen. Ebenso sind von Personen, die der Fälschung der Unterschrift verdächtigt sind, gegebenenfalls noch Spontan- und Ad-hoc-Schriftproben zu beschaffen.
5. Über jede Schriftprobenbeschaffung ist ein genauer Bericht anzufertigen. Aus ihm müssen insbesondere sämtliche Bedingungen der Schriftprobenabnahme und alle Besonderheiten im Verhalten des Schriftprobengebers eindeutig hervorgehen.

2. Spezielle Fragen der Schriftprobenbeschaffung

2.1 Prozeßrechtliche Aspekte

In *Strafverfahren* unterliegen Gegenstände, die als Beweismittel von Bedeutung sein können, der Beschlagnahme (§§ 94 ff. StPO; im österreichischen und im schweizerischen Strafprozeßrecht bestehen analoge Bestimmungen). Durch Beschlagnahme können dem Sachverständigen vor allem zusätzliche Spontanschriftproben beschafft werden. Hierzu kann auch die Durchsuchung der Wohnung oder der Geschäftsräume des Beschuldigten angeordnet werden (§§ 102 ff. StPO; wiederum gelten im österreichischen und schweizerischen Recht ganz entsprechende Bestimmungen). Die Durchsuchungen sind dabei meist nicht nur auf die Auffindung von Vergleichsschriftmaterial, sondern auch auf zusätzliche Beweismittel gerichtet. Unter dem Blickpunkt der Schriftvergleichung sind vor allem folgende Gegenstände von Bedeutung:

- Schreibgeräte, die bei der Fertigung der in Frage stehenden Schriftstücke verwendet worden sein könnten.
- Schriftträger, die dem in Frage stehenden Material entsprechen (Briefpapier, Briefumschläge, Formulare etc.).
- Schreibunterlagen, die möglicherweise noch Durchdrückspuren der fraglichen Schreibleistung enthalten. (Wichtig vor allem bei Briefblocks, aber auch sonstige Schreibunterlagen können zuweilen zusätzlich verwertbare Spuren enthalten.)
- Ist der in Frage stehende Schriftträger aus einem größeren Stück abgerissen oder aus einem Heft etc. herausgerissen worden, ist die Auffindung des Ergänzungsstückes von großer Bedeutung, da sie eine Prüfung der Übereinstimmung der Rißkanten ermöglicht.
- Auffindbare Übungsversuche von Schriftverstellungen oder -nachahmungen können ebenfalls ein wichtiges Beweismittel sein.
- Wenn zu vermuten ist, daß bei der Fertigung der fraglichen Schrift Kohle- oder Blaupapier verwendet wurde, sollten solche benutzten Papiere ebenfalls beschlagnahmt werden.
- Bei einem Verdacht der Urkundenfälschung ist insbesondere auf authentische Unterschriften oder Schriftstücke zu achten, die möglicherweise als Vorlagen gedient haben könnten.
- Sofern bei der fraglichen Schrift Tinte oder ähnliche Schreibmittel benutzt wurden, sollten auch Löschpapier und Löscher in die Untersuchung einbezogen werden.

Eingeschränkter sind dagegen die Möglichkeiten der Abnahme von Ad-hoc-Schriftproben. Nach dem allgemeinen Rechtsgrundsatz, daß ein Beschuldigter weder zum Nachweis seiner Schuld noch seiner Unschuld etwas beizutragen hat, kann er die Fertigung von Schriftproben ablehnen. Bekanntlich ist in der Bundesrepublik Deutschland seit dem 1. 4. 1965 der Beschuldigte bei jeder Vernehmung ausdrücklich darauf hinzuweisen, daß es ihm nach dem Gesetz freistehe, sich zu den Beschuldigungen zu äußern oder nicht zur Sache auszusagen und jederzeit, auch schon vor seiner Vernehmung, einen vom ihm zu wählenden Verteidiger zu befragen (§§ 136, 136 a, 143 Abs. 4 StPO). Es ist daher nach Auffassung des Verfassers, die allerdings nicht von allen Kriminalpraktikern geteilt wird, unerläßlich, einen Verdächtigten vor der Abgabe von Schriftproben auf sein Verweigerungsrecht ausdrücklich hinzuweisen.

Zumindest problematisch erscheint es auch, eine solche Belehrung durch zusätzliche Bemerkungen wieder einzuschränken, wie beispielsweise der: Der Beschuldigte könne sich in ein schlechtes Licht setzen, wenn er zur Abgabe von Schriftproben nicht bereit sei. (In diesem Sinne bestehen auch gewisse Bedenken gegen die verbale Einleitung der Schriftprobenabnahme, wie sie *Pfanne* (1964, S. 128) empfohlen hat.) Zweckmäßig dürfte es dagegen sein, dem Beschuldigten von vornherein klar zu machen, daß es aufgrund solcher Schriftproben mit hoher Wahrscheinlichkeit möglich sein wird, seine Urheberschaft nachzuweisen oder auszuschließen.

Der Sachverständige darf sich – wie später auch das Gericht – in keiner Weise von der Entscheidung des Beschuldigten für oder gegen eine Schriftprobenabnahme beeinflussen lassen. Es gibt genug Beispiele dafür, daß Verdächtigte durch ihre scheinbare Bereitschaft nur ihre angebliche Unschuld demonstrieren wollen, während Unschuldige die Abgabe von Schriftproben verweigern, weil sie fürchten, in eine Maschinerie zu geraten, aus der es kein Entrinnen mehr gibt, oder die aus gekränktem Ehrgefühl jede Mithilfe bei den Ermittlungsarbeiten ablehnen.

Weitere Einschränkungen für die Schriftprobenabnahme ergeben sich durch die Bestimmungen des § 136 a StPO:

(1) Die Freiheit der Willensentschließung und der Willensbetätigung des Beschuldigten darf nicht beeinträchtigt werden durch Mißhandlung, durch Ermüdung, durch körperlichen Eingriff, durch Verabreichung von Mitteln, durch Quälerei, durch Täuschung oder durch Hypnose. Zwang darf nur angewendet werden, soweit das Strafverfahrensrecht dies zuläßt. Die Drohung mit einer nach seinen Vorschriften unzulässigen Maßnahme oder das Versprechen eines gesetzlich nicht vorgesehenen Vorteils sind verboten.

(2) Maßnahmen, die das Erinnerungsvermögen und die Einsichtsfähigkeit des Beschuldigten beeinträchtigen, sind nicht gestattet.

(3) Das Verbot der Abs. 1 und 2 gilt ohne Rücksicht auf die Einwilligung des Beschuldigten. Aussagen, die unter Verletzung dieses Verbots zustande gekommen sind, dürfen auch nicht dann verwertet werden, wenn der Beschuldigte der Verwertung zustimmt.

Sicherlich werden schwerwiegende Eingriffe wie Mißhandlung oder Hypnose bei einer Schriftprobenabnahme ohnehin niemals in Betracht kommen. Wichtig ist aber u.a., daß eine Schriftprobenabnahme unter Alkoholbelastung oder unter Einfluß sonstiger Pharmaka mit diesen gesetzlichen Bestimmungen unvereinbar ist, obwohl solche Schriftproben sehr wertvoll sein könnten in Fällen, in denen auch die fraglichen Schreibleistungen unter entsprechenden Bedingungen entstanden sind. Auch eine mögliche Bereitschaft des Beschuldigten zur

Abgabe solcher Schriftproben würde an diesem Verbot nichts ändern. Auch mit der Anwendung irgendwelcher "Tricks" bei der Schriftprobenabnahme sollte man äußerst vorsichtig sein, da sie möglicherweise als Täuschung ausgelegt werden könnten. Endlich sollte man durch Einlegung von angemessenen Pausen dafür sorgen, daß die Schriftprobenabnahme für den Beschuldigten nicht allzu strapaziös wird. Hierfür sprechen nicht nur rechtliche Gründe, sondern auch die Tatsache, daß graphomotorische Leistungen, die durch Schreibsättigung oder einen Schreibkrampf beeinträchtigt sind, ohnehin in der Regel nicht verwertbar sind. – Allgemeiner hat sich *Pfanne* (1964) – wenn auch in einigen Punkten anfechtbar – mit Fragen der Schriftprobenabnahme unter Berücksichtigung von § 136 a StPO auseinandergesetzt.

Im *Zivilverfahren* ist die Beschaffung des Schriftmaterials in § 441 ZPO wie folgt geregelt:

(1) Der Beweis der Echtheit oder Unechtheit einer Urkunde kann auch durch Schriftvergleichung geführt werden.

(2) In diesem Fall hat der Beweisführer zur Vergleichung geeignete Schriften vorzulegen oder ihre Mitteilung nach der Vorschrift des § 432 zu beantragen und erforderlichenfalls den Beweis ihrer Echtheit anzutreten.

(3) Befinden sich zur Vergleichung geeignete Schriften in den Händen des Gegners, so ist dieser auf Antrag des Beweisführers zur Vorlegung verpflichtet. Die Vorschriften der §§ 421 bis 426 gelten entsprechend. Kommt der Gegner der Anordnung, die zur Vergleichung geeigneten Schriften vorzulegen, nicht nach oder gelangt das Gericht im Falle des § 126 zu der Überzeugung, daß der Gegner nach dem Verbleib der Schriften nicht sorgfältig geforscht habe, so kann die Urkunde als echt angesehen werden.

(4) Macht der Beweisführer glaubhaft, daß in den Händen eines Dritten geeignete Vergleichsschriften sich befinden, deren Vorlegung er im Wege der Klage zu erwirken imstande sei, so gelten die Vorschriften des § 431 entsprechend.

Bei der Abnahme von Ad-hoc-Schriftproben durch den Schriftsachverständigen ist zu beachten, daß die Gegenpartei hierüber stets zu benachrichtigen ist, so daß diese Gelegenheit zur Teilnahme an der Schriftprobenabnahme hat.

2.2 Anerkennung des Vergleichsschriftmaterials

In den BKA-Richtlinien für die Beschaffung von Schriftproben wird unter 3.2 ausgeführt: "Es muß darauf geachtet werden, daß die beschafften Proben auch wirklich von der tatverdächtigten Person stammen. Stellt sie sie selbst zur Verfügung, so soll ihre Echtheit von anderen Personen anerkannt werden. Werden sie von anderer Seite eingereicht, soll sich die tatverdächtigte Person zur Frage ihrer Echtheit äußern." – Entsprechende Ausführungen sind in den "Empfehlungen zur Material- und Informationsbeschaffung für Handschriftenvergleichungen in Zivilprozessen" enthalten (4.3). Hier kommt es im wesentlichen darauf an, daß das Vergleichsschriftmaterial von beiden Parteien als authentisch akzeptiert wird.

In der Praxis können sich dennoch durchaus Probleme dadurch ergeben, daß versehentlich oder vorsätzlich falsche Aussagen über die Herkunft des Schriftmaterials gemacht werden oder daß das Vergleichsschriftmaterial in gezielter Weise selektiert wird. Einige Beispiele aus der praktischen Arbeit mögen dies verdeutlichen.

Bei einigen Untersuchungsfällen war festzustellen, daß der Verdächtigte Schriftproben fälschlicherweise als von sich stammend bezeichnete. Gelegentlich mag es sich dabei tatsächlich nur um Verwechslungen mit ähnlichen Schriften anderer Personen (z.B. der Ehefrau) handeln. In einzelnen Fällen geschah dies aber offenbar in der Absicht, die Arbeit der Schriftvergleichung zu erschweren bzw. um den Sachverständigen in die Irre zu führen.

Die vorsätzliche oder irrtümliche Unterschiebung von nicht-authentischem Vergleichsmaterial findet man zuweilen auch bei Erbauseinandersetzungen, in denen die Echtheit eines eigenhändigen Testaments bestritten wird. Die Bestätigung durch die Gegenpartei stellt dabei häufig auch keine zuverlässige Kontrolle dar. Vor allem, wenn es sich um wenig eigengeprägte, stark schulförmige Schriften handelt, oder aber um Schriftzüge mit starken graphomotorischen Störungen, sind Laien in der Regel bei der Feststellung der Authentizität überfordert, auch wenn es sich um die Beurteilung der Schriftzüge von Familienangehörigen handelt.

Natürlich kann der Sachverständige in solchen Fällen argumentieren, daß er dem Untersuchungsauftrag gemäß die Authentizität des Vergleichsschriftmaterials unterstellen konnte. So wird in den BKA-Richtlinien (3.2) ausgeführt: "Die Verantwortung für die Echtheit des Vergleichsmaterials trägt der Auftraggeber." Analoge Feststellungen findet man in den Empfehlungen für Zivilprozesse. Es erscheint allerdings fraglich, ob sich der Sachverständige durch eine solche Feststellung aus der Verantwortung ziehen kann. Er wird sich in einem solchen Falle durchaus fragen lassen müssen, warum ihm eine eventuelle Inhomogenität des Vergleichsschriftmaterials, wenn diese nachträglich offenkundig wird, nicht aufgefallen ist. – Man wird allerdings vom Sachverständigen nicht erwarten können und dürfen, daß er zunächst vor der eigentlichen Schriftvergleichung noch eine eingehende schriftvergleichende Analyse des Vergleichsschriftmaterials vornimmt. Eine summarische Überprüfung des Vergleichsschriftmaterials erscheint jedoch in jedem Falle unerläßlich. Ergeben sich dabei irgendwelche Zweifel an der Urheberidentität, sollten diese durch weitere Nachforschungen oder durch die Erhebung zusätzlicher Ad-hoc-Schriftproben und eine abschließende interne Schriftvergleichung geklärt werden.

Eine umgekehrte Strategie kann bei Straf- wie Zivilverfahren darin bestehen, die Authentizität des Vergleichsmaterials in größtmöglichem Umfange zu bestreiten. Ist es in solchen Fällen nicht möglich, Ad-hoc-Schriftproben zu erheben, entweder, weil der Verdächtigte hierzu nicht bereit ist, oder – wie bei Testamentsprüfungen – der Schreiber verstorben ist, kann schließlich das verwertbare Vergleichsschriftmaterial quantitativ und qualitativ so wenig befriedigend sein, daß eine Schriftvergleichung überhaupt nicht mehr oder nur noch auf sehr unsicherer Basis möglich ist. Bei Strafverfahren ist allerdings zuweilen nur zu deutlich zu erkennen, daß es sich bei dem Bestreiten um reine Schutzbehauptungen handelt.

Bei Zivilprozessen kann sich weiterhin das Problem einer einseitigen Selektion des Vergleichsschriftmaterials stellen, insbesondere dann, wenn nur eine Partei über Schriftproben verfügt. Zwei weitere Beispiele aus der Praxis mögen dies veranschaulichen.

In einer zivilrechtlichen Auseinandersetzung wegen eines Testamentes, das in lateinischer Schrift gefertigt war, hat eine Partei die Behauptung aufgestellt, der Erblasser habe nur die deutsche Schrift beherrscht, und hat dementsprechend nur deutsche Vergleichsschriftproben vorgelegt. Da diese Schriftproben zudem sehr viel früher als das strittige Testament entstanden waren, war eine ausreichend sichere Beurteilung zunächst nicht möglich. Erst nachdem es der Gegenpartei doch noch gelungen war, lateinische Schriftproben des Erblassers aufzutreiben, die auch hinsichtlich ihrer zeitlichen Entstehung gut verwertbar waren, konnte die Echtheit des strittigen Testaments ohne begründeten Zweifel nachgewiesen werden.

Bei einer zivilrechtlichen Unterschriftsprüfung ergaben sich Schwierigkeiten dadurch, daß der Beklagte neben einer Langform seiner Unterschrift eine zweite, von seiner übrigen Schrift stark abweichende Kurzform verwendete. Die strittige Unterschrift war mit dieser Kurzform unterzeichnet, als Vergleichsunterschriften legte er jedoch nur die Langform vor.

Weiterhin muß – vor allem bei strittigen Unterschriften – auch mit der Vertauschung oder Vermengung von fraglichem und authentischem Material gerechnet werden, wie der folgende Fall zeigt.

Bei einer geschäftlichen Transaktion wurden vom Verkäufer mehrere Wechsel ausgestellt und vom Käufer akzeptiert. Es ergaben sich bald darauf gewisse Differenzen, an deren Ende man übereinkam, daß dem Käufer DM 50.000,-- nachgelassen werden. Dementsprechend gab der Verkäufer dem Käufer einen der Wechsel in Höhe dieses Betrages zurück. Zur Überraschung des Käufers wurden aber später trotzdem alle Wechsel zur Zahlung vorgelegt. Da er den zurückgegebenen Wechsel über DM 50.000,-- nach wie vor in seinem Besitz hatte, schloß er, daß die Akzeptunterschrift auf dem vorgelegten und zu Protest gegangenen Wechsel über denselben Betrag gefälscht sein müsse. Tatsächlich stellte sich heraus, daß diese Unterschrift echt war. Dagegen erwies sich aber die Akzeptunterschrift auf dem zurückgegebenen Wechsel, die dem Sachverständingen u.a. zu Vergleichszwecken zur Verfügung gestellt worden war, als Fälschung. Hätte der Käufer den zurückgegebenen Wechsel nicht aufbewahrt, so wäre dieser geschickt eingefädelte Betrug vermutlich nicht aufgeklärt worden.

Endlich muß gelegentlich auch mit der Möglichkeit gerechnet werden, daß bei der Untersuchung von gefälschten Unterschriften oder Testamenten dem Sachverständigen vorsätzlich oder versehentlich Vergleichsschriften vorgelegt werden, die zum Teil selbst Fälschungen darstellen, um eine Differenzierung zwischen echten und unechten Schreibleistungen zu erschweren oder gar unmöglich zu machen.

Bei einer Testamentsprüfung stellte sich sogar heraus, daß dem Sachverständigen zunächst neben dem (gefälschten) Testament ausschließlich "Vergleichsschriftmaterial" vorgelegt wurde, das der Fälscher in der gleichen Weise gefälscht hatte wie das Testament.

2.3 Verwertbarkeit von Durchschriften und Reproduktionen

Häufig wird dem Schriftsachverständigen Material nicht in Originalen, sondern in Form verschiedenartiger Kopien vorgelegt. Hierzu gehören einerseits Durchschriften, die mit Hilfe von Kohle- oder Blaupapier gefertigt wurden, und andererseits mit den verschiedenartigen Reproduktions- und Vervielfältigungstechniken hergestelltes Material.

Letztere Techniken sind inzwischen recht vielfältig geworden. Zu ihnen gehören die konventionellen fotografischen Reproduktionen, im Diffusionsverfahren hergestellte Positive sowie – mit steigender Häufigkeit – Rückvergrößerungen von Mikrofilmen. Nach wie vor am häufigsten aber wird der Sachverständige mit Fotokopien konfrontiert, die entweder im konventionellen Verfahren, im xerografischen oder xeromagnetischen Elektrokopierverfahren oder im Wärmekopierverfahren gefertigt wurden. Gelegentlich stehen auch Schriftstücke zur Diskussion, die im fotomechanischen Druckverfahren (Büro-Offset-Drucker), durch Schablonen, Vervielfältiger oder durch Umdrucker hergestellt wurden.

Bei der Frage der Analysierbarkeit solcher Kopien aller Art besteht immer noch eine bemerkenswerte Diskrepanz zwischen der wissenschaftlichen Grundsatzdiskussion und der schriftvergleichenden Praxis. Einerseits wird in der einschlägigen wissenschaftlichen Literatur (zusammenfassend referiert bei *Michel* 1975 d), wenn auch mit gewissen Varianten, die Lehrmeinung vertreten, daß Durchschriften und Reproduktionen aller Art grundsätzlich für die Schriftvergleichung nicht oder nur sehr eingeschränkt geeignet sind. Sie gestatten dementsprechend keine verbindlichen Feststellungen, sondern lassen in der Regel allenfalls vorsichtig formulierte Wahrscheinlichkeitsaussagen zu. Andererseits finden sich jedoch in der Praxis immer wieder Schriftsachverständige bereit, auch anhand von Kopien aller Art Urkundenprüfungen und Schriftvergleiche vorzunehmen.

Auch in der Rechtsprechung ist die Frage der Verwertbarkeit von Durchschriften und Reproduktionen bereits wiederholt erörtert worden. Im Hinblick auf die Analysierbarkeit von Fotokopien ist das Urteil des OLG Braunschweig vom 10. 4. 1953 – Ss 179/52 (= NJW 53, 1035 und JZ 53, 515) – von besonderem Interesse. Aus den Gründen ist besonders hervorzuheben:

"Wenn danach die StrK den Sachverständigen aus eigener Kenntnis von dessen gerichtlicher Tätigkeit beurteilen konnte und gegen seine Sachkunde im allgemeinen auch keine Einwendungen mögen erhoben werden können, so ergibt sich doch aus dem Sachverhalt, daß das LG in diesem besonderen Falle Bedenken gegen die Sachkunde hätte haben müssen. Diese Bedenken ergeben sich nicht daraus, daß der Sachverständige überhaupt eine Fehlbeurteilung abgegeben hat. Der Sachverständige hat jedoch sein erstes Gutachten als völlig sicher bezeichnet und es ohne jede Einschränkung erstattet, obwohl ihm bewußt war, daß das fragliche Schreiben ihm nur in der Fotokopie vorlag. Er hat sogar in seinem ersten Gutachten ausdrücklich betont, daß das vorgelegte Material für die Zwecke des Schriftvergleichs als ausreichend erachtet werden könne, auch wenn die inkriminierte Schrift nur in Fotokopie hätte untersucht werden können. Wie sich aus den Ausführungen des Vorsitzenden des Fachverbandes freiberuflicher gerichtlicher Schriftsachverständiger e.V., Langenbruch, in JR 50, 213 ergibt und wie danach allen Sachverständigen bekannt sein muß, ist aber nur das Originaldokument ein einwandfreies Beweismittel, niemals eine Fotokopie desselben. Der Sachverständige X. hat daher bei der Erstattung seines Privatgutachtens entweder diesen wichtigen, einem jeden Sachverständigen geläufigen Grundsatz nicht beachtet, oder er hat trotz Kenntnis dieses Grundsatzes das Material als ausreichend bezeichnet und daraufhin ein abschließendes, die Urheberschaft des Angekl. mit Sicherheit ausschließendes Gutachten erstattet. Ein solches Verfahren mußte in jedem Falle das Vertrauen in die Sachkunde des Sachverständigen beeinträchtigen."

In einem Beschluß des BGH vom 3. 2. 1967 – III ZB 14/66 (= NJW 67, 1124) – wird weiterhin ausdrücklich festgestellt, daß ein auf mechanischem Wege errichtetes Testament (Stempel, Druck, Fotokopie, Schreibmaschine, Hektografie) nicht das Merkmal der Eigenhändigkeit erfüllt. Dagegen ist jedoch bei Durchschriften in höchstrichterlichen Entscheidungen – zumindest soweit sie eigenhändige Testamente betreffen – eine andere Auffassung vertreten worden. Das Bayerische ObLG hat in seinem Beschluß vom 9. 7. 1965 – BReg. 1 bZ 3/65 (= NJW 65, 2301) – folgenden Leitsatz aufgestellt:

"Auch die mittels Kohlepapier hergestellte Durchschrift eines eigenhändigen Testaments ist vom Erblasser geschrieben; sie kann vom Erblasser durch nachträgliche Zusätze zur Urschrift eines neuen eigenhändigen Testaments gemacht werden."

Dieser Auffassung hat sich das OLG Celle angeschlossen. Aufgrund eines Vorlegungsbeschlusses dieses Gerichts hat der BGH mit Beschluß vom 3. 2. 1967 – III ZB 14/66 – folgenden Leitsatz aufgestellt:

"Ein von dem Erblasser mittels eines Durchschreibebogens (Blaupause) gefertigtes Schriftstück kann ein formgültiges Testament sein."

In den Gründen wird jedoch weiterhin ausgeführt:

"Es ist allerdings nicht zu verkennen, daß in einem mittels eines Kohle- oder Durchschreibepapiers errichteten Testament die individuellen Merkmale einer Handschrift weniger deutlich hervortreten mögen und die Gefahr der Fälschung oder Verfälschung eines solchen Testaments wesentlich größer ist, als bei einem mit einer Feder, einem Tintenstift oder Kugelschreiber gefertigten Schriftstück. Diese Gefahren verlangen im Einzelfall eine besonders sorgfältige Prüfung des durchgepausten Testaments auf seine Echtheit ..."

In der Tat erscheint die Differenzierung zwischen Durchschriften und Reproduktionen, die in der bisherigen Rechtsprechung vorgenommen wurde, auch unter Gesichtspunkten der Schriftvergleichung durchaus angemessen. Vor allem gut erhaltene Blaupausen, in eingeschränkterem Maße auch mit Kohlepapier und mit sonstigen Verfahren hergestellte Pausen, können nämlich eine Analyse der für die Schriftvergleichung relevanten graphischen Merkmale gestatten. Es muß dabei allerdings die Qualität der Pause berücksichtigt werden. So sind naturgemäß Zweitschriften wesentlich besser verwertbar als Dritt- und Viertschriften etc. Weiterhin muß die Qualität des verwendeten Pauspapiers berücksichtigt werden sowie der Erhaltungszustand der Durchschrift.

Besonders ist darauf hinzuweisen, daß sich bei guten Pausen dieser Art der Verlauf der Druckgebung manchmal besser erkennen läßt als am Original. Dies gilt vor allem für Kugelschreiberschriften. Bekanntlich hat *Hönel* (1975) zur Registrierung des Schreibdruckes bei Kugelschreiberschriften die Verwendung eines speziellen Blaupapieres empfohlen (die besten Resultate konnte er dabei mit der Kopierfolie "neofilm" von *Kores* erreichen). Wenn Original *und* Durchschrift eines fraglichen Schriftstücks zur Verfügung stehen, sollten daher unbedingt beide dem Schriftsachverständigen zur Begutachtung übergeben werden.

Besondere Vorsicht ist bei Unterschriften angezeigt, die nur noch in Blau- bzw. Kohlepausen vorliegen. Der Grad der möglichen Aussagesicherheit wird im Einzelfall nicht nur von der Qualität der Pause abhängen, sondern – wie allgemein bei Unterschriftsprüfungen – von dem Grad der Fälschbarkeit der fraglichen Unterschrift. Bei vermuteter Echtheit der fraglichen Unterschrift sollte der Sachverständige stets ausdrücklich darauf hinweisen, daß im allgemeinen nicht feststellbar ist, ob der Text der Durchschrift, auf dem sich die durchgepauste Unterschrift befindet, mit dem Text der Originalurkunde identisch ist, auf der die vermutlich echte Unterschrift geleistet wurde. Es ist nämlich keineswegs so ungewöhnlich, daß Unterschriftsdurchschriften bei Namenszeichnungen durch Unterlegen eines zusätzlichen Pauspapieres erschlichen werden.

Weitaus ungünstiger ist die Situation bei der Prüfung von Unterschriften, die nur noch als Reproduktionen zur Verfügung stehen (Fotokopien, Rückvergrößerungen von Mikrofilmen oder mit sonstigen Techniken hergestellte Reproduktionen). Zunächst ist festzustellen, daß in diesem Falle eine Untersuchung mit den einschlägigen physikalisch-technischen Methoden der Urkundenprüfung (s. S. 62 ff. und S. 130 ff.) nicht möglich ist. Es lassen sich daher in der Regel keine für indirekte Pausfälschungen kennzeichnenden Manipulationsspuren und keine Anzeichen für Montagen von authentischen Unterschriften erkennen.

Lediglich bei primitiv ausgeführten Montagen können die Ansatzränder der eingefügten echten Unterschrift sichtbar werden. Auch in einigen anderen Fällen kann es durchaus möglich sein, auch anhand von Reproduktionen den Nachweis der *Un*echtheit einer fraglichen Unterschrift zu erbringen, z.B. wenn sich nachweisen läßt, daß eine solche fotokopierte Unterschrift mit einer in einem anderen Zusammenhang geleisteten authentischen Unterschrift völlige Deckungsgleichheit aufweist oder wenn mehrere fotokopierte fragliche Namenszeichnungen untereinander kongruent sind. (Allgemein wird die Frage der Deckungsgleichheit und ihre Bewertung bei der Behandlung der Unterschriftsprüfung noch zu erörtern sein.) Darüber hinaus können auch relativ plump ausgeführte freihändige Fälschungen anhand von Reproduktionen häufiger noch mit ausreichender Sicherheit als unecht erkannt werden. Wenn jedoch auch der Verdacht einer Verstellung der eigenen Unterschrift besteht, ist auch bei offensichtlichen Abweichungen zwischen fraglicher und authentischer Unterschrift besondere Zurückhaltung in der Beurteilung geboten (*Michel* 1974).

Wenngleich also in einzelnen Fällen der Nachweis der Unechtheit einer Unterschrift auch anhand einer Reproduktion möglich sein kann, so sind verbindliche Aussagen über die Echtheit einer Unterschrift in der Regel nicht möglich. Voll zu Recht hat *Pfanne* (1966) sehr nachdrücklich darauf hingewiesen, daß neben dem Wegfall physikalisch-technischer Untersuchungsmethoden sich vor allem gravierende Einschränkungen der Analysierbarkeit bei der eigentlichen Schriftvergleichung ergeben.

Es ist dagegen zuweilen von Schriftsachverständigen argumentiert worden, daß die Wiedergabequalität von Reproduktionen recht breit streut und daß bei guter Wiedergabequalität sehr viele graphische Merkmale einwandfrei erfaßt werden können. Wenn man von minderwertigen, kaum lesbaren Reproduktionen einmal absieht, so kann man in der Tat Merkmale der Formgebung und Flächenbehandlung (vertikale und horizontale Ausdehnung, Gliederung, Neigungswinkel, Zeilenführung etc.) meist ohne Einschränkungen erfassen. Auf eben diese Merkmale kommt es aber, wie später noch eingehender zu erörtern sein wird, bei Unterschriftsprüfungen gar nicht primär an (*Conrad* 1970 und 1971).

Gerade aber Merkmale der Strichbeschaffenheit (Strichstörungen und -spannung), der Druckverteilung, des Bewegungsflusses (Schreibgeschwindigkeit, verdeckte Haltepunkte, Anflickungen etc.) sowie Feinheiten der Bewegungsführung, die in der Regel allein eine Differenzierung zwischen echten und gefälschten Unterschriften gestatten, lassen sich anhand von Reproduktionen überhaupt nicht oder nicht zuverlässig analysieren.

Die Frage der Verwertbarkeit von Reproduktionen hat sich in jüngster Zeit durch die Frage der Analysierbarkeit von Rückvergrößerungen von Mikroverfilmungen erneut gestellt (Mannheimer Symposion für Schriftvergleichung 1974). Es ist u.a. argumentiert worden, daß man bei der Untersuchung von derartigen Reproduktionen auch die Randbedingungen zu berücksichtigen habe. So wird sich z.B. die Frage stellen, woher die Rückvergrößerungen stammen: Ist das Material aus irgendeiner dunklen Geheimdienstquelle zugespielt worden oder handelt es sich um bestimmungsgemäße Mikroaufnahmen einer Bank oder einer Behörde? Ist überhaupt eine Person vorhanden, die als Fälscher in Betracht kommen könnte? Ist die in Frage stehende Unterschrift leicht oder schwer fälschbar? – Bei solchen Erwägungen sollte aber sehr scharf getrennt werden zwischen solchen Fragen, für die der Schriftsachverständige zuständig ist und für Bewertungen, die Angelegenheit des Gerichts sind, auch wenn es im Einzelfall äußerst plausibel erscheinen mag, daß eine fragliche Unterschrift, die nur als Reproduktion vorliegt, authentisch ist.

Der Schriftsachverständige sollte sich peinlich genau an das halten, worüber er sachkundige Aussagen machen kann. Will ein Sachverständiger nicht grundsätzlich sich jeder Äußerung zur Frage der Echtheit einer reproduzierten fraglichen Unterschrift enthalten, so sollte er sich bei der vermuteten Authentizität der Namenszeichnung auf folgende Feststellungen beschränken:

- Die analysierbaren Merkmale sprechen nicht für das Vorliegen einer Fälschung.
- Die Möglichkeit einer Fälschung kann dennoch grundsätzlich nicht ausgeschlossen werden, da die entscheidenden graphischen Merkmale anhand der Reproduktion nicht oder nicht zuverlässig analysiert werden können.
- Weiterhin kann der Sachverständige Aussagen über den Grad der Fälschbarkeit der fraglichen Unterschrift treffen.
- Gegebenenfalls können auch noch Aussagen darüber gemacht werden, ob eine verdächtigte Person aufgrund ihrer graphischen Befähigung überhaupt als möglicher Fälscher in Betracht gezogen werden kann. (Möglichkeiten eines positiven Nachweises des Fälschungsurhebers bestehen bei Reproduktionen in der Regel nicht, wohl aber kann – z.B. wegen graphomotorischer Störungen – ein verdächtigter Schreiber ausgeschlossen werden.)

Bei Reproduktionen von umfangreicheren Textschriftstücken sind sicherlich teilweise etwas bessere Voraussetzungen zur Urheberidentifizierung gegeben als bei Unterschriften. (Die Frage der Verwertbarkeit von Reproduktionen von Privattestamenten ist indes gegenstandslos, da nach der oben erwähnten Rechtsprechung derartige Testamente nicht das Formerfordernis der Eigenhändigkeit erfüllen.) Im grundsätzlichen gelten im übrigen dieselben Möglichkeiten und Einschränkungen, die hinsichtlich der Verwertbarkeit von Unterschriften diskutiert wurden. Man sollte nicht zu leichtfertig darauf vertrauen, daß bei Textschriften nur relativ selten Nachahmungsversuche zu finden sind (hierzu *Pfanne* 1975 b).

Zuweilen kommt es vor, daß Personen ihre anonymen oder pseudonymen Schreibereien in reproduzierter oder vervielfältigter Form versenden. Meist geschieht dies wohl in der Absicht, einen möglichst großen Empfängerkreis zu erreichen, zuweilen aber auch wohl deshalb, um als Schrifturheber noch besser unerkannt zu bleiben. Die Urheberidentifizierung kann in solchen Fällen, wenn zudem noch eine stärkere Schriftverstellung vorliegt, ganz erheblich erschwert, wenn nicht unmöglich werden. Wiederum werden dabei aber auch neben der Art und Qualität der Wiedergabe die quantitative und qualitative Ergiebigkeit des Schriftmaterials zu berücksichtigen sein.

Zur Frage einer vorläufigen Begutachtung von reproduziertem Schriftmaterial sind unterschiedliche Auffassungen vertreten worden. *Pfanne* (1966) wendet sich grundsätzlich gegen Gutachten, die unter dem Vorbehalt erstattet werden, daß sich die Befunde später am Original verifizieren lassen. Er fordert statt dessen, daß die Untersuchung sogleich am Original vorgenommen werden sollte. Demgegenüber gibt *Hecker* (1972) zu bedenken, daß bei eiligen Ermittlungsverfahren Vorabbescheide anhand von Reproduktionen durchaus nützlich sein können. *Hecker* hat dabei allerdings vor allem umfangreichere Textschriftproben in Betracht gezogen.

Man wird sich *Heckers* Argumentation nicht ohne weiteres entziehen können, muß sich allerdings fragen, ob denn nun wirklich "häufig" die Ermittlungsarbeit eine vorläufige Begutachtung anhand von Kopien erforderlich macht. Nicht selten werden dem Gutachter lediglich aus Gedankenlosigkeit oder Bequemlichkeit Reproduktionen zur Vorbegutachtung übersandt, wobei die polizeiliche Ermittlungsarbeit keineswegs beschleunigt wird, wohl aber leichter auch in die Irre geführt werden kann.

Es sei schließlich noch darauf hingewiesen, daß als *Vergleichsschriftmaterial* auch Schreibleistungen verwertet werden können, die nur in Kopien oder Reproduktionen vorliegen, vorausgesetzt, daß ein ausreichender Grundstock an Originalschriftproben vorhanden ist.

Als besonders problematisch sind Privatgutachten anzusehen, die ausschließlich oder überwiegend anhand von Reproduktionen erstattet werden (fragliche Schrift und Vergleichsproben, wobei letztere häufig noch selektiert sind).

Wenn Prozeßbevollmächtigte für ihre Mandanten ein weiteres Vergleichsgutachten (meist von vornherein als "Gegengutachten" deklariert) von einem privat beauftragten Schriftsachverständigen einholen wollen, stellt das Gericht hierfür oft nicht die Akten mit den Originalen zur Verfügung. Manche Rechtsanwälte unternehmen offenbar aber auch gar nicht den Versuch, die Akten für den Sachverständigen zu erhalten, da ihnen bekannt ist, daß dieser auch bereit ist, Begutachtungen anhand von Reproduktionen aus den Handakten vorzunehmen. Es sei zugegeben, daß gelegentlich durch die "Notbremse" eines solchen Privatgutachtens eine mögliche gerichtliche Fehlentscheidung vermieden werden kann. Weitaus häufiger bringen aber solche Gutachten nur zusätzliche Kostenbelastungen – auch für die dann oft erforderlichen Dritt- oder Obergutachten. – Den Gerichten möchte man empfehlen, entweder Beweisanträge auf Zuziehung eines weiteren Schriftsachverständigen großzügiger zu behandeln, was auch durch die einschlägige Rechtsprechung nahegelegt wird, oder doch privat beauftragten Sachverständigen Gelegenheit zur ausreichenden Inaugenscheinnahme der Originale zu gewähren. Wenn aber der Sachverständige tatsächlich nur auf Reproduktionen angewiesen ist und ihm trotzdem eine Stellungnahme möglich erscheint, so sollte er sich grundsätzlich auf eine kurze gutachtliche Äußerung beschränken, aus der hervorgeht, daß verbindliche Feststellungen nur anhand der Originale getroffen werden können. In Einzelfällen erscheint die Erstattung eines ausführlicheren Gegengutachtens nur dann vertretbar, wenn sich im Vorgutachten grundsätzliche Mängel nachweisen lassen, die nicht eine Überprüfung anhand der Originale erforderlich machen.

2.4 Leitung der Schriftprobenabnahme

Es ist wiederholt die Meinung vertreten worden, der Schriftsachverständige solle nach Möglichkeit selbst die erforderlichen Schriftproben abnehmen (*Türkel* 1932, *Kanger* 1942, *Pfanne* 1954 oder *Ockelmann* 1979). Es gibt in der Tat gute Gründe für diese Forderung, jedoch auch gewichtige Gegenargumente.

Was spricht zunächst für eine Schriftprobenabnahme durch den Sachverständigen? – Zweifellos kann der Sachverständige nach einer Voranalyse des fraglichen Schriftmaterials und der bereits vorliegenden Vergleichsproben am besten beurteilen, welche Schriftproben er zur Durchführung einer Schriftvergleichung noch benötigt. Diese Information kann er natürlich auch an andere Personen, die die Schriftproben dann aufnehmen, weitergeben. Immerhin muß aber dabei – abgesehen von zeitlichen Verzögerungen – mit einem Informationsverlust gerechnet werden, der bei schwieriger gelagerten Fällen nicht unerheblich sein kann.

Weiterhin wird aber der Sachverständige eine Schriftprobenabnahme in der Regel besser leiten können als z.B. ein Polizeibeamter, der noch nie oder nur ganz selten Schriftproben abgenommen hat. Besonders wird er das graphomotorische Verhalten des Schriftprobengebers schärfer und kritischer beobachten können als ein Laie. Der Fachmann kann weiterhin besser beurteilen, ob der Schriftprobengeber seine Schrift zu verstellen versucht, ob er bestimmte Schreibanweisungen vorsätzlich nicht befolgt oder mit echten Schwierigkeiten bei der Realisierung zu kämpfen hat usf. Er weiß beim Auftreten von Schwierigkeiten, durch welche Anweisungen und Maßnahmen er dennoch möglicherweise zu brauchbaren Schriftproben gelangen kann. Der Sachverständige kann schließlich entscheiden, wann ein voll befriedigendes Vergleichsmaterial zur Verfügung steht und die Schriftprobenabnahme beendet werden kann. Eine unnötige Ausdehnung kann dadurch genauso vermieden werden wie eine oder gar mehrere zusätzliche Schriftprobenabnahmen, weil sich das zuerst gewonnene Material als unzulänglich erwies. Erfahrungsgemäß ist aber gerade eine Schriftprobenabnahme im ersten Zugriff am erfolgreichsten.

Alle diese Gründe sprechen dafür, die Schriftprobenabnahme von dem Sachverständigen durchführen zu lassen. Der Realisierung dieser Forderung stehen allerdings in der Praxis eines Ermittlungsverfahrens nicht selten erhebliche Schwierigkeiten entgegen. Häufig wird der Sachverständige schon wegen seiner zeitlichen Belastung nicht in der Lage sein, in jedem Falle die Schriftproben selbst abzunehmen. Weitere Probleme ergeben sich bei einer größeren Distanz zwischen dem Aufenthaltsort des Sachverständigen und des Schriftprobengebers (Kostenfragen, Verschubung von Untersuchungshäftlingen etc.). Bei Ermittlungsverfahren spricht aber vor allem ein kriminaltaktisches Argument gegen eine Schriftprobenabnahme durch den Sachverständigen. Bei Heranziehung des Sachverständigen kommt es in der Regel zu einer mehr oder minder großen zeitlichen Verzögerung. Erfahrungsgemäß erweisen sich aber gerade immer wieder die im ersten Zugriff erhobenen Ad-hoc-Schriftproben als besonders brauchbar, wenn sie sachkundig erhoben worden sind.

Hier wird ein gewisses Dilemma deutlich: Soll die Schriftprobenabnahme möglichst unmittelbar erfolgen, auch auf die Gefahr hin, daß sie nicht optimal durchgeführt wird, oder soll stets der Sachverständige herangezogen werden, auch wenn dabei die Chancen des ersten Zugriffs versäumt werden? Unter Abwägung aller Gesichtspunkte wird man sagen können, daß in den meisten Routinefällen einer möglichst raschen Schriftprobenerhebung durch den ermittelnden Beamten der Vorzug zu geben ist, wenn dieser die einschlägigen Richtlinien ausreichend beachtet. Besonders zweckmäßig wäre es aber, wenn hierzu ein Beamter zur Verfügung stünde, der sich speziell in die Schriftprobenabnahme eingearbeitet hat und innerhalb des Bereichs seiner Dienststelle oder auch größerer Bezirke *alle* Schriftprobenabnahmen durchführt. Einen solchen speziell eingearbeiteten Beamten könnte man auch bei schwieriger gelagerten Fällen mit der Abnahme betrauen. Ansonsten sollte man aber bei ungewöhnlicheren Problemstellungen stets vorher den Schriftsachverständigen zumindest konsultieren oder aber ihn die Schriftprobenabnahme selbst durchführen lassen.

Bei Zivilprozessen, in denen der Sachverständige mit der Erstattung eines Schriftvergleichsgutachtens beauftragt wird, steht häufig zunächst ein wesentlich unbefriedigenderes Schriftmaterial zur Verfügung als bei strafrechtlichen Verfahren. Sofern das Schriftmaterial nicht durch Spontanschriftproben ausreichend ergänzt werden kann, sollten bei Zivilprozessen Ad-hoc-Schriftproben primär durch den Sachverständigen abgenommen werden. Wird einer Partei aufgegeben, ad hoc gefertigte Schriftproben vorzulegen und werden diese Proben in einer völlig unbeobachteten Situation oder nur in Gegenwart des eigenen Rechtsvertreters geleistet, so sollten derart entstandene Schriftproben grundsätzlich nicht verwertet werden, da hier die Möglichkeiten von nicht oder nicht ausreichend kontrollierbaren Manipulationen zu groß sind. Auch die vor Gericht – meist unter ungünstigen Bedingungen – geleisteten Ad-hoc-Schriftproben sind häufig weder quantitativ noch qualitativ befriedigend. – Wie bereits erwähnt, muß die Gegenpartei über den Termin einer Schriftprobenabnahme informiert werden, damit diese gegebenenfalls bei der Abnahme zugegen sein kann.

2.5 Kennzeichnung des Schriftmaterials

Schließlich seien noch einige mehr technische Hinweise zur Kennzeichnung des Schriftmaterials gegeben. Alle bei der Analyse verwendeten Schriftstücke sollen so gekennzeichnet sein, daß eindeutig feststeht, auf welches Material in der Begutachtung Bezug genommen wird. Selbstverständlich muß die Kennzeichnung so angebracht werden, daß dadurch die Analysierbarkeit der Schriftstücke in keiner Weise beeinträchtigt wird. Die Markierungen sollen mit Bleistift erfolgen, damit sie insbesondere bei solchen Unterlagen wieder entfernt werden können, die später noch für andere Zwecke benötigt werden.

Die Bezeichnung und Kennzeichnung der Schriftstücke erfolgt – völlig unnötigerweise – recht unterschiedlich. Entschieden abzulehnen ist die Bezeichnung "Tatschrift" (abgekürzt T oder TS) für die fragliche Schrift, da sie irreführend ist und unter Umständen sogar zur Besorgnis der Befangenheit Anlaß geben kann. Ob etwa eine Urkunde echt oder gefälscht ist, soll ja erst durch die Schriftvergleichung geklärt werden. Überdies ist es Sache des Gerichts, darüber zu befinden, ob überhaupt eine Straftat gegeben ist (z.B. bei Briefen beleidigenden Inhalts). Auch die generelle Verwendung des aus dem zivilprozessualen Bereich stammenden Terminus "Strittig" (abgekürzt S oder St etc.) erscheint nicht glücklich. Dem neutralen Ausdruck "Fragliche Schrift" sollte generell der Vorzug gegeben werden. Die Kennzeichnung der fraglichen Schriften erfolgt überwiegend mit dem Buchstaben "X", dem bei mehreren fraglichen Schriftstücken als Indizes die fortlaufenden Ziffern angehängt werden. (Daneben findet man auch noch die Kennzeichnungen F oder FS.)

Die Vergleichsschriftproben werden ziemlich einheitlich mit "V" bzw. auch "VS" und fortlaufenden Indizes gekennzeichnet. Sind Vergleichsschriftproben mehrerer Personen zu kennzeichnen, ist es zweckmäßig dem "V" jeweils noch den Anfangsbuchstaben des Nachnamens (und gegebenenfalls noch des Vornamens) des in Frage stehenden Schreibers anzuhängen. – Die Durchnumerierung der Vergleichsschriftproben kann nach Art ihrer Reihenfolge in den Akten erfolgen, häufiger ist jedoch eine Anordnung nach Sachgesichtspunkten (Trennung in Spontan- und Ad-hoc-Schriftproben sowie nach sonstigen Untergruppen) oder nach chronologischen Gesichtspunkten sinnvoller.

Das schriftliche Gutachten soll in der Regel eine Aufstellung des vom Sachverständigen verwendeten Schriftmaterials enthalten. Nur so ist es später für das Gericht und etwaige Zweitgutachter möglich, eindeutig festzustellen, auf welches Schriftmaterial sich der Gutachter gestützt hat. Die Aufstellung soll folgende Informationen über die einzelnen Schriftstücke enthalten:

– Verwendetes Schreibgerät
– Schriftsystem
– Besonderheiten des Schriftträgers
– Kurze Charakteristik des Inhalts (z.B. Brief, Protokollunterschrift)
– Entstehungsdatum
– Besondere Entstehungsbedingungen (soweit bekannt)
– Besonderheiten des Zustands (z.B. Fotokopie oder "durch stärkeren Abrieb beschädigt")
– Fundort in den Akten.

Ist das Schriftmaterial in einigen Merkmalen in sich weitgehend homogen, so ist es zweckmäßig, diese Beschreibung für alle Schriftproben vorwegzunehmen (z.B.: "Alle Schriftproben wurden – soweit nicht anders vermerkt – mit Kugelschreiber in lateinischer Kurrentschrift auf unliniertem Papier gefertigt").

3. Informationen über Anknüpfungstatsachen und Gutachtenauftrag

Wie in Kapitel III ausführlich dargelegt wurde, können besondere äußere oder innere Schreibbedingungen die übliche Handschrift eines Schreibers aktuell oder dauerhaft deutlich verändern. Besteht Grund zu der Annahme, daß die fraglichen Schriftzüge unter besonderen Schreibumständen gefertigt wurden, so sind dem Schriftsachverständigen möglichst detaillierte Informationen über die jeweils bekannten, vermuteten oder behaupteten Entstehungsbedingungen des fraglichen Schriftstücks zu geben. Auch wenn widersprüchliche Angaben über die angeblichen Schreibumstände vorliegen, sind diese dem Sachverständigen mitzuteilen.

In der einschlägigen Fachliteratur besteht seit langem Übereinstimmung darin, daß sich Schriftvergleichung nicht in der Feststellung von graphischen Entsprechungen und Verschiedenheiten zwischen den zu vergleichenden Schriften erschöpfen kann, sondern daß die richtige Bewertung des Befundbildes in der Regel auch die Erörterung der tatsächlichen oder vermuteten Entstehungsbedingungen der fraglichen Schreibleistung einbeziehen muß. Durch ein Urteil des OLG Celle vom 4. 12. 1973 – 1 Ss 271/73 (= NJW 74, 616) – ist dieser Grundsatz vorübergehend in Frage gestellt worden. In den Leitsätzen heißt es:

a) Schriftgutachten sind ohne Kenntnis der Ermittlungsergebnisse und eines etwaigen Vorgutachtens zu erstatten.

b) Ein Beweisantrag auf Anhörung eines weiteren Sachverständigen darf nicht unter bloß formelhafter Wiedergabe der in § 244 Abs. 4 Satz 2 StPO aufgezählten Gesichtspunkte beschieden werden, wenn in der Begründung des Beweisantrages beachtliche Einwände gegen die Sachkunde des ersten Sachverständigen vorgetragen werden.

c) Die Aufklärungspflicht gebietet die Anhörung eines weiteren Sachverständigen bei Vorliegen besonderer Umstände, insbesondere wenn nur wenig Schriftmaterial zur Verfügung steht und der erste Sachverständige sich nicht auf einen bloßen Schriftvergleich beschränkt, sondern auch kriminalpsychologische Erörterungen anstellt.

Die Argumentation des Leitsatz b) sowie des ersten Halbsatzes von c), die auch anderen höchstrichterlichen Entscheidungen entspricht, bedarf keiner weiteren Erörterung. Im übrigen ist jedoch die Verweigerung einer Akteneinsicht und die Abwertung sogenannter "kriminalpsychologischer Erörterungen" auf heftige Kritik gestoßen (*Pfanne* 1974, *Michel* 1975 b, *Händel* 1976 b, *Hecker* et al. 1976, *Ockelmann* 1976 a und *Brandt* 1978).

Die grundsätzliche Frage, ob dem Sachverständigen in jedem Falle die Ermittlungs- bzw. Gerichtsakten zur Verfügung zu stellen sind, ist schon wiederholt diskutiert worden. Zuweilen wurde argumentiert, ein Sachverständiger könne durch den Akteninhalt beeinflußt werden und dadurch nicht mehr unabhängig seine Beurteilung abgeben. Bei einem erfahrenen Sachverständigen sollte eine solche Befürchtung völlig grundlos sein. (Hierzu auch *Jessnitzer* 1980.) – Dagegen kann es durchaus zweckmäßig sein, ein bereits vorhandenes Erstgutachten aus den Akten auszuheften, damit der Auftraggeber völlig sicher sein kann, daß die beiden Gutachten unabhängig voneinander erstattet sind. Insbesondere können dadurch mögliche Einflüsse ausgeschaltet werden, die in der Autorität des Erstgutachters oder in einer fachlichen Rivalität der beiden Gutachter begründet sein könnten.

Es ist sehr zu begrüßen, daß sich das OLG Celle in einem neuen Beschluß vom 7. 7. 1981 – 1 Ss 243/81 – von dem oben wiedergegebenen vergröbernden Leitsatz distanziert hat (*Michel* 1981 a). Der Senat habe sich in seiner damaligen Entscheidung primär dagegen wenden wollen, daß von dem Sachverständigen Erörterungen angestellt werden, die neben der Schriftvergleichung liegen. Es wird deutlich herausgestellt, daß "für ein Schriftgutachten zahlreiche begleitende Umstände des Tatgeschehens von Bedeutung sein (können), die dem Sachverständigen gerade erst ein zuverlässiges Gutachten gestatten...". Um die Gutachtertätigkeit nicht zu präjudizieren, könne es allerdings in Einzelfällen erforderlich sein, dem Sachverständigen die Akteneinsicht zu verwehren. Das Gericht habe diese beiden gegenläufigen Gesichtspunkte gegeneinander abzuwägen und nach pflichtgemäßer Beurteilung zu entscheiden.

Es muß in aller Deutlichkeit gesagt werden, daß die Berücksichtigung der bekannten, vermuteten oder behaupteten Schreibumstände sowie dazugehöriger Randbedingungen keineswegs als unzulässige "kriminalpsychologische Erörterungen" anzusehen sind. Sie sind vielmehr notwendiger Bestandteil jeder Bewertung der graphischen Befunde. – Ebenso deutlich davon zu trennen sind allerdings auf der anderen Seite allgemeine "kriminalpsychologische" Überlegungen, ob aufgrund des Akteninhalts oder gar einer graphologischen Deutung der Handschrift einer bestimmten Person eine Tat zuzutrauen ist oder die Täterschaft gar als erwiesen gelten kann. Es bedarf wohl kaum der besonderen Erwähnung, daß solchen Kompetenzüberschreitungen des Sachverständigen in keiner Weise das Wort geredet werden soll.

Eine Aktenübersendung erscheint aber auch noch aus zwei weiteren Gründen angezeigt. Zum einen enthalten die Akten häufig noch zusätzlich verwertbare Schriftproben. Zum anderen kann nicht selten erst nach dem Aktenstudium festgestellt werden, welche Informations- und Materiallücken noch bestehen und wie die Beweisfrage – gegebenenfalls nach Rücksprache mit dem Auftraggeber – zu präzisieren ist.

Es ist gerade bei Ermittlungsverfahren keineswegs ungewöhnlich, daß dem Sachverständigen die Akten mit dem kurzen Vermerk "mit der Bitte um Erstattung eines Schriftvergleichsgutachtens" (oder gar eines "graphologischen Gutachtens") übersandt werden. In solchen Fällen wäre es ohne Aktenstudium schlechthin unmöglich, die präzise Fragestellung herauszuarbeiten.

Es muß in diesem Zusammenhang allerdings auch gesagt werden, daß es primär Sache des Auftraggebers sein sollte, das Beweisthema eindeutig zu formulieren. Wenn eine mangelnde Vertrautheit mit dem Sachgebiet der Schriftvergleichung gegeben ist, empfiehlt es sich, wenn der Auftraggeber den Gutachtenauftrag in Zusammenarbeit mit dem Sachverständigen formuliert. (Hierzu unlängst *K. Rudolf* 1980). Der Sachverständige seinerseits sollte jedoch, insbesondere bei Verfahren, die nach der Zivilprozeßordnung ausgerichtet sind, sich an der Beweisfrage orientieren und nicht Fragen erörtern, die zwischen den Parteien gar nicht strittig sind. Zuweilen wird der Sachverständige jedoch Feststellungen machen, die möglicherweise von den Parteien bislang noch gar nicht beachtet worden sind, aber zur Klärung des Rechtsstreites entscheidend beitragen könnten.

So verweist *Schima* (1980) beispielsweise darauf, daß sich eine strittige Quittungsunterschrift als echt erweisen kann, der Sachverständige aber feststellt, daß die Betragsangabe von DM 1.000,-- auf DM 10.000,– geändert wurde. In einem anderen Falle könnte der

Sachverständige beispielsweise feststellen, daß eine strittige Unterschrift ebenfalls echt ist, aber blanko geleistet wurde.

Schima (1980) setzt sich in seinem Aufsatz sehr differenziert mit dem Problem der Bindung des Sachverständigen an seinen Auftrag auseinander und zeigt Wege auf, die es dem Sachverständigen ermöglichen, einen Beitrag zur Wahrheitsfindung zu leisten, ohne damit über den ihm erteilten Auftrag hinauszugehen.

4. Materialkritik

Der Sachverständige sollte möglichst rasch nach dem Auftragseingang prüfen, ob das zur Verfügung stehende Schriftmaterial und die übermittelten sonstigen Informationen für die Durchführung einer Untersuchung voll ausreichend sind. Ist dies nicht der Fall, so sollte er umgehend die Akten mit den klar formulierten Wünschen für die Ergänzung des Materials und der Informationen zurückschicken. Mit Recht wird von Ermittlungsbehörden und Gerichten zuweilen darüber geklagt, daß manche Sachverständige erst nach vielen Wochen oder gar Monaten auf den Untersuchungsauftrag reagieren und mitteilen, daß das Material für eine Begutachtung noch unzureichend ist. Auch wenn sicherlich viele Sachverständige arbeitsmäßig überlastet sind, so lassen sich doch solche unerfreulichen und oft sehr hinderlichen Verzögerungen durchaus vermeiden.

Zur Arbeitsentlastung empfiehlt es sich, auf die im Abschnitt 1 dieses Kapitels erwähnten Richtlinien bzw. Empfehlungen zu verweisen. Daneben können Formulare verwendet werden, bei denen die jeweiligen Punkte nur anzustreichen sind und lediglich spezielle Anforderungen zusätzlich angefügt werden müssen.

Immer wieder kann es jedoch vorkommen, daß Mängel des Schriftmaterials oder Informationslücken erst bei der Durchführung der endgültigen schriftvergleichenden Analyse deutlich werden. In solchen Fällen sind dann leider weitere zeitliche Verzögerungen nicht vermeidbar. Sie sollten jedoch in der Regel lieber in Kauf genommen werden als eine Begutachtung, die sich auf nicht voll zureichende Schriftproben und Informationen stützt. Gegebenenfalls kann aber in einer solchen Situation dem Auftraggeber eine kurze Vorausmitteilung über den derzeitigen Untersuchungsstand gegeben werden, besonders dann, wenn die weiteren Ermittlungen sehr eilebedürftig erscheinen.

Leider kommt es immer wieder vor, daß die Bitten um Ergänzungen von Material und Informationen zunächst unzureichend erfüllt werden. In solchen Fällen darf sich der Sachverständige keinesfalls scheuen, den Untersuchungsauftrag notfalls auch mehrmals unter Wiederholung und Präzisierung der

Anforderungen zurückzusenden. Wenn nicht eine dringende (vorläufige) Vorausinformation erforderlich ist, sollte der Sachverständige die endgültige Gutachtenerstattung erst dann vornehmen, wenn Schriftmaterial und sonstige Informationen als voll befriedigend angesehen werden können oder wenn alle Ergänzungsmöglichkeiten erschöpft zu sein scheinen. Wenn ein Auftraggeber aus zwingenden Gründen schon eine Untersuchung aufgrund eines noch nicht voll ausreichenden Materials fordert, so muß er notwendigerweise die entsprechenden Einschränkungen in den Aussagemöglichkeiten in Kauf nehmen.

In jeder schriftlichen Begutachtung muß – meist unter dem Abschnitt "Materialkritik" – vom Gutachter ausgeführt werden, ob das Schriftmaterial und die sonstigen, für die Begutachtung bedeutsamen Informationen sich als voll ausreichend erwiesen und welche Mängel die Analysemöglichkeiten eingeschränkt haben. Die Materialkritik muß sich sowohl auf die fragliche Schreibleistung als auch auf das Vergleichsmaterial beziehen. Die Beurteilung soll sich erstrecken auf:

1. Umfang des Schriftmaterials
2. Spezifität des graphischen Merkmalsgesamts
3. Variabilität der graphischen Merkmale
4. Vielfalt des Schriftmaterials
5. Vergleichbarkeit der Entstehungsbedingungen
6. Vergleichbarkeit in bezug auf die Entstehungszeit
7. Erhaltungszustand des Schriftmaterials.

Im einzelnen ist hierzu auszuführen:

1. Selbstverständlich bietet ein größerer Umfang des Schriftmaterials – dies gilt für die fragliche Schrift wie für das Vergleichsmaterial – immer eine günstigere Ausgangslage für eine Schriftvergleichung als ein quantitativ eingeschränktes Material. Die fragliche Schrift kann unter Umständen schon vom Umfang her so gering sein (z.B. nur ein Handzeichen oder nur eine einzelne Ziffer), daß die Möglichkeiten einer Schriftvergleichung dadurch sehr eingeschränkt werden und im Extrem überhaupt nicht mehr bestehen. Ein exaktes quantitatives Minimum läßt sich indes nicht angeben, da immer auch die qualitative Ergiebigkeit des zu untersuchenden Schriftmaterials zu berücksichtigen ist. So kann z.B. selbst bei einem umfangreichen anonymen Brief eine Urheberidentifizierung deshalb nicht möglich sein, weil die Schrift so hochgradig verstellt ist, daß sie keine spezifischen graphischen Charakteristika mehr erkennen läßt.

   Als ungefährer Maßstab für die quantitativen Anforderungen an das Vergleichsschriftmaterial können die oben diskutierten Richtlinien bzw. Empfehlungen für die Beschaffung von Schriftproben gelten. Allerdings muß vor einer zu starren Orientierung an den Richtlinien und Empfehlungen gewarnt werden. Es wäre ein Mißverständnis, wollte man annehmen, daß nur dann ein vollwertiges Schriftmaterial vorliegt, wenn diese Hinweise buchstabengetreu erfüllt sind. Die Fragestellungen bei schriftvergleichenden Analysen sind viel zu vielfältig, als daß es möglich wäre, alle speziellen Probleme eines Einzelfalles in den allgemein gehaltenen Anweisungen zu berücksichtigen. Es kann daher nur von dem Sachverständigen beurteilt werden, ob das vorliegende Schriftmaterial für die Untersuchung als voll befriedigend beurteilt werden kann oder inwieweit es Mängel aufweist. Ein solches optimales Schriftmaterial kann die allgemeinen Richtlinien teilweise deutlich überschreiten, aber ebenso auch unterschreiten. Im letzteren Falle sollte der Sachverständige begründen, warum er auf bestimmte Schriftproben, wie sie die Richtlinien vorsehen, verzichten konnte.

2. Wie eben erwähnt, kann bei extremer Verstellung eine Schrift nur so wenige und unspezifische graphische Merkmale enthalten, daß sie auch in ihrer Gesamtheit nicht mehr eine Urheberidentifizierung gestattet. Auch bei unverstellten Schriften kann in ungünstigen Fällen, besonders bei Unterschriften oder Handzeichen, eine Schriftuntersuchung nicht mehr zu bündigen Aussagen führen. Eine besonders günstige Situation ist naturgemäß bei stark eigengeprägten Schriften gegeben.

3. Wie in Kapitel III allgemein ausgeführt wurde, weisen die Schriften verschiedener Personen ein unterschiedliches Ausmaß an intraindividueller Variabilität auf. Eine schriftvergleichende Analyse ist im allgemeinen um so einfacher und sicherer, je geringer die Variabilität einer Handschrift ist. Der Schwierigkeitsgrad wächst in der Regel mit der Größe der Variationsbreite. Es gibt jedoch auch Ausnahmen von dieser Regel, die später noch zu diskutieren sein werden.

4. Die Frage nach der Vielfältigkeit des Schriftmaterials betrifft im wesentlichen nur die Vergleichsproben, da das fragliche Schriftstück meist unter homogenen Entstehungsbedingungen geschrieben worden ist. Beim Vergleichsmaterial bietet aber in jedem Falle eine möglichst große Vielfältigkeit der äußeren und inneren Entstehungsbedingungen die besten Aussichten für ein sicheres Analysenergebnis. Liegen nur unter sehr einseitigen Bedingungen gefertigte Schriftproben vor, ist in der Regel besondere Vorsicht bei der Bewertung der Befunde gegeben, da die tatsächliche Variationsbreite der Handschrift aufgrund solcher Schriftproben nicht richtig abgeschätzt werden kann.

5. Es ist aber in der Regel nicht nur ein möglichst vielfältiges Vergleichsmaterial erforderlich, sondern es müssen auch ausreichende Vergleichsschriften vorliegen, die nach Möglichkeit unter vergleichbaren Bedingungen entstanden sind wie die fragliche Schreibleistung. Dazu gehört auch, wie bereits ausgeführt wurde, nicht nur die Übereinstimmung von Schreibgerät, Schriftträger und Schriftsystem, sondern ebenso sehr eine möglichst weitgehende Annäherung an alle bekannten oder vermuteten inneren und äußeren Schreibbedingungen bei der Entstehung der fraglichen Schrift. Selbstverständlich kann eine vollständige Reproduktion der in Frage stehenden Schreibbedingungen nur relativ selten erreicht werden. Der Sachverständige muß entscheiden, inwieweit bestehende oder vermutete Abweichungen in den Entstehungsbedingungen ohne Einschränkung der Aussagemöglichkeiten hingenommen werden oder in welchem Maße sie die Möglichkeiten der Schriftvergleichung begrenzen können.

6. Hinsichtlich der Vergleichbarkeit von fraglicher Schrift und Vergleichsmaterial in bezug auf die zeitliche Entstehung kann im Alter von etwa 25 bis 55 Jahren ein zeit-

licher Spielraum von ca. drei bis fünf Jahren vor und nach der Entstehung der fraglichen Schrift im allgemeinen toleriert werden. Diese Zeitspanne verringert sich sowohl bei jüngeren als auch bei älteren Personen in zunehmendem Maße. Vor allem bei alters- und krankheitsbedingten Abbauerscheinungen der Graphomotorik können unter Umständen nur noch relativ enge Toleranzgrenzen akzeptiert werden. Auch akute Erkrankungen oder Läsionen der am Schreibprozeß beteiligten Teile des Nervensystems oder des ausführenden Organs sowie sonstige Beeinträchtigungen zur Zeit der tatsächlichen oder vermuteten Entstehung der fraglichen Schreibleistung können wesentlich engere Zeitgrenzen bedingen.

7. Endlich ist auch der Erhaltungszustand des Schriftmaterials zu berücksichtigen. Beeinträchtigungen der Analysierbarkeit können z.B. gegeben sein durch stärkeren Abrieb, Verbleichungen, Verschmierungen, Übermalungen, Zerknüttelungen des Papiers etc. Unter diesem Punkt muß auch erwähnt werden, ob und in welchem Ausmaße im Material Kopien enthalten sind und inwieweit diese die Analysemöglichkeiten beeinträchtigen.

Wenn kein optimales Schriftmaterial vorliegt, bedingt diese Tatsache nicht notwendigerweise eine Einschränkung des Sicherheitsgrades der Aussagen. Es muß vielmehr unterschieden werden zwischen Materialmängeln, die lediglich eine Erschwerung der Schriftvergleichung bedingen, und solchen, die die Analyse und damit die Aussagemöglichkeiten einschränken. So kann z.B. das Fehlen einer textgleichen Vergleichsschriftprobe eine Erschwerung, nicht jedoch eine Einschränkung der Untersuchungsmöglichkeiten darstellen. Andererseits stellt z.B. das Fehlen von systemgleichen Schriftproben in der Regel einen Mangel dar, der eine Einschränkung des Sicherheitsgrades der Aussage bedingen wird.

Neben der Besprechung des vorliegenden Schriftmaterials sollte in der schriftlichen Begutachtung aber auch erörtert werden, inwieweit hinreichende Informationen über die äußeren und inneren Entstehungsbedingungen und sonstige Randbedingungen bei der Fertigung der fraglichen Schreibleistung vorliegen. Es ist gegebenenfalls auf fehlende bzw. unzureichende Informationen hinzuweisen, durch die die schriftvergleichende Analyse erschwert oder beeinträchtigt wurde.

VI. UNTERSCHRIFTSPRÜFUNG

Besonders häufig werden Schriftsachverständige zur Überprüfung der Echtheit oder Unechtheit einer Urkunde herangezogen; sei es in einem zivilrechtlichen Verfahren, in dem die Echtheit einer Urkunde zwischen den Parteien strittig ist, sei es in einem Strafverfahren, bei dem der Verdacht der Urkundenfälschung besteht.

Urkundenfälschung im Sinne des deutschen Strafrechts (§ 267 StGB) ist die Herstellung einer unechten Urkunde, die Verfälschung einer echten sowie der Gebrauch einer unechten oder verfälschten Urkunde, wenn diese Handlungen zur Täuschung im Rechtsverkehr begangen werden. Ähnliche Bestimmungen enthält das schweizerische StGB. Das österreichische StGB behandelt die in Schädigungsabsicht vorgenommene Urkundenfälschung als Betrug.

Viele Untersuchungen von Urkunden, die von Hand gefertigte Schreibleistungen enthalten, fallen in den alleinigen Kompetenzbereich des Schriftsachverständigen. In anderen Fällen kann eine Zusammenarbeit mit anderen Sachverständigen, wie auf dem Gebiet der Physik oder Chemie, sowie mit Experten für Papier- und Druckerzeugnisse, für Schreibmaschinen und Stempel oder andere Sachgebiete erforderlich sein. Nicht immer ist eine eindeutige Aufgabenteilung und -abgrenzung möglich und sinnvoll, zumal im kontinentalen Bereich Schriftsachverständige in unterschiedlichem Ausmaße mit den einschlägigen physikalisch-technischen und chemotechnischen Methoden der Urkundenprüfung vertraut sind und über die entsprechende apparative Ausstattung verfügen. (Auf die abweichende Situation im angloamerikanischen Bereich wurde bereits im Kapitel I hingewiesen; s. S. 8 ff.) Grundkenntnisse in der Anwendung und Auswertung zerstörungsfreier physikalisch-technischer Methoden der Urkundenprüfung erscheinen jedoch für jeden Schriftsachverständigen unabdingbar. Es muß jedoch auf der anderen Seite vor einem Herumdilettieren auf fachfremden Gebieten dringend gewarnt werden, vor allem, wenn man sich dabei Methoden bedient, die nicht zerstörungsfrei arbeiten. Der Schriftsachverständige sollte aber über Randgebiete der Urkundenprüfung hinreichend informiert sein, damit er seinem Auftraggeber gegebenenfalls gezielte Hinweise für weitere Aufklärungsmöglichkeiten geben kann.

Bei Schriftvergleichungen im Rahmen von Urkundenuntersuchungen nehmen Unterschriftsprüfungen den breitesten Raum ein. Daneben sind aber auch andere handschriftliche Fälschungen und Verfälschungen der verschiedensten Art Gegenstand der gerichtlichen Schriftuntersuchung. In diesem Kapitel soll zunächst nur die Untersuchung von Unterschriften behandelt werden, da diese nicht nur unter rechtlichen Gesichtspunkten, sondern auch unter dem Aspekt der Schriftvergleichung eine Sonderstellung unter den Schreibleistungen einnimmt. Alle übrigen Fragen von Schriftuntersuchungen im Rahmen von Urkundenprüfungen werden im Kapitel VII behandelt.

1. Alternativen fraglicher Unterschriften

Bei der Prüfung fraglicher Unterschriften differenziert sich für den Schriftsachverständigen die scheinbar einfache Alternative "echt oder unecht" in vielfältiger Weise auf. Was der Betrachter zunächst feststellen kann, ist eine mehr oder minder große Ähnlichkeit bzw. Unähnlichkeit zwischen einer fraglichen Schrift mit Vergleichsschriften des Namenseigners. Prima vista erkennbare Entsprechungen und Abweichungen sind für den Laien meist Kriterien für die Beurteilung fraglicher Unterschriften. Solche vordergründigen Ähnlichkeiten oder Unähnlichkeiten besagen jedoch zur Frage der Echtheit oder Unechtheit zunächst kaum etwas. Vielmehr kann es sich bei jedem Ähnlichkeitsgrad um eine echte oder eine unechte Unterschrift handeln. Eine schematische Übersicht über die Alternativen echter und unechter Unterschriften auf verschiedenen Ähnlichkeitsniveaus findet man auf der folgenden Seite.

Allgemein ist zu dem Schema anzumerken, daß die einzelnen Alternativen echter und unechter Unterschriften selbstverständlich nicht exakt entlang der Ähnlichkeitsachse eingeordnet werden können. In praxi kann es im Einzelfall vielmehr durchaus vorkommen, daß eine bestimmte Unterschriftsart auf einem deutlich höheren oder niedrigeren Ähnlichkeitsniveau eingestuft werden muß.

So kann z.B. eine vorsätzlich verstellte Unterschrift der normalen wesentlich mehr ähneln als eine Unterschrift, die der Namenseigner unter besonderen ungünstigen Schreibumständen geleistet hat. Oder es kann – um ein weiteres Extrembeispiel zu nennen – eine in unverstellter Schrift und ohne Nachahmungsabsicht gefertigte unechte Unterschrift mit der Zeichnungsweise des Namenseigners wegen zufälliger Schriftähnlichkeit zwischen den beiden Schreibern mehr Entsprechungen aufweisen, als eine mit Nachahmungsabsicht, aber ohne Befähigung produzierte Fälschung einer authentischen Vorlage.

In den meisten Fällen aber kann aufgrund des Ähnlichkeitsgrades zumindest der Bereich von Alternativen abgesteckt werden, der primär zu berücksichtigen sein wird. Darüber hinaus aber wird der Bereich der möglichen Alternativen in der Regel durch die jeweils bekannten, vermuteten oder behaupteten Entstehungsbedingungen einer fraglichen Unterschrift bestimmt. Auf die beson-

Alternativen fraglicher Unterschriften

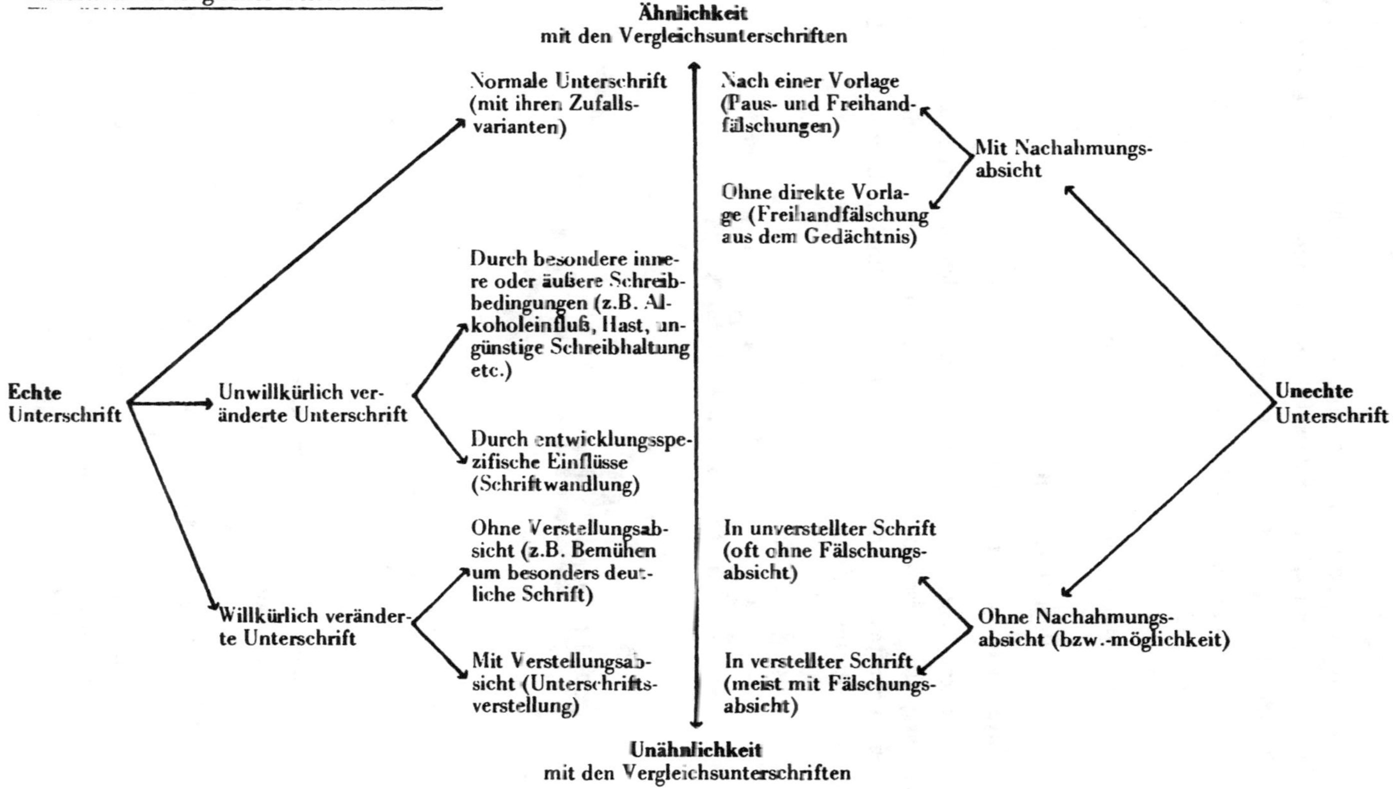

dere Bedeutung, die der möglichst erschöpfenden Erkundung aller Entstehungsmöglichkeiten einer fraglichen Schreibleistung zukommt, wurde bereits im vorhergehenden Kapitel nachdrücklich hingewiesen.

Weiterhin ist zu der schematischen Übersicht anzumerken, daß sie selbstverständlich nur in vereinfachter Form die wichtigsten Alternativen wiedergeben kann. Eine nähere Erläuterung sowie die Darstellung von Unterarten und Mischformen soll in den folgenden Abschnitten gegeben werden.

2. Variationen echter Unterschriften

2.1 Unverstellte echte Unterschriften

Als *normal* kann eine Unterschrift bezeichnet werden, wenn sie in allen wesentlichen graphischen Merkmalen innerhalb der natürlichen Variationsbreite von Vergleichsschriften liegt, die unter den für den Schreiber üblichen Schreibbedingungen entstanden sind.

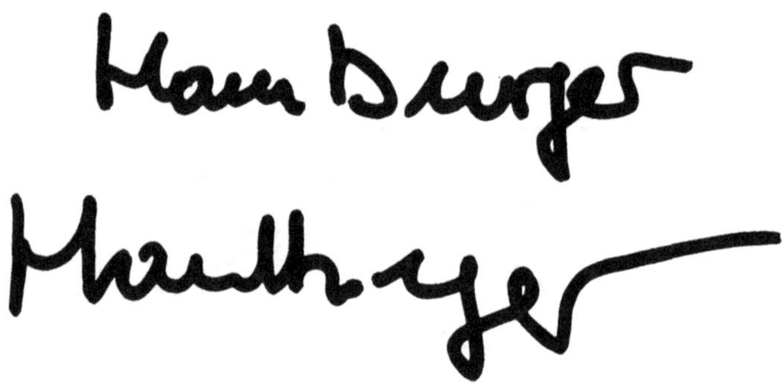

Abb. 4: Unter Alkoholbelastung veränderte Unterschrift.
Die normale Unterschrift (oben) weist unter Alkoholeinfluß Vernachlässigungen, Buchstabenverdoppelungen und ausfahrende Bewegungszüge auf (unten)

Bei veränderten Unterschriften fallen dagegen Merkmale in einer oder mehreren graphischen Grundkomponenten aus der normalen Variationsbreite der Zeichnungsweise des Namenseigners heraus. Es kann dabei zwischen unwillkürlichen und willkürlichen Veränderungen unterschieden werden, wobei jedoch, wie schon im Abschnitt III. 3. allgemein ausgeführt wurde, eine strikte Trennung zwischen beiden Arten nicht möglich ist. Insbesondere sei daran erinnert, daß eine willkürliche Schriftveränderung in der Regel "sekundäre Veränderungen" (*G. Meyer* 1900) bzw. "nicht-gewollte Begleiterscheinungen" (*Pfanne*

1971 a) nach sich zieht, während bei unwillkürlichen Schriftveränderungen durch besondere äußere oder innere Schreibbedingungen häufig der Versuch einer willkürlichen Gegensteuerung unternommen wird (wie z.B. durch das Bemühen, bei akuten oder chronischen Schreibstörungen die Lesbarkeit der Schrift durch Vergrößerung oder engere Anlehnung an die Schulschrift zu erhalten). Auch bei Wandlungen der Unterschrift, die vor allem bei jungen und alten Menschen zu beobachten sind, sind in der Regel willkürliche und unwillkürliche Komponenten nebeneinander wirksam.

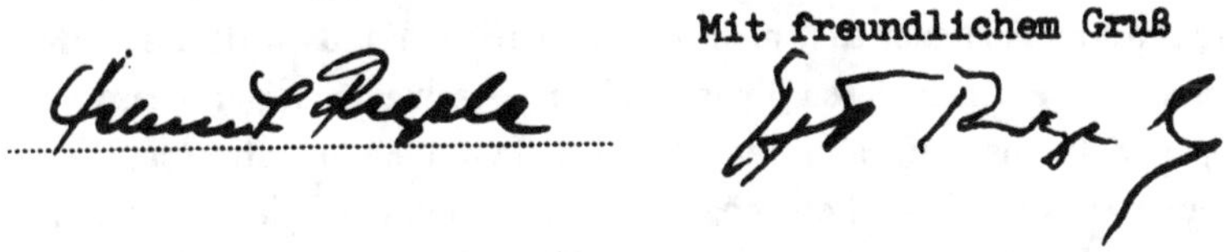

Abb. 5: Hochgradige Störung der Zeichnungsweise als Folge einer fortgeschrittenen amyotrophischen Lateralsklerose

Im übrigen gelten die allgemeinen Ausführungen zu Veränderungen der Schrift durch besondere äußere oder innere Schreibbedingungen (s. S. 42 ff.) auch für Unterschriften. Hervorzuheben ist jedoch, daß erfahrungsgemäß die Unterschrift gegenüber solchen Störfaktoren stärker resistent ist als die übrige Handschrift. So wird z.B. die Unterschrift durch alters- und krankheitsspezifische

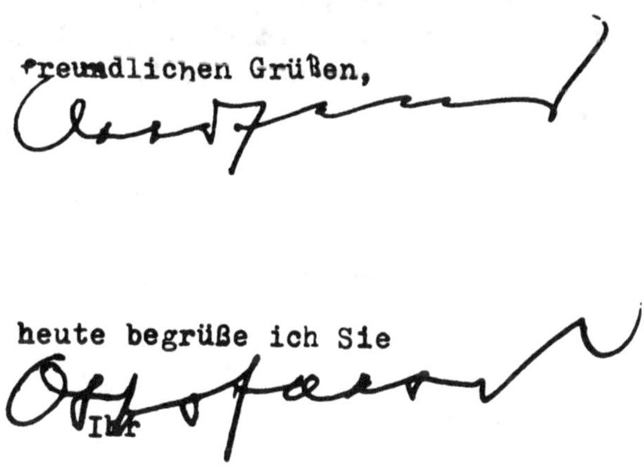

Abb. 6: Zunehmende altersbedingte graphomotorische Abbauerscheinungen (79 und 86 Jahre) mit dem Versuch einer Kompensation durch schulmäßige Schreibweise

Abbauerscheinungen häufig in einem geringeren bzw. verlangsamten Maße betroffen als die übrige Handschrift. Dieser Unterschied dürfte im wesentlichen darauf zurückzuführen sein, daß der Vollzug der Unterschrift durch den häufigen Gebrauch stärker automatisiert ist als der übrige Schreibablauf.

Mit *Hecker* (1975) kann zwischen drei idealtypischen Unterschriftsarten unterschieden werden. Von praktischer Bedeutung im Hinblick auf die Verwendbarkeit von Vergleichsschriftmaterial ist vor allem seine Differenzierung in den Typus I einerseits und den Typus II und III andererseits. Der erste Unterschriftstyp unterscheidet sich nicht von der übrigen Handschrift des Schreibers, während die beiden anderen Typen sich in verschiedenartiger Weise von der sonstigen Schreibschrift abheben. Nur bei Typ I kann daher ein Vergleich mit reinen Textschriftproben möglich sein, während bei den beiden anderen Typen stets direkt vergleichbare Unterschriftsproben vorliegen müssen.

Es ist in diesem Zusammenhang zu beachten, daß es Personen gibt, die zwei verschiedenartige Unterschriften schreiben, z.B. eine Kurz- und eine Langform, eine offizielle und eine private Unterschrift etc. (s. Abb. 7). Diese Möglichkeiten sollten immer dann in Betracht gezogen werden, wenn ganz offenkundige Abweichungen zwischen fraglicher und authentischer Namenszeichnung bestehen und zu fürchten ist, daß dem Sachverständigen nur ein entsprechend selektiertes Vergleichsschriftmaterial vorgelegt wurde. – Darüber hinaus muß aber auch mit sonstigen willkürlichen Ad-hoc-Veränderungen von Namenszeichnungen gerechnet werden, die – sofern sie nicht in Verstellungsabsicht erfolgen – durch verschiedenartige Vorsätze oder Einflüsse bedingt sein können.

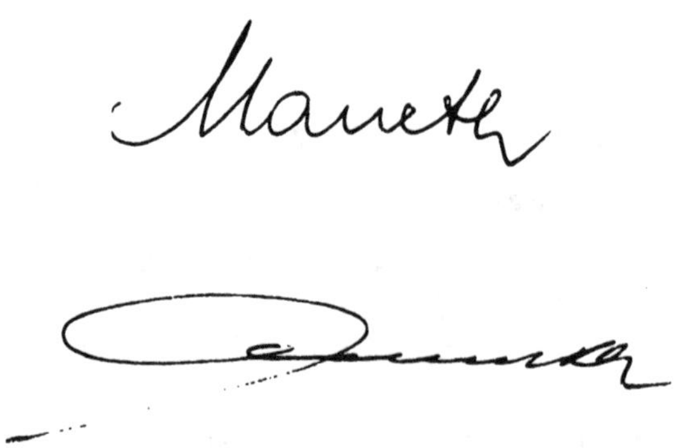

Abb. 7: "Private" und "offizielle" Unterschrift ein und derselben Person

In der Praxis findet man solche willkürlich veränderten Unterschriften gelegentlich auf Urkunden, bei denen sich der Unterschreibende in Anbetracht einer von ihm als bedeutsam empfundenen Situation veranlaßt sah, einen besonderen "Friedrich Wilhelm" hinzusetzen oder seine "Sonntagsschrift" zu verwenden. – Auf manchen Bestellformularen wird ausdrücklich eine deutlich lesbare Unterschrift gefordert, weshalb einige Schreiber in solchen Fällen in einer mehr oder minder von ihrer üblichen Unterschrift abweichenden Weise unterzeichnen. Die Bitte um deutliche Unterschrift ist aus der Sicht des Schriftsachverständigen aus naheliegenden Gründen keineswegs unproblematisch. Empfehlenswert ist sicherlich eine Trennung zwischen (üblich zu vollziehender) Unterschrift und (deutlich lesbarer) Absenderangabe.

Der Schriftsachverständige wird keineswegs selten mit in unverstellter Schrift geschriebenen authentischen Unterschriften konfrontiert, deren Echtheit zu Unrecht bestritten wird. Es handelt sich in solchen Fällen häufiger um Unterschriften, die der üblichen Zeichnungsweise des Namenseigners entsprechen, und keineswegs primär um solche, die in einer veränderten Schrift geschrieben worden sind.

Meist kann dem Bestreitenden keineswegs eine böswillige Absicht unterstellt werden. Wenn der Unterzeichner verstorben ist, können bei den Erben begründete Zweifel an der Echtheit einer Unterschrift auftreten, durch die der Verstorbene eine Rechtsverbindlichkeit eingegangen war. Aber auch dann, wenn der Namenseigner selbst die Echtheit einer von ihm geleisteten Unterschrift später bestreitet, braucht dies nicht unlauteren Motiven zu entspringen: Die Unterschrift kann erschlichen sein, es kann eine Blankounterschrift mißbraucht worden sein, oder es besteht einfach keine Erinnerung an die Unterschriftsleistung. – Zuweilen erfolgt natürlich das Bestreiten einer echten Unterschrift wider besseres Wissen und stellt lediglich den Versuch dar, sich einer eingegangenen Verpflichtung zu entziehen oder sich einen Vermögensvorteil zu verschaffen.

Wie unsicher Laien – und zwar auch die Namenseigner selbst – bei der Differenzierung zwischen echten und gefälschten Unterschriften sind, ist durch kasuistische Beiträge und empirische Untersuchungen belegt (*Pfanne* 1970 b, *Michel* 1968 und 1970 sowie *Conrad* 1975 a). Insgesamt ergibt sich aus diesen Arbeiten sehr nachdrücklich, daß die Aussagen von Laien über die Echtheit bzw. Unechtheit von fremden wie von eigenen Namenszügen sehr wenig brauchbar sind.

Einer repräsentativen Stichprobe von 100 Erwachsenen wurden neben normalen Unterschriftsproben solche unter variierten, mehr oder minder ungünstigen Schreibbedingungen abgenommen. Ein Teil dieser Unterschriften wurde später den Namenseignern, vermischt mit zu diesem Zweck hergestellten "Fälschungen" zur Identifizierung wieder vorgelegt (insgesamt 25 Unterschriften). Im Durchschnitt ergab sich, daß jede dritte Fälschung des eigenen Namenszuges für echt gehalten wurde, während jede fünfte echte Unterschrift irrtümlich als Fälschung bezeichnet wurde. Es erwiesen sich also 25 % der Beurteilungen des eigenen Namenszug als unrichtig (*Michel* 1968).

Dasselbe Material wurde – jetzt neben zehn Vergleichsunterschriften – auch Laien vorgelegt, die sich für Unterschriftsprüfungen interessierten (*Michel* 1970). Bei diesen erwiesen sich nahezu 35 % der Beurteilungen als falsch. Interessant ist, daß sich das Verhältnis der beiden Fehlertypen bei der Beurteilung fremder Unterschriften umkehrte: Fälschungen wurden vergleichsweise häufiger erkannt (Fehlerprozentsatz: 22 %), jedoch wurden in höherem Maße echte Unterschriften als Fälschungen fehlklassifiziert (42 %). – Obwohl *Conrad* (1975 a) bei einer anderen Laienstichprobe mit gehobenerer Motivationslage (u.a. durch eine Honorarstaffelung nach Trefferquote) deutlich bessere Ergebnisse erzielen konnte, so mußte aber auch er feststellen, daß sich auch unter diesen Bedingungen 20 % der Unterschriftsbeurteilungen als falsch erwiesen.

Diese Befunde zeigen zum einen, wie schlecht wir offenbar – entgegen allgemeiner Erwartung – unsere eigene Unterschrift kennen. Die Befunde sollten zum anderen aber auch eine sehr ernste Warnung für jene Kriminalisten und Juristen sein, die immer noch glauben, aufgrund ihrer allgemeinen Berufs- und Lebenserfahrung auch die Frage der Echtheit oder Unechtheit einer fraglichen Unterschrift beantworten zu können. Diese Warnung gilt gerade auch für fragliche Unterschriften, deren Echtheit bzw. Unechtheit "schon bei laienhafter Betrachtung ganz offensichtlich" zu sein scheint.

2.2 Verstellte echte Unterschriften

Zuweilen werden Unterschriften vom Namenseigner in willkürlich verstellter Schrift mit dem Vorsatz geleistet, später deren Echtheit zu bestreiten. Eine solche Absicht kann z.B. bei der Unterzeichnung einer Bestellung gegeben sein, durch die man sich eines aufdringlichen Vertreters entledigen möchte. Häufiger ist über Fälle berichtet worden, bei denen versucht wurde, durch Verstellung der eigenen Unterschrift rechtswidrige Vermögensvorteile zu erlangen, wie z.B. bei der Zeichnung von Quittungen oder Akzepten (*Schneickert* 1934 a und b, *Locard* 1935, *Stepina* 1935, *Buhtz & Köstner* 1936, *Stuckey* 1964). In neuerer Zeit findet man häufiger Verstellung der eigenen Unterschrift bei Betrugsfällen mit Euroschecks. Der Kontoinhaber meldet den angeblichen Diebstahl oder Verlust seiner Euroscheckformulare samt Euroscheckkarte. Er stellt dann selbst die Schecks mit einer mehr oder minder veränderten Unterschrift in der Hoffnung aus, daß das Täuschungsmanöver nicht erkannt und ihm der Betrag, um den er angeblich geschädigt wurde, vom Scheckkarten-Haftungsfonds der Sparkassenorganisation bzw. durch Versicherungen bei anderen Gruppen des Kreditgewerbes erstattet wird (teilweise unter Abzug einer Selbstbeteiligung von 10 %).

Von einigen der oben genannten Autoren, so auch von *Pfanne* (1954 und 1956), wird die

Unterschriftsverstellung auch als "Fälschung" oder "Verfälschung" der eigenen Unterschrift bezeichnet. Ein solcher Sprachgebrauch erscheint wenig glücklich und nur geeignet, Verwirrung zu stiften. Nach dem allgemeinen Sprachverständnis bezeichnet der Begriff "Fälschung" die in betrügerischer Absicht vorgenommene *Nach*bildung eines Objektes, also die Herstellung eines *un*echten Gegenstandes, einer *un*echten Unterschrift etc. Auch wenn ein Unterschriftsgeber wie ein Fälscher vorgeht, also z.B. seine Unterschrift im Pausverfahren produziert, fertigt er damit keine unechte Unterschrift (auch nicht im juristischen Sinne). Er will vielmehr erreichen, daß es unmöglich wird, ihn als Schrifturheber zu identifizieren. Das trifft aber genau den Sachverhalt, den man nach allgemeinem Sprachgebrauch als Verstellung bezeichnet. – Von einer *Ver*fälschung der eigenen Unterschrift könnte man jedoch dann sprechen, wenn der Unterschriftsgeber nachträglich eine von ihm stammende Unterschrift auf einer Urkunde in einer Weise manipuliert, daß sie den Anschein der Unechtheit erwecken kann, z.B. durch langsames Übermalen der eigenen Unterschrift mit einem anderen Schreibgerät. Über einen solchen Fall berichtete *Jansen* (1908).

Die an Textschriften gewonnenen Erfahrungen und Erkenntnisse über Schriftverstellung können nur beschränkt auf Unterschriftsverstellungen übertragen werden. Eine generelle Besonderheit der Verstellung der eigenen Unterschrift gegenüber sonstigen Schriftverstellungen besteht darin, daß die Möglichkeiten einer willkürlichen Schriftveränderung eingeschränkter sind. Damit ist nicht nur gemeint, daß sich der Schreiber möglicherweise von dem stärker automatisierten und fixierten Bewegungsvollzug der Namenszeichnung weniger leicht lösen kann als von seiner sonstigen Schreibweise, sondern vor allem die Tatsache, daß bei einer Unterschriftsverstellung eine Schreibleistung produziert werden muß, die vom Empfänger noch als eine "natürliche" Unterschrift akzeptiert werden kann. Während z.B. ein Anonymschreiber völlig skurrile Verstellungstechniken wählen kann, würde bei einer verstellten Unterschrift ein stärkeres Abweichen von üblichen Schreibvollzügen von vornherein Verdacht erregen. Darüber hinaus sind folgende situationsspezifische Komponenten zu berücksichtigen:

1. Sehr wesentliche Einschränkungen für die Verstellung ergeben sich in allen Fällen, in denen dem Empfänger die Unterschrift des Unterzeichners bekannt ist oder die Übereinstimmung mit einer authentischen Unterschrift routinemäßig überprüft werden kann (z.B. anhand der hinterlegten Bankunterschrift oder der Scheckkarte). Hier steht der Unterschreibende vor der besonders schwierigen Aufgabe, einerseits eine noch ausreichende Ähnlichkeit mit der authentischen Unterschrift beizubehalten und andererseits doch Abweichungen so zu produzieren, daß die spätere Anfechtung Erfolg haben kann. – Wesentlich freier ist dagegen der Unterschriftsgeber in seinen Verstellungsmöglichkeiten, wenn dem Empfänger seine Zeichnungsweise unbekannt ist.

2. Eine weitere wichtige Komponente für Verstellungsmöglichkeiten und -erfolg betrifft die Frage, ob die Unterschrift in Gegenwart einer anderen Person oder völlig unbeobachtet erfolgen kann. Es bedarf kaum der ausdrücklichen Erwähnung, daß bei einer –

und sei es nur flüchtigen – Beobachtung durch eine andere Person die Verstellungsmöglichkeiten deutlich eingeschränkt werden, wenn nicht von vornherein Verdacht erregt werden soll. Bestimmte Manipulationen – wie etwa Pausfälschungen der eigenen Unterschrift etc. – können nur in einer unbeobachteten Situation vollzogen werden.

3. Endlich kann es noch von Bedeutung sein, ob die Unterschriftsverstellung einem mehr oder minder spontanen Entschluß entsprungen ist oder aber eine genau geplante und möglicherweise gut eingeübte Handlung darstellt.

Neben den oben erwähnten kasuistischen Beiträgen liegen systematische Darstellungen zur Unterschriftsverstellung von *Schneickert* (1934 a und b), *Buhtz & Köstner* (1936) sowie *Michel* (1974 und 1978 c) vor. Letztere Arbeit berücksichtigt erstmals die unterschiedlichen situationsspezifischen Bedingungen von Unterschriftsverstellungen.

In einer experimentellen Situation wurden die Versuchspersonen zunächst zu einer spontanen Verstellung der Unterschrift veranlaßt, wobei sie lediglich gehalten waren, unter Verwendung von Kurrentschrift eine Unterschrift zu fertigen, die noch den Anschein eines "natürlichen" Schreibvollzuges erwecken kann. Sodann bestand – unter sonst gleichen Bedingungen – die Möglichkeit zum Üben und Auswählen einer optimal verstellten Unterschrift. In einer dritten Phase wurden die Versuchspersonen schließlich aufgefordert, eine verstellte Unterschrift für einen angenommenen Empfänger zu produzieren, dem die Zeichnungsweise des Namenseigners bekannt ist.

Unter den beiden ersten Untersuchungsbedingungen waren die Schreiber in der Wahl ihrer Verstellungstaktiken also im wesentlichen frei. Die zusätzlichen Übungs- und Auswahlmöglichkeiten führten gegenüber den hic et nunc gefertigten verstellten Unterschriften meist nur zu einem Mehr an Verstellung, ohne daß dadurch aber – zumindest vom Gesichtspunkt des Sachverständigen aus – die Täuschungsgefahr wesentlich erhöht wurde. Vielmehr haben weitere Überlegung und Übung zu einer Übertreibung, einem "Zu-dick-Auftragen" verleitet. – Die insgesamt schlechtesten Leistungen wurden unter der dritten Versuchsbedingung erzielt, also unter der Annahme, der Empfänger kenne die authentische Zeichnungsweise. Nahezu die Hälfte der Schreiber vermochte überhaupt keine geeigneten Verstellungsmerkmale zu produzieren.

In der einschlägigen Literatur wird durchweg die Auffassung vertreten, daß bei Unterschriftsverstellungen hauptsächlich mehr oder minder vordergründige Formabweichungen zu erwarten sind, während bei weniger auffälligen Details Gemeinsamkeiten mit der üblichen Zeichnungsweise erhalten bleiben. (Bei Nachahmungsfälschungen dagegen, die im nächsten Abschnitt behandelt werden, läßt sich in der Regel eine mehr oder minder vordergründige Formentsprechung feststellen, aber Abweichungen in der Feinstruktur der Unterschrift.) Diese Lehrmeinung wird durch die eigenen Untersuchungsbefunde im wesentlichen gestützt.

Im einzelnen konnten als wichtigste Verstellungstaktiken festgestellt werden (hierzu auch die Abbildungen, bei denen jeweils links bzw. oben eine normale Unterschrift wiedergegeben ist):

1. Stärkere Anlehnung der Unterschrift an die Schulform.

Entweder werden einzelne Buchstaben, vor allem die Initialen, an die Schulvorlage angelehnt, oder man findet eine allgemeine schulmäßigere Schreibweise bis hin zu extremer Schulförmigkeit. Nur bei letzterer dürfte in der Regel die Gefahr einer Fehlbeurteilung gegeben sein. Normalerweise wird man nämlich vermuten, daß es sich um eine plumpe Fälschung handelt, bei der dem Fälscher die authentische Zeichnungsweise überhaupt nicht bekannt war. Verstellung durch Schulförmigkeit war am häufigsten anzutreffen, nämlich bei über einem Drittel der hic et nunc und nahezu der Hälfte der nach Übung gefertigten Verstellungsversuche.

Abb. 8: Übliche Unterschrift (links) durch Schulförmigkeit und Lageänderung verstellt (rechts)

Abb. 9: Unterschriftsverstellung durch extreme Schulförmigkeit

2. Veränderung einzelner Buchstabenformen.

Auch diese Taktik ist bei rund einem Drittel der Verstellungsversuche anzutreffen. Sie ist in der Regel völlig unproblematisch und leicht erkennbar. Es kann sich um einfache Weglassungen oder aber um vordergründige Abweichungen in Buchstabenformen, besonders wiederum bei den Majuskeln, handeln.

3. Wechsel des Schriftsystems.

Während in allen älteren deutschen Untersuchungen zur Schriftverstellung (Unterschrift oder Text) sehr häufig Systemwechsel beobachtet wurde, haben in der eigenen Untersuchung nur noch sehr wenige Schreiber ganz oder teilweise von dieser Möglichkeit Gebrauch gemacht.

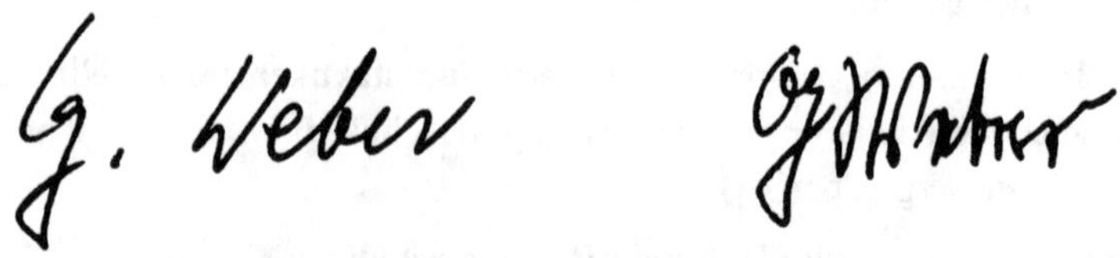

Abb. 10: Unterschriftsverstellung durch Verwendung deutscher Buchstaben, verbunden mit Lageänderung und verminderter horizontaler Expansion

4. Veränderung des Neigungswinkels.

Diese Verstellungstaktik, die nahezu ein Drittel der Schreiber verwendet, stellt dem Sachverständigen überwiegend keine besonderen Probleme. Jedoch sollte in den meisten Fällen auf die Abnahme gezielter Schriftproben in gleicher Schriftlage nicht verzichtet werden.

Abb. 11: Unterschriftsverstellung durch Linksschräglage und leichte Formveränderungen

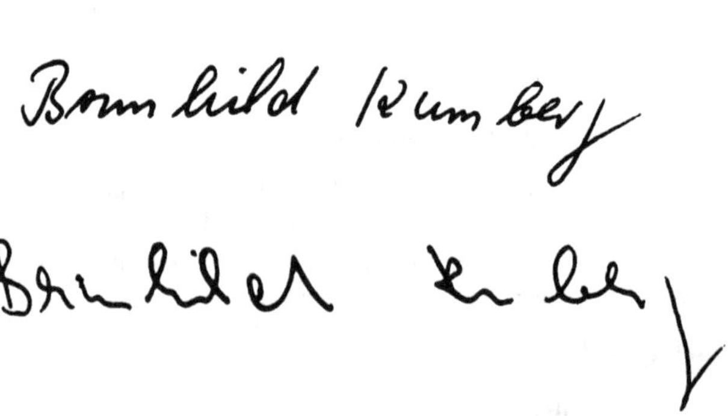

Abb. 12: Unterschriftsverstellung durch Linksschräglage und Formvernachlässigung

5. Enthemmung des Schreibvollzuges.

Während bei den bisher erwähnten Verstellungstaktiken meist eine mehr oder minder ausgeprägte Hemmung des Schreibablaufes festzustellen ist, wählen einige Schreiber die Alternativtaktik der Enthemmung. Überwiegend wird die Unterschrift nachlässig und teilweise unleserlich "hingeworfen", wobei aber meist keine überzeugenden Verstellungen gelingen. Lediglich eine überraschende Verstellung dieser Art konnte in unserem Material festgestellt werden. Bei einer eher bedächtig dahinschreitenden Bewegung in der normalen Unterschrift in Abb. 13 wird man sicherlich kaum erwarten, daß der Schreiber in der Lage ist, eine so überzeugend hingeworfene, verschliffene Unterschrift zu produzieren. Lediglich die Bewegungsführung im "E" stellt noch ein Bindeglied zwischen den beiden Unterschriften dar.

Abb. 13: Unterschriftsverstellung durch Enthemmung des Schreibvollzuges

6. Verunsicherung und Störung der Schreibbewegung.

Nur recht selten werden von Schreibern willkürlich graphomotorische Unsicherheiten und Störungen zum Zwecke der Verstellung vorgetäuscht. Geschieht dies in relativ grober Form, so ist der Verdacht einer Verstellung naheliegend. Handelt es sich dagegen um relativ feine Verunsicherungen in Verbindung mit Abweichungen im Druckverlauf, aber ohne deutliche Diskrepanzen in der Formgebung und den Größenproportionen, dürfte die Gefahr beträchtlich sein, daß eine solche Verstellung irrtümlich als Nachahmungsfälschung interpretiert wird. Die in Abb. 15 wiedergegebene Unterschriftsverstellung stellt in dem vorliegenden Material in vieler Beziehung die kritischste Unterschrift dar.

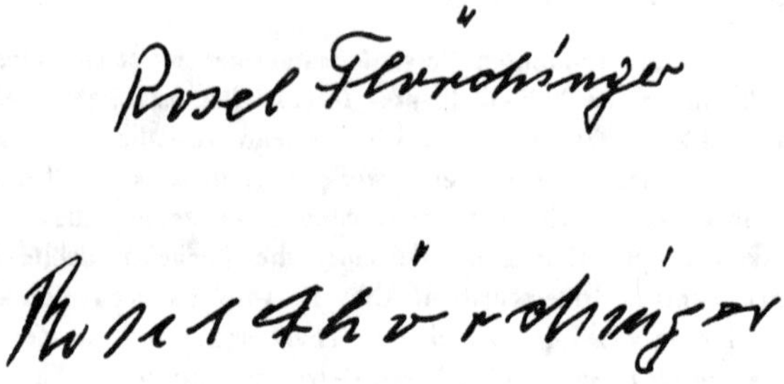

Abb. 14: Unterschriftsverstellung durch Vortäuschung graphomotorischer Störungen

Abb. 15: Unterschriftsverstellung in der Art einer Nachahmungs-"Fälschung"

7. Von den sonstigen Verstellungsversuchen, die sich nicht unter die wichtigsten sechs Leitsymptome subsumieren lassen, ist keiner so überzeugend gelungen, daß er besondere Erwähnung verdiente.

   Es handelt sich dabei vielmehr um vordergründige Veränderungen, wie Weglassen des Vornamens, zusätzliche Vornameninitiale, Verwendung eines Doktortitels, Verschnörkelungen, gravierende Veränderungen von Größe und Weite sowie Verwendung der Druckschrift. Bei all diesen Veränderungen ist die Verstellungsabsicht meist leicht zu erkennen.

Hervorzuheben ist aber, daß es auch bei vordergründigeren Verstellungsversuchen durch die häufig anzutreffende Verlangsamung und Verunsicherung des Schreibvorganges zu sekundären Begleiterscheinungen kommen kann, die auch bei Unterschriftsfälschungen auftreten, wie schwächer gespannte und unsichere Strichführung, Störungen des Druckrhythmus, Haltepunkte und Anflickungen. Man kann daher solche Symptome, wie dies zuweilen geschieht, nicht schlechthin als "Fälschungsindizien" bezeichnen, sondern zunächst nur als Merkmale eines verlangsamten und verunsicherten Schreibvollzuges. Allerdings treten solche Störungen bei Unterschriftsfälschungen meist deutlicher auf als bei Verstellungen. Darüber hinaus kann aber nur aufgrund der gesamten Konfiguration der graphischen Merkmalsentsprechungen und -abweichungen entschieden werden, ob solche Störmerkmale als Fälschungs- oder als Verstellungsindizien bewertet werden müssen.

Wie schon bei der Untersuchung von *Buhtz & Köstner* (1936) konnte auch anhand des eigenen Materials festgestellt werden, daß die meisten Unterschriftsverstellungen dem Sachverständigen keine besonderen Probleme stellen, sondern als Täuschungen erkannt werden können. Hierzu ist in vielen Fällen nicht einmal ein gezielt erhobenes Vergleichsschriftmaterial erforderlich. Meist zeigen sich nämlich die typischen gegensätzlichen Intentionen bei Verstellung und bei Fälschung von Unterschriften sehr deutlich. Im ersten Falle wird eine gewisse Unähnlichkeit angestrebt, wesentliche Feinheiten bleiben aber erhalten. Der Fälscher dagegen strebt größtmögliche Formähnlichkeit an, vermag aber die Feinstruktur in der Regel nicht richtig zu erfassen und wiederzugeben.
Buhtz & Köstner beziffern den Anteil wirklich gelungener Verstellungen auf 9 %. Nach den eigenen Erfahrungen ist mit erfolgreichen Täuschungen in der gleichen Größenordnung zu rechnen, ohne daß es jedoch möglich erscheint, hierfür exakte Prozentangaben zu machen. Bei den schwer oder nicht aufklärbaren Unterschriftsverstellungen handelt es sich einerseits um Namenszüge, die nur relativ leichte Abweichungen von den Normalunterschriften, zugleich aber Symptome einer verlangsamten und verunsicherten Bewegungsführung aufweisen. In solchen Fällen ist die Gefahr einer Verwechslung mit Nachahmungsfälschungen besonders groß. Andererseits besteht bei Unterschriften, die sich – z.B. durch schulförmig-malende Schreibweise – sehr weit von den Vergleichsunterschriften entfernt haben bzw. kaum noch differentielle Merkmale enthalten, die Verwechslungsmöglichkeit mit einer Unterschriftsfälschung, die ohne Nachahmungsabsicht gefertigt wurde.

Häufiger handelt es sich bei solchen fraglichen Unterschriften nicht um eine einzelne Namenszeichnung, sondern um eine ganze Serie. Dies gilt z.B. für angeblich entwendete und mißbräuchlich verwendete Euroschecks. In solchen Fällen kann die Beachtung der Variabilität der fraglichen Unterschriften ein zusätzliches wichtiges Kriterium für die Differenzierung zwischen verstellten und gefälschten Unterschriften sein. In der Regel weist nämlich eine Serie von Unterschriftsfälschungen eine deutlich geringere Variationsbreite auf als eine Serie verstellter Unterschriften.

Dabei ist zu berücksichtigen, daß einem Fälscher häufig überhaupt nur eine einzige Unterschrift des Namenseigners als Vorlage zur Verfügung steht (z.B. die Unterschrift auf der Euroscheckkarte). Er kann also das Variationsspektrum der authentischen Zeichnungsweise nicht kennen oder abschätzen. Selbst wenn ihm aber mehrere Vorlagen zur Verfügung stehen, wird er sich erfahrungsgemäß in eine bestimmte Unterschriftsform einschreiben, die er mehr oder minder stereotyp verwendet. Unterschreibt dagegen der Namenseigner selbst, so werden auch im Falle einer Schriftverstellung in der Regel typische Varianten seiner Zeichnungsweise in die so erstellten Unterschriften einfließen.

Bei der Untersuchung fraglicher Euroschecks kann zudem auch noch die übrige Beschriftung des Schecks zu einer Aufklärung der Urheberschaft wesentlich beitragen.

3. Unechte Unterschriften

3.1 Nachahmungsfälschungen

Wie sich aus der schematischen Übersicht von Seite 113 ergibt, kann bei unechten Unterschriften allgemein unterschieden werden zwischen Schreibleistungen mit und ohne Nachahmungsabsicht. Wird eine Unterschrift nachgeahmt, so kann in der Regel auch eine Fälschungsabsicht unterstellt werden, so daß derartige unechte Unterschriften auch als Nachahmungsfälschungen bezeichnet werden können.

Der erreichbare Fälschungserfolg hängt allgemein von zwei Komponenten ab, die einerseits in der zu fälschenden Unterschrift und andererseits in der Befähigung des Fälschers begründet sind. Man wird weiterhin eine Wechselwirkung zwischen diesen beiden Komponenten unterstellen dürfen.

Die *Fälschungsschwierigkeit* einer Unterschrift wird durch ihren Umfang, ihre Variabilität und durch ihre graphische Komplexität bestimmt. Im einzelnen ist hierzu auszuführen:

1. Vergleichsweise am leichtesten zu fälschen sind relativ kurze Unterschriften.

   Wichtigere Unterschriften sollten deshalb in aller Regel mit ausgeschriebenem Vor- und Nachnamen und gegebenenfalls zusätzlich mit dem Geburtsnamen geleistet werden.

2. Unter sonst gleichen Bedingungen sind Unterschriften mit großer Variationsbreite leichter zu fälschen. Je größer nämlich die Spannweite der graphischen Merkmale ist, desto größer ist die Gefahr, daß Fälschungen nicht aus dieser Variabilität herausfallen und als solche nicht erkannt werden können.

Aus Schutzgründen sollte man sich deshalb um eine relative Konstanz seiner Unterschrift bemühen und nach Möglichkeit keine Namenszeichnungen in Hast oder sonstigen ungünstigen Schreibumständen leisten. Weiterhin sollte vermieden werden, Unterschriften mit ständig wechselnden und wenig fälschungssicheren Schreibgeräten zu fertigen. Ein besonders wirksamer Schutz gegen Fälschungen stellt die grundsätzliche Verwendung eines eigenen Füllfederhalters bei der Unterschriftsleistung dar. Tintenschriften sind im allgemeinen ohnehin schwerer zu fälschen als Kugelschreiber- oder gar Faserschreiberschriften. Bei Verwendung nur eines Federhalters kommen aber zu den graphischen Eigentümlichkeiten noch die spezifischen Merkmale des Schreibgerätes sowie die Merkmale der Wechselbeziehung zwischen Schreiber und Schreibgerät hinzu.

3. Endlich sind aber Unterschriften in besonderem Maße in Abhängigkeit von ihren einzelnen graphischen Merkmalen leichter oder schwerer fälschbar. Für die einzelnen graphischen Grundkomponenten lassen sich die folgenden Feststellungen treffen.

Strichbeschaffenheit: Sicher und gespannt geschriebene Unterschriften lassen sich vergleichsweise wesentlich schwerer fälschen als Namenszeichnungen mit schlaffem, unelastischem, diffusem und unsicherem Strichablauf. Eine Ausnahme können Unterschriften bilden, die durch alters- und krankheitsspezifische Störungen der Strichqualität gekennzeichnet sind. Sie sind in der Regel schwer überzeugend zu imitieren; häufig versuchen Fälscher, sie in einer übertriebenen Weise nachzuahmen.

Druckgebung: In besonderem Maße ist es nach aller Erfahrung für einen Fälscher schwierig, die Besonderheiten des Druckverlaufs einer Unterschrift zu reproduzieren. Am leichtesten kann eine solche Nachahmung noch bei Unterschriften gelingen, die durch eine weitgehend monotone Druckgebung gekennzeichnet sind.

Bewegungsfluß: Verständlicherweise sind Unterschriften mit hoher Strichgeschwindigkeit besonders schwer zu fälschen. Eine hohe Erfolgsgeschwindigkeit, die meist mit stärkeren Vereinfachungstendenzen und geringerer Ausgiebigkeit einhergeht, scheint dagegen kaum ein besonderes Hindernis für Nachahmungsfälschungen darzustellen. – Schwierig sind dagegen Unterschriften mit hohem Verbundenheitsgrad nachzuahmen. Bei Unterschriften, die in relativ kurze einzelne Bewegungsimpulse zerfallen, kann eine Nachahmung wesentlich überzeugender gelingen.

Bewegungsführung und Formgebung: Allgemein ist festzustellen, daß eine Unterschrift um so schwerer zu fälschen ist, je komplexer ihre Bewegungsführung ist. Insbesondere sind eigengeprägte und zugleich stärker bereicherte sowie bogenzügige Unterschriften vergleichsweise fälschungssicherer. Am leichtesten zu fälschen sind auf der anderen Seite extrem schulförmige sowie stark vereinfachte Namenszüge.

Bewegungsrichtung: Je größer die Vielfalt der Merkmale der Bewegungsrichtung ist, desto schwieriger ist die Nachahmung einer solchen Namenszeichnung.

Vertikale und horizontale Ausdehnung: Diese graphischen Grundkomponenten dürften zu denjenigen gehören, die am wenigsten zwischen leichter und schwerer fälschbaren Unterschriften differenzieren. Besondere Ablaufformen in der vertikalen und horizontalen Ausdehnung können allerdings gelegentlich ein besonderes Erschwernis für Nachahmungsfälschungen darstellen.

Vertikale und horizontale Flächengliederung: Auch diese Grundkomponenten spielen bei Unterschriftsfälschungen in der Regel keine oder nur eine untergeordnete Rolle. Nur in Extremfällen kann die vertikale oder horizontale Anordnung der Unterschrift ganz bestimmten, fixierten Schreibgewohnheiten unterliegen, die von einem Fälscher nicht beachtet werden.

Weitere Ausführungen zum Problem der Fälschungsschwierigkeit von Unterschriften findet man bei *Baier* (1977) und *Lamp'l* (1978).

Die *Befähigung* des Fälschers dürfte, obwohl hierüber bislang keine systematischen Untersuchungen vorliegen, im wesentlichen durch zwei Faktoren bestimmt sein:

- Fähigkeit zur präzisen und möglicherweise auch einfühlenden Beobachtung von graphischen Produktionen und
- Fähigkeit zur graphomotorischen Konkretisierung der Beobachtungen.

Fälschbarkeit einer Unterschrift und Befähigung des Fälschers können aber sicherlich, wie einleitend bereits angedeutet wurde, nicht unabhängig voneinander gesehen werden. Allgemeine Überlegungen und Beobachtungen bei Fälschungsversuchen lassen vielmehr die Annahme evident erscheinen, daß der Fälschungserfolg immer auch abhängig ist von der Affinität zwischen dem graphischen Repertoire der zu fälschenden Unterschrift einerseits und der Schrift des Fälschers andererseits.

Darüber hinaus ist die Leistung aber auch sehr wesentlich von den situationsspezifischen Komponenten abhängig, unter denen die Fälschung vollzogen werden konnte. Folgende Fragen sind in diesem Zusammenhang primär bedeutsam:

1. In welchem Umfange bestand für den Fälscher eine vorherige Übungsmöglichkeit?

   Es gibt zwar immer wieder Situationen, in denen sich ein Täter aus dem Augenblick heraus zu einer Unterschriftsfälschung entschließt, weil sich dafür unerwartet eine günstige Gelegenheit zu bieten scheint (z.B. die widerrechtliche Annahme eines Geldbetrages vom Postzusteller), doch wird in solchen Fällen meist auf eine Nachahmungsfälschung verzichtet oder sie gelingt nur höchst unvollkommen. In der Regel hat vielmehr der Nachahmungsfälscher vorher die Möglichkeit gehabt, sich mit der zu fälschenden Unterschrift auseinanderzusetzen und sie einzuüben.

2. Mußte die Fälschung in Gegenwart einer anderen Person vollzogen werden?

   Wie bei der Unterschriftsverstellung wird natürlich auch der Vorgang der Fälschung mehr oder minder beeinträchtigt, wenn er durch eine andere Person (z.B. dem Bankangestellten) beobachtet werden kann. Vor allem kann der Fälscher in der Regel bei solchen Situationen eine authentische Vorlage nicht direkt verwenden, geschweige denn, für eine Pausfälschung heranziehen. (Übrigens wären Geldinstitute gut beraten, wenn sie bei der Barauszahlung Quittungsunterschriften etc. konsequent nur dann akzeptieren würden, wenn sie in Gegenwart eines Schalterbediensteten geleistet oder gegebenenfalls wiederholt werden.)

3. Konnte die Fälschung bis zu einem optimalen Gelingen beliebig oft wiederholt werden?

Auch wenn für den Fälscher vorherige ausreichende Übungsmöglichkeit bestand,ist es sehr bedeutsam, ob die eigentliche Fälschung auf Anhieb gelingen muß, oder ob die Fälschungsversuche so lange wiederholt werden können, bis die Fälschung optimal gelungen zu sein scheint. Die Wiederholungsmöglichkeit hängt davon ab, ob dem Fälscher der zu verwendende Schriftträger nur einmal oder begrenzt zur Verfügung steht (z.B. entwendete Scheckformulare oder andere Vordrucke) oder aber in beliebiger Menge (z.B. Blankopapier, Wechselvordrucke etc.). Ein Zwang zum Erfolg kann sicherlich die Psychomotorik negativ beeinflussen.

4. Mit welchen Überprüfungen der Unterschriftsfälschung muß gerechnet werden?

In vielen Fällen kann der Fälscher davon ausgehen, daß die Echtheit des von ihm gefälschten Namenszuges zunächst überhaupt nicht überprüft wird (z.B. bei Unterschriften unter Bestellungen oder unter Schecks auf niedrigere Beträge) und wird sich dementsprechend nicht oder kaum um eine Nachahmungsfälschung bemühen, sondern nur um eine Verstellung seiner eigenen Handschrift. In vielen anderen Fällen hat er nur eine relativ oberflächliche Prüfung zu erwarten, so daß er sich mit einer ungefähren Entsprechung mit der authentischen Unterschrift begnügen kann (z.B. bei Schecks über höhere Beträge oder Reiseschecks). – Nur in einem kleineren Teil der Fälle muß ein Unterschriftsfälscher davon ausgehen, daß er die angestrebten rechtswidrigen Vorteile nur dann erlangen kann, wenn seine Fälschung auch einer intensiveren späteren Nachprüfung standhält (z.B. bei gefälschten Namenszügen unter bestimmten Verträgen, Schenkungsurkunden, Rückzahlungsquittungen etc.). Hierzu gehören u.a. auch nachträglich angefertigte gefälschte Urkunden, die in betrügerischer Absicht in einen Prozeß eingeführt werden.

In Anbetracht der Vielfältigkeit der Entstehungsmöglichkeiten, der Schwierigkeit der Fälschungsaufgabe und der Befähigung und Motivation des Fälschers überrascht es nicht, daß das Spektrum von Nachahmungsfälschungen sehr breit ist und von äußerst perfekten Nachahmungen, die sich von authentischen Unterschriften nicht oder kaum mehr unterscheiden lassen, bis zu Fälschungsversuchen reicht, die nur noch eine ganz oberflächliche allgemeine Ähnlichkeit oder einzelne vordergründige Entsprechungen mit dem Original aufweisen.

Nach der Art der Herstellungstechnik wird in der einschlägigen Literatur fast durchweg – wenn auch unter Verwendung unterschiedlicher Termini – zwischen zwei Gattungen von Nachahmungsfälschungen differenziert, nämlich der *Pausfälschung*, die auch als mechanische Fälschung oder Übertragungsfälschung bezeichnet wird, und der *Freihandfälschung*. Beide Gattungen werden meist in zwei oder mehr Arten und teilweise in weitere Unterarten untergliedert. Wenngleich gegen solche Kategorisierungen von *Michel & Conrad* (1972) aufgrund empirischer Untersuchungen Bedenken vorgetragen wurden, die noch zu erörtern sein werden, soll im folgenden zunächst von den herkömmlichen Klassifizierungen ausgegangen werden.

3.1.1 Pausfälschungen

Bei Pausfälschungen bedient sich der Fälscher unterschiedlicher Hilfsmittel, um eine Unterschrift zu fertigen, die mit einer konkreten authentischen Namenszeichnung völlig oder doch weitgehend deckungsgleich ist. Erfolgt die Übertragung über das Zwischenglied einer Vorzeichnungsspur, so wird von *indirekter* Pausfälschung gesprochen. Wird keine materielle Vorzeichnungsspur gefertigt, sondern die zu fälschende Unterschrift unmittelbar durch Abpausen oder Nachfahren einer optischen Vorlagenprojektion hergestellt, wird dies als *direkte* Pausfälschung bezeichnet.

Bei einer *indirekten Pausfälschung* wird von einer authentischen Unterschrift, z.B. mit Hilfe von Kohle- oder Blaupapier oder durch einfaches Durchdrücken, eine Vorzeichnungsspur gefertigt, die dann mit einem normalen Schreibgerät nachgefahren wird. In der Literatur sind gelegentlich noch weitere Varianten oder Unterarten von solchen Pausfälschungen genannt worden, wie z.B. die Anwendung lithographischer und fototechnischer Hilfsmittel sowie von Abklatschverfahren oder die Anfertigung oder Verwendung von Faksimilestempeln zur Erlangung einer Vorlagespur für die Fälschung. Es ist auch berichtet worden, daß Fälscher markante Punkte der Unterschrift durch Nadelstiche so auf das zu fälschende Schriftstück übertragen, daß sie Orientierungspunkte für die Unterschriftsfälschung bilden (vgl. hierzu das Sammelreferat von *Weder* 1944 oder *Pfanne* 1954). In der Praxis scheinen jedoch solche speziellen Techniken kaum eine Rolle zu spielen.

Wenn indirekte Pausfälschungen auftreten, was keineswegs sehr häufig ist, so enthalten sie überwiegend durch Pauspapier oder durch Durchdrücken hergestellte Vorzeichnungsspuren, wobei zuweilen versucht wird, noch sichtbare Spuren des Pauspapiers durch Radieren zu entfernen oder Vorzeichnungsrillen zu glätten. Häufig können solche Manipulationsspuren schon mit dem bloßen Auge oder aber bei ensprechender Vergrößerung erkannt werden. In jedem Falle kann aber durch die einschlägigen physikalisch-technischen

Methoden der Urkundenprüfung festgestellt werden, ob eine fragliche Unterschrift Symptome einer indirekten Pausfälschung enthält. In einzelnen Fällen kann schon in diesem Untersuchungsstadium durch die eindeutige Feststellung von Fälschungssymptomen die Unechtheit einer Unterschrift als erwiesen gelten (z.B., wenn sich zudem das Original, nach dem die Fälschung gefertigt wurde, beschaffen läßt, und sich auf diesem Spuren der Pausmanipulationen feststellen lassen).

In vielen anderen Fällen sollte jedoch die Sicherung von Manipulationsspuren nicht überbewertet werden, sondern muß durch eine weitere schriftvergleichende Analyse abgesichert werden. Gelegentlich können nämlich auch echte Unterschriften Spuren enthalten, die zunächst den Verdacht einer Fälschung erwecken können, worauf u.a. *Schneickert* (1930) oder *B. Mueller* (1936) hingewiesen haben. So findet man scheinbare Vorzeichnungsrillen durch schlecht gespitzte Blei- oder Kopierstifte, aber auch neben Kugelschreiberschriften, bei denen das Schreibgerät in einem sehr spitzen Winkel gehalten wurde, so daß die Kugelbördelung eine zusätzliche Druckrille erzeugt hat.

Spezielle Probleme können sich auch ergeben, wenn behauptet wird, daß die angebliche Vorzeichnungsspur von dem Namenseigner selbst herrühre und auch von ihm eigenhändig mit einem dokumentensicheren Schreibgerät nachgezogen sei. In solchen Fällen ist vor allem eine genaue Analyse der angeblichen oder tatsächlichen Vorzeichnungsspur von Bedeutung. Beim genauen Nachfahren des eigenen Namenszuges können nämlich im übrigen dieselben Symptome auftreten wie bei der Nachzeichnung durch eine dritte Person.

Direkte Pausfälschungen werden überwiegend durch *Ab*pausen hergestellt. Hierzu wird als Schriftträger entweder dünnes Papier verwendet, oder die Originalvorlage muß von hinten beleuchtet werden, so daß sie auf dem zu fälschenden Schriftstück durchscheint und nachgezogen werden kann. Letzteres kann z.B. einfach an einem Fenster erfolgen, weswegen dieses Verfahren auch als "Durchfensterung" bezeichnet wird. Treffender ist jedoch der allgemeinere Terminus "Gegenlichtpause". Ein anderes Verfahren besteht darin, daß auf optischem Wege ein authentischer Namenszug auf die zu fälschende Urkunde projiziert und dort nachgezogen wird.

Dieses Verfahren ist scheinbar perfekt: Es erscheint keine verräterische Vorzeichnungsspur, und es wird dennoch eine "exakte" Nachbildung des zu fälschenden Namenszuges erreicht. Je größer aber gerade die "Exaktheit" dieser Nachahmung ist, desto sicherer ist zugleich auch in der Regel der Nachweis der Unechtheit. Einerseits kann die auf diese Weise entstandene Deckungsgleichheit mit dem Original und andererseits können bestimmte ungewollte

Begleiterscheinungen beim Nachfahren des fremden Namenszuges verräterisch sein. Beide Aspekte bedürfen jedoch einer etwas differenzierteren Erörterung.

Zunächst zur Frage der Deckungsgleichheit. Eine Überprüfung auf Kongruenz bzw. partielle Deckungsgleichheit von Unterschriften kann im Rahmen der physikalisch-technischen Urkundenuntersuchung durch eine einfache paarweise Inspektion von Unterschriften im Durchlicht bei mäßiger Vergrößerung erfolgen. Im Regelfall können damit dieselben Ergebnisse erzielt werden wie mit aufwendigeren Apparaturen (Vergleichsprojektoren oder Mehr-Kanal-Video-Vergleichsanlagen). Liegen mehrere fragliche Unterschriften vor, so sind diese zunächst paarweise zu untersuchen. Darüber hinaus sind die fraglichen Unterschriften in derselben Weise mit allen authentischen Unterschriften zu vergleichen, die aus zeitlichen und sachlichen Gründen prinzipiell als Fälschungsvorlage gedient haben könnten.

Eine vollständige Deckungsgleichheit zwischen zwei Unterschriften galt in der älteren Literatur als ein absolut sicheres Indiz für eine Fälschung. Diese Auffassung stützt sich auf das Dogma von *Klages* von der Unwiederholbarkeit individueller Schreibbewegungen, wie aller Lebensvorgänge. Eine solche Annahme mag plausibel sein, aber sie ist grundsätzlich nicht empirisch verifizierbar. Spätestens durch die Arbeit von *Lamp'l* (1978) kann sie sogar partiell als falsifiziert gelten. *Lamp'l* verweist allgemein auf Erkenntnisse der Verhaltensforschung, die auch in Lebensvorgängen für strikte Regelmäßigkeiten sprechen, und zeigt im speziellen, daß auch in normalen Schreibvollzügen entstandene Unterschriften weitgehende Deckungsgleichheit aufweisen können.

Abgesehen von solchen grundsätzlichen Überlegungen und Feststellungen kann man in der Praxis nicht selten eine nur ungefähre oder partielle Deckungsgleichheit zwischen zwei oder mehreren Unterschriften feststellen. In solchen Fällen ist keineswegs immer sicher entscheidbar, ob die weitgehende Kongruenz als zufällig oder als das Ergebnis einer Pausfälschung zu betrachten ist. Bei Gegenlichtpausen können nämlich durch das Verrutschen der beiden Schriftstücke während des Fälschungsvorganges ungewollte Abweichungen entstehen, oder aber der Fälscher hat ganz bewußt die verräterische Deckungsgleichheit vermeiden wollen, indem er z.B. Vor- und Zunamen gegeneinander etwas versetzte oder aus zwei verschiedenen authentischen Unterschriften entnommen hat. Darüber hinaus muß, wie *Michel & Conrad* (1972) gezeigt haben, damit gerechnet werden, daß bei einer Gegenlichtpause die durchscheinende

Unterschrift keineswegs exakt nachgezogen wird, sondern lediglich als Orientierungshilfe für eine im übrigen mehr oder minder zügig gefertigte Unterschrift verwendet wird.

Wenn Zweifel bestehen, ob festgestellte teilweise Kongruenzen als zufällig oder aber als Fälschungssymptome anzusehen sind, kann zunächst eine gewisse Absicherung dadurch gefunden werden, daß auch das authentische Material intern paarweise im Durchlichtverfahren untersucht wird. Stellt sich dabei heraus, daß auch die authentischen Unterschriften eine relativ hohe Konstanz aufweisen, die gelegentlich zu annähernden Deckungsgleichheiten führt, ist der Verdacht einer Gegenlichtpause bei entsprechenden Deckungsgleichheiten im fraglichen Material deutlich weniger begründbar, als wenn sich im authentischen Material keine entsprechenden Ähnlichkeiten zwischen zwei Unterschriften nachweisen lassen.

In jedem Fall kann aber eine annähernde Kongruenz bei fraglichen Unterschriften immer nur einen mehr oder minder großen Fälschungsverdacht begründen, der jedoch durch die weitere schriftvergleichende Analyse verifiziert oder falsifiziert werden muß. Auch bei einer vollständigen Deckungsgleichheit zweier Unterschriften sollte in der Regel auf die weitere Absicherung eines fraglos sehr begründeten Fälschungsverdachtes nicht verzichtet werden. – Es sei schließlich noch angemerkt, daß ein negativer Nachweis, also der Beweis dafür, daß keine wie immer geartete Pausfälschung vorliegt, nur dann als geführt gelten kann, wenn die fragliche Unterschrift ganz eindeutig schon in ihrem Formbild aus der Variationsbreite der Vergleichsunterschriften herausfällt. In allen übrigen Fällen aber bedeutet das Fehlen von Deckungsgleichheiten noch keine negative Absicherung, da in den meisten Fällen das bei der Pausfälschung verwendete Original vom Fälscher vorher beseitigt wurde.

Es ist weiterhin überwiegend die Auffassung vertreten worden, daß sich direkte Pausfälschungen – neben der möglicherweise erkennbaren Deckungsgleichheit mit dem Original – allein auch schon durch ihren besonderen Herstellungsprozeß verraten: Der Fälscher fahre nämlich in einer langsam-malenden Weise die fremde Schriftspur nach, wodurch notwendigerweise eine unlebendige Formkopie der authentischen Zeichnungsweise erscheint. In der Tat findet man in der Praxis weitaus am häufigsten solche reinen Formimitationen vor, die an den mehr oder minder deutlichen Widersprüchen zwischen Bewegung und Form relativ leicht als Fälschungen zu erkennen sind.

Es muß jedoch vor einer voreiligen Generalisierung gewarnt werden. Unter günstigen Fälschungsbedingungen und bei besonderer Befähigung des Fälschers können nämlich auch Gegenlichtpausen relativ zügig ausgeführt werden. Besonders problematisch für den Schriftsachverständigen können jene Fälle sein, bei denen Freihand- und Gegenlichtverfahren in der Weise kombiniert wurden, daß nach Einübung der Zeichnungsweise schließlich die durchscheinende authentische Unterschrift nur noch als allgemeine Orientierungshilfe diente.

Michel & Conrad (1972) konnten zumindest in einer experimentellen Situation, in der eine Stichprobe von 48 Studierenden der Psychologie als "Fälscher" von 300 Unterschriften im Gegenlichtverfahren fungierte, die Beobachtung machen, daß die "Fälschungen" keineswegs ausschließlich durch langsames und möglichst genaues Nachfahren der durchscheinenden echten Unterschriften gefertigt wurden. Ihre Beobachtungen ließen zugleich vermuten, daß eine Differenzierung zwischen Freihand- und Gegenlichtfälschungen anhand des fertigen Unterschriftsbildes in der Regel nicht möglich ist. Tatsächlich ergab ihre Untersuchung mit 25 öffentlich bestellten Schriftsachverständigen, denen die nach verschiedenen Verfahren gefälschten Unterschriften, vermischt mit echten Namenszügen, zur Begutachtung vorgelegt wurden, daß eine treffsichere Differenzierung zwischen Freihand- und Gegenlichtfälschungen – unabhängig von der Qualifikation des Sachverständigen – nicht möglich ist. In dieselbe Richtung weisen auch die Ergebnisse ihrer statistischen Analyse fälschungsrelevanter graphischer Merkmale (*Michel & Conrad* 1972).

Während also indirekte Pausfälschungen an den Vorzeichnungsspuren erkannt werden können, scheint eine Differenzierung zwischen Freihand- und Gegenlichtfälschungen im allgemeinen nur dann möglich zu sein, wenn die authentische Fälschungsvorlage bekannt ist oder aber die Möglichkeit einer direkten Pausfälschung – wegen fehlender Formentsprechung – ausgeschlossen werden kann.

Zusammenfassend kann zur Möglichkeit einer Differenzierung zwischen verschiedenen Fälschungsarten folgendes gesagt werden: Selbstverständlich kann es im Einzelfall sehr eindrucksvoll sein, wenn außer der Tatsache, *daß* eine fragliche Unterschrift gefälscht ist, auch noch das Procedere der Fälschung eindeutig nachgewiesen werden kann. In vielen Fällen ist jedoch eine Differentialdiagnose zwischen verschiedenen Fälschungsarten nur von akademischem Interesse. Weit bedeutsamer ist die Frage, inwieweit und aufgrund welcher Kriterien eine Unterscheidung zwischen echten und unechten Unterschriften möglich ist. Auf diese allgemeine Frage wird im Zusammenhang mit der Erörterung von Freihandfälschungen noch einmal ausführlicher zurückzukommen sein.

3.1.2 Freihandfälschungen

Bei Freihandfälschungen arbeitet der Fälscher ohne besondere Hilfsmittel und versucht – meist nach vorheriger Einübung –, die zu fälschende Unterschrift nach einer authentischen Vorlage oder aus der Erinnerung nachzuahmen.

Es wird dabei üblicherweise unterschieden zwischen langsam geschriebenen, "gemalten" Fälschungen einerseits und zügig vollzogenen andererseits. Bei dem ersten Akt wird angenommen, daß sich der Fälscher um eine möglichst genaue, "sklavische" Nachahmung der Unterschrifts*form* bemüht. Bei der zweiten Fälschungsart wird vermutet, daß es dem Fälscher nicht auf eine möglichst genaue Imitation der Unterschriftsform ankommt, sondern daß er versucht, bei relativ rascher Schreibweise den allgemeinen charakteristischen Bewegungsablauf einer Unterschrift nachzuahmen.

Nach den Beobachtungen von *Michel & Conrad* (1972) an 44 Versuchspersonen, die 600 Unterschriften im Freihandverfahren "fälschten", ist eine strikte Trennung zwischen langsamer Formimitation und zügiger Freihandfälschung nicht möglich und sinnvoll. Es handelt sich hierbei nicht um Alternativklassen, sondern eher um Extremvarianten.

Auch bei langsamer Formimitation können durchaus einzelne Bewegungszüge, wie z.B. Schlußschnörkel, zügig geschrieben sein. Auf der anderen Seite werden auch die zügigen Freihandfälschungen eben mehr oder minder rasch geschrieben, und zwar insgesamt oder in Teilen der Unterschriften. Zu letzterem ist zu bemerken, daß das Schreibtempo von einer Reihe von Personen während des Schreibaktes je nach Schwierigkeit und Zweckmäßigkeit beschleunigt oder gebremst wird. Endlich wurden auch "Fälscher" beobachtet, die die Unterschrift in mehrere Bewegungsphasen zerlegten, die sie jede für sich relativ rasch zu Papier brachten, aber zwischen den Phasen Orientierungs- und Vorübungspausen einlegten. Dieses Vorgehen kann vor allem bei Unterschriften mit geringerer Verbundenheit erfolgreich sein.

Die Autoren stellen aufgrund ihrer Untersuchung aber weiter die Frage, ob eine Beschreibung der verschiedenen Fälschungsvarianten entlang einer Dimension "langsam – zügig" überhaupt befriedigend ist oder ob nicht noch zumindest eine weitere Dimension eingeführt werden muß, die allerdings von der ersten vermutlich nicht unabhängig ist, wie die Dimension "analytisch – synthetisch" oder "Formbeachtung – Bewegungsbeachtung". Diese Frage ist allerdings vorerst mehr theoretischer Natur. Für die Praxis der Schriftvergleichung scheint zunächst das Wichtigste zu sein, daß man nicht von bestimmten starren und deutlich voneinander absetzbaren Fälschungsarten ausgehen kann, sondern mit vielfältigen Varianten rechnen muß.

Dennoch muß die allgemeine Frage gestellt werden, ob bestimmte graphische Grundkomponenten bzw. Einzelmerkmale zwischen authentischen und gefälschten Unterschriften zu differenzieren vermögen. In der älteren Literatur findet man eine ganze Reihe von Entwürfen zu schematischen Verfahren zur Unterschriftsvergleichung. Es kann dabei unterschieden werden zwischen unidimensionalen Techniken, bei denen lediglich ein Merkmalsbereich bzw.

eine einzelne graphische Variable zur Differenzierung zwischen echten und unechten Unterschriften zugrunde gelegt wird, und multidimensionalen Verfahren, bei denen mehrere graphische Merkmale in das Vergleichsschema einbezogen werden. Ein kritisches Sammelreferat dieser älteren Verfahren findet man bei *Conrad* (1970).

Bei den unidimensionalen Verfahren wird von der Annahme ausgegangen, daß bei allen Namenszeichnungen einer Person ein bestimmter graphischer Merkmalsbereich individualtypisch konstant und zugleich von Fälschern nicht imitierbar ist. Als solche differenzierende Merkmale wurden angesehen: Formkomposition (*Frazer* 1886, *Scheffer* 1918), Längenproportionen (*Langenbruch* 1914, 1915 und 1917, *Margadant* 1968), Neigungsverläufe (*Matwejeff* 1934, *Duyster* 1935), Weitenproportionen (*Wolff* 1948, *Margadant* 1968) und Flächenproportionen (*Brosson* 1959). – Bei den multidimensionalen Verfahren, die als Vorläufer klassifikatorischer Quantifizierungssysteme aufgefaßt werden können, wird die Annahme zugrunde gelegt, daß eine Differenzierung zwischen echten und unechten Unterschriften nur unter Berücksichtigung mehrerer graphischer Merkmale möglich ist (*Schneikkert* 1917, *Lee & Abbey* 1922, *Locard* 1931, *Michaud* 1933, *Duyster* 1934, *Neves* 1954, *Smith* 1954, *Sjögren* 1955 und *Berchtold* 1957).

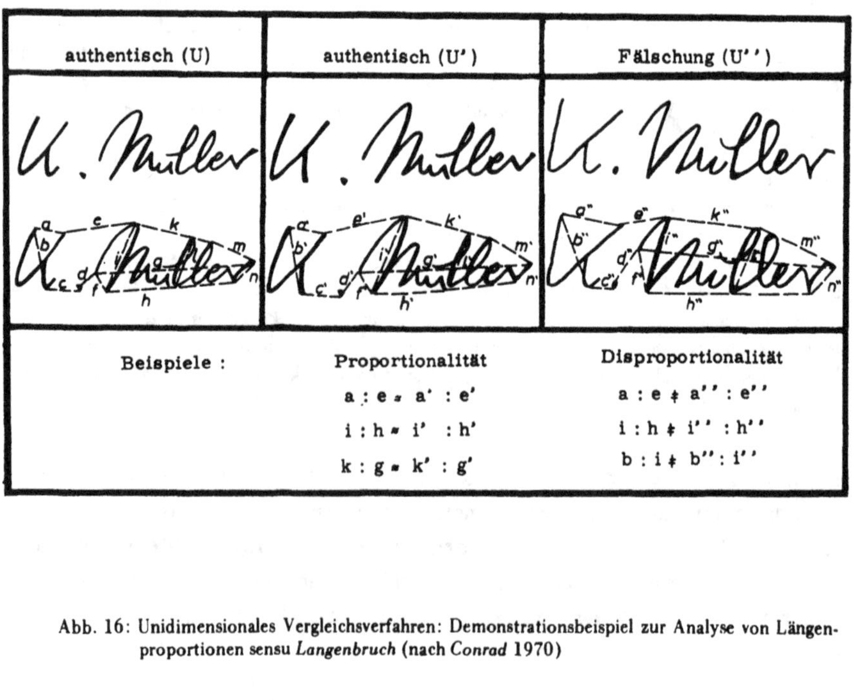

Abb. 16: Unidimensionales Vergleichsverfahren: Demonstrationsbeispiel zur Analyse von Längenproportionen sensu *Langenbruch* (nach *Conrad* 1970)

Obwohl bei diesen schematischen Vergleichsverfahren teilweise der Versuch einer ausdruckstheoretischen Fundierung unternommen wurde, hat mit Recht *Conrad* (1970) gerade unter theoretischen Gesichtspunkten Kritik an ihrem breiten Gültigkeitsanspruch geübt. Zu bemängeln sind die überwiegend willkürliche Auswahl und oft unscharfe Definition der Merkmalsbereiche und Einzelmerkmale, die meist unzureichende Objektivität bei der Erhebung und Bewertung der Merkmalsausprägungen, die mangelhafte Berücksichtigung der intraindividuellen Merkmalsstreuung (unzureichende Reliabilität der herangezogenen Merkmale) und die oft unbefriedigende Differenzierungsfähigkeit der Merkmale wegen ungünstiger Relationen zwischen intra- und interindividueller Merkmalsvarianz. Überdies erbrachten aber die Untersuchungen zur Validität schematischer Vergleichstechniken deutlich negative Resultate (*Schneickert* 1914, *Meyer & Schneickert* 1916, *Hellwig* 1916, *Schneidemühl* 1916, *Moll* 1929 und *Conrad* 1970).

In der Literatur sind weiterhin bestimmte graphische Merkmale als "Fälschungskriterien" herausgestellt worden. So bezeichnet *Saudek* (1928) langsame Strichgeschwindigkeit, unsichere Schreibbewegung, Wechsel der Federhaltung und Formkorrekturen als "allgemeine primäre Fälschungsmerkmale". Dieselben Merkmale faßt *R. M. Mayer* (1934) unter dem Terminus "objektive allgemeine Fälschungsmerkmale" zusammen. Auch *Wittlich* (1948, S. 219) postuliert "objektive Fälschungsmerkmale, weil sie es uns ermöglichen, in einwandfrei objektiver Weise den Nachweis der Fälschung zu erbringen". Er versteht darunter "Hemmungserscheinungen in der Strichstruktur in Form von Bewegungsunterbrechungen, Zitterlinien, unnatürlichen Haltepunkten und unrhythmischen Druckverlagerungen".

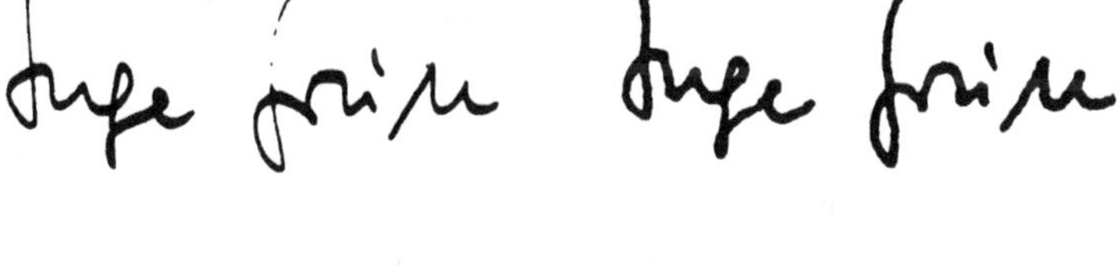

Abb. 17: Authentische Unterschrift (links) und direkte Pausfälschung (rechts): Unlebendige Formkopie mit deutlichen Diskrepanzen in Strichbeschaffenheit, Druckgebung und Bewegungsfluß; auch Detaildiskrepanzen in der Bewegungsführung

Derartige "Fälschungskriterien" können aber weder als "allgemein" noch als "objektiv" bezeichnet werden. Wie oben dargelegt wurde, variieren Möglichkeiten und Intentionen der Fälscher sowie die Rahmenbedingungen recht beträchtlich, und dementsprechend weisen die resultierenden Unterschriftsfälschungen nach Art und Güte ein sehr breites Spektrum auf. (Die Abbildungen 17 und 18 geben beispielhaft zwei Unterschriftsfälschungen wieder, bei denen ganz unterschiedliche Strategien verfolgt wurden.) In Anbetracht der Vielfältigkeit von Unterschriftsfälschungen kann gar nicht erwartet werden, daß es Fälschungsmerkmale gibt, die allgemein zwischen authentischen und gefälschten Unterschriften zu differenzieren vermögen. Zum anderen können aber solche sogenannten "Fälschungsmerkmals" schon deshalb nicht als "objektiv" gelten, weil sie – wie dies ebenfalls schon ausgeführt wurde – vereinzelt auch bei echten Unterschriften auftreten können, die jedoch unter besonderen äußeren oder inneren Schreibbedingungen gefertigt wurden.

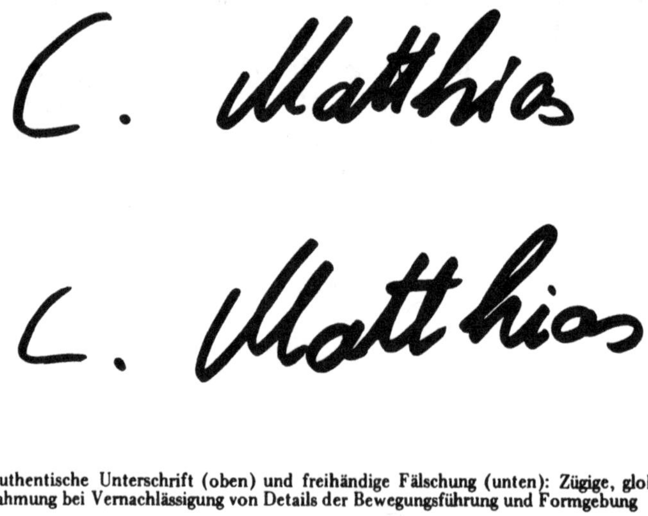

Abb. 18: Authentische Unterschrift (oben) und freihändige Fälschung (unten): Zügige, globale Nachahmung bei Vernachlässigung von Details der Bewegungsführung und Formgebung

In der Praxis am häufigsten findet man jedoch den Typ der Nachahmungsfälschung, der durch eine möglichst genaue Formimitation der Zeichnungsweise des Namenseigners gekennzeichnet ist, und zwar gleichgültig, ob die Nachahmung nun im direkten Pausverfahren oder freihändig erfolgt. Der Laie betrachtet die Unterschrift überwiegend als ein statisches Formengebilde, das er bei einer Fälschung möglichst exakt wiedergeben möchte. In der Regel kann der Fälscher dabei aber nur eine unlebendige Formkopie erreichen, die allgemein durch den "Widerspruch zwischen Form und Bewegung" (*Pfanne* 1954, S. 92) gekennzeichnet ist. Solchen Nachahmungsfälschungen liegt nämlich nicht ein zügiger Schreibvollzug zugrunde. Der Fälscher ist vielmehr beim Imitieren der ihm fremden Schriftformen überwiegend gezwungen, den Schreibvorgang mehr oder minder zu verlangsamen, was meist mit den folgenden ungewollten Begleiterscheinungen einhergeht:

- Verminderung oder Zerbrechen der Strichspannung; der Strich weist keine oder eine herabgesetzte Elastizität auf.
- Vermehrte Strichstörungen in Form von Verunsicherungen und fein ausschlagenden Verzitterungen.
- Störungen im Rhythmus des Druckverlaufes; häufig monotone, zuweilen auch eigentümlich arrhythmische Druckgebung.
- Unorganische Unterbrechungen des Bewegungsflusses; Absetzen oder Anhalten (sog. "Haltepunkte") des Schreibgerätes an hierfür ungewöhnlichen Stellen des Schreibvollzuges.
- Kaschieren von solchen Unterbrechungen durch "Anflickungen" oder sorgsam ausgeführten Retuschen.
- Sonstige sorgfältig ausgeführte Formkorrekturen und Nachziehungen.
- In der Form richtige, in der Bewegungsabfolge bzw. -richtung jedoch falsche Wiedergabe von Schriftelementen (sog. "Bewegungsinkonsequenzen" im Sinne von *Pfanne* 1954).

Es sei jedoch nochmals ausdrücklich hervorgehoben, daß es sich bei diesen für langsam-nachmalende Nachahmungsfälschungen typische ungewollte Begleiterscheinungen *nicht* um *allgemeine* Fälschungskriterien handelt.

Ein Gegenbeispiel mag das veranschaulichen. Bei dem Versuch, die Unterschrift einer Person mit alters- oder krankheitsbedingten graphomotorischen Störungen nachzuahmen, kann sich die Fälschung gerade dadurch erweisen, daß sie in vermindertem Maße die verschiedenartigen Störungen aufweist und durch einen zügigeren und sichereren Schreibablauf gekennzeichnet ist.

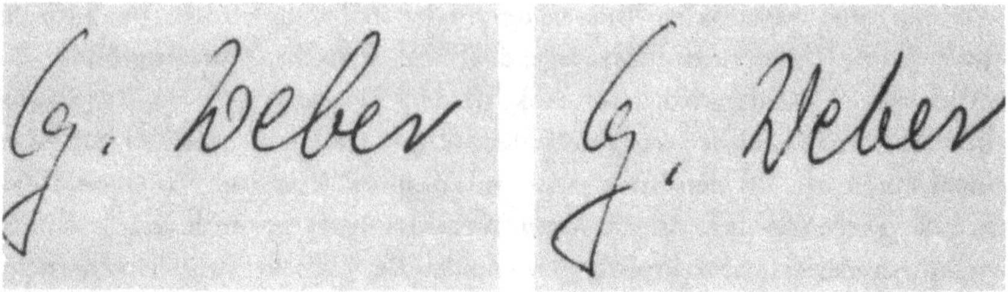

Abb. 19 a und b: Authentische Vergleichsunterschriften

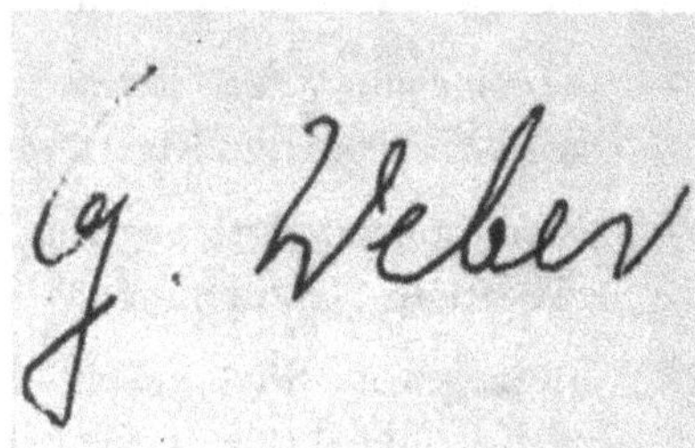

Abb. 19 c: Freihandfälschung

Abb. 19 d und e:

Details aus der Fälschung: Allgemeine Strichunsicherheiten, gestörte Strichspannung und Diskrepanzen im Druckverlauf sowie nachträglich angesetzte Schlinge (1), spitzer Winkel (2), fehlende Spitzkehre (3), Punkt statt Strich (4) und unorganische Bewegungsunterbrechung mit Anflickung (5).

Selbstverständlich treten die genannten, für langsam vollzogene Nachahmungsfälschungen typischen Symptome nicht in jedem Fall mit gleicher Deutlichkeit auf. Überdies kann ihr Beweiswert dadurch gemindert werden, daß auch in den Vergleichsproben ähnliche Merkmale auftreten. Auch wenn sich ein relativ prägnantes Syndrom von graphischen Befunden ergibt, das den Fälschungsverdacht bei einer fraglichen Unterschrift begründet, ist eine gründliche systematische schriftvergleichende Analyse mit einer ausreichend repräsentativen Stichprobe authentischer Unterschriften in der Regel unerläßlich. Prinzipiell hat sich diese Vergleichung auf alle allgemeinen und speziellen Merkmale der graphischen Grundkomponenten zu erstrecken, wobei selbstverständlich die Variationsbreite innerhalb der echten Unterschriften zu beachten ist. Eine Merkmalsdiskrepanz zwischen einer *einzelnen* authentischen und der fraglichen Unterschrift besagt meist überhaupt nichts. Es ist vielmehr zu prüfen, ob und in welchen Merkmalen die fragliche Unterschrift aus der natürlichen Variationsbreite der Vergleichsunterschriften herausfällt. Von besonderer Bedeutung sind dabei naturgemäß Merkmalsbesonderheiten, die in den Vergleichsunterschriften relative Konstanz aufweisen und zudem unauffällig sind, also vom Fälscher in der Regel nicht beachtet werden oder sich nur schwer nachahmen lassen.

Die schriftvergleichende Analyse kann reduziert werden, wenn aufgrund der erhobenen Befunde kein begründeter Zweifel mehr daran bestehen kann, daß die fragliche Unterschrift eine Fälschung darstellt. Wenn sich z.B. aus den Befunden ergibt, daß es sich um eine direkte Pausfälschung handelt, wäre es müßig, auch noch zu prüfen, ob beispielsweise auch der Neigungswinkel oder Merkmale der vertikalen und horizontalen Ausdehnung Entsprechungen aufweisen. (Diese Merkmale würden – bedingt durch die Fertigungsart – selbstverständlich dem Vergleichsmaterial entsprechen, ohne daß sich dadurch neue Beurteilungsgesichtspunkte ergäben.)

Allgemein ist anzumerken, daß es ein völliges Mißverständnis wäre, wenn man etwa annehmen wollte, man könne bei der Prüfung der Echtheit von Unterschriften Merkmalsentsprechungen und -abweichungen gleichsam gegeneinander aufrechnen, um nach dem Überwiegen der einen oder der anderen Kategorie sich für oder gegen die Echtheit der zu prüfenden Unterschrift zu entscheiden. Vielmehr kann im Extremfall aufgrund einer einzigen unerklärbaren Diskrepanz, also einer Abweichung, die nicht als Zufallsvariante aufgefaßt oder durch besondere Schreibbedingungen erklärt werden kann, sich eine fragliche Unterschrift als Fälschung erweisen, auch wenn in allen übrigen Merkmalen Gemeinsamkeit mit den authentischen Unterschriften besteht. Es muß allerdings hinzugefügt werden, daß in solchen Fällen der Verdacht einer Fälschung mit entsprechender Vorsicht geäußert werden muß.

Abschließend ist festzustellen, daß zu Fragen der Unterschriftsprüfung zwar eine relativ reichhaltige Literatur vorliegt, in der einerseits praktische Erfahrungen verarbeitet und andererseits allgemeine Methoden zur Unterschriftsvergleichung vorgeschlagen wurden (s. S. 136 ff.), deren Gültigkeitsanspruch indes häufig nicht belegt werden konnte. Demgegenüber mangelte es jedoch lange an systematischen empirischen Untersuchungen zur Differenzierung zwischen verschiedenen Unterschriftsgattungen, insbesondere zwischen authentischen und gefälschten. Neben den bereits erwähnten kasuistischen Beiträgen und einer kleinen experimentellen Untersuchung über Unterschriftsfälschungen unter Hypnose von *Lacy* (1944), wurde eine grundlegende empirische Arbeit zur Frage der Erkennbarkeit von Unterschriftsfälschungen erst von meinen Schülern *Deutschmann* et al. (1965) vorgelegt, deren Schriftmaterial von *Conrad* (1970 und 1971) weiter systematisch ausgewertet wurde.

Das Unterschriftsmaterial für diese Untersuchungen wurde von 100 erwachsenen Personen abgegeben, die nach dem Quotenstichprobenverfahren ausgewählt worden waren. Die Stichprobe kann in bezug auf Alter, Geschlecht und Schulbildung als repräsentativ für die erwachsene Bevölkerung der Bundesrepublik Deutschland gelten. Repräsentativität hinsichtlich des Berufes ist nur annähernd gegeben. An zwei verschiedenen Tagen hatten die Versuchspersonen jeweils 30mal ihre Unterschrift auf einzelnen weißen, unlinierten Blättern im Format DIN A 6 zu leisten. Als Schreibgeräte wurden Kugelschreiber, Füllfederhalter und Kopierstifte jeweils ein und desselben Fabrikats verwendet. Um möglichst unbeeinflußt entstandene Unterschriften zu erhalten, wurden sie unter dem Vorwand abgenommen, daß es sich um eine wissenschaftliche Untersuchung zur Frage der Bevorzugung verschiedener Schreibgeräte handele. – Zur Erlangung eines möglichst wirklichkeitsnahen Unterschriftsmaterials wurden nicht nur die Schreibgeräte, sondern auch die Schreibbedingungen systematisch variiert. Die eine Hälfte der Unterschriften wurde auf einer weichen, die andere auf einer harten Unterlage geschrieben. Wiederum die Hälfte der Unterschriften war unter "normalen" Bedingungen zu leisten, d.h. an einem Tisch sitzend, die andere unter besonderen Bedingungen, und zwar

1. am Tisch sitzend, aber in möglichst großer Eile,
2. sitzend, aber die Schreibunterlage auf den Knien haltend,
3. stehend am Tisch,
4. stehend, die Unterlage in der linken Hand haltend und
5. stehend, die Unterlage an eine Wand haltend.

Aus diesem Material wurden von jedem Unterschriftsgeber jeweils drei Sätze von drei Unterschriften als Fälschungsvorlage ausgewählt, die mit verschiedenen Schreibgeräten, aber unter normalen Bedingungen geschrieben worden waren. Die Vorlagen wurden einerseits zur Fertigung von Gegenlichtpausen mit Hilfe einer einfachen Apparatur (von unten erleuchtete Platte) verwendet, die von 48 interessierten Psychologiestudierenden gefertigt wurden. Die übrigen sechs authentischen Unterschriften dienten als Vorlagen für "Freihandfälschungen", an denen 44 Personen beteiligt waren. Für die "Fälschungen" wurden die gleichen Schreibgeräte und Schriftträger verwendet. Die "Fälscher" konnten beliebig oft und beliebig lange üben, bis sie ihre bestmöglichen Nachahmungen erreicht hatten. Alle waren für die Aufgabe gut motiviert. Ausgesprochen plumpe Nachahmungen waren in dem Material nicht enthalten. – Insgesamt standen also neben den unter verschiedenen Bedingungen gefertigten 60 authentischen Namenszeichnungen der 100 Unterschriftsgeber jeweils neun "Fälschungen" zur Verfügung.

Eine erste Auswertung des Unterschriftsmaterials durch *Deutschmann* et al. (1965) ergab u.a. eine Bestätigung dafür, daß die von einigen Autoren genannten "allgemeinen Fälschungsmerkmale" (s. S. 137 f.) nicht generell zwischen echten und unechten Unterschriften zu trennen vermögen. Ein solcher Anspruch läßt sich allenfalls für die Merkmale Verzitterungen und arrhythmischer Druckverlauf rechtfertigen. Andere sog. "Fälschungsmerkmale", wie Unterbrechungen, Haltepunkte, Anflickungen und Korrekturen lassen zwischen echten und gefälschten Unterschriften keine so eindeutigen Relationen erkennen, daß sie im Einzelfall zuverlässige Schlußfolgerungen im Hinblick auf die Authentizitätsfrage gestatten könnten. Die Tatsache, daß bei einigen Personen innerhalb der Serie der echten Unterschriften sogar häufiger sog. "Fälschungsmerkmale" zu beobachten waren als bei den Fälschungen ihrer Unterschrift, macht deutlich, daß eine rein schematische Auszählung von sog. "Fälschungsindikatoren" in die Irre führen kann.

An diesem Punkt setzt auch die berechtigte Kritik von *Conrad* (1970) an, der das Unterschriftsmaterial wesentlich differenzierteren Analysen unterzog. Allgemeine Fragestellung ist bei ihm wiederum, ob sich unter verschiedenen Bedingungen entstandene authentische Unterschriften nach objektivierbaren graphischen Kriterien von Fälschungen unterscheiden lassen, wie umfassend solche Unterschiede sind und welchen dieser Kriterien eine besondere Differenzierungskraft zugesprochen werden kann. Statt einer bloßen graphometrischen Beschreibung von Häufigkeiten bzw. Ausprägungsgraden graphischer Merkmale nimmt er eine praxisgerechtere Skalierung nach den Alternativklassen "innerhalb vs. außerhalb der Variationsbreite des authentischen Vergleichsmaterials" vor. Die Merkmalsauswahl ist unter Berücksichtigung der für Unterschriftsprüfungen relevanten graphischen Grundkomponenten exemplarisch vor allem auf solche Kriterien gerichtet, denen in der bisherigen Literatur besondere Differenzierungskraft zugesprochen wurde.

Die Gesamtstichprobe mußte aus technischen Gründen auf 80 Namenseigner reduziert werden. Pro Namenseigner wurden je fünf kritische Unterschriften zusammengestellt, die unter folgenden Bedingungen gefertigt waren:

N: "Normale" Schreibbedingungen, am Tisch sitzend,
E: Am Tisch sitzend, aber in möglichst großer Eile,
T: Stehend am Tisch,
F: Freihandfälschung,
P: Gegenlichtpause.

Um eine Kreuzkontrolle der Ergebnisse zu ermöglichen, wurde die Gesamtstichprobe der kritischen Unterschriften per Zufall in zwei gleichgroße Teilstichproben aufgeteilt und getrennt voneinander von zwei speziell geschulten Gutachtern analysiert. Jede kritische Unterschrift wurde zusammen mit zehn authentischen Vergleichsunterschriften untersucht, die als ausreichend repräsentativ für die Zeichnungsweise des jeweiligen Namenseigners angesehen werden konnten. Für jede der kritischen Unterschriften wurde nach festgelegten Kriterien geprüft, ob die folgenden graphischen Variablen innerhalb oder außerhalb der Variationsbreite des Vergleichsschriftmaterials liegen: Strichstörungen, horizontale und vertikale Druckdifferenzen, Strichgeschwindigkeit, Unterbrechungen, verdeckte Haltepunkte, Anflickungen, Formkorrekturen, Bewegungsinkonsequenzen, Neigungsverläufe, Längen- und Weitenproportionen, Diagonalproportion und -winkel sowie differentielle Variable (diese Kategorie berücksichtigt alle graphischen Befunde, die in dem übrigen Inventar nicht enthalten sind).

Nach Reduktion der bei 26 Einzelmessungen bzw. -einstufungen pro Unterschrift angefallenen 23.200 Einzelinformationen auf je 5 x 19 Alternativinformationen pro Namenseigner wurde zunächst ein Vergleich der absoluten Häufigkeiten von "Fälschungskriterien" innerhalb der fünf kritischen Unterschriften vorgenommen. Danach wurde eine Analyse des Diskriminationsbeitrages der einzelnen Variablen zwischen den drei authentischen Unterschriftsarten einerseits und den beiden Fälschungen andererseits nach einem modifizierten Versuchsplan von *Bennett* (1969) vorgenommen.

Die Untersuchungsergebnisse machen zunächst erneut sehr deutlich, "daß Schlußfolgerungen über die Echtheit fraglicher Unterschriften aufgrund einer schematischen Gegenüberstellung von Merkmalsabweichungen und -übereinstimmungen bei allen Varianten in Frage stehender Unterschriften problematisch sind. Vielmehr ist eine differenziertere Bewertung jener graphischen Phänomene erforderlich, die in der Literatur mit mehr oder weniger rigorosem Geltungsanspruch als Fälschungskriterien apostrophiert werden" (*Conrad* 1971, S. 216).

Zugleich kann aber den Untersuchungsergebnissen entnommen werden, daß eine Differenzierung zwischen echten und gefälschten Unterschriften primär durch eine systematische Analyse der Feinstruktur der Schrift zu erwarten ist, also in "jenem Bereich des Merkmalsinventars ..., der eng von bewegungsphysiologischen Determinanten und dem motorischen Koordinationsvermögen der Schreiber geprägt wird. Willentlich stärker kontrollierbare und steuerbare Komponenten ... besitzen dagegen nur Randbedeutung" (*Conrad* 1971, S. 217).

Die größte Diskriminationskraft kommt dem Merkmal Druckverlauf zu. Unabhängig von der Fälschungstechnik ergeben sich bei über 80 % aller Fälschungen systematische Abweichungen gegenüber dem Vergleichsmaterial. Der spezifische Druckverlauf einer Namenszeichnung konnte selbst unter den besonders günstigen Bedingungen des vorliegenden Experimentes in den meisten Fällen nicht zutreffend erfaßt oder konkretisiert werden. (Für eine beweiskräftige vergleichende Analyse des Druckverlaufs ist es allerdings erforderlich, daß Vergleichsunterschriften vorliegen, die mit einem gleichartigen Schreibgerät gefertigt wurden.) – Signifikante Befunde ergaben sich weiterhin erwartungsgemäß hinsichtlich der Strichbeschaffenheit, wobei allgemein häufiger Strichstörungen bei Fälschungen festzustellen waren. Zu weiteren Detailmerkmalen, die bei einem Fälschungsverdacht besonders zu beachten sind, gehören verdeckte Haltepunkte und Anflickungen. Wiederum ist allerdings zu betonen, daß solche Merkmalsabweichungen nicht notwendigerweise in Fälschungen auftreten müssen. Sind sie aber zu beobachten, stellen sie ein besonders beweiskräftiges differentialdiagnostisches Indiz dar.

Dies gilt – wenn überhaupt – in wesentlich geringerem Maße für gröbere Formkorrekturen und offenkundige zusätzliche Unterbrechungen des Bewegungsflusses. Insoweit wird *Pfannes* Auffassung nicht gestützt, "daß einer Korrektur in der Unterschrift stets etwas Bedenkliches anhaftet" (1954, S. 92). Es erscheint auch durchaus einsichtig, daß ein Fälscher in der Regel etwaige Ausführungsmängel besonders sorgsam zu retuschieren versucht, während der Namenseigner etwaige Entgleisungen beim Unterschreiben – besonders bei ungünstigen Schreibbedingungen – eher gröber oder gar nicht korrigiert. (Einschränkend muß allerdings wiederum berücksichtigt werden, daß die "Fälscher" im Experiment unter besonders günstigen Bedingungen arbeiten und ihre Produkte kritisch auswählen konnten. Vergleichbare Bedingungen sind in der Ernstfallsituation sicherlich des öfteren nicht gegeben.) – Bewegungsinkonsequenzen (sensu *Pfanne* 1954) erwiesen sich schließlich vor allem bei Gegenlichtpausen als diskriminierende Befunde.

Neigungswinkel und Merkmale der Formgebung, der vertikalen und horizontalen Ausdehnung sowie der Flächengliederung liefern erwartungsgemäß bei direkten Pausfälschungen überhaupt keinen Diskriminationsbeitrag. Bei Freihandfälschungen kann diesen Merkmalsbereichen eher Bedeutung zukommen, und zwar erfahrungsgemäß vor allem bei flüssiger gefertigten, bewegungsorientierten Nachahmungsfälschungen. Bei diesen können zwar die typischen ungewollten Begleiterscheinungen langsam vollzogener Nachahmungsfälschungen ganz oder teilweise vermieden werden, aber es ergeben sich andererseits häufiger Abweichungen in der Formgebung, Entgleisungen in Details der Bewegungsführung sowie Verzerrungen in den Größen- und Weitenproportionen.

Die Untersuchungsergebnisse von *Conrad* konnten in einer neueren Arbeit, bei der in noch umfassenderer Weise Variationen der Unterschriften unter dem Einfluß äußerer und innerer Entstehungsbedingungen erfaßt wurden, in allen wesentlichen Punkten bestätigt werden (*Michel* et al. 1979).

3.2 Nicht nachgeahmte unechte Unterschriften

Werden Namenszüge anderer Personen *ohne* Nachahmungsabsicht und in *un*verstellter Schrift geschrieben, so liegt häufig auch keine Fälschungsabsicht vor. (Der Fall der Bevollmächtigung zur Zeichnung mit einem fremden Namen kann hier unberücksichtigt bleiben, da solche Unterschriften nicht unecht sind.) Nicht selten werden im alltäglichen Rechtsverkehr (z.B. gegenüber Postzustellern oder Lieferanten) Unterschriften für andere Personen (Familienmitglieder, Nachbarn etc.) mit deren Namen geleistet; eine Praxis, die sicherlich nicht unbedenklich ist, aber doch wohl recht selten zu Mißverständnissen oder gar juristischen Auseinandersetzungen führt. Weiterhin gehören hierher die Fälle von Verwechslungen zwischen Namensvettern (z.B. in Lohnlisten). – Soweit in derartigen Fällen überhaupt die Zuziehung eines Schriftsachverständigen erforderlich wird, stellen sich für ihn hier meist keine besonderen Probleme.

Unterschrifts*fälschungen* in unverstellter Schrift findet man in der Regel nur in Fällen, bei denen der Schrifturheber annehmen konnte, er könne gar nicht in Verdacht geraten. Solche Unterschriften findet man z.B. auf Bestellscheinen, die sich Werber unter fingierte Aufträge durch Zufallsbekannte setzen lassen, auf die ohne umfangreiche Ermittlungsarbeit kaum ein Verdacht fallen kann (hierzu *Pfanne* 1968). – In solchen Fällen ergeben sich – von Zufallsähnlichkeiten abgesehen – ganz offenkundige Abweichungen zwischen der fraglichen Unterschrift und der Zeichnungsweise des Namenseigners. Dennoch sollte bei einer fraglichen Unterschrift unbekannter Herkunft, die von der üblichen Unterschrift des Namenseigners abweicht, in der Regel auch die Möglichkeit einer Unterschriftsverstellung mitbedacht und überprüft werden (was sich selbstverständlich erübrigt, wenn sich der tatsächliche Fälscher ermitteln läßt).

Wird ein fremder Namenszug in verstellter Handschrift geschrieben, so liegt in der Regel auch eine Fälschungsabsicht vor. Entweder war eine Nachahmung der fremden Zeichnungsweise nicht möglich, insbesondere weil die authentische Unterschrift nicht bekannt war, oder aber sie erschien dem Fälscher gar nicht nötig, weil er auch mit einer unähnlichen Unterschrift sein Ziel erreichen konnte. In der Praxis findet man derartige Unterschriften besonders häufig bei Bestellscheinfälschungen sowie unter Überbringerschecks, bei denen die Authentizität der Unterschrift in der Regel nicht überprüft wird. – Für den Fälscher geht es in solchen Fällen lediglich um den Versuch, durch willkürliche Veränderung seiner eigenen Schreibweise unerkannt zu bleiben. Auch bei derartigen fraglichen Unterschriften muß jedoch die Möglichkeit einer Schriftverstellung durch den Namenseigner abgesichert werden. – Ganz gelegentlich kann es übrigens auch vorkommen, daß die Verstellung durch gleichzeitige Nachahmung von Schreibgewohnheiten einer dritten Person erfolgt, um einen möglichen Tatverdacht auf diese zu lenken.

Schriftverstellung bei Unterschriftsfälschungen ohne Nachahmungsabsicht unterscheidet sich nicht grundsätzlich von sonstigen willkürlichen Schriftveränderungen zum Zwecke der Tarnung der Urheberschaft. Auch hier findet man am häufigsten vordergründige Veränderungen von Merkmalen der Formgebung, der vertikalen und horizontalen Ausdehnung sowie des Neigungswinkels. Wie bei der Verstellung der eigenen Unterschrift werden auch hier die Verstellungsmöglichkeiten dadurch eingeschränkt, daß eine derart gefälschte Unterschrift in der Regel zumindest noch den Anschein eines "natürlichen" Schreibvollzuges erwecken muß. Bemerkenswert ist übrigens, daß bei solchen nicht-nachahmenden Unterschriftsfälschungen zuweilen auch Schreibgewohnheiten aus der eigenen Unterschrift übernommen werden. Es empfiehlt sich daher, von einem Verdächtigten nicht nur das übliche Vergleichsmaterial zu erheben, sondern auch Proben seiner eigenen Unterschrift.

Schließlich ist noch einmal ausdrücklich hervorzuheben, daß eine strikte Trennung zwischen Unterschriftsfälschungen mit und ohne Nachahmungsabsicht in der Praxis nicht möglich ist. Speziell ist dabei auch an Unterschriftsfälschungen zu denken, die nicht direkt nach einer authentischen Vorlage gefertigt werden konnten, sondern nur nach einem mehr oder minder diffusen Erinnerungsbild an die Zeichnungsweise des Namenseigners. Insgesamt ergibt sich eine sehr breite Skala, die von genauester Imitation über partielle und oberflächliche Angleichungen oder zufälligen Ähnlichkeiten bis zur völligen

Abweichung von der authentischen Unterschrift reicht.

In die Gruppe von unechten Unterschriften, die ohne authentische Vorlage gefertigt wurden, gehören schließlich auch noch die fingierten Unterschriften von nicht-existenten Personen. Solche Unterschriften findet man vor allem unter fingierten Bestellungen, gefälschten Bescheinigungen und sonstigen Urkunden. Fingierte Unterschriften, die meist in verstellter Schrift gefertigt werden, unterscheiden sich prinzipiell nicht von Fälschungen der Unterschrift existenter Personen, die ohne Nachahmungsabsicht vorgenommen wurden.

3.3 Identifizierung des Urhebers unechter Unterschriften

Im Falle der Unechtheit einer Unterschrift stellt sich häufiger – primär unter strafrechtlichen Aspekten – die Frage nach dem Fälschungsurheber. Diese Frage sollte grundsätzlich jedoch erst dann gestellt werden, wenn hinreichend abgesichert ist, daß es sich bei der fraglichen Unterschrift tatsächlich um eine Fälschung handelt. In der Praxis ist es gar nicht so ungewöhnlich, daß wegen vordergründiger Abweichungen zwischen der fraglichen Unterschrift und der üblichen Zeichnungsweise des Namenseigners sogleich eine Fälschung unterstellt wird. Zuweilen läßt sich dann aber feststellen, daß es sich in Wahrheit um einen echten Namenszug handelt, der jedoch unter besonderen Schreibumständen oder in Verstellungsabsicht gefertigt wurde.

Im Falle einer nachweisbaren Unterschriftsfälschung ist es des öfteren keineswegs erforderlich, den Täter auf dem Wege einer Schriftvergleichung zu überführen. Hierfür stehen nicht selten andere Beweismittel zur Verfügung, die hier nicht zu diskutieren sind. Welche Möglichkeiten bestehen jedoch zu einer Identifizierung eines Unterschriftsfälschers durch Schriftvergleichung? Allgemein ist zunächst festzustellen, daß die Möglichkeiten einer Urheberidentifizierung um so geringer sind, je intensiver die Nachahmung des fremden Namenszuges vorgenommen wurde, je leichter die Fälschbarkeit (s. S. 126 f.) und je günstiger die situativen Randbedingungen für den Fälscher waren (s. S. 128 f.).

Bei einer mechanischen Fälschung im direkten oder indirekten Pausverfahren ist ein positiver Nachweis des Urhebers durch Schriftvergleichung in der Regel nicht möglich, da bei dieser Fälschungsart die eigenen Schreibgewohnheiten des Fälschers üblicherweise völlig verschwinden.

Es ist lediglich der Fall denkbar, daß ein Fälscher bestimmte Schreibeigentümlichkeiten (wie z.B. Alterstremor) nicht unterdrücken und dadurch als Urheber verdächtigt werden kann. Umgekehrt kann aus gleichen Gründen der Ausschluß eines Verdächtigten durchaus mit hinreichender Wahrscheinlichkeit möglich sein, wenn sich nämlich nachweisen läßt, daß er aufgrund graphomotorischer Beeinträchtigungen zu der in Frage stehenden Fälschung überhaupt nicht in der Lage gewesen wäre. Ein solcher Ausschluß eines Verdächtigten kann bei den im folgenden zu diskutierenden Fälschungsarten noch häufiger möglich sein, wenn z.B. allein das graphische Gewandtheitsniveau sich als zu niedrig erweist. (Man beachte jedoch in diesem Zusammenhang die allgemeinen Warnungen von *Lamp'l* 1974.)

Etwas günstiger können die Voraussetzungen für eine Urheberidentifizierung bei freihändigen Nachahmungsfälschungen sein. Hat sich der Fälscher jedoch um eine möglichst genaue Imitation einer authentischen Vorlage bemüht, so treten auch in diesem Falle die eigenen Schreibgewohnheiten entweder gar nicht oder allenfalls so rudimentär in Erscheinung, daß keine brauchbare Basis für eine schriftvergleichende Analyse gegeben ist. – In den bisher genannten Fällen kann die Vergleichung zuweilen indirekt zur Aufklärung beitragen, indem durch sie die Urheberschaft anderer relevanter Schreibleistungen festgestellt werden kann. So ist es beispielsweise bei entwendeten und mit gefälschten Unterschriften versehenen Schecks oft nicht möglich, den Fälschungsurheber der nachgeahmten Unterschrift zu identifizieren, wohl aber die Person, die im übrigen den Scheck ausgefüllt hat, und gegebenenfalls auch den Urheber einer Girierunterschrift.

Je weniger genau sich der Fälscher an der authentischen Unterschrift orientiert hat oder – in Ermangelung einer beim Fälschungsakt verwertbaren Vorlage – orientieren konnte, desto günstiger können die Aussichten zu seiner Identifizierung sein. Jedoch dürfen die Möglichkeiten auch in solchen Fällen keineswegs überschätzt werden, wie dies in der Praxis offenbar häufiger geschieht. – Ansatzpunkte für eine solche Identifizierung des Fälschungsurhebers bilden Abweichungen zwischen der authentischen Zeichnungsweise des Namenseigners und der gefälschten Unterschrift. Es muß dabei jedoch beachtet werden, daß es sich bei solchen Diskrepanzen zum Teil lediglich um ungewollte Begleiterscheinungen der jeweils gewählten Verstellungstechnik handelt (wie z.B. Strichstörungen, arrhythmischer Druckverlauf, Haltepunkte etc.). Solche Merkmale sind für eine mögliche Identifizierung des Fälschungsurhebers unbedeutsam, da sie keine schreiberspezifischen, sondern lediglich situativ bedingte graphische Besonderheiten darstellen. Von Interesse können nur solche Abweichungen gegenüber der authentischen Zeichnungsweise sein, die nicht für die gewählte Fälschungstechnik typisch sind, sondern möglicherweise Rückfälle in die eigenen Schreibgewohnheiten des Fälschers darstellen. Nur selten ergibt sich bei einer solchen Vergleichung ein hinreichend prägnantes Befundbild. Meist sind allenfalls vorsichtig formulierte Wahrscheinlichkeitsaussagen vertretbar.

Es ist in diesem Zusammenhang gelegentlich angeregt worden, von dem Verdächtigten nicht nur die üblichen Text- und Unterschriftsproben zu erheben, sondern ihn auch zur probeweisen Nachahmung einer echten Unterschrift des Namenseigners anzuhalten (so z.B. *Seelig* 1929 oder *Pfanne* 1954). Es wird dabei davon ausgegangen, daß so die Fälschungssituation experimentell reproduziert werden kann. Ergeben sich bei solchen Nachahmungsversuchen gleichartige Abweichungen von der authentischen Zeichnungsweise, wie sie auch in der fraglichen Fälschung anzutreffen sind, so kann dies als Hinweis auf die Urheberschaft des Verdächtigten gewertet werden. Zeigen sich jedoch andersartige Abweichungen, kann der Verdächtigte dadurch entlastet werden. – Dieses Vorgehen ist jedoch zweifellos nicht unproblematisch. Das Verfahren setzt eine gute Kooperationsbereitschaft des Schriftprobengebers voraus, die üblicherweise weder bei berechtigtem noch bei unberechtigtem Tatverdacht erwartet werden kann. In den meisten Fällen werden nur relativ oberflächliche Nachahmungen produziert, die zur Absicherung des Befundbildes selten etwas beitragen. Ein besonderes Problem ist aber auch darin zusehen, daß etwaige gleichartige Abweichungen gegenüber der authentischen Unterschrift nicht notwendigerweise auf Urheberidentität zurückgeführt werden können. Es kann sich hierbei nämlich vielmehr um schreiberunspezifische ungewollte Begleiterscheinungen bei der Nachahmungsprozedur handeln (hierzu auch *Pfanne* 1966).

Es verbleiben schließlich noch Unterschriften, die ohne Nachahmungsabsicht oder -möglichkeit gefertigt wurden, sowie fingierte Unterschriften nichtexistenter Personen. Probemlos sind dabei jene Unterschriften, die in unverstellter Schrift geschrieben wurden. Weisen diese Namenszüge eine ausreichende quantitative und qualitative graphische Ergiebigkeit auf, so bestehen keine Einschränkungen für eine Urheberidentifizierung. – Liegt eine Schriftverstellung vor, so sind solche Unterschriften genauso vergleichend zu analysieren wie verstellte Textschriften (vgl. Kap. VIII). Wie bereits erwähnt, sind die Verstellungsmöglichkeiten bei Unterschriften eingeschränkter als beispielsweise bei Anonymschreiben. Die fingierte Unterschrift muß zumindest den Anschein eines "natürlichen" Schreibvollzuges erwecken. Dagegen weisen aber Unterschriften naturgemäß einen recht geringen Umfang auf, wodurch sich für die Schriftvergleichung erhebliche Einschränkungen ergeben. Bei einzelnen in verstellter Schrift geschriebenen, fingierten Unterschriften ist daher in der Regel nur eine Wahrscheinlichkeitsaussage möglich.

Günstiger kann die Situation sein, wenn von einem Verdächtigten eine größere Zahl derartiger fraglicher Unterschriften vorliegt. Solche Fälle sind gerade bei Bestellscheinfälschungen keineswegs ungewöhnlich. (Der umfangreichste

Fall, an dem der Verfasser als Sachverständiger mitgewirkt hat, umfaßte rund 25.000 fingierte Zeitschriftenbestellungen. Wegen des Umfangs war natürlich nur eine stichprobenartige Überprüfung des Schriftmaterials möglich.) Erfahrungsgemäß zeigt sich dabei, daß der Fälscher nur über eine begrenzte Anzahl von Verstellungstaktiken verfügt, die er bei verschiedenen Namenszügen wiederholt. Es kann somit möglich sein, zu "Gruppenbildungen" von Unterschriften zu gelangen, die in ein und derselben Verstellungstechnik gefertigt wurden, also einen gemeinsamen Schreibstil aufweisen. Je größere Gruppen sich bilden lassen, desto größer wird die Ausgangsbasis für die Schriftvergleichung und damit die Wahrscheinlichkeit einer Identifizierung des Urhebers.

VII. SCHRIFTVERGLEICHUNG IM RAHMEN SONSTIGER URKUNDENUNTERSUCHUNGEN

Nachdem das häufigste Einsatzgebiet der Schriftvergleichung innerhalb von Urkundenprüfungen, nämlich die Untersuchung fraglicher Unterschriften, im vorhergehenden Kapitel gesondert abgehandelt worden ist, verbleibt die Erörterung sonstiger Fragen und Grenzfragen der Schriftvergleichung bei anderen Urkundenuntersuchungen. Sie betreffen im engeren Sinne die Überprüfung von Urkunden auf mögliche handschriftliche Verfälschungen oder Totalfälschungen. Es werden jedoch zweckmäßigerweise auch einige Grenzfragen, wie z.B. Verfälschung durch Schrifttilgung, die für den Schriftsachverständigen direkt oder indirekt von Bedeutung sind, behandelt. (Umfassende Monographien zur Urkundenprüfung liegen nur in englischer Sprache vor, zu verweisen ist vor allem auf *Hilton* 1956 a und *Harrison* 1966; deutschsprachige Überblicke vermitteln *Groß-Geerds* 1977, *Huelke* 1977 oder *Pohl* 1981.)

Verfälschungen von Urkunden betreffen in unserem Zusammenhang Tilgungen, Veränderungen oder Hinzufügungen handschriftlicher Schreibleistungen zur Täuschung im Rechtsverkehr. Bei einer Reihe von Totalfälschungen (z.B. von Ausweisen, Zeugnissen, Bescheinigungen etc.) sind heute meist nur noch die Unterschriften handgeschrieben. In anderen Fällen sind sonstige Handbeschriftungen nicht selten in einer verstellten Weise geschrieben. (Die allgemeinen Fragen einer Urheberidentifizierung bei Schriftverstellung werden im folgenden Kapitel VIII erörtert.) – Bei wiederum anderen Urkunden kann die Frage der Echtheit der gesamten handschriftlichen Beschriftung zur Diskussion stehen. Dies gilt z.B. auch für die Prüfung von Autographen bedeutender Persönlichkeiten, die nicht Gegenstand dieses Buches ist, sich aber grundsätzlich nach ähnlichen Prinzipien vollziehen sollte. (Es wird hierzu insbesondere auf *Benjamin* 1963 verwiesen.) In der Praxis ist der Schriftsachverständige bei der Prüfung vollständig handschriftlich geschriebener Urkunden am häufigsten mit eigenhändigen Testamenten beschäftigt. Wegen der besonderen Bedeutung der Testamentsprüfung und der damit in Zusammenhang stehenden Begleitfragen wird dieser ein eigener Abschnitt in diesem Kapitel gewidmet. – Darüber hinaus können aber gelegentlich auch noch andere handschriftliche Urkunden durch Schriftvergleichung auf ihre Echtheit geprüft werden. Ein typisches Beispiel sind Abschiedsbriefe von Suizidenten. Die Prüfung der

Echtheit solcher Schreibleistungen kann insbesondere dann gegeben sein, wenn Verdachtsmomente vorliegen, die für eine Fremdtötung sprechen, die als Selbsttötung getarnt werden sollte. Da sich bei der schriftgleichenden Analyse solcher und ähnlicher Schriftstücke keine grundsätzlich anderen Probleme ergeben, wird auf eine separate Erörterung verzichtet.

1. Vorinspektion der fraglichen Urkunden

Bevor in eine auf Details ausgerichtete Urkundenprüfung eingetreten wird, sollte eine eingehende allgemeine Inspektion der fraglichen Urkunden vorausgegangen sein. Die Voruntersuchung erfolgt mit dem bloßen Auge und bei entsprechender Vergrößerung sowie bei unterschiedlichen Beleuchtungsintensitäten, -arten und -richtungen. Zur Vergrößerung ist häufig zunächst eine Lupe ausreichend. Darüber hinaus kann aber auch ein Binokularmikroskop erforderlich sein, mit dem im allgemeinen bei 10- bis 40facher Vergrößerung die besten Beobachtungsbedingungen gegeben sind. Relativ selten kann schon in diesem Untersuchungsstadium eine noch stärkere Vergrößerung angezeigt sein.

Durch die kritische Inspektion sollen alle Auffälligkeiten der Urkunde erkannt werden, auch wenn die Ursachen solcher Besonderheiten zuweilen nicht unmittelbar feststellbar sind. Diese Vorprüfung soll auch nicht nur den engeren Untersuchungsauftrag berücksichtigen. Es kommt gerade bei fraglichen Urkunden gar nicht so selten vor, daß eine einseitige Verfolgung des Untersuchungsauftrages in die Irre führen kann.

So wird z.B. irrtümlich die Echtheit einer Unterschrift bestritten, während in Wahrheit die Urkunde verfälscht, die Unterschrift aber tatsächlich vom Namenseigner geleistet wurde. Bei einer scheinbar zerrissenen Urkunde, die nachträglich wieder zusammengeklebt wurde, kann sich zeigen, daß die Rißkanten nicht aneinander passen, so daß sich der Verdacht eines Mißbrauchs einer echten Unterschrift ergeben kann. Eine Quittung, die aus dem Jahre 1975 stammen soll, deren Vordruck aber einen Mehrwertsteuersatz von 13 % aufweist, kann mit Sicherheit nicht datumsecht sein. Dasselbe gilt für ein Testament, das 1940 gefertigt sein soll, aber mit Kugelschreiber geschrieben wurde. Die Beispiele ließen sich beliebig vermehren. – Dabei ist allerdings – vor allem bei zivilrechtlichen Verfahren – zu beachten, daß der Sachverständige nicht ohne weiteres das Beweisthema seines Untersuchungsauftrages abändern darf. Diese grundsätzliche Frage wurde bereits weiter oben diskutiert (s. S. 106 f.). In jedem Falle sollte er sich aber mit dem Auftraggeber in Verbindung setzen, wenn sich aufgrund der Vorprüfung neue Aspekte im Hinblick auf die Untersuchungsaufgabe ergeben.

Immer wieder kann die Vorprüfung nämlich auch neue Befunde ergeben, die weitere Untersuchungen überflüssig machen oder doch zu einer wesentlichen Verkürzung und klareren Ausrichtung des Untersuchungsganges beitragen. Endlich können sich aber auch gelegentlich Befunde ergeben, die durch Heranziehung eines Experten eines anderen Fachgebietes weiter geklärt werden müssen (z.B. Schreibmittel- oder Papieruntersuchungen, Daktyloskopie etc.).

Gerade in Anbetracht der teilweise zunehmenden Spezialisierung im Sachverständigenwesen und der sich immer mehr erweiternden Möglichkeiten apparativ-technischer Untersuchungen plädiert der Verfasser nachdrücklich für eine solche ganzheitliche Vorprüfung, die allerdings nur dann wirklichen Erfolg haben kann, wenn der Sachverständige über reichhaltige Erfahrung und ein geschultes Auge verfügt. An technischen Hilfsmitteln genügen dabei zunächst Licht und Lupe. *Danach* freilich sollten auch alle modernen physikalisch-technischen und chemischen Hilfsmittel der Urkundenuntersuchung *gezielt* eingesetzt werden. Zu warnen ist aber vor einem apparativen Theaterdonner, bei dem sich am Ende zeigt, daß ein kleiner, scheinbar unwichtiger Nebenbefund übersehen wurde, der den Schlüssel zur Klärung der Untersuchungsaufgabe hätte liefern können.

2. Möglichkeiten einer Altersbestimmung von Urkunden

Bei einer Reihe von Urkunden kann sich die Frage des Entstehungsdatums bzw. -zeitraumes stellen. Die Frage ist unmittelbar evident bei der Aufklärung einer möglichen nachträglichen Verfälschung eines Dokuments. Bei anderen Urkunden kann sich der Verdacht einer Datumsunechtheit ergeben. So werden bisweilen Urkunden im Geschäftsverkehr vorgelegt oder in Zivil- und Strafprozesse eingeführt, bei denen die Vermutung naheliegt, daß sie erst ad hoc als Beweismittel gefertigt wurden und nicht bereits zu dem vermerkten Datum entstanden sind. (Zudem können solche Urkunden natürlich auch noch gefälschte Unterschriften enthalten.) Auch bei Testamenten kann eine Datierung von besonderer Bedeutung sein. Dies gilt einerseits für Testamente, die gar kein Datum aufweisen, und bei denen daher unklar ist, ob dieses vor oder nach einer anderslautenden letzten Willenserklärung geschrieben wurde. Andererseits kann die nachweisbare Datumsunechtheit eines (datierten) Testaments ein Indiz für seine Fälschung sein. – Es sollen daher zunächst kurz die Möglichkeiten erörtert werden, die kriminaltechnische und schriftvergleichende Methoden bei der Altersbestimmung bieten können. In der Literatur wird dabei häufig unterschieden zwischen absoluter und relativer Altersbestimmung.

Bei einer absoluten Altersbestimmung wird die Frage nach dem Entstehungsdatum bzw. -zeitraum einer fraglichen Urkunde gestellt. Zum anderen kann gefragt werden, in welcher zeitlichen Reihenfolge zwei oder mehr Urkunden entstanden sind (relative Altersbestimmung). Zu letzterer Frage gehört auch die Überprüfung, ob Teile einer Urkunde dieser nachträglich hinzugefügt wurden. Die speziellen Probleme und Methoden einer relativen Altersbestimmung, die bei solchen Untersuchungen gegeben sind, werden im Zusammenhang mit Verfälschungen zu diskutieren sein (s. Abschnitt 3.2 dieses Kapitels).

Zur Eingrenzung des Zeitraumes, in dem eine Schreibleistung entstanden ist, gibt es eine Reihe von Ansätzen, die freilich jeweils nur unter bestimmten Voraussetzungen zu brauchbaren und verläßlichen Informationen führen. Erste, zuweilen aber auch schon völlig eindeutige Befunde können sich bei der Untersuchung des Schriftträgers ergeben: Eine Schreibleistung kann nicht älter sein als der Schriftträger.

Papieruntersuchungen (s. S. 67 f.) und entsprechende Rückfragen bei dem Hersteller können ergeben, daß der verwendete Schriftträger zum Zeitpunkt der angeblichen Beschriftung noch gar nicht im Handel war. Einfacher kann der Nachweis der Datumsunechtheit bei Verwendung von Vordrucken sein, die häufig einen Vermerk über das Jahr der Drucklegung enthalten. Anderen Vordrucken kann aus sonstigen inhaltlichen Angaben das früheste Verwendungsdatum entnommen werden (z.B. postalische Angaben, Telefon- und Kontonummer im Briefkopf oder Währungsangaben wie "RM" oder "DM" und Höhe des vorgedruckten Umsatz- bzw. Mehrwertsteuersatzes u.ä.). Endlich können bei den entsprechenden Institutionen, Druckereien etc. gegebenenfalls verläßliche Angaben darüber eingeholt werden, ab wann der Vordruck frühestens zum Gebrauch zur Verfügung stand. – Wird das Dokument zum Beleg der Datumsechtheit in einem Briefumschlag mit Poststempel vorgelegt, sollte geprüft werden, ob sich entsprechende Prägespuren dieses Stempels tatsächlich auf der Urkunde befinden.

Der anachronistische Gebrauch eines Schreibgerätes kann weiterhin zwingend die Datumsunechtheit eines Schriftstückes beweisen. Allgemein kommt der Einführung neuer Schreibgeräte für die Altersfeststellung besondere Bedeutung zu.

So muß man z.B. wissen, daß der heute so viel verwendete Kugelschreiber 1942 in Nord- und Südamerika auf den Markt kam. In Großbritannien wurde die Produktion 1946, in Deutschland 1948 aufgenommen. (Einzelne Exemplare sind jedoch ab 1942 durch amerikanische Kriegsgefangene bzw. Besatzungstruppen nach Deutschland gekommen.) Alle diese Geräte arbeiteten mit einer Paste auf Ölbasis (im Schriftbild erkennbar an den Ölauswanderungen an den Strichrändern). Ab 1951 wurden Pasten auf Kunstharzbasis verwendet. Über die neueste Variante, einen radierbaren Kugelschreiber, berichten *Flynn* (1979) und *Schima* (1981 c).

Das klassische Verfahren zur relativen und absoluten Altersbestimmung von Tintenschriften nach *Mezger* et al. (1931) stützt sich auf bestimmte Gesetzmäßigkeiten, nach denen Chlor- und Sulfationen – sofern sie in der Tinte enthalten waren – während der ersten ein bis zwei Jahre zunehmend im Schriftzug selbst und im Schriftträger in Tiefe und Breite auswandern. Modifiziert kann dieses Verfahren auch bei einigen modernen Schreibmitteln anwendbar sein.

Zwar gibt es eine Reihe von chemischen und physikalisch-chemischen Methoden zur Schreibmitteluntersuchung (s. S. 67 unten), die jedoch in der Regel nur eine Differenzierung zwischen verschiedenartigen Schreibmitteln zulassen. Leider sind auch keine systematischen Schreibmittelsammlungen bekannt, so daß es nur in selteneren Fällen möglich sein wird festzustellen, ob das jeweilige Schreibmittel zur Zeit der angeblichen Verwendung bereits im Handel war.

Bei Kugelschreibern und anderen Schreibgeräten, die eine tiefere Schreibfurche hinterlassen, kann das Ausmaß der Rückbildung der Druckrille unter günstigen Bedingungen in den ersten Wochen oder Monaten Rückschlüsse auf den Entstehungszeitraum zulassen. Näheres wurde schon oben erörtert (s. S. 66). – *Rautenberg & Stargardt* (1974) haben bei Kugelschreiberschriften ein Verfahren vorgeschlagen, das sich die nachlassende Klebkraft während der ersten ca. drei Monate, die bei einigen langsam trocknenden Pasten gegeben ist, zur Altersfeststellung zunutze macht.

Wertvolle Anhaltspunkte für eine Datumsunechtheit können Anachronismen im Text der Urkunden sowie in verwendeten Stempeln geben. Neben der Verwendung noch nicht gebräuchlicher postalischer Angaben etc. können z.B. Verweise auf Ereignisse oder gesetzliche Bestimmungen enthalten sein, die zum Zeitpunkt der angeblichen Errichtung der Urkunde noch gar nicht bekannt waren.

Recht günstige Voraussetzungen zur Datierung können bei Urkunden gegeben sein, die ganz oder teilweise mit Schreibmaschine geschrieben wurden.

Ist die Maschine, mit der geschrieben wurde, unbekannt, so kann zumindest durch Systembestimmung festgestellt werden, wann das Fabrikat oder Modell frühestens auf den Markt und damit für die fragliche Beschriftung überhaupt in Betracht kam (*Haas* 1972). -- Bei bekannter Maschine bietet die Seriennummer zunächst eine weitere Eingrenzung der frühestmöglichen Benutzungsmöglichkeit. Darüber hinaus aber kann ein Vergleich mit zeitgleichen sowie mit vor und nach dem fraglichen Datum der Urkunde auf derselben Maschine geschriebenen Schriftstücken erfolgen. Übereinstimmungen oder Abweichungen der Typenbeschädigungen, Mechanismusdefekte, Typenverschmutzungen und Art und Abnutzungsgrad des Farbbandes können u.U. eine bemerkenswert präzise zeitliche Einordnung gestatten.

Darüber hinaus können im Einzelfall bei der Urkundenuntersuchung besondere Gegebenheiten festgestellt werden, die zur Altersbestimmung verwertet werden können. Hierzu gehören z.B. verwertbare blinde Druckrillen anderer Beschriftungen, Rißkanten, die eine Zuordnung zu einem anderen, zeitlich datierbaren Schriftträger gestatten, oder zufällig auf die Urkunden gelangte Fremdstoffe, die eine weitere Auswertung gestatten. – Endlich aber können auch direkt die Möglichkeiten der Schriftvergleichung bei der Datierung einer Urkunde genutzt werden.

Wie allgemein in Kapitel III (s. S. 36 ff.) schon ausgeführt wurde, kann – ceteris paribus – davon ausgegangen werden, daß in direkter oder annähernden zeitlicher Nähe entstandene Schreibleistungen weitgehende Merkmalskonstanz aufweisen. Über längere Zeiträume dagegen kommt es zu mehr oder minder ausgeprägten Schriftwandlungen, die in der Jugendzeit und im höheren Alter besonders groß sein können. Zudem kann es zu zeitlich befristeten Veränderungen des Schriftbildes unter anderem durch Verletzungen oder Erkrankungen der am Schreibprozeß beteiligten Teile des Nervensystems oder des ausführenden Organs kommen.

Durch Vergleich mit Schriftmaterial, das in zeitlicher Nähe mit dem angeblichen Entstehungsdatum der fraglichen Urkunde gefertigt wurde, kann geprüft werden, ob die fragliche Schreibleistung innerhalb oder außerhalb der Variationsbreite des Vergleichsschriftmaterials liegt. Selbstverständlich müssen die Schlüsse mit der gebotenen Vorsicht gezogen werden, da etwaige Abweichungen auch durch situative Momente mitbedingt sein können. So kann beispielsweise die Tagesverfassung gerade bei kranken oder älteren Personen nicht unbeträchtlich und kurzfristig variieren. Die Sicherheit der Aussagen hängt zudem natürlich davon ab, wie dicht das Vergleichsschriftmaterial den fraglichen (und gegebenenfalls den alternativen) Zeitraum abdeckt. Unter besonders günstigen Voraussetzungen konnten *Norlén & Wallner* (1973 und 1974), wie bereits erwähnt (s. S. 39), zu erstaunlich präzisen zeitlichen Zuordnungen aufgrund graphischer Entsprechungen kommen.

3. Überprüfung auf Verfälschungen

Während eine Fälschung die Herstellung einer unechten Urkunde darstellt, beinhaltet eine Verfälschung die Abänderung einer echten Urkunde. Der Urkunde wird dadurch – zur Täuschung im Rechtsverkehr – ein neuer Inhalt gegeben. Diese Veränderung kann durch Tilgungen oder durch Zusätze erfolgen. Zuweilen werden beide Manipulationen miteinander kombiniert, indem ursprüngliche Schriftteile zunächst entfernt und durch neue, anderslautende ersetzt werden.

3.1 Schrifttilgungen

Die Überprüfung einer Urkunde auf Tilgungen von Schriftzügen oder sonstigen Bestandteilen ist eine rein kriminaltechnische Untersuchung. Ebenso bedient man sich der Kriminaltechnik bei Versuchen einer Rekonstruktion getilgter Urkundenteile. – Tilgungen können mit mechanischen oder chemischen Hilfsmitteln sowie durch Übermalungen, Überstreichungen etc. erfolgen.

Die radikalste Tilgung von Urkundenteilen besteht darin, daß ein Stück des Schriftträgers entfernt wird. So können z.B. kritische Passagen abgetrennt, scheinbar versehentlich herausgerissen, verbrannt oder sonstwie vernichtet werden. So erwies sich bei einem Schuldschein, der scheinbar zerrissen und nachträglich mittels eines Klebefilmes wieder zusammengesetzt worden war, daß ein Passus der Vereinbarung entfernt sein mußte, weil die Rißkanten nicht aneinander paßten, und das Papier gegenüber dem üblichen DIN-Format um nahezu drei cm verkürzt war. Durch die später wieder aufgefundene Durchschrift konnte diese Manipulation zweifelsfrei bestätigt werden.

Häufiger werden mechanische Tilgungen durch Radieren mit einem Gummi oder anderen mechanischen Radiermitteln sowie durch Rasuren mit Hilfe einer Klinge durchgeführt. Spuren solcher Tilgungen sind durch physikalisch-technische sowie auch durch chemische Methoden in der Regel problemlos und eindeutig nachzuweisen. Für die Wiederlesbarmachung stehen jedoch nur in manchen Fällen brauchbare Verfahren zur Verfügung.

Schon bei der Inspektion mit dem unbewaffneten Auge unter variierten Beleuchtungsbedingungen sowie unter Zuhilfenahme von Stereomikroskop, UV-Bestrahlung, ESDA-Gerät, fotografischen und gegebenenfalls auch chemischen Techniken lassen sich die typischen Symptome mechanischer Tilgungen feststellen. So läßt sich an der Rasurstelle in der Regel eine erhöhte Transparenz des Schriftträgers, verminderter Oberflächenglanz, Beschädigungen der Oberflächenstruktur, Verfärbungen, Abweichungen in der Fluoreszenz sowie Reste der Druckspur der Schreibleistung erkennen. – Die Wiederlesbarmachung sollte primär mit Hilfe des ESDA-Gerätes (*Baier* 1980 c, *Schima* 1981 a und b) versucht werden sowie mit fotografischen Techniken (*Hilton* 1955). Erst wenn solche zerstörungsfrei arbeitenden Methoden versagen, sollte man sich zur Anwendung chemischer Verfahren entschließen (*Hilton* 1956 b). Bei sehr intensiver Rasur ist jedoch eine Wiederlesbarmachung nicht möglich.

Bei chemischen Tilgungen werden meist Oxydations- oder Reduktionsmittel in saurer oder alkalischer Lösung verwendet, wie die üblichen, im Handel erhältlichen Radierwasser (z.B. "Tintentod" oder Bleichmittel).

Chemische Auswaschungen von Schreibmitteln, Stempelabdrücken etc. sind wiederum häufig schon mit dem bloßen Auge an Verfärbungen und Rändern, an Veränderungen der Oberflächenstruktur und Resten der Druckspur zu erkennen. In anderen Fällen können UV- und IR-Techniken in Verbindung mit fotografischen Verfahren sowie eine Reihe von chemischen Untersuchungsmethoden zur Aufklärung beitragen. – Hinsichtlich der Wiederlesbarmachung kommen dieselben Methoden in Betracht wie bei mechanischen Tilgungen sowie zusätzliche chemische Verfahren.

Endlich können Urkundenteile dadurch unleserlich bzw. ungültig gemacht werden, daß sie mit einem gleich- oder andersartigen Schreibmittel oder einer Korrekturflüssigkeit (wie "Tipp-Ex") übermalt, überkleckst, mehrfach überschrieben oder einfach durchgestrichen werden. Solche Veränderungen sind offenkundig, es kann aber zuweilen fraglich sein, ob es sich dabei tatsächlich um Verfälschungen oder aber vielmehr um Korrekturen handelt, die dem Willen des oder der Unterzeichnenden entsprochen haben.

Es können sich in diesem Zusammenhang Fragen nach der zeitlichen Entstehung der Übermalungen oder Durchstreichungen ergeben sowie in Einzelfällen – etwa bei der Unleserlichmachung durch mehrfaches Überschreiben – nach dem vermutlichen Urheber. Diese Fragen werden in dem nachfolgenden Abschnitt über Schriftzusätze zu erörtern sein, da – im weitesten Sinne – auch Übermalungen systematisch hierzu zu rechnen sind. – Des weiteren kann es von Interesse sein, unlesbar gemachte Teile wieder sichtbar zu machen. In manchen Fällen genügt schon eine einfache Inspektion im Durchlicht oder Schräglicht. Bei Verwendung unterschiedlich reagierender Schreibmittel kann die ursprüngliche Beschriftung mittels Infrarot-Reflexion und -Lumineszenz durch Bildwandler oder IR-Fotografie wieder sichtbar gemacht werden; eine erfolgversprechende, leicht modifizierte IR-Technik wurde kürzlich von *Gross* et al. (1980) vorgestellt. In anderen Fällen war es möglich, durch Ultraschall z.B. mit Tusche ausgeführte Überschmierungen wieder abzutragen (*Hofmann* 1958, *Specht* 1958). Weiterhin kann man gelegentlich durch vorsichtige mechanische Rasuren oder chemische Bleichung der Deckschicht an die Primärbeschriftung gelangen. Bei Verwendung ein und desselben Schreibmittels für Erstbeschriftung und Übermalung ist jedoch häufig eine Wiederlesbarmachung nicht möglich.

3.2 Schriftzusätze

Verfälschungen von Urkunden durch schriftliche Zusätze treten in den vielfältigsten Formen und Arten auf, und zwar zuweilen als Ergänzung nach einer Schrifttilgung, häufiger jedoch als alleinige Manipulation. Die Aufklärung bei fraglichen Schriftzusätzen erfolgt teilweise primär oder ausschließlich durch kriminaltechnische Methoden, teilweise ergänzend oder überwiegend durch schriftvergleichende Analysen.

In einer relativ günstigen Ausgangslage ist der Fälscher, der den Text einer Urkunde selbst niedergeschrieben hat. Möglicherweise plante er auch schon im vorhinein, an dem Dokument (z.B. einer Quittung, einem Auftrag oder einem Vertrag) nachträglich Zusätze anzubringen, für die er unauffällig entsprechende Schreibflächen freigelassen bzw. nicht durch Sicherungsstriche entwertet hat. So können beispielsweise durch einfache Ziffernzusätze oder -veränderungen Betragsangaben und Auftragsmengen erhöht oder Datumsniederschriften manipuliert sowie Verträge durch zusätzliche Vereinbarungen wesentlich verändert werden. Nachträglich können so auch geschäftliche Arbeits- oder Buchungsbelege, Inventurlisten oder Überweisungsbelege manipuliert werden. Zuweilen ergibt sich auch erst nach Jahren, daß sich beispielsweise eine Vereinbarung als ungünstig für eine Partei erweist, die dann versuchen kann, den Vertrag durch entsprechende Veränderungen zu verfälschen.

Ungünstiger kann die Situation für den Fälscher sein, wenn die Urkunde von einer anderen Person oder mit einer ihm nicht zugänglichen Schreibmaschine gefertigt wurde. Dennoch kann beispielsweise in einem eigenhändigen Testament ein lästiger Miterbe im wahrsten Sinne des Wortes "gestrichen" werden oder ein Erbanteil durch Anhängen einer Null verzehnfacht werden. Auch auf einem Scheck kann eine Betragsmanipulation und auf einem Rezept kann die zusätzliche Eintragung eines Medikaments durchaus so erfolgen, daß die Veränderungen im Routinebetrieb zunächst überhaupt nicht bemerkt werden. Ungleich schwieriger, wenn nicht unmöglich, ist es indes, eine etwas längere Passage unter Schriftnachahmung in eine Urkunde einzusetzen.

Bei der Untersuchung fraglicher Schriftzusätze stellen sich meist zwei allgemeine Fragen:

- Stellen die Schriftzusätze tatsächlich Verfälschungen dar?
- Wer ist gegebenenfalls der Urheber dieser Verfälschungen?

In einigen Fällen kann sich die erste Frage von selbst beantworten oder durch andere Beweismittel zweifelsfrei geklärt werden (z.B. bei Verfälschungen von Rezepten oder Überweisungsbelegen), so daß u.U. nur die zweite Frage zu klären ist. – Zuweilen kann aber auch der Urheber des Schriftzusatzes von vornherein bekannt sein; zu klären ist aber die Frage, ob es sich dabei um eine Verfälschung handelt.

Bevor ein Sachverständiger mit der Untersuchung einer fraglichen Urkundenveränderung beauftragt wird, ist es in manchen Fällen unbedingt angezeigt, den Verdächtigten bzw. die Parteien möglichst detailliert zur Frage der tatsächlichen oder angeblichen Entstehung der strittigen Urkunde zu hören. Einerseits kann dadurch die Untersuchung gegebenenfalls gezielter vorgenommen und die Einlassungen können bestätigt oder widerlegt werden. Andererseits werden dadurch alle möglichen Ausflüchte, mit denen sonst die Befunde des Sachverständigen nachträglich "gedeutet" werden können, von vornherein abschnitten.

Schriftzusätze stellen nur dann Verfälschungen dar, wenn sie nachweislich nachträglich entstanden sind *und* zur Täuschung im Rechtsverkehr gefertigt wurden. Der Schriftsachverständige kann und sollte sich – falls erforderlich in Zusammenarbeit mit Experten anderer Fachgebiete – nur dazu äußern, ob die erste Voraussetzung gegeben ist. Keineswegs jeder Schriftzusatz muß nämlich in Täuschungsabsicht erfolgen.

Wie jedermann weiß, ist es in der Alltagspraxis keineswegs ungewöhnlich, daß an einer Quittung nachträglich, d.h. nach Unterzeichnung durch den Empfänger, noch ergänzende, verdeutlichende Zusätze mit Einverständnis oder sogar auf Wunsch des Quittierenden angebracht werden. Ebenso werden Aufträge nach Unterschriftsleistung durch zusätzlich vereinbarte Bestellungen ergänzt. Auch bei Vertragsabschlüssen können die Parteien nach der Unterzeichnung noch übereinkommen, bestimmte Klauseln aufzunehmen oder andere Passagen zu streichen. Ein Erblasser kann Verfügungen in seinem Testament noch zu einem späteren Zeitpunkt ändern, ohne daß er es für erforderlich hält, seinen letzten Willen noch einmal zu schreiben. Man denke endlich auch an die nicht seltenen alltäglichen Verschreibungen und nachträglichen Korrekturen an scheinbar bedeutungslosen Schreibleistungen, die dann aber unversehens zu Beweismitteln in einer zivilrechtlichen Auseinandersetzung oder in einem Strafverfahren werden können.

Die Beispiele ließen sich nahezu beliebig vermehren. Sie sollen nur veranschaulichen: Aus der nachweisbaren Tatsache, daß bestimmte Schriftzüge nachträglich oder gar zu einem deutlich späteren Zeitpunkt gefertigt wurden, kann nicht zwingend der Schluß gezogen werden, daß es sich dabei um eine Verfälschung handelt. Die Beweisfrage an den Sachverständigen sollte daher auch nicht lauten, ob eine Urkunde verfälscht ist, sondern ob sich Aussagen über die vermutliche Reihenfolge der Schreibleistungen treffen lassen. Der Schriftsachverständige seinerseits sollte sich auf die Feststellung beschränken, daß bestimmte Schriftzüge nachträglich oder zumindest unter abweichenden Schreibbedingungen gefertigt wurden, nicht aber verkünden, er habe einen "Fälscher entlarvt", so naheliegend diese Vermutung in manchen Fällen auch sein mag. Es erscheint notwendig, dies sehr deutlich hervorzuheben, weil auch in der einschlägigen Literatur die im folgenden darzustellenden Merkmale, die für besondere Entstehungsbedingungen von Schriftzusätzen sprechen, meist pauschal sogleich als "Verfälschungsindizien" oder "Überführungsmöglichkeiten" bezeichnet werden.

Zur Klärung der Frage, ob bestimmte Schreibleistungen einer Urkunde zu einem späteren Zeitpunkt geleistet wurden, können zu einem Teil diejenigen Kriterien herangezogen werden, die bei der Altersbestimmung von Urkunden bereits dargestellt wurden. Darüber hinaus gibt es aber bei fraglichen Schreibleistungen, die sich auf ein und derselben Urkunde befinden, noch eine Reihe weiterer Merkmale, die für eine nachträgliche Fertigung oder eine Entstehung unter veränderten Schreibbedingungen sprechen können.

1. Die Untersuchung von Strichkreuzungen scheint das geeignetste Verfahren zu sein, um Abfolgen von Schreibleistungen zu bestimmen. Ein Strich, der über einem anderen liegt, muß notwendigerweise als zweiter gefertigt worden

sein. Läßt sich beispielsweise nachweisen, daß Schriftzüge über der Unterschrift einer Urkunde liegen, so müssen diese erst nach der Unterzeichnung eingefügt worden sein. Dies ist auch bei einem möglichen Mißbrauch von Blankounterschriften zu berücksichtigen.

Es liegt zwar eine bemerkenswert reichhaltige Literatur zu Fragen von Strichkreuzungen vor (ein vorzügliches Sammelreferat bietet *Mathyer* 1980), jedoch sind die vielfältigen Verfahren zur Bestimmung der Strichfolge stets nicht universell, sondern jeweils nur unter bestimmten Voraussetzungen anwendbar. Bei optischen Prüfungen mit Hilfe des Stereomikroskops unter Anwendung variierter Beleuchtungstechniken muß insbesondere mit Täuschungen über das Figur-Grund-Verhältnis gerechnet werden (*Metzger* 1953). Als in manchen Fällen nützlich haben sich weiterhin die Verwendung von cross-screen-Filter, von UV- und IR-Techniken sowie verschiedene fotografische Verfahren erwiesen. *Schima* (1981 c) hat – zumindest für radierbare Kugelschreiber – Strichfolgebestimmungen durch elektrostatische Oberflächenprüfung mit dem ESDA vornehmen können. Von den Verfahren, die nicht oder nicht völlig zerstörungsfrei arbeiten, sind die Spektrophotometrie (*Aufroix* et al. 1975) zu nennen und insbesondere Untersuchungen mit Hilfe des Raster-Elektronen-Mikroskops (*Wäschle* 1979, *Iten* 1980) oder im Abhebe-Verfahren unter Verwendung spezieller Pasten (*Clement* et al. 1970) oder von KROMEKOTE-Papier (*Mathyer* 1979).

2. Die Beobachtung von Strichverläufen an Papierfaltstellen kann Auskunft darüber geben, ob die Schreibleistung vor oder nach der Faltung gefertigt wurde.

Vor der Faltung entstandene Striche weisen an diesen Stellen naturgemäß keine Besonderheiten oder allenfalls nachträgliche mechanische Beschädigungen durch die Faltung auf. Über Bruchfalten gezogene Striche zeigen bei Schriften, die mit Federhalter und Tinte geschrieben worden sind, charakteristische Auswanderungen von Tinte in die Falte. Bei den verschiedenartigen modernen Schreibgeräten müssen solche Erscheinungen jedoch keineswegs zwangsläufig auftreten. Die Ausbildung von Strichbesonderheiten an Bruchfalten ist überdies abhängig von Schreibdruck, Strichgeschwindigkeit und Haltung des Schreibgerätes.

3. Die Verwendung unterschiedlicher Schreibmittel kann insbesondere dann als Hinweis auf eine nachträgliche Hinzufügung gewertet werden, wenn der Wechsel des Schreibgerätes an einer unüblichen Stelle erfolgt. (Zu Verfahren der Schreibmitteluntersuchung s. S. 67.)

4. Ein solcher Verdacht kann noch verstärkt werden, wenn auch die umliegenden Schriftzüge mit diesem anderen Schreibmittel noch einmal nachgezogen wurden.

So können beispielsweise bei Änderung einer Betragsangabe durch Ziffernhinzufügung mit einem anderen Schreibmittel Farbabweichungen deutlich werden, die man durch eine Nachziehung der übrigen Ziffern zu kaschieren versucht.

5. Bei nachträglich mit Schreibmaschine gefertigten Zusätzen gelingt das Wiedereinspannen des Blattes in der Regel nicht perfekt; es kommt vielmehr zu Abweichungen in der horizontalen und vertikalen Justierung, die durch Vermessung eindeutig bestimmt werden können.

Erfolgt der Zusatz zu einem wesentlich späteren Zeitpunkt, sind zudem noch die bereits oben erwähnten Unterschiede in der Typenverschmutzung und dem Zustand des Farbbandes sowie eventuelle abweichende Maschinendefekte zu erwarten.

6. Zuweilen kann sich nachweisen lassen, daß die fraglichen Schriftzüge unter andersartigen Schreibbedingungen zustande gekommen sind als die übrigen Beschriftungen. Insbesondere können sich im Schriftbild Merkmale niederschlagen, die auf variierende Schreibunterlagen schließen lassen. Es ist dabei auch die Rückseite der Urkunde zu untersuchen, die unterschiedliche Antragungen von Fremdstoffen enthalten kann.

So kann sich z.B. erweisen, daß die fraglichen Schreibleistungen geringere Druckrillen aufweisen als die übrigen Beschriftungen, was auf eine härtere Unterlage schließen läßt. Die Rückseite kann teilweise Ablagerungen von Blaupapier enthalten, die jedoch auf den fraglichen Zusätzen fehlen.

7. Besonderheiten der fraglichen Schriftzüge können auch die Zeilenführung, die vertikale und horizontale Ausdehnung sowie die Flächengliederung betreffen.

Des öfteren steht für die Zusätze kein ausreichender Platz mehr zur Verfügung, so daß enger und kleiner geschrieben und Ränder überschritten werden müssen. Außerdem kann erkennbar werden, daß der Schreiber, etwa durch gewölbte Zeilenführung, Passagen (wie der Unterschrift), die sich bereits auf der Urkunde befunden haben, ausgewichen ist.

8. Weiterhin kann sich das Schriftbild der fraglichen Zusätze durch Merkmale eines weniger zügigen und spontanen Schreibvollzuges auszeichnen, da verständlicherweise etwaige spätere Nachträge und Veränderungen sorgsamer und konzentrierter zu Papier gebracht werden.

Erfolgen die Zusätze zu einem wesentlich späteren Zeitpunkt, so können, wie bereits erwähnt, sich auch systematische Wandlungen im Schriftbild zeigen.

9. In besonderem Maße ist mit Diskrepanzen im Schriftbild natürlich bei Zusätzen zu rechnen, die in Nachahmung der übrigen Schrift von einer dritten Person gefertigt wurden, es sei denn, daß es sich um so kurze Anfügungen handelt, daß sich keine schreiberspezifischen Merkmale erkennen lassen. Abschließend sind noch kurz die Möglichkeiten einer Urheberidentifizierung bei Schriftzusätzen zu erörtern. Wie oben schon ausgeführt wurde, ist es in

manchen Fällen gar nicht strittig, wer der Urheber bestimmter Schreibleistungen ist, sondern es ist nur ihr Entstehungszeitpunkt zu bestimmen. Wenn aber zusätzlich oder ausschließlich zu klären ist, welche Person eine Urkunde handschriftlich verfälscht hat, ist in vielen Fällen die Ausgangslage für eine Schriftvergleichung ungünstig. Oft handelt es sich nämlich nur um sehr kurze, graphisch wenig ergiebige Schriftzüge, wie z.B. einzelne Ziffern. Zudem können diese Schreibleistungen noch in nachahmender Weise der übrigen Beschriftung angepaßt worden sein, zumindest aber stellen sie nur selten spontanzügige Schriftzüge dar. In einzelnen Fällen aber, in denen die handschriftlichen Zusätze einen größeren Umfang aufweisen, können verbindliche Aussagen über den Schrifturheber möglich sein.

4. Testamentsprüfungen

4.1 Formerfordernisse bei eigenhändigen Testamenten

Das deutsche BGB unterscheidet zwischen den ordentlichen und außerordentlichen Testamenten. Letztere sind verschiedenartige Nottestamente, die in unserem Zusammenhang nicht von Interesse sind. Innerhalb der ordentlichen Testamente wird unterschieden zwischen dem ordentlichen öffentlichen Testament, das vor einem Notar errichtet wird, und dem eigenhändigen Testament, das nur gültig ist, wenn es vom Erblasser selbst geschrieben und unterzeichnet ist (§§ 2231-2233 und 2247 BGB). Vergleichbare gesetzliche Regelungen findet man in den meisten Nachbarstaaten.

Bei der langjährigen Diskussion verschiedener Vorentwürfe des BGB seit 1874 war die Zulassung des eigenhändigen Testaments als ordentliche Testamentsform sehr heftig umstritten. Die Gegenargumente gegen die einfachste Form der Errichtung letztwilliger Verfügungen waren vielfältiger Art. Nicht zuletzt wurde die Gefahr einer Fälschung oder Verfälschung solcher Dokumente in den Debatten nachdrücklich hervorgehoben. Die überwiegend positiven Erfahrungen, die vorher schon in anderen Ländern gemacht worden waren, haben schließlich doch zur Einführung des eigenhändigen Testaments geführt. – Rückblickend auf die hiesige nunmehr über achtzigjährige Erfahrung kann man in der Tat eine Bewährung dieser Testamentsform konstatieren. Aus der Sicht des Schriftsachverständigen mag es vielleicht teilweise anders aussehen. Es ist jedoch zu bedenken, daß der Sachverständige in der Regel nur eine Negativauslese strittiger Testamente zu Gesicht bekommt, nicht aber die ungezählten Testamente, die tagtäglich unbeanstandet ihren Zweck erfüllen.

Das Testamentsgesetz von 1938, das inzwischen wieder in das BGB eingearbeitet wurde, brachte weitere Formerleichterungen. Aufgegeben wurden insbesondere die früher zwingenden Erfordernisse der eigenhändigen und richtigen Orts- und Zeitangabe und der vollständigen Unterschrift; es wurden daraus Soll-Vorschriften. Beibehalten ist aber die wichtigste Formvorschrift, nach der das Testament eigenhändig vom Erblasser geschrieben und unterschrieben sein muß. Die Niederschrift wird in der Regel mit der Hand erfolgen, aber bei Körperbehinderten ist auch eine Niederschrift mit Prothese, Fuß, Mund etc. möglich. Sprache, Schrift, Schriftträger und Schreibmittel (z.B. Tinte, Bleistift, Farbe, Kreide oder Lippenstift) sind freigestellt. Auch ein vom Erblasser mittels Kohle- oder Blaupapier errichtetes Schriftstück kann ein formgültiges Testament sein (BGH, Beschl. v. 3. 2. 1967 – III ZB 14/66 = NJW 67, 1124). Allgemein wird zur Frage der Eigenhändigkeit in dieser Entscheidung des BGH noch einmal ausgeführt:

Neben anderen Zielen verfolgen die Vorschriften des BGB über die Formen, in denen letztwillige Verfügungen getroffen werden, den Zweck, den wirklichen Willen des Erblassers zur Geltung kommen zu lassen, indem sie die Selbständigkeit dieses Willens nach Möglichkeit verbürgen und die Echtheit seiner Erklärungen so weit wie möglich sicherstellen sollen. Diesem Zweck dient auch das Erfordernis der Eigenhändigkeit eines privatschriftlichen Testaments... Dem entspricht es, den Begriff der Eigenhändigkeit eng auszulegen und als eigenhändig geschrieben nur ein solches Testament anzusehen, das nicht nur von dem Erblasser persönlich abgefaßt und niedergelegt, sondern von ihm in der ihm eigenen Schrift geschrieben und damit in einer Art und Weise errichtet worden ist, welche die Nachprüfung der Echtheit des Testaments aufgrund der individuellen Züge, die die Handschrift jedes Menschen aufweist, gestattet. Es ist deshalb zu Recht allgemein anerkannt, daß ein von dem Erblasser mit der Schreibmaschine, einem Stempel oder auf andere mechanische, den Schluß von der Schrift auf ihren Urheber nicht zulassende Weise errichtetes Testament formnichtig ist..., ebenso wie ein Testament, das zwar von dem Erblasser selbst geschrieben, bei dessen Niederschrift seine Hand aber von einem Dritten so geführt worden ist, daß seine Schriftzüge in Wirklichkeit von dem Dritten geformt worden sind... Aus demselben Grund ist ein Testament nicht als eigenhändig angesehen worden, bei dem der Erblasser die von einem Dritten vorgeschriebenen Schriftzüge durchgepaust, also lediglich nachgezogen hatte.

4.2 Allgemeine Fragen der Testamentsprüfung

Bei einem strittigen eigenhändigen Testament (im folgenden wird einfach von Testament gesprochen) muß sich also die Prüfung der Authentizität auf Text und Unterschrift erstrecken (es sei denn, nur die Echtheit eines der beiden Teile werde angezweifelt). Einen Sonderfall stellt das gemeinschaftliche Testament dar: Hier steht häufig nur die Echtheit der Unterschrift des mitunterzeichnenden Ehegatten in Frage. (Allgemein zur Unterschriftsprüfung s. Kapitel VI).

Nach §§ 2265 f. BGB kann ein gemeinschaftliches Testament nur von Ehegatten errichtet werden. Es genügt, wenn einer der Ehegatten das Testament in der nach § 2247 BGB vorgeschriebenen Form errichtet und der andere Ehegatte die gemeinschaftliche Erklärung eigenhändig unterzeichnet. Der mitunterzeichnende Ehegatte soll hierbei angeben, zu welcher Zeit (Tag, Monat und Jahr) und an welchem Ort er seine Unterschrift beigefügt hat. – Aus der Sicht der Schriftvergleichung erscheint diese Testamentsform nicht unproblematisch, da sich die Prüfung der Echtheit häufig lediglich auf eine vergleichende Analyse der Unterschrift des Unterzeichnenden beschränken muß. Diese bildet aber nicht selten – aus den noch allgemein bei Testamentsschriften zu erörternden Gründen – eine wenig befriedigende Grundlage für eine bündige Schriftvergleichung. (Die Angaben über Ort und Zeit der Unterzeichnung sind nämlich lediglich eine Soll-Vorschrift. Es wäre zudem wünschenswert, wenn ein gemeinschaftliches Testament an die Erfordernis gebunden wäre, daß der mitunterzeichnende Ehegatte diese Angaben sowie die Erklärung, daß das Testament auch für ihn gelte, schriftlich niederzulegen habe.)

Bei der vermuteten Totalfälschung eines Testamentes ist wie bei Unterschriftsprüfungen sowohl die Möglichkeit einer direkten oder indirekten Pausfälschung als auch einer Freihandfälschung sowie eine Kombination dieser Fälschungsverfahren in Betracht zu ziehen. Bei der Testamentsuntersuchung werden im wesentlichen dieselben Methoden der physikalisch-technischen Urkundenprüfung und der schriftvergleichenden Analyse verwendet, die bereits bei der Unterschriftsprüfung erörtert wurden (Kap. VI).

Ist bei einem fraglichen Testament eine Altersbestimmung möglich (s. Abschnitt 2 dieses Kapitels), so kann durch die mögliche Datumsunechtheit gegebenenfalls auch bewiesen werden, daß es nicht von dem Erblasser herrührt, wenn es nämlich nachweislich zu einem Zeitpunkt entstanden ist, zu dem der Erblasser nicht mehr lebte oder aus anderen Gründen nicht mehr schreibfähig war.

Naturgemäß ist der Fälscher meist bemüht, einen handschriftlichen Text des Erblassers als Vorlage zu verwenden. Dazu bietet sich in erster Linie ein echtes Testament des Erblassers an, bei dem jedoch einzelne Passagen (z.B. die Namen der Begünstigten) verändert werden,wofür zuweilen auch andere Schriftstücke als Vorlagen zur Verfügung stehen können. Gelegentlich wird der Fälschungsentwurf sogar – mehr oder minder vollständig – aus verschiedenen Schriftstücken des Erblassers zusammenmontiert. Durch Verwendung von Schreibleistungen, die unter verschiedenen Entstehungsbedingungen gefertigt wurden, kommt es häufig zu typischen Stiluneinheitlichkeiten im Schriftbild derartiger Fälschungen. Darüber hinaus können sich schon im Verlauf der physikalisch-technischen Urkundenuntersuchung Verdachtsmomente für eine Fälschung feststellen lassen, wenn z.B. Vorzeichnungsspuren oder partielle Deckungsgleichheiten (auch innerhalb des Testaments) sich beobachten lassen.

In vielen Fällen wird der Fälscher zwar für die Unterschrift über eine Vorlage zur Nachahmung verfügen, nicht jedoch über eine entsprechende Textschrift. Er wird also gezwungen sein, aufgrund sonstiger Schriftstücke – oder gar aus dem Gedächtnis – die Schrift des Erblassers nachzuahmen. Eine fremde Schrift aber während eines längeren Textes konsequent ohne direkte Vorlage nachzuahmen, ist meist außerordentlich schwierig, wenn nicht völlig unmöglich. Aber auch bei dem Vorhandensein geeigneter Vorlagen sind die Fälschungsschwierigkeiten in der Regel beträchtlich.

In der Tat werden Testamente von Personen, die zum Zeitpunkt der angeblichen Testamentserrichtung uneingeschränkt schreibfähig waren und eine mindestens einigermaßen eigengeprägte Handschrift schrieben, nur sehr selten gefälscht. Solche Fälschungen lassen sich meist relativ leicht nachweisen. Umgekehrt werden echte Testamente von voll schreibfähigen und schreibgewandten Erblassern auch nur selten in Frage gestellt.

Wenn eine letztwillige Verfügung strittig wird, so handelt es sich dabei vor allem um Testamente, die – sofern sie echt sind – von Personen mit altersbedingten oder pathologischen Störungen in der Handschrift geschrieben worden sind. Weiterhin sind solche Testamente häufig unter ungünstigen äußeren und inneren Schreibbedingungen entstanden (z.B. im Bett, in Erregung und Todesfurcht). Andererseits bemüht sich der Testator meist trotzdem um eine möglichst deutliche Schrift, wobei er sich häufig wieder stärker der Schulvorlage annähert. Endlich ist damit zu rechnen, daß das Testament in mehreren, zeitlich getrennten oder durch die Schreibbedingungen unterschiedenen Etappen geschrieben worden ist.

Alle diese und viele weitere Umstände können bewirken, daß sich eine Testamentsschrift mehr oder minder beträchtlich von Schriftproben des Testators unterscheiden kann, die unter normalen oder anderen Bedingungen entstanden sind. Hinzu kommt aber, daß für die Schriftvergleichung häufig kein befriedigendes Vergleichsmaterial zur Verfügung steht, insbesondere keine Schriftproben, die in der gleichen psychophysischen Verfassung und unter vergleichbaren sonstigen Bedingungen geschrieben wurden.

Gerade diese besonderen Umstände aber kann sich ein Fälscher zunutze machen. Er kann nämlich in solchen Fällen immer hoffen, daß Abweichungen von der authentischen Schrift – zumindest vom Laien – auf die vermuteten besonderen Schreibumstände zurückgeführt werden oder als solche gar nicht erkannt werden können, weil keine geeigneten Vergleichsschriften mehr zur Verfügung stehen. Gar nicht so selten allerdings überschätzt ein Fälscher, der gerade bei Testamentsfälschungen ein Gelegenheitstäter ist, seine Chancen, und es kommt so zu ausgesprochen plumpen Fälschungen, bei denen nur einige äußerliche Merkmale, wie Schriftsystem, Lage und einige Formbesonderheiten, nachzuahmen versucht werden. Auch die Imitation von Bewegungsstörungen kann, da sie meist inkonsequent vorgenommen wird, in derartigen Fällen eindeutig als solche erkannt werden.

Aber auch in solchen relativ offenkundigen Fällen von Testamentsfälschungen sollte der Sachverständige zunächst versuchen, aufgrund von Zeugenaussagen (Familienangehörige, Ärzte, Pflegepersonal usw.) die vermutlichen oder angeblichen Entstehungsbedingungen des fraglichen Testaments so genau wie möglich gedanklich zu rekonstruieren, wobei zuweilen zwei oder gar mehrere Versionen zu berücksichtigen sind. Sodann wird das fragliche Testament eingehend zu analysieren und mit authentischen Schriftproben des Erblassers zu vergleichen sein. Bei allen Diskrepanzen zwischen Testaments- und Vergleichsschrift ist zu prüfen, ob diese durch besondere Schreibumstände erklärt werden können oder ob sie als Fälschungssymptome anzusehen sind.

Für diesen im Einzelfall oft sehr schwierigen Entscheidungsprozeß lassen sich kaum allgemeinere Regeln aufstellen, da sowohl echte Störungsmerkmale als auch Fälschungssymptome außerordentlich vielgestaltig sein können. Es sind daher sehr gründliche Kenntnisse über Schriftveränderungen und -störungen erforderlich, wie sie vor allem durch Altersabbau, durch Krankheiten, durch Medikamenteneinfluß und durch sonstige innere und äußere Schreibbedingungen verursacht sein können (s. Abschn. III. 3). Darüber hinaus werden zuweilen auch Ad-hoc-Experimente erforderlich sein, wenn Fragestellungen auftreten, die wissenschaftlich bislang noch nicht oder nicht ausreichend geklärt sind. Dies kann sich z.B. bei dem angeblichen Vorliegen ungewöhnlicher äußerer Schreibbedingungen als notwendig erweisen.

Häufig kann es endlich zweckmäßig sein, beim Verdacht einer Fälschung schon relativ frühzeitig auch Schriftproben von tatverdächtigten Personen in die Schriftvergleichung einzubeziehen, deren Kreis bei Testamentsuntersuchungen meist recht klein ist. Lassen sich nämlich beweiserhebliche Merkmalsentsprechungen zwischen der Testamentsschrift und der Schrift einer dieser Personen nachweisen, kann damit ein wichtiges Indiz für das Vorliegen einer Fälschung gegeben sein. Fehlen solche Übereinstimmungen kann damit allerdings die Echtheit des fraglichen Testaments noch nicht als erwiesen gelten.

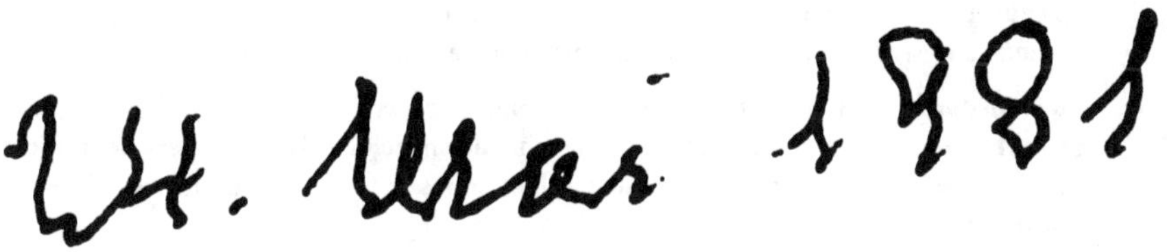

Abb. 20: Echte graphomotorische Störungen als Folgen eines Schlaganfalls

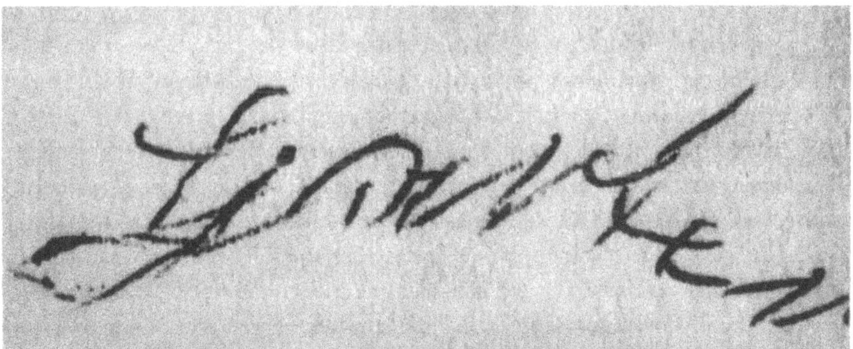

Abb. 21: Vorgetäuschte Strichstörungen: Scheinbare Strichunsicherheit bei präzisem Ansetzen innerhalb der zerstückelten Schreibbewegung

4.3 Schreibhilfe bei der Testamentserrichtung

Bei strittigen Testamenten stellt sich des öfteren die Frage, ob und in welcher Weise dem Erblasser bei der Niederlegung seiner letztwilligen Verfügung Schreibhilfe durch eine dritte Person gewährt wurde. Rechtlich ist damit die

Frage verknüpft, ob dadurch das Erfordernis der Eigenhändigkeit verletzt wurde. Das Kammergericht formulierte schon 1914 in Übereinstimmung mit früheren höchstrichterlichen Entscheidungen die folgenden Rechtsgrundsätze, auf die auch in späteren Urteilsbegründungen immer wieder verwiesen wird (Beschl. v. 30. 12. 1914 – 1 X 373/14):

1. Eigenhändige Schrift liegt nicht vor, wenn der Erblasser bei der Niederschrift völlig unter fremder Herrschaft und Leitung gestanden hat, da dann nicht die eigene Hand des Erblassers, sondern die des Dritten die Niederschrift bewirkt hat.
2. Eigenhändige Schrift liegt vor, wenn der Dritte der Hand des Erblassers nur Unterstützung zur Ermöglichung der Niederschrift geliehen hat.
3. Auch dadurch, daß der Dritte bei der Herstellung der Schrift mitbestimmend mitgewirkt hat, wird die Annahme einer eigenhändigen Schrift des Erblassers noch nicht ausgeschlossen, solange dieser sie auch selbst mit seiner eigenen Hand so, wie er es wollte, hergestellt hat.

In der Entscheidung wird hierzu weiterhin ausgeführt:

Darauf, daß der Schreibende seine gewöhnlichen Schriftzüge zustande bringt, kommt es allerdings nicht entscheidend an; diese werden wohl stets schon durch eine bloße Unterstützung beim Schreiben gewisse Veränderungen erfahren.

In der Literatur wird für die erste, unzulässige Art der Schreibhilfe der Begriff "Handführung" verwendet. Die zweite, zulässige Schreibhilfe, wird als "Handstützung" bezeichnet. Die begriffliche Trennung ist klar, in praxi freilich zeigt sich immer wieder, wie außerordentlich schwierig es für den Sachverständigen sein kann, Art und Grad der gewährten Schreibhilfe im nachhinein zu bestimmen, und für das Gericht, die Frage der Zulässigkeit zu würdigen. Die Unterscheidung zwischen Stützung und Führung der Hand ist nicht prinzipiell, sondern graduell. Es handelt sich also nicht um zwei diskrete Klassen, sondern es muß ein Kontinuum der Schreibhilfe angenommen werden, das von einer leichten Unterstützung bis zu einer Handführung gegen den Widerstand des Erblassers reicht. Die Beurteilung kann im Einzelfall zusätzlich dadurch erschwert werden, daß innerhalb eines Testamentes Schreibhilfe unterschiedlicher Intensität gewährt wurde. *Schima* (1981 d) hat über einen Fall berichtet, in dem innerhalb einer Unterschrift eine möglicherweise zunächst geleistete leichte Hilfe zu einer Handführung verstärkt wurde. Er verweist zudem auch darauf, daß neben Handführung und -stützung noch andere Arten der Schreibhilfe existieren, wie z.B. die Einweisung in die Schreibfläche, wobei die Schreibhand an die gewünschte Stelle der Urkunde herangebracht wird.

In allen Fällen vermuteter oder behaupteter Schreibhilfe sollte die Person, die sie angeblich gewährt hat, genau über den Schreibvorgang gehört werden und ihn körperlich in entsprechenden Schreibversuchen demonstrieren. Es kann zwar *Schima* (1981 d) zugestimmt werden, daß dabei oft keine verläßlichen Aussagen zu erwarten sind, oder eine Schreibhilfe nicht selten sogar ganz verschwiegen bzw. bestritten wird. Aber es können sich dadurch präzisere Überprüfungsmöglichkeiten ergeben, ob das fragliche Testament tatsächlich in der einen oder anderen Weise zustande gekommen sein kann.

Zuweilen wird von einer Partei eine Handführung einfach nur deshalb unterstellt, um auf diese Weise zu erreichen, daß ein für sie ungünstiges Testament für formnichtig erklärt wird. In anderen Fällen kann die Aussage, es sei dem Testator die Hand gestützt worden, lediglich eine Schutzbehauptung darstellen, durch die von der Tatsache einer Totalfälschung oder einer Handführung abgelenkt werden soll. Endlich sollte der Sachverständige bei allen strittigen Testamenten, bei denen zunächst nur die Frage der Echtheit oder Unechtheit zur Diskussion steht, auch die Möglichkeit einer Mitwirkung Dritter bei der Testamentserrichtung berücksichtigen und prüfen.

Zu Fragen der Schreibhilfe bei der Testamentserrichtung liegt in der Literatur eine Reihe von wertvollen kasuistischen Beiträgen vor (*Osborn* 1929, *Buhtz* 1931, *R.M. Mayer* 1934, *Locard* 1951, *Pfanne* 1954, *Sellers* 1962, *Mathyer* 1963, *Bein* 1970 a und *Schima* 1981 d). Experimentelle Untersuchungen zu diesem Problem wurden bislang nur von *Buhtz* (1931) sowie von meiner Schülerin *Evelyn Blind* (1972) durchgeführt (zusammenfassend dargestellt in *Michel* 1978 a).

In beiden experimentellen Untersuchungen wurden Patienten von psychiatrischen Kliniken (bei *Blind* auch einige Angehörige eines Altersheimes), besonders Kranke mit pathologischen Schriftveränderungen, herangezogen. Diese schrieben zunächst einen neutralen Text ohne besondere Anweisungen und Hilfen. Bei weiteren Niederschriften des Textes wurde ihnen Schreibhilfe gegeben, und zwar zunächst in Form einer Handstützung. *Buhtz* hat dabei "die Hand des Schreibers lediglich durch Umfassen gestützt" (S. 464). *Blind* hat neben dieser Art der Handstützung noch zwei weitere Varianten erprobt, nämlich Handstützung 2: Der Vl legt seine Hand schalenförmig geöffnet unter den Unterarm der Vp und hebt diesen leicht an; sowie Handstützung 3: Wie Standardstützung, zusätzlich stützte jedoch die linke Hand des Vl durch Umgreifen den Ellenbogen der Vp ab. Die letzte Schriftprobe wurde schließlich mit Handführung abgenommen. Der Vl umfaßte mit seiner (rechten) Schreibhand von oben die Schreibhand der Vp, vor allem die Daumen- und Zeigefingerpartie und übernahm beim Schreiben die Führung. – Obwohl das Schriftmaterial, insbesondere bei der Untersuchung von *Blind*, sehr sorgfältig ausgewertet wurde, bleibt ein grundsätzliches Problem dieser experimentellen Untersuchung bestehen, das die Verallgemeinerungsfähigkeit der Untersuchungsergebnisse partiell in Frage stellt. In beiden Untersuchungen wurden nämlich Patienten mit so starken graphomotorischen Störungen, daß sie ohne fremde Hilfe-

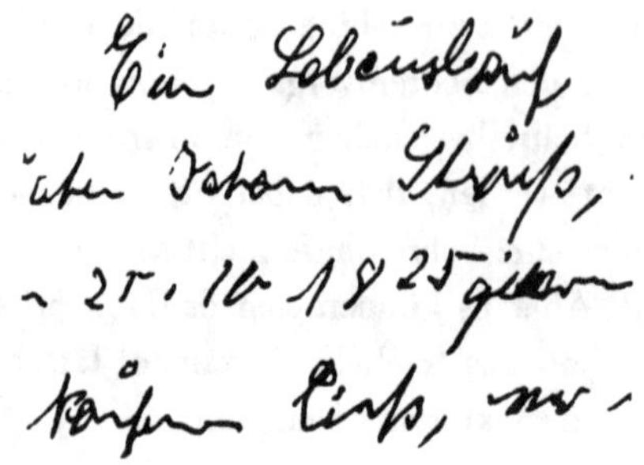

Abb. 22: Normalschrift einer Schizophrenen mit Altersabbauerscheinungen

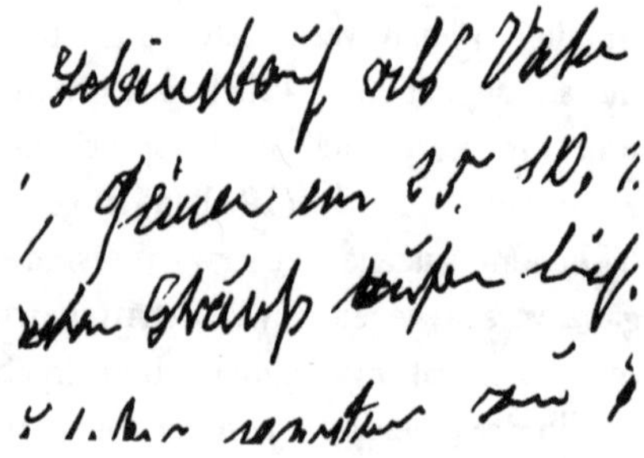

Abb. 23: Dieselbe Schreiberin mit Handstützung

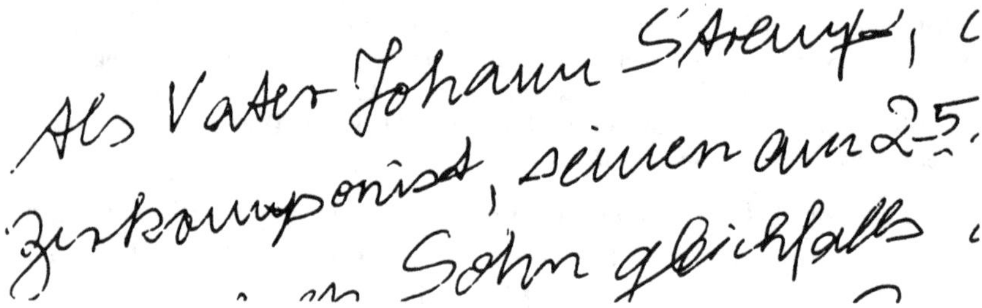

Abb. 24: Dieselbe Schreiberin mit Handführung ohne Widerstand

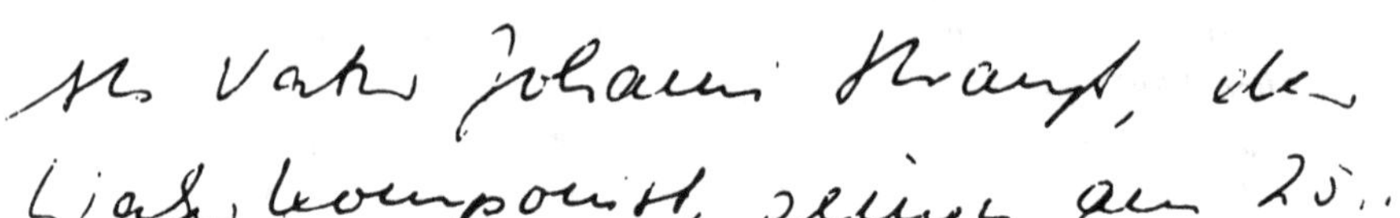

Abb. 25: Schrift der Handführerin (zu Abb. 24 und 26)

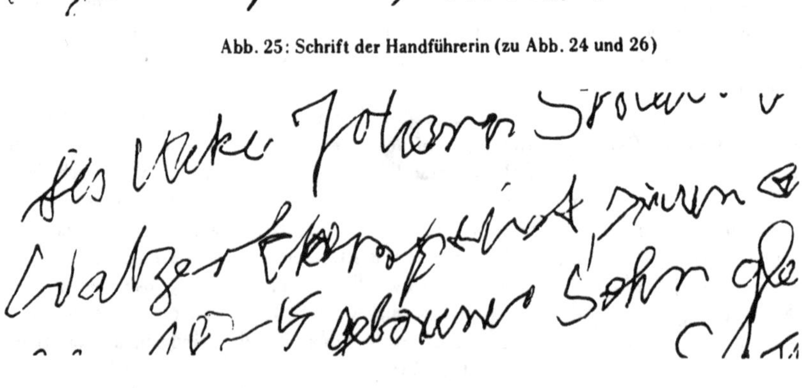

Abb. 26: Handführung gegen den Widerstand eines Geführten

stellung überhaupt nicht schreibfähig gewesen wären, nicht einbezogen. Verständlicherweise waren Personen, die in so starkem Maße hinfällig waren, nicht bereit, sich einer solchen Prozedur zu unterziehen, bzw. waren überhaupt nicht ansprechbar. Es war daher ohne Verletzung ethischer Grenzen nicht möglich, die Untersuchung auf diesen Personenkreis auszudehnen.

Gerade aber solche Grenzfälle können in besonderem Maße praxisrelevant werden und dürften besondere Schwierigkeiten bei der Unterscheidung zwischen Handstützung und -führung bieten. Bei extremer Beeinträchtigung der Schreibfähigkeit oder gar Schreibunfähigkeit wird man sich allerdings die Frage stellen müssen, ob in solchen Fällen überhaupt eine Schreibhilfe gewährt werden kann, die man noch als Handstützung werten könnte, oder ob nicht vielmehr hier die Einwirkung in der Regel so stark sein muß, daß von einer Handführung gesprochen werden müßte. – Im übrigen lassen sich aufgrund der vorliegenden kasuistischen und experimentellen Arbeiten und der praktischen Erfahrung Handstützung und Handführung im graphischen Erscheinungsbild tendenziell folgendermaßen voneinander abheben.

Bei mehr oder minder stark gestörter, grundsätzlich aber noch erhaltener Schreibfähigkeit des Testators bewirkt eine Handstützung in der Regel keine besonders bemerkenswerten Veränderungen des Schriftbildes. *Buhtz* (1931) berichtete lediglich von einer deutlichen Verminderung ataktischer Störungen, die jedoch durch die Untersuchung von *Blind* (1972) nicht bestätigt werden konnte. Eine Unterscheidung zwischen freihändig und mit Handstützung geschriebenen Schriftzügen wird daher in den meisten Fällen nicht möglich sein (und ist auch rechtlich irrelevant). Wesentliche Veränderungen im Schriftbild gegenüber den (bisherigen) gewöhnlichen Schriftzügen des Testators sind vermutlich allenfalls in solchen Fällen zu erwarten, bei denen inzwischen eine extreme Schreibbeeinträchtigung eingetreten ist. Wenn allerdings in den Schriftzügen graphische Merkmale der helfenden Person in Erscheinung treten, so erscheint es fraglich, ob dann noch von einer Handstützung gesprochen werden kann.

Insoweit müssen Zweifel gegenüber einer Entscheidung des OLG Köln geäußert werden (Beschl. v. 27. 11. 1956 – 9 U 77/56 = Dtsch. Not. Z. 57, 158). Dieser Beschluß betrifft die Frage der Eigenhändigkeit einer Unterschrift unter einem öffentlich (vor dem Notar) errichteten Testament. (Das Erfordernis der eigenhändigen Unterzeichnung dieser Testamentsform wurde inzwischen durch Neufassung der einschlägigen Bestimmungen des BGB aufgehoben.) In der Entscheidung wird ausgeführt, daß die Eigenhändigkeit einer Unterschrift nicht deshalb angezweifelt werden könne, "weil sich im Schreibbild des Familiennamens typische Schriftzüge der Ehefrau des Klägers zeigen. Bei Unterstützung durch eine fremde Hand wird das nicht zu vermeiden sein, ohne daß jedoch daraus auf die fehlende Eigenhändigkeit geschlossen werden könnte".

Bei eindeutiger Handführung tritt dagegen das gewöhnliche Schriftbild des Geführten überhaupt nicht mehr oder nur noch so rudimentär in Erscheinung, daß es in der Regel nicht mehr möglich ist, ihn als Mitwirkenden bei der Schreibhandlung zu identifizieren. Es treten vielmehr völlig fremde Schriftmerkmale auf, die einerseits durch die mechanische Behinderung beim Schreibvorgang und andererseits durch die bestimmenden Einflüsse des Handführers bedingt sind. Die Schrift des Handführers erscheint aber meist auch nur in einer mehr oder minder verzerrten Ausprägung. Das Ausmaß dieser Verzerrung ist um so größer, je stärker der Widerstand des Geführten war. – Allgemein charakteristisch für Schreibleistungen, die mit Handführung geschrieben wurden, sind die folgenden Merkmale:

– Verstärkte Druckgebung, häufig verbunden mit unregelmäßigen Schwankungen im Druckverlauf,
– Unbeholfen wirkende allgemeine Vergröberungen der Bewegungsführung, insbesondere abrupte und unorganische Bewegungsumbrüche (*Buhtz* sprach in diesem Sinne von "groben Eckenbildungen") und sonstige Entgleisungen der Bewegungsführung,
– Größere Variabilität in den graphischen Merkmalen, vor allem größere Schwankungen des Neigungswinkels, der horizontalen Ausdehnung, der Ausstriche und der Genauigkeit der Oberzeichensetzung.

Überdies finden sich bei Handführung häufig

– Größere Völle der Schrift,
– Stärkere vertikale und horizontale Ausdehnung und
– unsystematische Veränderungen der Flächengliederung.

4.4 Verfälschung von Testamenten

In bezug auf Verfälschungen von Testamenten gelten sinngemäß dieselben Ausführungen, die schon unter Abschnitt 3 dieses Kapitels allgemein zur Überprüfung von Urkunden auf Verfälschungen gemacht wurden. Auch bei eigenhändigen Testamenten muß mit Schrifttilgungen und -zusätzen gerechnet werden, die in betrügerischer Absicht erfolgten. Bei strittigen Testamenten ist vor allem auf folgende Veränderungen zu achten:

- Streichung oder sonstige Tilgung des Namens von Begünstigten oder Teilen der Erbmasse,
- Veränderung von Wörtern und Buchstaben (z.B. Abänderung des Wortes “oder” in “und”).
- Veränderung von in Ziffern geschriebenen Geldbeträgen (häufig durch Hinzufügung von Nullen).
- Datumsänderungen: Existiert ein älteres, für den Fälscher günstigeres Testament, so kann dieses mit einem jüngeren Datum versehen werden und somit als gültige letztwillige Verfügung erscheinen.
- Einfügung von zusätzlichen Sätzen, meist am Ende des Testaments.
- Hinzufügungen und Ergänzungen auf Testamentsentwürfen, insbesondere wenn der Testator einen Testamentsentwurf nicht vollendet hatte.

Sofern es sich nicht um umfangreichere Zusätze von dritter Hand handelt, kann es oft recht schwierig sein zu entscheiden, ob die Veränderungen von dem Erblasser selbst oder aber von einer unberechtigten Person vorgenommen wurden. Ein Erblasser sollte daher bei Änderungen seiner letztwilligen Verfügungen entweder das Testament in der abgeänderten Form erneut niederschreiben oder aber zumindest handschriftlich vorgenommene Änderungen eindeutig erkennbar gegenzeichnen.

4.5 Zur Frage der Testierfähigkeit des Erblassers

Zur Frage der Testierfähigkeit des Erblassers zum Zeitpunkt der Errichtung seiner letztwilligen Verfügung ist insbesondere § 2229 Abs. 3 und 4 BGB zu beachten (in anderen deutschsprachigen Staaten gelten entsprechende Bestimmungen):

(3) Wer entmündigt ist, kann ein Testament nicht errichten. Die Unfähigkeit tritt schon mit der Stellung des Antrags ein, aufgrund dessen die Entmündigung ausgesprochen wird.

(4) Wer wegen krankhafter Störung der Geistestätigkeit, wegen Geistesschwäche oder wegen Bewußtseinsstörung nicht in der Lage ist, die Bedeutung einer von ihm abgegebenen Willenserklärung einzusehen und nach dieser Einsicht zu handeln, kann ein Testament nicht errichten.

Es können sich daraus für den Sachverständigen zwei Fragestellungen ergeben:

1. Ist das fragliche Testament zu einem Zeitpunkt errichtet worden, als der Erblasser bereits entmündigt oder aus einem anderen Grund nicht mehr testierfähig war? – Diese Frage kann sich dann stellen, wenn die Vermutung besteht,

daß das Testament rückdatiert wurde oder überhaupt keine Angaben über den Errichtungszeitpunkt enthält.

2. Läßt sich aus der Gestaltung der Schriftzüge entnehmen, daß der Testator aus den in § 2229 Abs. 4 BGB genannten Gründen nicht mehr in der Lage war, die Bedeutung der von ihm abgegebenen Willenserklärung einzusehen und nach dieser Einsicht zu handeln?

Mit beiden Fragestellungen werden Grenzgebiete der Schriftvergleichung angeschnitten. Nur in Ausnahmefällen kann ihre Beantwortung ausschließlich in den Kompetenzbereich des Schriftsachverständigen fallen. In vielen Fällen wird eine Zusammenarbeit mit anderen Experten erforderlich sein, in wieder anderen Fällen sind ausschließlich andere Sachverständige angesprochen.

In bezug auf die Möglichkeiten einer Altersbestimmung von Testamenten wird allgemein auf Abschnitt 2 dieses Kapitels verwiesen.

Mit der Frage, ob sich Störungen der Geistestätigkeit und Bewußtseinsstörungen im Schriftbild niederschlagen bzw. aus diesem erschlossen werden können, begibt man sich in ein Grenzgebiet zwischen Schriftpsychologie, Psychiatrie, Neurologie und Rechtsmedizin, das hier nicht detailliert erörtert werden kann. Neben vielfältigen Literaturquellen, die in Abschnitt III. 3 enthalten sind, sei hier beispielhaft auf grundlegende Arbeiten von *Wormser* (1947) und *Suchenwirth* (1967) sowie auf das kurze Sammelreferat von *H. Mayer* (1975) verwiesen.

Allgemein ist zu sagen, daß eine alleinige Begutachtung der Testierfähigkeit (wie auch allgemein der Geschäftsfähigkeit nach §104 BGB) aufgrund der Handschrift nicht vertretbar erscheint. Es muß nämlich einerseits deutlich gesagt werden, daß sich Störungen der Geistestätigkeit nicht notwendigerweise in Störungen des Schriftbildes niederschlagen müssen. Andererseits kann aber auch bei starken graphomotorischen Störungen und Anzeichen eines Schriftzerfalls nicht notwendigerweise auf eine Störung der Geistestätigkeit geschlossen werden. Eine eindeutige Differenzierung zwischen Schriftstörungen, die ausschließlich Folgen rein motorischer Beeinträchtigungen darstellen und solchen, die ihre Ursachen auch in Störungen der Geistestätigkeit und des Bewußtseins haben können, ist – zumindest nach dem gegenwärtigen Stand der Forschung – nicht möglich.

Es sollten daher in der Regel bei Fragen der Testierfähigkeit zunächst die üblichen Möglichkeiten einer psychologischen, psychiatrischen, neurologischen oder rechtsmedizinischen Begutachtung ausgeschöpft werden. Einzelne, speziell erfahrene Mediziner werden schon im Rahmen solcher Begutachtungen auch eine Analyse der Handschrift mit in ihre Überlegungen einbeziehen. Im übrigen sind Aussagen über die Testierfähigkeit eines Erblassers aufgrund des Schriftbildes des Testaments allenfalls im Zusammenhang und auf dem Hintergrund ergänzender Informationen (psychophysischer Gesundheitszustand, insbesondere auch motorische Beeinträchtigungen), unter Beachtung sonstiger Verhaltensbereiche (verbales und soziales Verhalten etc.) und unter Berücksichtigung der Entstehungsbedingungen der Testamentsschrift (z.B. Einfluß von Alkohol oder Medikamenten) vertretbar. Wenngleich in einigen besonders günstig gelagerten Einzelfällen durch die Analyse des Schriftbildes eines Testaments wertvolle Hinweise zur Frage der Testierfähigkeit des Erblassers gewonnen werden können, ist generell jedoch auf diesem Sektor der Schriftbeurteilung äußerste Vorsicht geboten.

VIII. SCHRIFTVERSTELLUNG

1. Schrifturheberidentifizierung und Handschriften-Erkennungsdienst

Schriftvergleichung im Rahmen von Urkundenuntersuchungen richtet sich in der Regel primär auf die Ermittlung der Echtheit oder Unechtheit eines Schriftstücks. Darüber hinaus kann sich, wie oben dargelegt, bei handschriftlichen Fälschungen oder Verfälschungen von Urkunden die Frage nach dem Schrifturheber stellen. Aber auch außerhalb von Urkundenuntersuchungen kann der Schriftsachverständige in vielfältiger Form zur Identifizierung eines Urhebers von Schreibleistungen beitragen.

Man wird dabei zuerst an anonyme oder pseudonyme Schreibereien denken, sei es in Form von Postkarten oder Briefen oder in Form von Beschriftungen auf Wänden, Schaufenstern oder Plakaten. Meist enthalten sie Beleidigungen, Drohungen, Erpressungen, Falschanschuldigungen, oder sie sollen der Spurenverwischung bzw. -ablenkung dienen. Zuweilen haben sie aber auch gut gemeinte Ratschläge oder Überzeugungen sowie begründete Strafanzeigen zum Gegenstand. Anonym- oder Pseudonymschreiben können aber nicht nur in strafrechtlichen Ermittlungsverfahren eine Rolle spielen, sondern zuweilen auch bei zivilrechtlichen Auseinandersetzungen, wie Ehescheidungsverfahren oder Arbeitsgerichtsprozessen.

Zu den mehr traditionellen Bereichen der Ermittlung von Personen durch Schriftvergleichung gehört weiterhin z.B. die Schrifturheberidentifizierung bei Kassibern oder der Ausfüllung von entwendeten Scheckformularen. Darüber hinaus aber kann der Rechtsbrecher, wie einleitend bereits erwähnt wurde, in vielfältiger Form in Schreibleistungen ungewollt Spuren hinterlassen, die zu seiner Überführung beitragen können. Dies gilt vor allem für solche Täter, die überregional und in Banden arbeiten. Beispielhaft seien hier nur noch einmal genannt: Handschriftliche Eintragungen auf Anmeldeformularen (Einwohnermeldeamt, Hotels, Firmen und sonstige Institutionen), echte oder fingierte Unterschriften unter Miet- oder Kaufverträgen, unter Quittungen, Bescheinigungen und Vereinbarungen oder sonstige handschriftliche Aufzeichnungen und Notizen. So können z.B. am Tatort oder in einer konspirativen Wohnung sichergestellte Schreibleistungen sehr wichtige Hinweise auf Tatverdächtigte und Kontaktpersonen geben.

Von besonderer Bedeutung für die Ermittlungsarbeit in Strafverfahren kann die systematische Sammlung und Klassifikation von Schriftstücken schreibender Rechtsbrecher sein, wie sie in der Bundesrepublik Deutschland im Handschriften-Erkennungsdienst des Bundeskriminalamtes vorgenommen wird (*Mally* 1955, *Hecker* 1971 und *Klement* et al. 1981). Es geht dabei um die Erfassung von Schreibleistungen, die in direktem (z.B. Ausfüllung entwendeter Euroschecks) oder indirektem Zusammenhang (z.B. Ausfüllung eines Meldezettels durch einen Einmietedieb) mit einer Tatausführung stehen.

Solche Schriftstücke werden derzeit noch nach einem System graphischer Merkmale von *Mally* (1955) klassifiziert, das Schreibgewandtheit, Bindungsform und ihre Unterarten, Verbundenheitsgrad, Oberzeichen, Längenteilung, Schleifenform, Schriftweite, Schriftlage und Schriftgröße berücksichtigt. Hauptaufgabe des Handschriften-Erkennungsdienstes ist die Ermittlung bzw. die Entlastung tatverdächtigter Personen durch Vergleich mit den in der Sammlung vorhandenen Schriftproben bekannter schreibender Rechtsbrecher. Die Urheberschaft asservierter Schriftproben bislang unbekannter Täter kann durch neu hinzukommendes Schriftmaterial bekannter Herkunft geklärt werden. Endlich kann die Handschriftensammlung zur Aufklärung sonstiger Tatzusammenhänge beitragen oder für Zielfahndungen nutzbar gemacht werden. Über ähnliche Ansätze in der Schweiz berichten *Angst & Erismann* (1972).

Nach *Mally* (1955) wurden erstmals 1906 durch die Wiener Kriminalpolizei Handschriften erkennungsdienstlich verwertet. In Deutschland hat *Schneickert* (1933) als erster im Jahre 1910 beim Berliner Erkennungsdienst begonnen, eine Handschriftensammlung von Rechtsbrechern aufzubauen und diese systematisch nach graphischen Merkmalen zu klassifizieren. Die "Reichshandschriftensammlung" wies 1938 einen Bestand von 13.400 Schriftproben auf (*Schneickert* 1939). Nach dem Kriege übernahm *Mally* den Neuaufbau eines Handschriften-Erkennungsdienstes des Kriminalpolizeiamtes für die Britische Zone in Hamburg, der 1951 zum Grundstock für den Handschriften-Erkennungsdienst des Bundeskriminalamtes geworden ist (*Mally* 1955). Aus einer kleinen Sammlung von ca. 200 Schriftproben schreibender Rechtsbrecher wurden in 20 Jahren über 40.000, und heute umfaßt die Sammlung Asservate von weit über 50.000 schreibenden Rechtsbrechern (wobei ältere Schriftproben aus der "aktiven" Schriftensammlung wegen fehlender Aktualität ausgeschieden werden). Bei diesem erheblichen Umfang wird die Grenze manueller Auswertbarkeit erreicht. Es läuft daher beim Bundeskriminalamt seit einigen Jahren ein Forschungsprojekt, das die Entwicklung computer-gestützter Bildverarbeitungs- und Mustererkennungstechniken zur Schreibererkennung verfolgt (*Klement* et al. 1981) und vermutlich schon in absehbarer Zeit innerhalb des Handschriften-Erkennungsdienstes eine sehr wesentliche und brauchbare Unterstützung bieten kann.

Weder bei den herkömmlichen noch bei einem computer-unterstützten Verfahren ist es in der Regel möglich, direkt die gesuchte Schrift festzustellen. Vielmehr führen beide Verfahren zunächst zu einer mehr oder minder umfangreichen Klasse von einander ähnlichen Schriften, unter denen dann durch Schriftvergleichung die gesuchte zu ermitteln ist. – Allgemein muß für das Funktionieren eines Handschriften-Erkennungsdienstes vorausgesetzt werden, daß Schriftmaterial vorliegt, das ausreichenden Umfang und grundsätzliche Vergleichbarkeit aufweist. Fällt eine fragliche Schreibleistung – aus welchen Gründen auch immer – aus der üblichen intraindividuellen Variationsbreite des Schreibers heraus, wird man nicht mit einer Identifizierung rechnen dürfen.

Wesentlich günstiger kann in einem solchen Falle die Ausgangssituation sein, wenn ein oder mehrere Tatverdächtigte bekannt sind und eine individuelle Schriftvergleichung vorgenommen werden kann. In Kapitel III wurden schon überblickhaft die Faktoren dargestellt, die das individuelle Schriftbild und seine intraindividuelle Variabilität bestimmen. Insbesondere wurden die Einflußgrößen erörtert, die die Schrift einer Person vorübergehend oder zeitlich überdauernd verändern bzw. wandeln können. In diesem Kapitel soll ein Aspekt ausführlicher dargestellt werden, der neben der Schriftnachahmung zu den wichtigsten Problemstellungen der Schriftvergleichung gehört, nämlich die Schriftverstellung.

2. Arten der Schriftverstellung

Von Schriftverstellung wird gesprochen, wenn ein Schreiber seine Handschrift willkürlich in der Absicht verändert, seine Urheberschaft nicht erkennbar werden zu lassen, nicht jedoch mit dem Ziel, die Handschrift einer anderen Person nachzuahmen. Letzteres wird als Schriftnachahmung bezeichnet.

Nicht immer ist allerdings eine klare Trennung zwischen Schriftverstellung und -nachahmung möglich. Zuweilen kann sich nämlich die Verstellung mehr oder minder diffus am Vorbild einer fremden Handschrift orientieren. Auch kann bei Fälschungen u.U. nicht eindeutig entschieden werden, ob der Fälscher seine Schrift nur verstellt hat oder die andere Schrift nachahmen wollte. Für die Praxis der Schriftvergleichung ergeben sich durch solche Grenzfälle in der Regel keine besonderen Probleme.

Schriftverstellung wird durch diese Definition aber auch abgesetzt gegen andere willkürliche Schriftveränderungen, die nicht der Verdeckung der Urheberschaft dienen sollen, sondern z.B. der Zielsetzung, besonders schön, deutlich, klein etc. zu schreiben. Für die Schriftvergleichung können sich in solchen Fällen aber die gleichen Probleme ergeben wie bei Schriftverstellung.

Pfanne (1954, 1971 a und b) spricht von einer willkürlichen Schriftentstellung, die er als Sonderform einer Schriftverstellung i.w.S. betrachtet und der Schriftverstellung i.e.S. gegenüberstellt. Unter willkürlicher Schriftentstellung versteht er den absichtlichen "Abbau von normalerweise in der Schrift vorhandenen Hemmungserscheinungen" während er Schriftverstellung (eng) definiert als: "Absichtliche Einschaltung zusätzlicher Hemmungen beim Schreiben zum Zweck der Unkenntlichmachung der Schrift" (*Pfanne* 1971 b, Schematische Übersicht im Anhang). Diese Unterscheidung hat jedoch in der Literatur keine Verbreitung gefunden. Es liegen ihr einerseits überholte bewegungsphysiologische Vorstellungen zugrunde, und andererseits ist sie eher geeignet, begriffliche Verwirrung zu stiften.

In Übereinstimmung mit dem allgemeinen Sprachgebrauch und der sonstigen Begriffsbildung in der Schriftvergleichung sollte man von Schriftentstellung nur bei Veränderungen der Handschrift durch besondere äußere oder innere Entstehungsbedingungen sprechen (s. S. 42 ff.). Es sei in diesem Zusammenhang jedoch gleich angemerkt, daß die absichtliche Herbeiführung besonderer Schreibbedingungen zur Verstellungsstrategie gehören kann.

Ganz allgemein erfolgt Schriftverstellung durch eine willkürliche direkte oder indirekte Einflußnahme auf den sonst weitgehend automatisiert ablaufenden Schreibvorgang. Diese Einflußnahme kann, wie noch näher darzulegen sein wird, in sehr vielfältiger Form erfolgen. Wie oben schon ausgeführt wurde, sind die physiologischen Grundlagen der Schreibhandlung erst bruchstückhaft bekannt. Wir wissen allerdings heute, daß die beim Schreiben ablaufenden Prozesse weitaus komplexer sind, als dies beispielsweise in dem bewegungsphysiologischen Ansatz von *Pophal* (1938 und 1949) noch unterstellt wurde. Nach *Suchenwirth* (1981 a und b) ist die Schreibhandlung vielmehr als das Ergebnis einer sehr differenzierten Hierarchie eng zusammenwirkender Einzelfunktionen anzusehen, an denen zahlreiche Zentren der unteren, mittleren und oberen Hirnteile beteiligt sind. Die Einzelbereiche der motorischen Strukturen seien dabei in Form von mindestens fünf – vermutlich jedoch mehr – Regelkreisen zusammengeschaltet.

Man wird davon ausgehen dürfen, daß bei einer Schriftverstellung in der Regel die Schreibbewegungen einen wesentlich größeren willkürlichen Anteil aufweisen als bei sonstigen Schreibleistungen. Dementsprechend wird die Großhirnrinde in erhöhtem Maß die Steuerung übernehmen. Jedoch wird auch in diesem Fall eine Schreibleistung nur in einem Zusammenspiel mit untergeordneten Hirnzentren zustande kommen können. Insgesamt aber weiß man derzeit noch recht wenig über die neurophysiologischen Grundlagen der Schriftverstellung. Wir sind vielmehr primär auf systematische Analysen von Produkten der Schriftverstellung angewiesen. Darüber hinaus haben sowohl *Bellavic* (1948) als auch *Pfanne* (1971 a) bei ihren empirischen Untersuchungen zur Schriftverstellung versucht, introspektive Daten über die von ihren Probanden gewählten Verstellungstechniken durch nachträgliche Befragungen zu gewinnen.

Beide Autoren berichten – und dies deckt sich völlig mit den eigenen Erfahrungen –, daß nur ein Teil der Schreiber in der Lage war, präzise und zutreffende Angaben über die angewandten Verstellungsstrategien zu machen. Die Mehrzahl gab jedoch nur mehr oder minder unscharfe, unvollständige oder völlig unbrauchbare Auskünfte. Bei *Pfannes* Experimenten waren nahezu 18 % der Befragten überhaupt nicht in der Lage, die von ihnen gewählte Verstellungstechnik zu beschreiben.

Es kann hier nicht in eine Grundsatzdiskussion von Möglichkeiten und Problemen der Introspektion eingetreten werden, die in der Psychologie bereits vielfältig erörtert wurden (z. B. *Traxel* 1968). Es soll hier auch nicht diskutiert werden, ob *Pfanne* seine Befragungsmethode hätte verfeinern und präzisieren können, um den Verbalisierungsproblemen seiner Probanden besser zu begegnen. Es ist lediglich zu bedauern, daß gerade bei dem sehr umfangreichen introspektiven Datenmaterial von *Pfanne* nicht der Versuch einer differenzierteren Auswertung unternommen wurde. *Pfanne* erklärt nämlich etwas zu einseitig die Unzuverlässigkeit der Mehrheit der Aussagen über verwendete Verstellungstechniken mit der Annahme einer "diffusen Komplexverstellung", die jedoch, wie gleich noch darzulegen sein wird, nur eine, wenn auch vermutlich recht häufige Art der Schriftverstellung darstellt. Einerseits rechtfertigt nämlich die Tatsache, daß viele Schreiber ihre von ihnen angewendete Verstellungstechnik im nachhinein nur mehr oder minder vage und unvollständig charakterisieren konnten, nicht ohne weiteres die Annahme, daß die Verstellung selbst "verschwommen" erfolgte; sondern es wird sich teilweise lediglich um Verbalisationsprobleme gehandelt haben, die gerade bei introspektiven Aussagen keineswegs ungewöhnlich sind. Andererseits aber muß gesehen werden, daß die wählbaren Verstellungsstrategien sehr vielfältig und unterschiedlich komplex und damit introspektiv in sehr unterschiedlichem Maße beschreibbar sind. – Dies wird indirekt auch aus *Pfanne*s Statistiken deutlich. Rund ein Drittel seiner Probanden hat sich auf die Verstellung *eines* graphischen Merkmals beschränkt. In diesem Falle waren dann aber auch die weitaus meisten Probanden (85 %) in der Lage, die verwendete Verstellungstechnik zutreffend anzugeben.

Allgemein ist zunächst festzustellen, daß Schriftverstellung nur in der *Zielsetzung* etwas Einheitliches darstellt, eben den Versuch, die Schrifturheberschaft nicht erkennbar werden zu lassen. Introspektive Aussagen und Fremdbeobachtungen bei experimenteller Schriftverstellung wie aber vor allem auch die Produkte der Schriftverstellung selbst machen deutlich, daß sehr vielfältige Wege beschritten werden können, um dieses Ziel mehr oder minder erfolgreich zu erreichen. Im *Prozedere* ist also die Schriftverstellung inhomogen. Versucht man, die Vielfalt der Verstellungsstrategien zu klassifizieren, so kann man mit *Bellavic* (1948) unterscheiden zwischen

- Änderungen der Schreibtechnik,
- Merkmalsverstellung und
- Typusverstellung.

Unter Verstellung durch Änderung der Schreibtechnik subsumiert *Bellavic* nach der Häufigkeit ihres Auftretens bei seiner eigenen Untersuchung: Änderung der Federhaltung, Verwendung einer ungewohnten Feder, Verwendung eines ungewohnten Federstieles, Änderung der Papierhaltung. – Allgemein sollte man diese Verstellungstechnik als willkürliches Herbeiführen ungewohnter Schreibbedingungen kennzeichnen, das in der Absicht erfolgt, die Urheberschaft nicht erkennbar werden zu lassen. Die Schrift wird vom Schreiber also gar nicht direkt verändert, sondern die Schriftverstellung wird indirekt durch das Herbeiführen von Schreibbedingungen erreicht, die eine Veränderung des Schriftbildes bewirken. Die Symptomatik kann sich je nach der gewählten Technik auf einen Merkmalsbereich beschränken (z.B. Strichbeschaffenheit oder Bewegungsrichtung), oder aber sie kann sich sehr vielfältig auf nahezu alle graphische Grundkomponenten auswirken. Unter diese Kategorie gehört z.B. auch das Schreiben mit der schreibungewohnten Hand (man vergleiche Abb. 27; allgemein hierzu die Monographie von *Brandt* 1976 b), das Schreiben in ungewöhnlichen Schreibhaltungen oder bei sonstigen physikalischen Behinderungen, aber beispielsweise auch das Schreiben unter vorsätzlicher pharmakologischer Belastung. Endlich kann als (ungewollter) Nebeneffekt eine Schriftveränderung bei Wandbeschriftungen o.ä. auftreten, insbesondere wenn sie mit Farbspühdosen oder mit sonstigen nicht gewohnten Schreibmitteln ausgeführt werden.

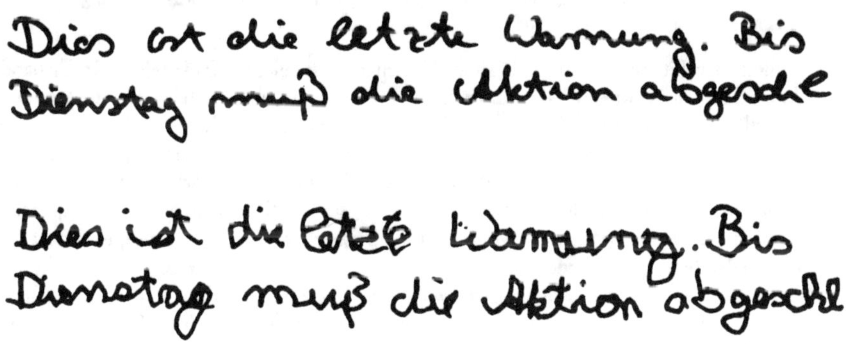

Abb. 27: Schriftverstellung durch Schreiben mit der schreibungewohnten, linken Hand

Merkmalsverstellung ist darauf gerichtet, bestimmte allgemeine oder spezielle graphische Merkmale der Schrift willkürlich zu verändern. Im einfachsten Fall kann sich die Verstellung auf ein allgemeines Merkmal beschränken. Ein typisches Beispiel ist die ausschließliche willkürliche Veränderung des Neigungswinkels, die die häufigste Art der Einzelverstellung darstellt (s. Abb. 28). Die Verstellung kann sich aber auch auf die gleichzeitige willkürliche Veränderung mehrerer Schriftmerkmale erstrecken (z.B. Neigungswinkel,

Größe und bestimmte Einzelformen). Die gleichzeitige bewußte Veränderung mehrerer, voneinander unabhängiger Merkmale ist offenbar nur eingeschränkt möglich.

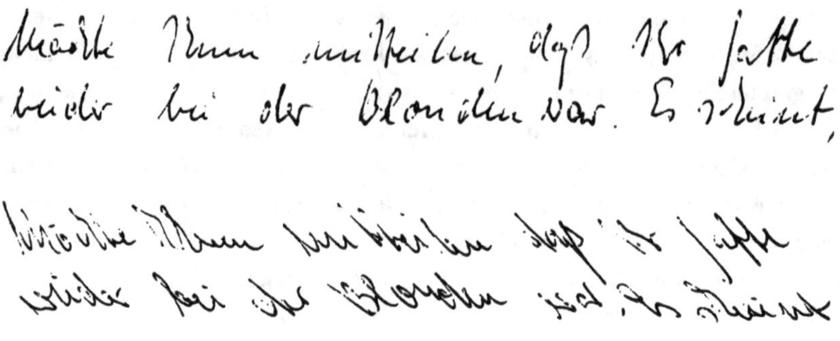

Abb. 28: Schriftverstellung durch Änderung des Neigungswinkels (Merkmalsverstellung)

So wird in der Literatur häufig auf einen Massenversuch zur Schriftverstellung in England im Jahre 1927 hingewiesen, der mit Hilfe des Rundfunks durchgeführt wurde (*Saudek* 1929 und *R. M. Mayer* 1933). Es wurde zu einer Schriftverstellung – allerdings unter Beibehaltung einer zügigen Kurrentschrift – aufgefordert, bei der fünf graphische Merkmale (Neigungswinkel, Größe, Vereinfachung/Bereicherung, Druckstärke und Verbundenheitsgrad) willkürlich verändert werden sollten. Es sei dabei niemandem gelungen, mehr als zwei Merkmale konsequent zu verändern. – Seither ist in der einschlägigen Literatur immer wieder behauptet worden, es sei allgemein nicht möglich, mehr als zwei (oder doch nur sehr wenige) Schriftmerkmale gleichzeitig zu verstellen. Voll zu Recht hat *Pfanne* (1971 a, S. 19) einerseits auf die ganz unrealistische Forderung nach Beibehaltung einer zügigen Kurrentschrift hingewiesen, wodurch die Verstellungsmöglichkeiten erheblich eingeschränkt wurden. Bei langsamer Schreibweise und freier Wahl des Schriftsystems kann nämlich ohne weiteres eine ganze Reihe von allgemeinen Schriftmerkmalen willkürlich verändert werden, wovon man sich leicht im Selbstversuch überzeugen kann. Zum anderen ist lange Zeit nicht genügend beachtet worden, daß die willkürliche Veränderung bestimmter graphischer Merkmale in der Regel unbeabsichtigte Veränderungen anderer Merkmale nach sich zieht.

Auch eine Veränderung nur weniger Einzelmerkmale kann sich also sekundär auch auf Merkmale anderer Grundkomponenten auswirken. Schon *G. Meyer* (1900) hatte auf solche sekundären Veränderungen bei Schriftverstellung hingewiesen. Aber die besondere Bedeutung solcher nicht gewollten Begleitänderungen wurde erst von *Pfanne* (1963 b und 1971 a) herausgestellt, auf dessen Ansatz wir noch ausführlicher eingehen werden. Hier sei zunächst nur hervorgehoben, daß der Verstellungseffekt in der Regel in höherem Maße durch die nicht-gewollten Begleitänderungen erzielt wird als durch willkürliche Merkmalsverstellung.

In den meisten Fällen wird der Schriftversteller keineswegs eine bestimmte Kombination von Schriftmerkmalen auswählen, die er gegenüber seiner gewöhnlichen Schrift verändern möchte. (Ein Laie denkt ja gar nicht in den Merkmalskategorien des Schriftsachverständigen, wie dies immer wieder von Schriftexperten fälschlicherweise unterstellt wird.) Dies wird nur bei einzelnen Merkmalen zutreffen. Wenn aber darüber hinaus eine komplexere Verstellung angestrebt wird, so wird er, wie *Pfanne* (1971 a) sehr überzeugend, aber andererseits auch zu einseitig dargelegt hat, andere, meist diffusere Strategien suchen. Jedoch erscheint eine globale Klassifizierung solcher Verstellungen als "diffuse Komplexverstellung" oder "Typusverstellung" nicht differenziert genug.

Der entscheidende Unterschied gegenüber der Merkmalsverstellung besteht darin, daß die Änderungsabsichten nicht auf spezifische graphische Merkmale bzw. Merkmalskombinationen gerichtet sind, sondern die Schriftverstellung durch mehr oder minder globale Zielsetzungen bestimmt wird. Solche Leitvorstellungen können durchaus völlig wach bewußt sein und entsprechen damit nicht einer "diffusen Komplexverstellung", aber eben auch nicht einer Merkmalsverstellung. Hierzu gehören z.B. klar umrissene Vorsätze, wie entpersönlicht druckschriftlich oder akkurat-schulförmig zu schreiben (s. Abb. 29).

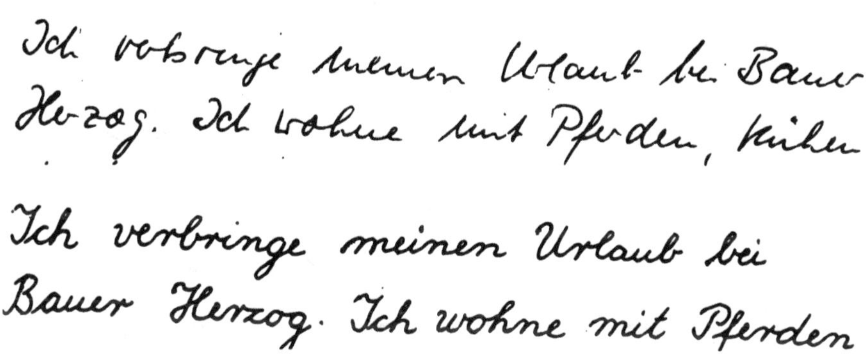

Abb. 29: Schriftverstellung durch akkurat-schulmäßiges Schreiben

Die – u.U. sehr zahlreichen – Merkmalsveränderungen in den verschiedenen graphischen Grundkomponenten ergeben sich damit automatisch. Sie müssen im Detail keineswegs bewußt gesteuert werden, sondern es wird auf Bewegungsmuster zurückgegriffen, die in mittleren und unteren Hirnzentren abgespeichert sind.

Vergleichsweise diffuser und weniger klar umrissen können andere leitbildartige Vorstellungen bei der Schriftverstellung sein, wie beispielsweise die allgemeinen Vorsätze, "grob-unbeholfen", "wie ein Kind". "nachlässig hingeschmiert", "wie eine alte, zittrige Person", "altmodisch verschnörkelt" oder "akkurat wie ein Buchhalter" zu schreiben. Von solchen Ansätzen zur Schriftverstellung besteht schließlich ein gleitender Übergang zu einer ganzheitlichen, fast künstlerisch zu nennenden Art der Verstellung, die mehr oder minder aus einem Guß erfolgt, und bei der der Schreiber in der Lage ist, ohne Reflexion auf Einzelmerkmale unterschiedliche Schriftcharaktere zu produzieren. Solche Schreiber gleichen Schauspielern, die im Sinne *Stanislawskijs* durch Einfühlung in ihre Rolle bis zur Identifikation agieren und nur noch zu einem ganz kleinen Teil ihr Verhalten bewußt steuern. *Busse* (1901/03) hat über einen solchen Handschriftenkünstler ausführlich berichtet. Abbildung 30 zeigt die Handschrift eines literarisch und schauspielerisch hoch begabten Studenten, der während einer Vorlesungsmitschrift seine Schrift in spielerischer Weise vielfältig variierte.

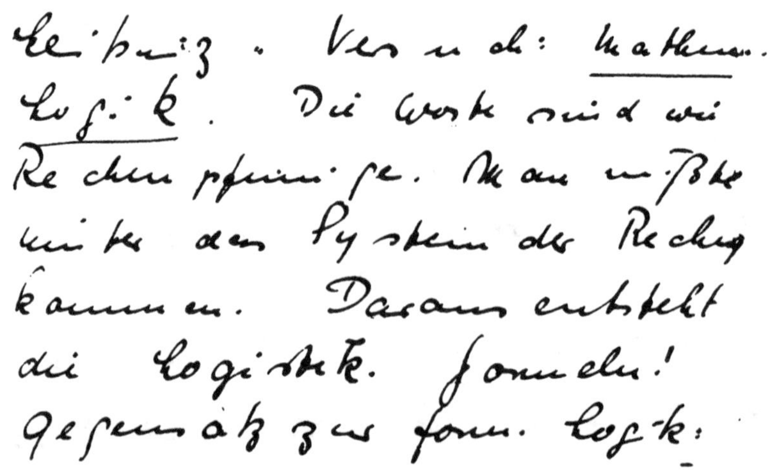

Abb. 30: Vergleichsschrift zu Abb. 31 bis 34: Übliche Schreibweise eines 23jährigen Studenten

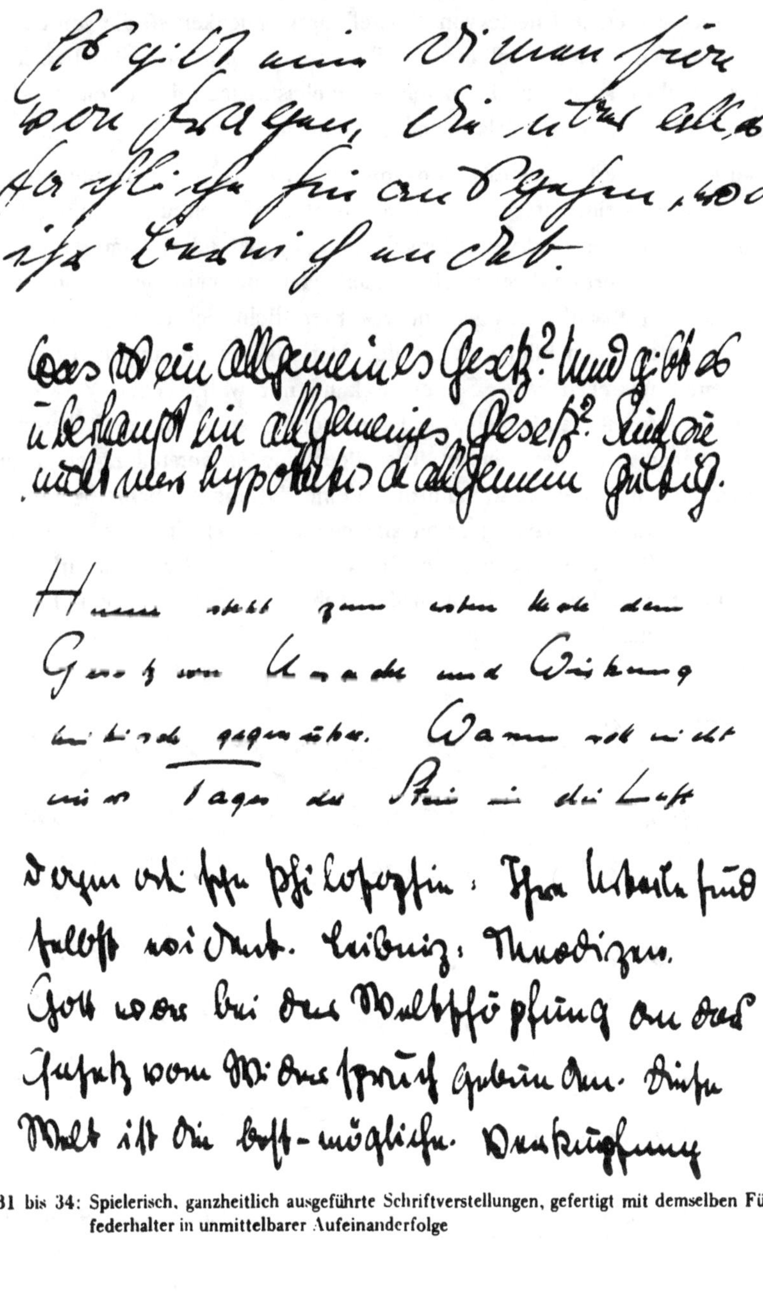

Abb. 31 bis 34: Spielerisch, ganzheitlich ausgeführte Schriftverstellungen, gefertigt mit demselben Füllfederhalter in unmittelbarer Aufeinanderfolge

Innerhalb der sogenannten Typus- oder Komplexverstellung findet man also eine nuancenreiche Palette von Verstellungsmöglichkeiten, die von einfachen, klar umrissenen Zielvorstellungen (z.B. akkurate, entpersönlichte Druckschrift) bis zu mehr oder minder kreativen Schreibleistungen reichen, die ganzheitlich in der Art eines Rollenspiels zustande kommen.

Man kann weiterhin keineswegs davon ausgehen, daß die genannten drei Gruppen von Verstellungstechniken, nämlich Herbeiführen ungewohnter Schreibbedingungen, Merkmalsverstellungen und Typus- oder Komplexverstellung, nur in reiner Form auftreten. Nach aller Erfahrung muß vielmehr mit den verschiedensten Mischformen gerechnet werden. Beim Schreiben mit der schreibungewohnten Hand können zusätzlich Merkmalsveränderungen vorgenommen werden, druckschriftliches Schreiben kann mit willkürlichen Veränderungen von Einzelformen einhergehen, oder es können sogar alle drei Grundformen miteinander verbunden werden: Die allgemeine Zielvorstellung einer kindlich unbeholfenen Schreibweise kann durch eine Haltung des Schreibgerätes in der Faust und durch Verstellung von allgemeinen Merkmalen oder Einzelformen wirkungsvoll unterstützt werden. Im Gegensatz zu den ganzheitlichen Produktionen sog. Handschriftenkünstler steht als anderes Extrem der Schriftverstellung die durch Kombination verschiedener Verstellungstechniken gleichsam "konstruierte Handschrift", für die Abbildung 37 ein Beispiel bietet.

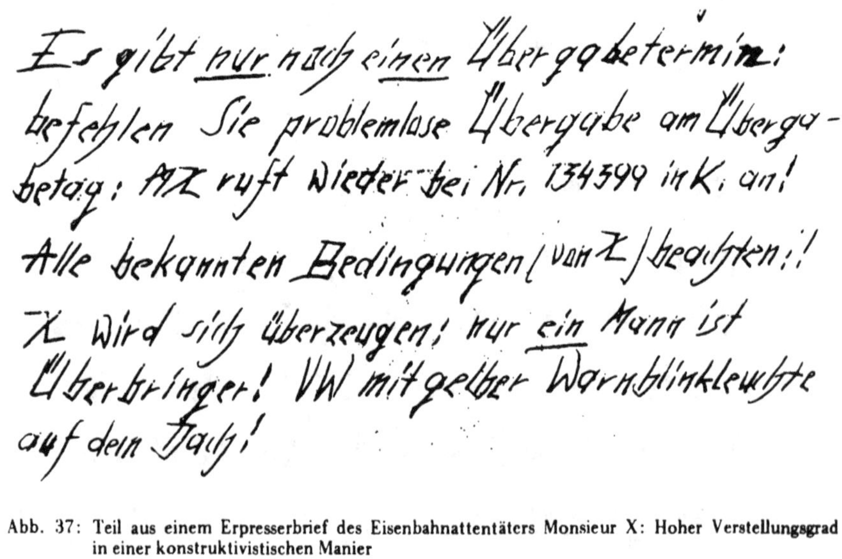

Es gibt nur noch einen Übergabetermin: befehlen Sie problemlose Übergabe am Übergabetag: MX ruft wieder bei Nr. 134599 in K. an! Alle bekannten Bedingungen (von X) beachten!! X wird sich überzeugen! nur ein Mann ist Überbringer! VW mit gelber Warnblinkleuchte auf dem Dach!

Abb. 37: Teil aus einem Erpresserbrief des Eisenbahnattentäters Monsieur X: Hoher Verstellungsgrad in einer konstruktivistischen Manier

Die Beispiele ließen sich nahezu beliebig vermehren. Sie machen noch einmal deutlich, daß Schriftverstellung nicht als ein in sich einheitlicher, nach bestimmten "Gesetzen" sich vollziehender Vorgang aufgefaßt werden kann. Schriftverstellung kann sich auf ganz verschiedenen Bewußtseinsebenen und -graden vollziehen. Die wach-bewußten Verstellungsintentionen können auf die Abänderung bestimmter graphischer Merkmale gerichtet sein, auf die Herbeiführung bestimmter ungewohnter Schreibbedingungen oder aber auf die Evokation einer besonderen inneren Einstellung gegenüber dem Schreibakt, auf die Übernahme einer bestimmten Rolle etc. Die Schriftverstellung kann dabei dominant klar-zielgerichtet sein, sie kann durch eine elementaristisch-konstruktivistische Vorgehensweise gekennzeichnet sein oder aber überwiegend durch eine gefühlsmäßig-ganzheitliche Einstellung usw. In jedem Falle sind nicht-gewollte Begleiterscheinungen zu erwarten, die jedoch teils lediglich Folge der Mechanik des veränderten Schreibvorganges sind, teils aber von den am Schreibvorgang beteiligten niedrigeren Hirnteilen gesteuert werden. Bei Schriftverstellung kann es sich also um ein äußerst komplexes Geschehen handeln, das sich ohne unzulässige Spezifikationen nicht auf ein einheitliches Modell reduzieren läßt.

3. Ältere Ansätze der Urheberidentifizierung bei Schriftverstellung

In der älteren Literatur wird die Urheberidentifizierung bei Schriftverstellung meist als das Hauptaufgabengebiet des Schriftsachverständigen dargestellt. Das "Entlarven" von Anonymschreibern gilt gar als die "Krönung" schriftsachverständiger Tätigkeit. In den letzten Jahrzehnten ist in zweifacher Hinsicht ein Wandel eingetreten. Zum einen wird der Schriftsachverständige in erheblich geringerem Maße mit der Untersuchung verstellter Schriftstücke beauftragt.

Dies hat seinen Grund wohl vor allem darin, daß ein öffentliches Interesse an der Verfolgung bei anonymen Briefschaften zunehmend nur noch bei besonders krassen und anhaltenden Beleidigungen sowie bei ernstzunehmenden Droh- und Erpresserbriefen bejaht wird. Weiterhin sind aber offenbar anonyme Handschreiben in ähnlichem Maße wie sonstige handgeschriebene Briefe zurückgegangen und durch Maschinenbriefe und Telefonate verdrängt worden. Es sei allerdings nochmals daran erinnert, daß nicht nur Anonymschreiben, sondern auch vielerei sonstige Schreibleistungen, die im Zusammenhang mit einer Straftat stehen, in verstellter Schrift gefertigt sein können.

Zum anderen hat sich – zumindest unter den jüngeren Schriftsachverständigen – gerade bei der Untersuchung von in verstellter Schrift geschriebenen Schreibleistungen ein zunehmen kritischeres Methodenbewußtsein herausgebildet. Dies dürfte nicht zuletzt das Verdienst der Arbeiten von *Pfanne* zu Fragen der Schriftverstellung sein (1954, 1958, 1963 b und 1971 a), die im folgenden noch ausführlicher zu diskutieren sein werden.

Eine Analyse von Schriftvergleichsgutachten von Vertretern älterer Schulen, insbesondere bestimmter graphologischer Provenienz, erbrachte als gravierendste Mängel (*Michel* 1981 c):

– Einbeziehung von graphologischen Deutungen in die Bewertung der Befunde,
– Ersatzbeweisführung durch sonstige fachfremde Überlegungen, insbesondere bei unergiebigem Schriftmaterial,
– Unsystematische und unvollständige Erhebung der graphischen Befunde,
– Einseitig von der Verstellungshypothese geleitete Befunderhebungen und -bewertungen.

Die unzulässige Vermengung von Graphologie und Schriftvergleichung wurde schon im Einleitungskapitel erörtert (s.S. 6 ff.). Besonders hingewiesen werden muß noch auf die beiden zuletzt genannten Mängel. Es muß nämlich ganz besonders vor solchen Gutachten gewarnt werden, in denen ohne Systematik Merkmalsanalogien aneinandergereiht werden (meist Ähnlichkeiten in der Formgebung einzelner Buchstaben), die die Urheberidentität beweisen sollen, während die Abweichungen pauschal mit Schriftverstellung erklärt werden. Auf diese Weise kann man zwischen sehr vielen Schriftpaaren eine scheinbare Urheberidentität unterstellen. Auch durch den allgemeinen Verweis auf die "Gesetze" der Ausdruckswissenschaft oder der Schriftvergleichung, die man gerade in solchen Gutachten oft antrifft, sollte man sich in keiner Weise beeindrucken lassen.

Es kann hier darauf verzichtet werden, einzelne ältere Ansätze zur Urheberidentifizierung bei Schriftverstellung zu erörtern, denen heute nur noch historische Bedeutung zukommt. Da aber in der einschlägigen Literatur (zuletzt *Wittlich* 1948 und *Deitigsmann* 1954) und auch in den Gutachten von Schriftsachverständigen auf die "ausdruckswissenschaftliche Fundierung" der Schriftvergleichung (bei Schriftverstellung) durch *Klages* Bezug genommen wird, müssen seine Beiträge zur Schriftvergleichung etwas ausführlicher diskutiert werden.

Ludwig Klages (1872 bis 1956), promovierter Chemiker, hat ein umfangreiches philosophisches und psychologisches Werk hinterlassen (Ges. Werke hg. v. *Frauchiger* et al. 1964 ff.). Er hat sich als wissenschaftlicher Außenseiter verstanden und ist es bis heute auch weitgehend geblieben. Gerade aber seine Arbeiten zur Ausdruckskunde und Graphologie haben bei seinen Anhängern ungewöhnlich nachhaltiges Echo gefunden. Es ist hier nicht der Ort, die Leistungen von *Klages* gar allgemein oder auch nur zur Ausdruckskunde und Graphologie zu werten (hierzu *Frauchiger* 1964 und *Groffmann* 1968), sondern hier stehen allein seine Beiträge zur Schriftvergleichung zur Diskussion.

Vorauszuschicken ist, daß *Klages* in der Praxis der Schriftvergleichung so gut wie gar nicht tätig gewesen ist und sich nach den für ihn unliebsamen Erfahrungen im Kracht-Prozeß 1905 völlig von dieser Arbeit zurückzog. Auch in seinen Publikationen hat er sich nur "im Vorbeigehen", wie er selbst schreibt, zu Fragen der Schriftvergleichung geäußert (*Klages* 1904-08, 1910, 1926 a und b und 1927). Es erscheint bemerkenswert, wie *Klages* selbst die von seinen Schülern immer wieder hervorgehobene "ausdruckswissenschaftliche Fundierung" der Schriftvergleichung beurteilt. 22 Jahre nach seiner ersten Publikation zur Schriftvergleichung stellt er in einem Vorwort zum Wiederabdruck seines Artikels "Psychologische Hilfsmittel der Schriftvergleichung" resignierend fest: "Die Fortschritte, die die gerichtliche Schriftuntersuchung seither zu verzeichnen hatte, liegen ausschließlich auf dem Gebiet der Phototechnik ..., während es niemandem gelungen ist, die *psychologischen* Hilfsmittel zu vermehren" (*Klages* 1926 b, S. 35). *Klages* hat sich später – außer in Randbemerkungen – nicht mehr zu Fragen der Schriftvergleichung geäußert. Schon vorher mußte er aber zugeben, "daß beinahe alle von uns hier namhaft gemachten Grundlagen der Schriftvergleichung leider zu den ungeschriebenen Paragraphen der Graphologie gehören ..." (*Klages* 1910, S. 27).

Von seinen Anhängern wird vor allem auf drei von ihm formulierte "Gesetze" verwiesen, von denen *Deitigsmann* noch 1954 – trotz gewisser Einschränkungen – behauptet, sie "sind und bleiben tatsächlich drei Grundpfeiler der wissenschaftlichen Schriftvergleichung"(1954, S. 65). *Klages* hat diese "Gesetze" erstmals 1910 formuliert und später in variierenden Fassungen nicht nur auf die ad hoc verstellte, sondern insbesondere auf die sog. "erworbene Handschrift" bezogen, d.h. auf dauerhaft willkürlich veränderte Schriften. Voll zu Recht und nachdrücklich hat *Pfanne* wiederholt darauf hingewiesen, daß schon in der Gleichsetzung von verstellter und "erworbener" Handschrift bei *Klages* und seinen Nachfolgern das entscheidende Mißverständnis liege. Bei "Erwerbungen" handelt es sich um dauerhafte Veränderungen der Handschrift mit dem Ziel einer leitbildlichen "Verschönerung" oder "Verbesserung", während Schriftverstellungen in der Regel ad hoc und mit der Absicht der Urheberschaftsverschleierung erfolgen. Den ganz andersartigen Zielsetzungen entsprechen unterschiedliche Techniken und Strategien bei "erworbener" und verstellter Handschrift.

Vor allem aber muß in aller Deutlichkeit klar gestellt werden, daß das, was *Klages* zur verstellten bzw. erworbenen Schrift formuliert hat, im wissenschaftstheoretischen Sinne in keiner Weise Gesetze darstellt. Ja sie stellen zum größeren Teil nicht einmal brauchbare Erfahrungsregeln dar. *Klages* beruft sich zwar auf die empirische Untersuchung zur Schriftverstellung von *G. Meyer* (1900), die er jedoch immer wieder völlig einseitig im Sinne seiner eigenen theoretischen Vormeinungen auswertet und interpretiert.

Die Untersuchung von *G. Meyer* über Schriftverstellung stellt für die damalige Zeit eine durchaus verdienstvolle empirische Arbeit dar. An heutigen Maßstäben gemessen, kann sie methodisch als kaum befriedigend bezeichnet werden. Um Aspekte der Schriftverstellung unter experimentellen Bedingungen erkunden zu können, ließ er 90 Personen einen ca. fünfzeiligen Satz beliebigen Inhalts zunächst in der gewohnten, dann in einer möglichst kalligraphischen Schrift schreiben. Des weiteren wurden 25 Personen veranlaßt, ihre Schrift jeweils willkürlich zu verändern, und zwar in bezug auf Schriftsystem (lateinisch vs. deutsch), Geschwindigkeit, Größe, Druckstärke, Weite, Längenverhältnisse, Bindungsform, Vereinfachung vs. Bereicherung, Neigungswinkel, Verbundenheitsgrad und Strichbeschaffenheit. Darüber hinaus wurden Schreibbedingungen variiert, nämlich Schreiben mit der linken (schreibungewohnten) Hand, mit der Faust, bei geschlossenen Augen, im Stehen, auf unterschiedlichen Papierformaten sowie mit verschiedenen Schreibfedern und Federstielen. – Er hat darüber hinaus die eingangs erwähnten 90 Personen aufgefordert, ihre Schrift (beliebig) so zu verstellen, daß ihre Urheberschaft nicht erkannt werden kann. Von weiteren Personen hat er sich mehrere Verstellungen sowie Schriftnachahmungen fertigen lassen. Leider hat er jedoch über die Auswertung dieses Materials, das von ganz besonderem Interesse gewesen wäre, nichts mehr berichtet.

Unbestreitbar kommt *Meyer* anhand seines recht schmalen und nicht streng systematisch ausgewerteten Schriftmaterials zu teilweise bemerkenswert scharfsinnigen Beobachtungen und Anregungen. Er selbst betont immer wieder das Vorläufige seiner Untersuchung und weist auf deutliche interindividuelle Unterschiede in Art und Ausmaß der Schriftverstellungen und der damit verbundenen Begleitveränderungen hin. – Obwohl die verdienstvollen Untersuchungen von *Meyer* in keiner Weise bereits geeignet waren, das gesamte, sehr komplexe Phänomen der Schriftverstellung zu erfassen (insbesondere blieben eben gerade die so wichtigen freien Schriftverstellungen unberücksichtigt), glaubte *Klages*, aus ihnen die folgenden "Gesetze" herleiten zu können.

1. Das Gesetz der Aufmerksamkeitsrichtung oder der periodischen Aufmerksamkeitsschwankungen.

Klages (Ges. Werke, Bd. 7, S. 467) führt hierzu aus: "Aus welchen Gründen auch immer jemand sich veranlaßt fühle, seine Schriftzüge dauernd umzugestalten, jedenfalls kann er nur diejenigen Eigenschaften abändern *wollen*, die ihm als abänderungsbedürftig *aufgefal-*

len sind". Diese Behauptung mag für die "erworbene Handschrift" zutreffen, sie gilt jedoch sicherlich nicht generell für die verstellte Handschrift, auf die sich *Klages* zunächst ausschließlich bezog (*Klages* 1910, S. 28). Er unterstellt damit einen hohen Reflexionsgrad gegenüber der Handschrift, der bei Laien bei einer willkürlichen Schriftverstellung in den meisten Fällen nicht gegeben ist. – Eher wird man ihm darin folgen können, daß die Aufmerksamkeit des Verstellers Schwankungen unterworfen sein kann, wodurch "Rückfälle" in die üblichen Schreibgewohnheiten möglich sind. Aber auch dies geschieht keineswegs in den von *Klages* postulierten "Gesetzmäßigkeiten". Es kann lediglich als allgemeine Faustregel gelten, daß "Rückfälle" in die gewohnte Schreibweise eher an wenig beachteten Teilen der Schrift zu erwarten sind als etwa an Wortanfängen, insbesondere Großbuchstaben.

2. Das Gesetz der Abwandlungs- oder Herstellungsschwierigkeit.

Klages (1910, S. 35) formuliert: "Eine Schrifteigenschaft wird um so schwieriger hergestellt, je weniger sie eine Expression des Willens ist." Es handelt sich bei diesem "Gesetz" um eine Unterstellung, die *Klages* aus seiner graphologischen Theorie abgeleitet hat, die aber inzwischen vor allem durch die empirischen Untersuchungen von *Pfanne* (1955 und 1971 a) für verstellte Schriften widerlegt ist. Bei dem Grad der Herstellungsschwierigkeit knüpft *Klages* zwar zunächst an die empirischen Befunde von *G. Meyer* an, aber die letzte Fassung der Skala der Herstellungsschwierigkeit (Ges. Werke, Bd. 7, S. 471) macht nur zu deutlich, daß diese sich möglicherweise auf die "erworbene Handschrift" beziehen kann, niemals aber auf Schriftverstellung. So werden "Ungegliedertheit" und "Unregelmäßigkeit", die gerade besonders häufige Kennzeichen verstellter Schriften sind, in der Skala als "schwer herstellbar" eingestuft.

Es sei nur noch darauf hingewiesen, daß außer *G. Meyer* (1900) auch *Schneickert* (1925), *Saudek* (1929), *B. Mueller* (1930) und *Wittlich* (1948) empirische Untersuchungen zur Schriftverstellung durchgeführt haben, um insbesondere "Stufenleitern der Herstellungsschwierigkeit" zu gewinnen. Es ist *Pfanne* (1971 a, S. 21 ff.) voll zuzustimmen, wenn er auf Mängel der Stichprobenauswahl, der Versuchsanordnung und der Auswertung bei diesen Untersuchungen hinweist. Da die Autoren auch nicht zwischen willkürlichen Veränderungen und Begleitveränderungen unterschieden haben, geben die Ranglisten genaugenommen überhaupt keine Information über die Herstellungsschwierigkeit, sondern nur darüber, mit welcher Häufigkeit verschiedene Merkmalsveränderungen in verstellten Handschriften auftreten. Eine Zusammenfassung der Untersuchungsergebnisse wird dadurch erschwert bzw. unmöglich gemacht, daß die Befunderhebungen offensichtlich sehr unterschiedlich erfolgten. Wenn man vorgreifend auch die Untersuchungen von *Bellavic* und *Pfanne* zu dieser Frage einbezieht, so läßt sich sagen, daß folgende Allgemeinverstellungen besonders häufig anzutreffen sind:

- Systemwechsel (früher: deutsche vs. lateinische Kurrentschrift; heute: Kurrentschrift vs. Druck- oder Blockschrift)
- Schulmäßigkeit (Schönschrift oder Unbeholfenheit)
- Reduktion (Vereinfachung oder Vernachlässigung)
- Amplifikation (Verschnörkelungen oder sonstige Erweiterungen).

Weiterhin werden folgende Einzelmerkmale am häufigsten von Schriftverstellungen erfaßt: Geschwindigkeit, Neigungswinkel, Schriftgröße, Schriftweite und Druckstärke.

Abschließend ist zum Thema "Herstellungsschwierigkeit" dreierlei auszuführen:

1. Jedes graphische Merkmal kann durch Schriftverstellung willkürlich oder unwillkürlich verändert werden.
2. Der Schwierigkeitsgrad der willkürlichen Schriftveränderungen variiert interindividuell beträchtlich. Abgesehen von der allgemeinen "Verstellungskunst" eines Schreibers kann die Veränderung eines bestimmten Merkmals oder Merkmalskomplexes für den einen Schreiber völlig problemlos, für den anderen recht schwierig sein.
3. Ebenso variieren die Begleitveränderungen interindividuell nach Art und Ausmaß erheblich (*G. Meyer* 1900, *Hampel* 1961, *Schneevoigt* 1961, *Riedel* 1965, *Rosowsky* 1965 und *Pfanne* 1971 a).

Für die praktischen Belange der Schriftvergleichung sind daher die "Stufenleitern der Herstellungsschwierigkeit" wenig hilfreich. Auch zur theoretischen Klärung des Phänomens der Schriftverstellung vermögen sie kaum Wesentliches beizutragen.

3. Das Gesetz der Begleitveränderungen.

Schon *Meyer* hatte in seiner Arbeit ausgeführt: "Ganz gewöhnlich treten bei Verstellungen, welcher Art sie auch sein mögen, neben der beabsichtigten Änderung einer oder mehrerer bestimmter Eigenheiten gleichzeitig solche an anderen Punkten auf, unbeabsichtigt und zum größten Teil überhaupt unbemerkt, welche ich *sekundäre Veränderungen* nennen möchte" (1900, S. 3). *Klages* schränkt diese außerordentlich wichtige Beobachtung jedoch völlig einseitig ein, wenn er später in "Handschrift und Charakter" formuliert: " Mit jeder gewollten Schriftumformung gehen ungewollt gewisse Nebenwirkungen einher, welche die gesteigerte Mühewaltung bezeugen, wie insbesondere Regelung des Gesamtgepräges, Häufung der Unterbrechungen und Steigerung des Nachdrucks"(Ges. Werke, Bd. 7, S. 471). – *Klages* unterstellt weiterhin einen "einheitlichen Grund dieser Nebenwirkungen", da "im Gemüt des Schriftverstellers der *Affekt des Wollens*" herrsche (1910, S. 38; im gleichen Sinne aber auch noch in Ges. Werke, Bd. 7, S. 471).

Wiederum werden *Klages*' Überlegungen völlig einseitig von bestimmten psychologisch-graphologischen Vormeinungen bestimmt, die ihn für Fakten blind werden lassen. Hätte sich *Klages* mit den differenzierten Beobachtungen von *G. Meyer* etwas intensiver beschäftigt, so müßte ihm deutlich geworden sein, daß die von ihm aufgestellten Behauptungen durch *Meyers* Datenmaterial nicht nur nicht gestützt, sondern zum größten Teil deutlich widerlegt werden.

Die angebliche "ausdruckswissenschaftliche Fundierung" der Schriftvergleichung durch *Klages* stellt ein geradezu klassisches Beispiel einer Überzeugungsgewinnung durch Berufung auf Autoritäten dar. *Klages* galt und gilt bei seinen Schülern und Anhängern vielfach als unumstrittene Autorität in Fragen der Ausdruckskunde und Graphologie. Nur so ist es erklärbar, daß über viele Jahrzehnte auch seine Ausführungen zur Schriftvergleichung, die sich zudem ausschließlich auf Schriftverstellung beziehen, für eine größere Anzahl von Schriftsachverständigen als "Grundpfeiler der wissenschaftlichen Schriftvergleichung" (*Deitigsmann* 1954, S. 65) galten und teilweise noch gelten, obwohl seine "Gesetze", wie ausgeführt wurde, zum größten Teil nicht einmal brauchbare Erfahrungsregeln darstellen.

Auch *Deitigsmann* (1954), der sich so gern als Vollstrecker des *Klages*schen Erbe auf dem Gebiet der Schriftexpertise ansieht, hat in seinem Buch nicht eine ausdruckswissenschaftliche Grundlegung der Schriftvergleichung vorgelegt. Er hat im Gegenteil durch die heillose Verquickung von Graphologie und Schriftvergleichung nur zu weiterer Verwirrung beigetragen, wie in Kapitel I bereits ausgeführt wurde (s. S. 7 f.). Eine weitere Auseinandersetzung mit der Arbeit von *Deitigsmann* lohnt sich nicht. Es sei jedoch noch einmal auf die scharfsinnige Kritik von *Pfanne* (1958, nachgedruckt in 1971 b) hingewiesen.

4. Pfannes Arbeiten zur Schriftverstellung

Die bislang umfangreichste und in vieler Beziehung zugleich sorgfältigste experimentelle Untersuchung zum Problem der Schriftverstellung hat *Pfanne* (1971 a) vorgelegt. Aufgrund seiner experimentellen Ergebnisse hat er zugleich die herkömmliche Methodik der Urheberschaftsermittlung von verstellten Schriften wesentlich ergänzt und teilweise grundlegend modifiziert. *Pfannes* Ansatz soll deshalb ausführlicher dargestellt und diskutiert werden.

Pfanne hat seine Untersuchungen in den Jahren 1949 bis 1959 durchgeführt. Ansatzweise ist seine Methodik schon in seinem Buch "Die Schriftexpertise" (1954) dargestellt, systematisch wird sie in einem Aufsatz von 1963 (b) entwickelt, und die umfangreiche Darstellung seiner Methodik und seiner Untersuchungsergebnisse erfolgt schließlich in seinem Buch "Handschriftenverstellung" (1971 a). – In einem Nachwort zu seinem Buch macht *Pfanne* auf die Arbeit von *Bellavic* (1948) aufmerksam, die ihm erst mehrere Jahre nach Abschluß seines Manuskriptes bekannt wurde. Es handelt sich um eine unveröffentlichte Habilitationsschrift für das Fach Kriminologie an der Universität Graz unter dem Titel "Die sekundären Veränderungen bei Schriftverstellung". Diese Arbeit ist in der Fragestellung und in manchen Einzelergebnissen der Untersuchung von *Pfanne* ähnlich. Allerdings ist *Bellavics* Stichprobe nicht nur bedeutend kleiner und einseitiger (78 österreichische Gendarmerie-Beamte) und enthält einige schwerwiegendere Mängel in der Auswertung, sondern zieht vor allem nicht die grundlegenden Konsequenzen für die Praxis der Schriftvergleichung wie man sie bei *Pfanne* findet. Die im Ansatz durchaus brauchbare und gegenüber *Pfanne* differenziertere Klassifizierung der Verstellungstechnik wurde bereits im vorhergehenden Abschnitt dargestellt. Auf eine weitere Diskussion der Arbeit von *Bellavic* kann jedoch im übrigen verzichtet werden.

Pfannes Resultate basieren auf Verstellungsexperimenten, die er mit einer annähernd repräsentativen Stichprobe von 590 Personen durchgeführt hatte. Es wurde jeweils ein einheitlicher Text diktiert, der zunächst in der gewohnten, dann in einer verstellten Schrift zu schreiben war. Die Verstellungstechnik wurde dabei ausdrücklich freigestellt. Eine befriedigende Motivation zu einer möglichst guten Verstellung ist offenbar erreicht worden, so daß sich der Autor auf ein Schriftmaterial stützen konnte, das ausreichende Praxisnähe aufweist.

Als erstes allgemeines Ergebnis seiner Untersuchungen stellt *Pfanne* seine bereits erwähnte These von der "diffusen Komplexverstellung" heraus, die er wie folgt definiert (1971 a, S. 80):

"Bei Schriftverstellungen ist sehr häufig, vermutlich sogar in der überwiegenden Mehrzahl aller Fälle die eigentliche Verstellungstechnik nicht wach-bewußt. Der Versteller hat in solchen Fällen nur eine höchst verschwommene Vorstellung davon, wie er seine Schrift verstellen will. Diese verschwommene Vorstellung ermöglicht es ihm, die Schriftverstellung, die dem äußeren Betrachter (und bei rückschauender Betrachtung zumeist auch dem Versteller selbst) als aus Einzelveränderungen zusammengesetzt erscheinen muß, während des Aktes ihrer Entstehung als eine Einheit aufzufassen und auszuführen. Diese Art der Verstellungstechnik nenne ich 'diffuse Komplexverstellung'."

In der Literatur zur Schriftverstellung ist vor *Pfanne* (mit Ausnahme von *Bellavic* [1948]) ausschließlich auf graphische Einzelmerkmale abgehoben worden. Es ist daher ein besonderes Verdienst von *Pfanne*, auf diesen häufiger anzutreffenden Typ diffus-ganzheitlicher Schriftverstellung hingewiesen zu haben. Wie jedoch im vorhergehenden Abschnitt schon dargelegt wurde, kann Schriftverstellung nicht generell mit "diffuser Komplexverstellung" gleichgesetzt werden. Es muß vielmehr mit einem wesentlich breiteren Spektrum von einzelnen und kombinierten Verstellungsstrategien gerechnet werden.

Das Kernstück der Arbeit von *Pfanne* stellt aber die besondere Beachtung der Bedeutung von "sekundären Veränderungen" im Sinne von *G. Meyer* (1900) dar, dessen Ansatz er – im Gegensatz zu *Klages* – in produktiver Weise weiterführt. Allerdings ist auch *Pfannes* Ansatz nicht ohne Probleme. *Pfanne* spricht von "nicht-gewollten Begleitänderungen", die er in "gemeinte" und "ungewollte Änderungen" untergliedert und den "gewollten Veränderungen" gegenüberstellt.

Unter "gewollten Veränderungen" versteht *Pfanne* (1971 a, S. 64) solche, "auf die sich die gewählte Verstellungstechnik richtet, mit denen sie arbeitet". – "Gemeinte Änderungen" definiert *Pfanne* (1971 a, S. 64) als solche, "auf die sich zwar die gewählte Verstellungstechnik nicht direkt richtet, die aber in dieser Verstellungstechnik 'mitgedacht' sind, die mit ihr besonders unmittelbar zusammenhängen, und zwar im Sinne einer inneren Zugehörigkeit, im Sinne einer Qualitätsbestimmung der gewählten Technik". Als Beispiel nennt *Pfanne* u.a. (S. 65 f.) den herabgesetzten Verbundenheitsgrad bei Schriftverstellung durch willkürliche Verwendung von Druckbuchstaben. – "Ungewollte Änderungen" sind schließlich solche, "die als unbeabsichtigte oder nicht einkalkulierte Begleiterscheinungen anderer Änderungen auftreten und vom Schreiber in der Regel überhaupt nicht wahrgenommen werden" (*Pfanne* 1971 a, S. 65).

Gewollte, gemeinte und ungewollte Änderungen unterscheiden sich nach *Pfanne* im wesentlichen durch den Grad der Bewußtseinsnähe: "Während die gewollten Änderungen – zumindest theoretisch – bewußt sind, sind die gemeinten bewußtseinsnah und die ungewollten – zumindest theoretisch – unbewußt oder besser: ungewußt" (*Pfanne* 1971 a, S. 65). – Diese Terminologie und die dahinterstehenden psychologischen Vorstellungen sind nicht ganz unproblematisch.

Im strengen Sinne können nur bei Merkmalsverstellungen und klar gerichteten Typusverstellungen gewollte Änderungen eindeutig definiert werden. Gerade aber bei der "diffusen Komplexverstellung", auf die *Pfanne* so betont abhebt, müßte man konsequenterweise nur von gemeinten und ungewollten Veränderungen sprechen. Ähnliches gilt für das willkürliche Herbeiführen ungewohnter Schreibbedingungen. – Andererseits kann man von einer geringeren Bewußtseinsnähe nur bei solchen Begleitänderungen sprechen, die tatsächlich durch niedrigere Hirnteile gesteuert werden, nicht aber nur eine mechanische Folge geänderter Schreibbedingungen sind. Vielleicht wäre in Anlehnung an *G. Meyer* eine neutralere Terminologie, die zwischen primären, sekundären und möglicherweise auch noch tertiären Veränderungen unterscheidet, vorzuziehen gewesen.

Dennoch wird man *Pfanne* grundsätzlich zustimmen können, wenn er aufgrund seiner Untersuchungsergebnisse ausführt: "Von den gewollten Veränderungen wird nur der rein äußere Eindruck der verstellten Schrift bestimmt. Die gemeinten und ungewollten Änderungen dagegen wirken in erster Linie auf die innere Struktur der Schrift, also auf dasjenige, an dem sich die Schriftvergleichung in erster Linie zu orientieren hat. Die gemeinten und ungewollten Änderungen sind quantitativ bedeutsamer und tiefergreifend, insgesamt also – was den Verstellungseffekt betrifft – wirkungsvoller als die gewollten Veränderungen" (1971 a, S. 95).

Ein weiteres wichtiges Untersuchungsergebnis von *Pfanne* betrifft die Tatsache, daß die nicht-gewollten Änderungen nicht nur von der Verstellungstechnik abhängen, sondern auch von der Ausgangsschrift. Im Gegensatz zu den Vermutungen von *Klages* konnte *Pfanne* empirisch nachweisen, "daß dieselbe gewollte Veränderung bei verschiedenen Schreibern verschiedene nicht-gewollte Änderungen nach sich ziehen kann..." (1971 a, S. 94). Die nicht-gewollten Begleiterscheinungen variieren also interindividuell, während sie aber offenbar intraindividuell – bei gleicher Verstellungstechnik und unter sonst gleichen Bedingungen – etwa nur im gleichen Maße variieren wie auch sonstige Schriftmerkmale. Allerdings steht der exakte Beweis der Reproduzierbarkeit, der durch Reliabilitätsuntersuchungen grundsätzlich geführt werden könnte, noch aus: "Wenn auch jede gewollte Schriftveränderung bei verschiedenen Menschen verschiedene nicht-gewollte Begleitänderungen haben kann, so spricht alles dafür und nichts dagegen, daß dieselbe gewollte Veränderung doch jedenfalls außerordentlich ähnliche nicht-gewollte Begleitänderungen hervorruft" (*Pfanne* 1971 a, S. 97).

Den breitesten Raum nehmen in *Pfanne*s Arbeit die Untersuchungen über die Wechselbeziehungen von Merkmalsänderungen ein. Er untersuchte systematisch, welche Änderungen bevorzugt gemeinsam auftreten und welche in der Regel nicht gepaart sind. Dabei ist allerdings zu beachten, daß das gehäufte gemeinsame Auftreten bestimmter Merkmale noch nicht im Sinne eines Kausalzusammenhanges interpretiert werden kann. Die zusätzlichen Überlegungen, die *Pfanne* jeweils anstellt, um eine Merkmalsbeziehung als "positiv-spezifisch" oder fehlende bzw. negative Zusammenhänge als "negativ-spezifisch" zu erklären, sind nicht immer zwingend. Dennoch können seine Tabellen durchaus praktische Hilfen bei der Schriftvergleichung geben: Verständlicherweise ist das gemeinsame Auftreten von Veränderungen, deren Paarung im allgemeinen sehr selten ist, bei einer konkreten Urheberidentifizierung wesentlich beweiskräftiger als Veränderungspaare, die allgemein häufiger zu erwarten sind. – Im Detail ist es freilich unmöglich, auf das außerordentlich umfangreiche Datenmaterial, das in der Arbeit von *Pfanne* enthalten ist, näher einzugehen. Eine sehr gute Zusammenfassung seiner Untersuchung zur Schriftvergleichung findet man in einem von ihm verfaßten Aufsatz (1963 b), der auch in *Pfanne*s Aufsatzsammlung wiedergegeben ist (1971 b).

Pfanne hat seine Untersuchung vor über 30 Jahren begonnen und vor ca. 20 Jahren abgeschlossen. Dieses Zeitintervall wird sowohl in inhaltlicher als auch in methodischer Hinsicht deutlich. Inhaltlich zeigt sich, daß er die Schriften von Personen untersucht hat, die eine Generation älter sind. Besonders auffällig ist, daß das Verstellungsmittel "Systemwechsel" (lateinische vs. deutsche Kurrentschrift) noch außerordentlich häufig verwendet wurde, nämlich in 53 % der Fälle, während heute Systemwechsel nahezu eine Rarität geworden ist. Statt dessen findet man jetzt weit häufiger Verstellungsversuche durch Verwendung der Druckschrift. Neben solchen ganz gravierenden Verschiebungen in den Verstellungsstrategien wird man vermutlich auch in anderen Merkmalen gewisse Verlagerungen zu erwarten haben, die aber wahrscheinlich von untergeordneter Bedeutung sind und den Wert der empirischen Befunde von *Pfanne* nicht grundsätzlich einschränken.

Methodisch würde man heute an die Erhebung und Auswertung der Daten wesentlich strengere Maßstäbe anlegen. Dennoch: Die ungeheuere Intensität, mit der hier ein einzelner Forscher gearbeitet hat, verdient uneingeschränkten Respekt. Es handelt sich um eine Untersuchung, die viele persönliche Züge trägt. Fragen der Objektivität und Reliabilität der Merkmalsregistrierung werden von *Pfanne* allenfalls am Rande behandelt. Probleme bereitet insbesondere die Frage, nach welchen Kriterien er zwischen gewollten, gemeinten und ungewollten Änderungen unterscheidet. Woran erkennt *Pfanne* beispielsweise, daß Schulmäßigkeit bei ca. 20 % der Schreiber "gewollt", bei anderen 20 % nur "gemeint" war? – Die statistische Auswertung stellt eine bewundernswerte Fleißarbeit dar, aber weist eine Reihe von Mängeln und Problemen auf. *Pfanne* sieht diese Probleme zum größten Teil selbst, aber es stand ihm einfach noch nicht die Technik zur Datenverarbeitung zur Verfügung, mit der heute die Einzelbefunde in größerer Präzision und zugleich mit weit geringerem Arbeitsaufwand hätten ausgewertet werden können. Dennoch vermute ich mit *Pfanne*, daß auch bei differenzierteren und teilweise sachangemesseneren statistischen Auswertungen keine grundsätzlich anderen Resultate zu erwarten wären.

Pfannes wichtigster und verdienstvollster Beitrag zur Schriftvergleichung ist sicherlich in seinen grundlegenden Anregungen zur Weiterentwicklung der Methoden der Urheberidentifizierung bei Schriftverstellung zu sehen. Sie stellen die Konsequenz seiner empirischen Untersuchungen dar und werden im folgenden Abschnitt des näheren darzustellen und kritisch zu diskutieren sein.

5. Konsequenzen für die Praxis

Die ältere Schriftvergleichung konnte für die Urheberidentifizierung bei Schriftverstellung im wesentlichen nur darauf verweisen, daß es einem Versteller meist nicht gelingt, seine Schrift vollständig willkürlich zu verändern. Insbesondere werden ihm durch Aufmerksamkeitsschwankungen "Rückfälle" in seine gewohnte Schrift unterlaufen. Die Aufgabe des Schriftsachverständigen wurde darin gesehen, diese Rudimente der gewohnten Schrift aufzuspüren, um so den Schrifturheber zu identifizieren. Geradezu dramatisch hat noch *Deitigsmann* (1954, S. 95) die entsprechende Vorgehensweise des Schriftsachverständigen geschildert:

> "Der Sinn der ganzen Vergleichung ist nun der, diese Hülle wegzuziehen, dem Schriftfälscher, diesem Schauspieler auf der Schriftbühne, seine Verkleidung wegzunehmen, ihm die Maske vom Gesicht zu reißen, also ihn im wahrsten Sinne des Wortes zu entlarven. Wir werden uns also nicht mit der bloßen Betrachtung der fälschenden und verstellenden Hülle als solcher begnügen, sondern wir werden zunächst einmal den Versuch machen, ob wir nicht Löcher in dieser Hülle erspähen können, durch die wir hindurchsehen, Ansatzpunkte, an denen wir die Verkleidungshülle lüften oder hinwegziehen können."*

Mit diesem Zitat wird zugleich auch die psychologisch zweifellos bedenkliche Situation des Sachverständigen deutlich, der mit dieser Einstellung an die Identifizierung einer (vermutlich) in verstellter Schrift gefertigten Schreibleistung herangeht. Bei einem Anonymschreiben, einem Erpresserbrief etc. hat jemand versucht, sich zu tarnen, sich unkenntlich zu machen. Nun kommt es gewissermaßen zu einem Kräftemessen zwischen dem vermeintlichen Urheber, einem schriftverstellenden Laien, und dem erfahrenen, gewieften Sachverständigen, der sich nichts vormachen lassen will. Wenn von vornherein eine Schriftverstellung vorausgesetzt wird, was übrigens des öfteren keineswegs sicher entschieden werden kann, so besteht die nicht unbeträchtliche Gefahr, daß alle Abweichungen unbeachtet bleiben, weil sie eben als Verstellungsmerkmale interpretiert werden, und nur eine einseitige "Jagd" auf Merkmalsentsprechungen unternommen wird, durch die sich der Verdächtigte angeblich doch verrät. Vor solchen "Gutachten" sei hier nochmals nachdrücklich gewarnt.

---

* Erläuternd ist hierzu anzumerken: *Deitigsmann* verwendet den Begriff "Schriftfälscher" als Oberbegriff für Fälscher und Versteller. Ziel seiner "Enttarnung" ist übrigens nicht die schlichte Identifizierung des Schreibers, sondern *Deitigsmann* will so (graphologisch) zu dessen "wahrer Wesensart" vordringen.

Getreu dem von *Pfanne* wiederholt und mit Nachdruck vertretenen Grundsatz, daß man "nur Vergleichbares miteinander vergleichen darf" (so z.B. 1971 b, S. 42), führt er zur Urheberidentifizierung bei Schriftverstellung aus: "Die in der Schriftexpertise leider weit verbreitete Ansicht, man könne verstellte Schriften mit unverstellten Vergleichsschriften dadurch vergleichen, daß man in der verstellten Schrift von den gewollten Veränderungen absieht, also gewissermaßen aus der verstellten Schrift die unverstellte rekonstruiert, diese Ansicht läßt sich nicht halten" (*Pfanne* 1971 b, S. 75).

Pfanne schlägt statt dessen eine Untersuchung in drei Etappen vor. Die Urheberidentifizierung soll zunächst mit einem Vergleich zwischen der fraglichen Schrift und einer unbefangen entstandenen Vergleichsschriftprobe des Verdächtigten beginnen, wobei die Frage zu stellen ist: Wie müßte der Verdächtigte seine Schrift verstellt haben, wenn er der Schreiber des fraglichen Schriftstücks gewesen wäre? Zuweilen kann schon in diesem Stadium der Ausschluß eines Verdächtigten möglich sein; im übrigen geht es darum, die "fiktive Verstellungstechnik" zu ermitteln.

Zentrale Bedeutung kommt dann der Schriftprobenabnahme zu: "Aufgabe der Schriftprobenabnahme ist es, den Verdächtigten zu veranlassen, experimentell diejenigen Verstellungstechniken anzuwenden, die er angewendet haben müßte, wenn er der Urheber der fraglichen Schrift gewesen wäre. War er es tatsächlich, dann werden bei der Schriftprobenabnahme dieselben oder doch jedenfalls ganz ähnliche Begleitänderungen eintreten, die beim Originalakt der Schriftverstellung eingetreten sind. War der Verdächtigte nicht Urheber der fraglichen Schrift, dann wird seine Schrift andere Begleitänderungen aufweisen"(*Pfanne* 1971 b, S. 86). – Erst anhand dieses Vergleichsschriftmaterials soll dann in die systematische schriftvergleichende Analyse eingetreten werden.

Pfannes Methode der Urheberidentifizierung bei Schriftverstellung erscheint unmittelbar plausibel und klar. Sie enthält aber auch eine Reihe von praktischen und grundsätzlichen Problemen, die hier zumindest kurz aufgezeigt werden sollen.

Ein banales praktisches Problem kann darin bestehen, daß der Verdächtigte zur Abgabe von Schriftproben nicht bereit ist, und zwar entweder überhaupt nicht oder nicht nach gezielten Anweisungen. Das ist sein Recht, das man auch durch fragwürdige moralische Appelle nicht einschränken soll und darf.

Unter solchen Voraussetzungen sowie in Fällen, in denen aus anderen Gründen keine brauchbaren, gezielt erhobenen Schriftproben beschaffbar sind, stellt sich die grundsätzliche Frage, ob eine Begutachtung überhaupt noch vertretbar erscheint. *Pfanne* würde diese Frage in der Regel sicherlich verneinen. Demgegenüber würden einige andere Schriftsachverständige die Auffassung vertreten, daß sie eine Handschriftenverstellung auch so "durchschauen" können und hierzu ohnehin keine gezielt erhobenen Schriftproben benötigen. – Prinzipiell ist *Pfannes* Grundposition zu folgen, daß man nur Vergleichbares miteinander vergleichen kann. Man sollte diese Forderung indes nicht so eng interpretieren, daß eine verstellte fragliche Schrift ausschließlich mit einer gleichartig verstellten Vergleichsschrift verglichen werden könnte. Vielmehr kann es ja nach Art und Grad der Verstellung im Einzelfall vertretbar sein, eine Vergleichung mit Schreibleistungen in der gewohnten Handschrift vorzunehmen, vorausgesetzt, daß im übrigen die einschlägigen Anforderungen an die Vergleichbarkeit gegeben sind (wie gleiches Schriftsystem, gleichartiges Schreibgerät, ausreichend naher Entstehungszeitpunkt etc.). Allerdings wird man in solchen Fällen mit Einschränkungen im Wahrscheinlichkeitsgrad der Aussagen zu rechnen haben. Zuweilen werden sich nur noch Vermutungen äußern lassen, in anderen Fällen wird man auch auf diese verzichten müssen.

Es stellt sich die grundsätzliche Frage: *Dürfen* solche gezielten Schriftproben abgenommen werden? Rechtliche Bedenken im Hinblick auf § 136 a StPO scheinen nicht unmittelbar zu bestehen (hierzu auch *Pfanne* 1964). Auch die in Anhang B wiedergegebenen kriminalpolizeilichen "Richtlinien für die Beschaffung von Schriftproben" sehen unter Abschnitt 4.4.4 solche Schriftproben nach gezielten Anweisungen vor. Demgegenüber fordert z.B. *Schima* (1974, S. 127): "Die Schriftprobenabnahme soll bei aller Anpassung der äußeren Schreibumstände an die der strittigen Schrift eine möglichst weisungsfreie und ungehinderte Entfaltung des Schreibers zum Ziel haben ... Mit so umfangreichen Aufträgen, wie sie *Pfanne* fordert, gerät man in bedenkliche Nähe des nachahmenden Abschreibens der strittigen Unterschrift, eine Konsequenz, die zu vertreten wohl niemand bereit wäre." – Dieser Kritik kann nicht ohne weiteres gefolgt werden. Es soll keineswegs beispielsweise durch die Anweisung, linksschräg oder streng schulmäßig zu schreiben, etwa direkt eine Übereinstimmung mit der fraglichen Schrift bewiesen werden, sondern es soll vielmehr geprüft werden, ob sich bei einer solchen veränderten Schreibweise die gleichen ungewollten Begleitveränderungen ergeben.

Viel problematischer erscheint die Frage: *Kann* man überhaupt durch gezielte Anweisungen bei der Schriftprobenabnahme die Bedingungen reproduzieren, die mutmaßlich bei der Entstehung der fraglichen Schreibleistung gegeben waren? Die erste Vorfrage ist nämlich, wie kann der Sachverständige verläßlich zwischen gewollten und nicht-gewollten Veränderungen differenzieren? In Fällen von Merkmals- und eindeutigen Typusverstellungen stellen sich üblicherweise keine Probleme. Gerade aber bei "diffusen Komplexverstellungen" kann es außerordentlich schwierig, wenn nicht unmöglich sein, die gewollten Änderungen klar herauszustellen, da die Verstellungstechnik in sich mehr oder minder "verschwommen" sein kann. Von *Pfanne* (1971 a, S. 374 ff.) wird dieses Problem durchaus gesehen, aber wohl doch etwas unterschätzt.

Selbst aber wenn eine solche Differenzierung möglich ist, bleibt es fraglich, ob bei komplexeren Verstellungsstrategien eine ausreichende Annäherung an die mutmaßlichen Entstehungsbedingungen erreicht werden kann, beispielsweise durch – wie dies *Pfanne* empfiehlt – den "Versuch einer Addition der einzelnen Verstellungselemente" oder den Versuch, "die einzelnen Elemente der Verstellungstechnik zu trennen"(1971 a, S. 382). Es muß zumindest in schwierigeren Fällen fraglich bleiben, ob eine experimentelle Reproduktion der für den Originalakt der Schriftverstellung kennzeichnenden Merkmalskonfigurationen und insbesondere der damit verbundenen nicht-gewollten Begleitveränderungen überhaupt möglich ist.

Pfanne vertritt weiterhin die Auffassung, daß primär die übliche Schrift des Schreibers ("Ausgangsschrift") und die von ihm gewählte Verstellungstechnik eine Rolle spielen und "alle sonstigen, insbesondere situationsbedingten und psychischen Momente neben diesen beiden Faktoren von untergeordneter Bedeutung" sind (1971 a, S. 97). Auch in diesem Punkt müssen Zweifel angemeldet werden. Es ist keineswegs ungewöhnlich, daß z.B. Anonymschreiben in besonderen Affektzuständen (wie Wut oder sexuelle Erregung) oder unter Alkoholbelastung gefertigt werden. Weiterhin ist zu berücksichtigen, daß der Schreiber möglicherweise in Verstellungsabsicht besondere Schreibbedingungen herbeigeführt hat. Kurzum: Teilweise kennen wir weder die inneren und äußeren Entstehungsbedingungen der fraglichen Schreibleistung zureichend noch könnten sie durch entsprechende Anweisungen oder sonstige *legale* Maßnahmen reproduziert werden.

Eine weitere Problematik ergibt sich aus den situationsspezifischen Bedingungen der Schriftprobenabnahme selbst. Sicherlich führt in jedem Falle gerade die gezielte Erhebung von Schriftproben für den Schriftprobengeber zu einer qualitativ andersartigen affektiven Lage und zu einer bewußt auf den Schreibakt konzentrierten Haltung, die ihrerseits mit nicht-gewollten, situationsspezifischen Begleitänderungen im Vergleichsmaterial einhergehen können. – Endlich muß immer damit gerechnet werden, daß der Schriftprobengeber aus (berechtigter oder unbegründeter) Furcht, als der verdächtigte Schrifturheber identifiziert zu werden, den Versuch einer Verstellung unternimmt bzw. vorgibt, den Anweisungen nicht folgen zu können.

Kurzum: Es gibt vielfältige Probleme, die einer adäquaten experimentellen Reproduktion der vermuteten Verstellungsstrategien und Schreibbedingungen entgegenstehen können. Der Verfasser muß allerdings gestehen, daß er bei den vielen Schriftprobenabnahmen noch nie die ungeheuere Geduld aufgebracht hat, die *Pfanne* offenbar erwartet und praktiziert, wenn er schreibt, daß für ihn Schriftprobenabnahmen von vier oder fünf Stunden Dauer keine Seltenheit seien. Er führt hierzu weiter aus: "Die Frist, innerhalb derer die einzelnen Verdächtigten 'mürbe' werden, ist sehr verschieden, aber 'mürbe' werden sie nach meiner bisherigen Erfahrung schließlich alle, wenn man nur die nötige Geduld aufbringt" (1971 a, S. 380 f.).

Um es noch einmal in aller Deutlichkeit zu sagen: Mit den vorstehenden kritischen Anmerkungen zu *Pfannes* Methode der Urheberidentifizierung bei Schriftverstellung sollte keineswegs diese grundsätzlich in Frage gestellt werden. Sie stellt vielmehr, wo immer sie anwendbar ist, die wissenschaftlich am besten abgesicherte Methode zur Untersuchung verstellter Schriften dar, da sie auf vage Hypothesen über Verstellungskunst und Unaufmerksamkeiten des Schriftverstellers verzichten kann. Es sollten aber auch die Grenzen dieses Verfahrens deutlich gemacht werden. Bei hochgradiger komplexer Verstellung oder bei völliger Entpersönlichung der Handschrift kann die Schriftvergleichung an prinzipielle Grenzen gelangen. In solchen Fällen muß der Sachverständige auch den Mut zu einem non liquet haben.

Erfreulicherweise kann man aber aus der Praxis der Schriftvergleichung berichten, daß nur bei einem kleineren Teil von zu untersuchenden, in verstellter Schrift gefertigten Schreibleistungen eine völlige Verfremdung gelungen ist, die sich auch durch entsprechende Schreibversuche nicht wieder reproduzieren läßt. Viele Personen sind offenbar nicht imstande oder halten es auch gar nicht für erforderlich, die Möglichkeiten einer Schriftverstellung voll auszuschöpfen. Sie begnügen sich vielmehr mit relativ vordergründigen Schriftveränderungen.

Zum Teil sind aber auch von der Sache her Einschränkungen für eine Schriftverstellung gegeben. Dies gilt z.B. für Pseudonymschreiber; wenn sie auf die Glaubwürdigkeit ihres Pseudonyms Wert legen, muß ihre Schrift einen "normalen" Eindruck machen. Dies gilt aber auch für andere Schreibleistungen, die im Zusammenhang mit Straftaten hergestellt werden, wie beispielsweise die Ausfüllung von entwendeten Scheckformularen, die Erstellung von handschriftlichen Bescheinigungen, die Ausfüllung von Meldeformularen etc.

Auch wenn es in solchen Fällen vergleichsweise wesentlich einfacher sein kann, gezieltes Vergleichsschriftmaterial zu erheben, so wird der tatsächliche Urheber des fraglichen Schriftstücks nur relativ selten solche Vergleichsschriftproben liefern, die die Untersuchung durch den Sachverständigen nahezu überflüssig machen. In der Regel ist eine gründliche Schriftvergleichung auch beim Vorliegen gezielter Schriftproben unumgänglich. Diese wird nach wie vor ihr Augenmerk auch auf sog. Rückfälle in die gewohnten Schreibbewegungen richten. Dabei ist allerdings zu beachten, daß keineswegs jede Verstellungsentgleisung einen "Rückfall" darstellt.

Der Nachweis der Schrifturheberschaft bei Schriftverstellung ist ein Indizienbeweis, für den drei Regeln gelten:

1. Eine einzelne Merkmalsgemeinsamkeit zwischen fraglicher Schrift und Vergleichsschrift beweist überhaupt nichts und sei sie auch scheinbar noch so individuell. Es kommt auch nicht allein auf eine möglichst große Anzahl von Entsprechungen an, sondern auf eine möglichst spezifische Konfiguration solcher Merkmalsgemeinsamkeiten.

2. Die Beweisführung muß aber genauso gewissenhaft zur negativen Seite abgesichert sein. Schon eine einzige *unerklärbare* Diskrepanz kann gegen eine Urheberidentität sprechen, auch wenn sich im übrigen noch so viele Entsprechungen feststellen lassen.

3. Darüber hinaus gibt es aber immer eine Anzahl von Befunden, die weder für noch gegen die Annahme einer Urheberidentität sprechen. Ist ihre Anzahl groß, so ist besondere Vorsicht bei einer Bejahung der Urheberidentität geboten, denn oft handelt es sich bei diesen fraglichen Schriften um solche, die von relativ vielen Personen geschrieben sein könnten.

IX. DAS GUTACHTEN

1. Aufbau des Gutachtens

Sowohl nach der ZPO als auch nach der StPO kann eine mündliche oder eine schriftliche Begutachtung angeordnet werden. In der Praxis werden Schriftvergleichsgutachten in den allermeisten Fällen zunächst schriftlich erstattet. – Äußerst selten bezieht sich das Beweisthema nur auf allgemeine wissenschaftliche Erkenntnisse und Erfahrungssätze in ihrem abstrakten Inhalt. In der Regel ist vielmehr ein konkretes Schriftmaterial zu begutachten. Nur dieser Fall soll bei den folgenden Ausführungen berücksichtigt werden.

Das Gutachten, das nach der Durchführung der Untersuchung zu erstatten ist, unterscheidet sich nicht grundsätzlich von anderen wissenschaftlichen Berichten über eine empirische Untersuchung. Es muß dementsprechend Fragestellung, Untersuchungsmaterial, Methoden, Befunde und Schlußfolgerungen darstellen. Ein wesentlicher Unterschied ist nur durch die Tatsache gegeben, daß der Adressat des Gutachtens nicht ein anderer Fachwissenschaftler, sondern ein Laie ist, den der Sachverständige durch seine fachkundigen Feststellungen zu unterstützen hat. Ein Gutachten muß also grundsätzlich so abgefaßt sein, daß es für den Empfänger verständlich und damit verwertbar ist. Es ist auch auf dem Gebiet der Schriftvergleichung keineswegs einfach, Befunde und Schlußfolgerungen so darzustellen, daß ein Nichtfachmann sie kritisch nachvollziehen kann, ohne dabei in Gefahr zu geraten, entweder in seiner Darstellung allzu breit zu werden oder aber in unzulässiger Weise zu simplifizieren. Das Gericht oder ein anderer Gutachtenempfänger sollten sich keineswegs scheuen, den Sachverständigen zu einer klaren und verständlichen Ausdrucksweise anzuhalten; sie sollten sich nicht mit "Fachchinesisch" abspeisen lassen.

So sehr inhaltlich Schriftvergleichsgutachten auch je nach Fragestellung variieren können, so hat sich doch im formalen Aufbau – wie auch in anderen Bereichen des Sachverständigenwesens – ein gewisser Standard herausgebildet. Das Gutachten soll mit der präzise formulierten Fragestellung beginnen. Wie an anderer Stelle schon dargelegt (s. S. 106 f.), ergibt sich das Beweisthema leider nicht immer eindeutig aus dem Beweisbeschluß. Läßt sich auch aus dem übrigen Akteninhalt nicht die genaue Fragestellung ableiten, sollte der Sachverständige vor Untersuchungsbeginn mit dem Auftraggeber das Beweisthema spezifizieren.

Sodann wird das Schriftmaterial, das der Untersuchung zugrunde gelegt wurde, so aufzulisten sein, daß es damit verwechslungsfrei gekennzeichnet ist und die Entstehungsbedingungen erkennen läßt (s. S. 103 f.). Des weiteren sind die Anknüpfungstatsachen darzulegen, die der Sachverständige seiner Begutachtung zugrunde gelegt hat, insbesondere also die Informationen über die tatsächlichen, vermuteten oder behaupteten Entstehungsbedingungen der Schreibleistungen (s. S. 104 ff.). Die ausdrückliche Benennung solcher Anknüpfungstatsachen ist auch deshalb wichtig, weil diese bei einem Strafverfahren in die Hauptverhandlung eingeführt werden müssen. In einem Zivilverfahren wird das Gericht zu prüfen haben, inwieweit es die Anknüpfungstatsachen, die dem Gutachten zugrunde gelegt wurden – und damit auch das Gutachten – ganz oder teilweise verwerten darf. Völlig überflüssig, ja unsinnig ist es aber, in das Gutachten auch Aktenauszüge allgemeiner Art aufzunehmen, wie dies zuweilen getan wird. – Ein Abschnitt über "Materialkritik", die hier ebenfalls schon ausführlicher erörtert wurde (s. S. 107 ff.), schließt sich an.

Die eigentliche Begutachtung beginnt mit der Darstellung von Methoden und Befunden der Untersuchung, wobei meist zwischen der physikalisch-technischen Prüfung und der schriftvergleichenden Analyse im engeren Sinne getrennt wird. Das Gutachten schließt mit einer zusammenfassenden Bewertung der Befunde und den Schlußfolgerungen in bezug auf die Fragestellung. Diese zentralen Teile des Gutachtens sollen uns in den nächsten beiden Abschnitten noch etwas ausführlicher beschäftigen.

2. Darstellung der Methoden und Befunde

Gerade in diesem Gutachtenteil findet man in der Praxis die größte Variationsbreite in Umfang und Art der Darstellung. Solche Unterschiede sind nur zum Teil sachlich durch verschiedenartige Fragestellungen oder auch im Hinblick auf das Untersuchungsergebnis gerechtfertigt. Zum anderen Teil handelt es sich lediglich um unterschiedliche Usancen der Schriftsachverständigen, die zugleich auch grundsätzliche Probleme sowie Mißstände deutlich machen.

Allgemein sollte der Umfang des Gutachtens durch die Maxime bestimmt sein: So knapp wie möglich, so ausführlich wie nötig! In der Praxis findet man zwei Extremvarianten, die gegen diesen Grundsatz verstoßen. Es sind dies zum einen die Gutachten, die auf eine Darstellung von Methoden und Befunden gänzlich verzichten und lediglich das Ergebnis mitteilen.

Die Erstattung solcher Kurzgutachten oder gutachtlichen Äußerungen kann in einzelnen Fällen durchaus sachlich vertretbar sein. Wenn sich z.B. für den Sachverständigen, der in einem Ermittlungsverfahren tätig wird, eindeutig ergibt, daß die fragliche Schreibleistung nicht von dem Verdächtigten herrührt, kann auf eine eingehende Darstellung und Diskussion der Einzelbefunde durchaus verzichtet werden.

Wenn aber das Gericht die Gründe darzulegen hat, die dafür maßgeblich sind, daß das Gutachten als Entscheidungsgrundlage herangezogen oder zurückgewiesen wird, so muß es das Gutachten würdigen können. Das Gericht kann sich aber nicht mit einem Gutachten auseinandersetzen, das nur die Ergebnisse, nicht aber Methodik und Befunde der Untersuchung erkennen läßt.

Zuweilen wird nun argumentiert, daß die Erstattung von Kurzgutachten weniger zeitaufwendig sei, und die Befunddarstellung im mündlichen Gutachten vor Gericht erfolgen könne. Dieser Auffassung kann aus mehreren Gründen nicht gefolgt werden. Das Argument der Arbeitsökonomie ist wenig überzeugend. Am weitaus zeitaufwendigsten ist nämlich die Untersuchung selbst. Wurde eine gründliche und systematische Erhebung der Befunde vorgenommen, so ist es für einen routinierten Schriftsachverständigen keine erhebliche zeitliche Mehrbelastung, diese Befunde auch in dem schriftlichen Gutachten darzustellen. Diese schriftliche Niederlegung des Befundbildes stellt aber zugleich für den Sachverständigen selbst wie für seinen Auftraggeber eine Kontrolle dar, daß die Untersuchung wirklich gründlich und vollständig erfolgte; es handelt sich also um eine Art "Rechenschaftsbericht". – Endlich aber können solche Kurzgutachten vom Gericht in aller Regel nur dann verwertet werden, wenn sie durch den Sachverständigen mündlich erläutert worden sind. Gerade aber bei Zivilverfahren und – unter eng begrenzten Voraussetzungen – auch bei Strafverfahren kann bei Gutachten, die für sich selbst sprechen, auf eine Anhörung des Sachverständigen verzichtet werden. Der Zeitaufwand kann durch die spätere Vertretung des Gutachtens vor Gericht im nachhinein nur noch größer werden, und zwar nicht zuletzt auch deshalb, weil sich der Sachverständige ohne ausformuliertes Gutachten in der Regel mit deutlich größerem Aufwand in die früher erhobenen Untersuchungsbefunde wieder einarbeiten muß.

Das andere Extrem sind überaus umfangreiche und weitschweifige Gutachten, die durch vielerlei "Beiwerk", wie Aktenauszüge, allgemeine Erörterungen über Wert und Unwert der Schriftvergleichung und Graphologie etc., "angereichert" werden und in ermüdender Umständlichkeit die Untersuchungsbefunde darlegen.

Es ist sicherlich kein Zufall, daß die zu kurzen Gutachten am häufigsten von Behörden erstattet werden, und die zu langen am häufigsten von freiberuflichen Schriftsachverständigen stammen. Manche Behördengutachter möchten offenbar vor allem möglichst viele Vorgänge erledigen. Manche freiberufliche Sachverständige scheinen darauf angewiesen zu sein, ihre Begutachtungsfälle weidlich "auszuschlachten".

Es gibt schließlich noch eine dritte, besonders unerfreuliche Variante von Gutachten, die die Mängel der beiden dargestellten Extreme in sich vereinigt. In solchen Gutachten findet man nämlich einerseits sehr ausführliche allgemeine Darlegungen über Schriftvergleichung, die zuweilen überhaupt keine Relevanz für den speziellen Begutachtungsfall haben, und andererseits fehlt eine ausreichende Darstellung der Befunde der Untersuchung, von der im wesentlichen nur das Ergebnis mitgeteilt wird. Dieses Verfahren ist für den Sachverständigen offensichtlich ebenso bequem wie es gegebenenfalls auch einträglich sein kann. Durch die Verwendung von Standardtexten kommt er zu einem scheinbar gewichtigen Gutachten, das sich erst bei näherem Hinsehen als weitgehend aussageleer erweist.

Ganz sicherlich lassen sich, um das noch einmal zu betonen, keine Normen für einen optimalen Gutachtenumfang aufstellen, da er fallspezifisch ganz erheblich variieren kann. Aber der Umfang des Gutachtens sollte eben tatsächlich fallangemessen sein und nicht durch die Neigungen des Sachverständigen zu Bequemlichkeit oder Weitschweifigkeit oder gar durch seinen Erwerbssinn bestimmt sein.

Welche Informationen zur Methodik sollen in einem Schriftvergleichsgutachten enthalten sein? Zunächst zur physikalisch-technischen Untersuchung: Hier sind in der Regel die angewendeten Verfahren zu nennen, damit der Fachmann beurteilen kann, ob im konkreten Falle die sich bietenden Möglichkeiten voll ausgeschöpft wurden. Der Gutachter sollte aber auch selbst mitteilen, ob möglicherweise noch zusätzliche Verfahren zur Klärung des Beweisthemas bekannt sind, die aber dem Sachverständigen nicht zur Verfügung stehen oder für die er gar nicht kompetent ist. Dagegen wird es im Normalfall völlig überflüssig sein, die Arbeitsweise der einzelnen Verfahren und ihre physikalischen Grundlagen zu erörtern. Dies wird nur dann nötig sein, wenn sich der Sachverständige nicht routinemäßig verwendeter Techniken der Urkundenuntersuchung bedient. Im übrigen kann ein Hinweis auf einschlägige – möglichst leicht erreichbare – Literatur ausreichen.

Es kann auch nicht Aufgabe eines Gutachtens sein, generell in die Grundlagen der Schriftvergleichung einzuführen. Einige Sachverständige unternehmen solche Versuche, jedoch habe ich noch in keinem einzigen Falle eine brauchbare und überzeugende Darstellung gefunden. Weder in einigen Absätzen noch in einigen Seiten lassen sich die allgemeinen Grundlagen und Methoden einem Laien so vermitteln, daß ihm damit eine bessere Beurteilungsgrundlage für die Aussagen des Gutachtens gegeben würden. Solche "Blitzkurse" in

Sachen Schriftvergleichung können allenfalls ein ganz oberflächliches Wissen vermitteln, das dem beurteilenden Nichtfachmann nur eine scheinbare Sicherheit geben kann. Zur allgemeinen Einführung in die Schriftvergleichung muß auf die einschlägige Literatur verwiesen werden. Im Gutachten sind normalerweise nur fallspezifische Besonderheiten der Methodik zu erörtern. Grundsätzlichere, fallspezifische Auseinandersetzungen wird man im übrigen primär in "Obergutachten" finden.

Bei der Darstellung der Befunde der physikalisch-technischen Untersuchung sollte sich der Sachverständige auf solche Feststellungen beschränken, die zur Klärung des Beweisthemas direkt oder indirekt etwas beitragen können. Statt langer Ausführungen über alle möglichen Beobachtungen und Messungen, die sich als irrelevant erwiesen, genügt die schlichte Formulierung: "Im übrigen konnten keine verwertbaren Befunde erhoben werden".

Den breitesten Raum wird im Gutachten in der Regel die Darstellung der Befunde der schriftvergleichenden Analyse einnehmen. Grundsätzlich muß dabei unterschieden werden zwischen Gutachten, die zu dem Ergebnis der Unechtheit bzw. der Nichtidentität kommen und solchen, in denen die Echtheit bzw. Urheberidentität festgestellt wird. Im ersten Fall kann es durchaus genügen, die Merkmalsdiskrepanzen herauszustellen, die mit der Annahme der Echtheit bzw. Urheberidentität unvereinbar sind.

So wäre es z.B. völlig unsinnig, bei einer Unterschrift, die auf dem Wege einer indirekten Pausfälschung zustande gekommen ist, im Detail die Merkmalsgemeinsamkeiten mit der Zeichnungsweise des Namenseigners herauszustellen. Durch die Art der Herstellung müssen notwendigerweise solche Entsprechungen in Merkmalen der Formgebung, der vertikalen und horizontalen Ausdehnung etc. gegeben sein. Dies gilt auch – wenngleich mit Einschränkungen – für andere Nachahmungsfälschungen. – Wird jemand zu Unrecht als Anonymschreiber verdächtigt, ist es ebenfalls ausreichend, die unerklärbaren Diskrepanzen zwischen der fraglichen Schrift und dem Vergleichsmaterial herauszuarbeiten, und es wäre müßig, daneben auf beweisunerhebliche Ähnlichkeiten hinzuweisen.

Der Nachweis der Echtheit bzw. der Urheberidentität bei Schreibleistungen kann dagegen prinzipiell nur durch lückenlose Befunderhebungen geführt werden. Hier darf der Sachverständige nicht einzelne, besonders markant erscheinende Merkmalsentsprechungen herausgreifen und behaupten, daß diese "schon für sich allein genommen" die Urheberidentität beweisen. Es müssen vielmehr in der strengen Systematik, wie sie in Kapitel IV (s. S. 78 ff.) grundsätzlich dargestellt ist und in Anhang D praktisch erläutert wird, alle für die Schriftvergleichung relevanten Befunde erhoben werden.

Ergibt sich innerhalb dieses hierarchisch gegliederten Analyseprozesses, daß alle graphischen Merkmale in ihrer durchschnittlichen Ausprägung wie in ihrer allgemeinen und systematischen Variabilität keinerlei Divergenzen zwischen fraglicher Schrift und Vergleichsschrift aufweisen, so kann sich im Einzelfall selbstverständlich die Frage stellen, wie differenziert die gesamten Befunde darzustellen sind. Bei einem solchen völlig eindeutigen Befundbild wird in manchen Fällen eine geraffte Befunddarlegung ausreichen, die erkennen läßt, daß bei der systematischen vergleichenden Analyse innerhalb der einzelnen Grundkomponenten nur Entsprechungen, nicht aber irgendwelche Diskrepanzen festgestellt werden konnten, die Zweifel an einer Urheberidentität begründen könnten.

Manche Schriftsachverständige pflegen solche knapperen, zusammenfassenden Darstellungen exemplarisch durch einige Einzelbefunde anzureichern, die besonders augenfällig sind, insbesondere durch Verweise auf charakteristische Einzelformen. Solche Hinweise werden erfahrungsgemäß vom Gericht auch als besonders hilfreich empfunden und gern in die Urteilsbegründung aufgenommen (um der stereotypen Formulierung von den "überzeugenden Ausführungen des Sachverständigen" etwas mehr Überzeugungskraft zu verleihen). – Vor dieser Praxis muß aber mit aller Entschiedenheit gewarnt werden. Denn gerade die besonders offensichtlichen Entsprechungen sind von geringster Beweiskraft. Wenn also der Sachverständige seine allgemeine Befunddarstellung exemplarisch ergänzen möchte, dann sollte er dabei die Aufmerksamkeit speziell auf solche Detailmerkmale richten, die üblicherweise bei einer Nachahmung oder Verstellung unbeachtet bleiben (Merkmale der Feinstruktur von Strichbeschaffenheit, Druckgebung oder Bewegungsführung, typische Variabilitäten und Verlaufsmerkmale etc.).

In vielen anderen Fällen wird aber ohnehin eine detailliertere systematische Befunddarstellung unerläßlich sein. Der Grad der Differenziertheit wird sich an der speziellen Problemstellung zu orientieren haben. In jedem Falle werden aber diejenigen Merkmale besonders zu erörtern sein, die in der fraglichen Schrift (scheinbar) aus der Variationsbreite der Vergleichsschrift herausfallen. Bei solchen Abweichungen wird die Frage zu beantworten sein, ob sie durch bedingungsspezifische Unterschiede zwischen den Schreibleistungen erklärt werden können.

Zu diskutieren sind noch diejenigen Gutachten, die zu einem non liquet oder Aussagen mit einem nur geringen Wahrscheinlichkeitsgrad gelangen. Unproblematisch sind die Fälle, bei denen für den Sachverständigen von vornherein offensichtlich ist, daß das Schriftmaterial zu unergiebig ist, um verbindlichere Aussagen zuzulassen. Hier wird er sich auch bei der Begutachtung ohne weiteres kurzfassen können und sollen. – Wesentlich problematischer können indes jene Untersuchungsaufträge sein, bei denen auch nach besonders intensiver schriftvergleichender Analyse kein eindeutig interpretierbares Befundbild gewonnen werden kann.

Es sind dies die Fälle, die in der Praxis ohnehin besonderen Verdruß bereiten können: Der Sachverständige hat viel Arbeit investiert, ohne ein handfestes Ergebnis vorweisen zu können. Der Auftraggeber zweifelt (völlig unberechtigt!) an der Fachkunde des Sachverständigen und beanstandet gegebenenfalls die (durchaus berechtigte!) Höhe seiner Kostenrechnung. Um weiteren Ärger zu vermeiden, sollte man in solchen Fällen vor der Gutachtenerstattung die Situation mit dem Auftraggeber durchsprechen. Dabei sollte man klären, ob eine ausführliche Darstellung und Diskussion aller Befunde, die für und gegen eine mögliche Urheberidentität sprechen, gewünscht wird oder ob eine zusammenfassende Befunddarlegung und die Mitteilung des Ergebnisses für ausreichend erachtet werden.

Endlich ist noch die Frage zu erörtern, inwieweit das schriftliche Gutachten durch Demonstrationsmaterial zu ergänzen ist. In Betracht kommen dabei fotografische Dokumentationen und Handskizzen des Gutachters. – Es muß deutlich der Auffassung widersprochen werden, daß einem Schriftvergleichsgutachten in jedem Fall ein solches Demonstrationsmaterial beigegeben werden muß. Dies ist nur dann zweckmäßig oder erforderlich, wenn dadurch zusätzliche Informationen vermittelt oder die verbalen Darlegungen dadurch sinnvoll verkürzt werden können.

Die Lichtbildtafeln mancher Schriftsachverständiger bringen keineswegs eine Informationsvermehrung, sondern können vielmehr gerade zur Einengung des Blickfeldes des Gerichtes beitragen. Dies gilt in besonderem Maße für solche Tafeln, bei denen lediglich ausgeschnittene einzelne Buchstaben aus fraglicher Schrift und Vergleichsschrift gegenübergestellt werden. Bei einer einigermaßen geschickten Auswahl von Einzelbuchstaben kann auf diese Weise an ein und demselben Material wahlweise dessen Urheberidentität oder Nichtidentität demonstriert werden. – Aber auch bei anderen Lichtbildtafeln, die mit vielfältigen Ziffern, Hinweispfeilen, Einkreisungen, Unterstreichungen und sonstigen Markierungen versehen sind, kann sich selbst der Fachmann zuweilen kaum noch zurechtfinden. Daß übrigens solche Kennzeichnungen keinesfalls auf den Originalen der Schriftstücke angebracht werden dürfen, sei hier noch einmal ausdrücklich angemerkt.

Fotografische Reproduktionen sind zweifellos angezeigt zur Dokumentation von Befunden der physikalisch-technischen Untersuchung. Es handelt sich nämlich dabei um die Sichtbarmachung von Befunden, die mit dem bloßen Auge in den meisten Fällen überhaupt nicht wahrnehmbar sind. – Zur Ergänzung und Veranschaulichung der Befunde der schriftvergleichenden Analyse sind primär Vergrößerungen von Interesse, durch die Feinheiten in graphischen Details (besser) sichtbar gemacht werden können.

Zur Verdeutlichung von bestimmten Bewegungsabläufen (vor allem bei Bewegungsinkonsequenzen) können ebenfalls Vergrößerungen nützlich sein, in die die Bewegungsrichtungen durch Pfeile markiert werden. – Oft noch anschaulicher können aber von Hand gefertigte Schemaskizzen solche charakteristischen Bewegungszüge verdeutlichen, wobei es gar nicht um fotografische Treue geht, sondern um das Herausarbeiten einer bestimmten Bewegungsführung oder -richtung in schematischer Vereinfachung. Durch solche Schemaskizzen können graphische Befunde oft wesentlich prägnanter als durch umständliche Verbalisierungen dargestellt werden. – Allgemein ist abschließend noch einmal zu betonen, daß Demonstrationsmaterial nicht die Inspektion der Originalschriftstücke ersetzen, sondern nur ergänzen sollte.

3. Bewertung der Befunde und Schlußfolgerung

Es ist wiederholt gefordert worden, Darstellung und Bewertung der Befunde klar zu trennen. Im Gutachten sollten demgemäß zunächst alle Merkmalsentsprechungen und -abweichungen dargestellt werden, ehe dann in eine Diskussion des Gesamtbefundbildes eingetreten wird. Dies entspricht der üblichen wissenschaftlichen Darstellungsweise bei empirischen Untersuchungen. Sie kann auch bei Schriftvergleichsgutachten vielfach sinnvoll und zweckmäßig sein, vor allem dann, wenn das Befundbild einheitlich und in sich widerspruchsfrei ist.

Ist das Befundbild jedoch inhomogen, so kann sich eine solche Darstellung als schwerfällig und umständlich erweisen. Werden zunächst Merkmalsentsprechungen und -abweichungen, die sich durch die systematische Analyse ergeben haben, kommentarlos aufgeführt, müssen sie danach bei der bewertenden Diskussion alle noch einmal aufgegriffen werden, um darzulegen, welche Entsprechungen tatsächlich für Urheberidentität sprechen, und welche Abweichungen identitätsverneinende Bedeutung haben oder durch besondere Schreibumstände erklärt werden können, welcher Beweiswert den einzelnen Befunden zukommt, welche als beweisneutral zu betrachten sind etc. Es kann in solchen Fällen zweckmäßiger sein, direkt an die Darstellung eines Befundkomplexes (z.B. nach Darstellung der Befunde innerhalb einer graphischen Grundkomponente) eine kurze Diskussion anzuschließen, die die Bedeutung der Befunde für die Fragestellung deutlich macht, ohne damit freilich dem Gesamtergebnis schon vorzugreifen.

Einzelne Sachverständige haben sogar vorgeschlagen, stets bei jedem einzelnen Merkmal (jede Aufbaueigenschaft und jede Einzeleigentümlichkeit im Sinne von *Pfanne* 1954) "ausdrücklich anzugeben, welchen Wertgrad der Befund hat und warum eine andere Bewertung nicht in Frage kommt" (*Pfanne* 1954, S. 114). Konsequent angewendet, führt allerdings eine solche Praxis zu einer im Regelfall sicherlich nicht mehr vertretbaren enormen Ausweitung des Gutachtens. – Auch einer weiteren, älteren Empfehlung von *Pfanne* zur Befundbewertung kann nicht gefolgt werden. Zur Kennzeichnung des positiven oder negativen Identifizierungswertes schlägt *Pfanne* (1954, S. 153 f.) eine von 0 bis 3 reichende Skala vor. Eine solche Quantifizierung von isolierten und letzten Endes willkürlich aufgespaltenen Einzelbefunden ist nach eigener Auffassung in vielen Fällen überhaupt nicht möglich oder aber stellt eine mehr oder minder willkürliche Einschätzung dar. Die numerische Darstellung verleitet zu der Annahme einer Exaktheit und Sicherheit, die tatsächlich keineswegs gegeben ist.

In anderen Fällen kann es angebracht sein, bei der Befund*darstellung* im Gutachten partiell von der Systematik abzuweichen, die in diesem Buch für die Befund*erhebung* entwickelt wurde. Grundsätzlich kann also ein zu starrer Gutachtenaufbau gerade bei der Darstellung und Diskussion der Befunde nicht empfohlen werden. Vielmehr sollten fallbezogen Darstellungsweise und Gliederung so gewählt werden, daß größtmögliche Übersichtlichkeit und optimale Kürze erreicht werden können, die dem späteren Leser den Einstieg in die spezifische Problemstellung erleichtern.

So kann es z.B. zweckmäßig sein, zunächst auf Merkmalsabweichungen einzugehen, die sich aus einer gemeinsamen Ursache (wie Alkohol- oder Krankheitseinflüsse, zunehmenden Altersabbau etc.) erklären lassen, ehe dann die Merkmalsgemeinsamkeiten systematisch dargestellt werden. – Bei einer gefälschten Unterschrift kann es umgekehrt angebracht sein, voran auf die globale Ähnlichkeit mit der authentischen Zeichnungsweise des Namenseigners einzugehen, um dann die Diskrepanzen aufzuzeigen, die beweiskräftig für die Unechtheit der fraglichen Unterschrift sprechen.

Neben einer möglichen Einzelbewertung von Befundkomplexen muß in einem Gutachten stets eine Gesamtbewertung des Befundbildes enthalten sein. Bei dieser zusammenfassenden Bewertung wird noch einmal zu prüfen sein, ob sich das fragliche und das zum Vergleich zur Verfügung stehende Schriftmaterial als quantitativ und qualitativ ausreichend ergiebig erwiesen hat, oder ob sich irgendwelche Einschränkungen für die Untersuchungsmöglichkeiten ergeben haben. Es wird zu diskutieren sein, ob das Befundbild aus der physikalisch-technischen Untersuchung und der schriftvergleichenden Analyse in sich geschlossen und widerspruchsfrei ist und inwieweit herausfallende Befunde auf bestimmte (bekannte oder vermutete) innere oder äußere Schreibbedingungen zurückgeführt werden können oder aber als Fälschungs- bzw. Verstellungssymptome anzusehen sind. Endlich wird darzulegen sein, inwieweit das Befundbild als ausreichend spezifisch und vielgliedrig anzusehen ist. – Bei einem nach Art und Umfang ergiebigen Schriftmaterial, hinreichenden Informationen über relevante Anknüpfungstatsachen und einem eindeutigen Befundbild kann diese Diskussion recht kurz sein. In anderen Fällen können wesentlich differenziertere Erörterungen erforderlich sein.

Die Schlußfolgerungen in bezug auf das Beweisthema sollen schließlich ebenso klar wie knapp formuliert sein. Dazu gehört auch, daß der Sachverständige deutlich macht, mit welcher Sicherheit er die Fragestellung beantworten kann. – Die damit angeschnittene Frage "Sicherheit und Wahrscheinlichkeit der Schlußfolgerungen von Schriftvergleichsgutachten" ist gerade in jüngster Zeit von Schriftexperten sehr ausgiebig und aspektenreich erörtert worden (*Schima* 1977, *Conrad* 1978, *Lamp'l* 1979, *Nissen* 1979 a und b sowie 1980, *Ockelmann* 1979 b, *Schubert & Weiß* 1979).

Es kann und soll an dieser Stelle nicht noch einmal die große Vielfalt der Diskussionsbeiträge und Lösungsvorschläge erörtert werden. Zudem zeigte auch eine abschließende Diskussion auf dem IV. Mannheimer Symposion für Schriftvergleichung (zusammenfassend referiert in den Mannheimer Heften für Schriftvergleichung 1980, 6, 17-32), daß die praxisrelevante Quintessenz – gerade in Anbetracht des theoretischen Höhenfluges mancher Beiträge – eher etwas trivial ist. Es sollen daher im folgenden nur noch die Fragen diskutiert werden, die sich in der Praxis am häufigsten bei der Kommunikation zwischen dem Schriftsachverständigen und seinen Auftraggebern stellen.

Sieht man von der Möglichkeit einer partiellen Urheberschaft einer Person an einem Schriftstück, wie sie z.B. bei einer Schreibhilfe gegeben ist, sowie von anderen speziellen Fragestellungen ab, so kommen nur die Alternativen der Identität oder Nichtidentität der Schrifturheber (bzw. der Echtheit oder Unechtheit) in Betracht. Aus dieser Tatsache wurde gelegentlich (so z.B. *Blank* 1964) die absurde Konsequenz gezogen, der Schriftsachverständige müsse sich dementsprechend aufgrund seiner Untersuchungsbefunde klar für die eine oder andere Alternative entscheiden, da es eine dritte Möglichkeit nicht gebe. Eine solche Argumentation übersieht völlig den Unterschied zwischen Realität und Erkenntnismöglichkeit dieser Realität, der in allen Bereichen empirischer Wissenschaften gegeben ist. Im konkreten Falle können daher wegen geringer Spezifität des Befundbildes oder wegen sonstiger Informationsmängel nur Wahrscheinlichkeitsaussagen oder gar ein non liquet möglich sein.

Die Schlußfolgerungen eines Schriftvergleichsgutachtens stützen sich zwar auf objektiv erhebbare Befunde, die nach wissenschaftlichen Prinzipien bewertet werden können. Wie in jede wissenschaftliche Interpretation gehen aber in die Befundbewertung auch subjektive Momente ein. Es lassen sich dementsprechend keine numerisch bestimmbaren Wahrscheinlichkeiten für das Zutreffen der Schlußfolgerungen angeben. Es ist daher auch durchaus umstritten, ob der Sachverständige Schätzungen seiner Gewißheit in zahlenmäßiger Form, meist in Prozentangaben, geben soll. Mit Recht sind solche Angaben immer wieder als Pseudoexaktheit kritisiert worden. – Es soll dabei nicht verkannt werden, daß auch die verbal formulierten Wahrscheinlichkeitsaussagen offensichtlich in recht unterschiedlicher Bedeutung verwendet bzw. aufgefaßt werden.

Eine empirische Untersuchung von *Conrad* (1978) hat gezeigt, daß der Verständigungsprozeß zwischen den an der richterlichen Urteilsfindung direkt und indirekt beteiligten Personen in dieser Hinsicht in stärkerem Maß beeinträchtigt sein kann. Es ergab sich nämlich, daß zwischen Sachverständigen, Richtern und Laien (einschließlich Laienrichtern) deutliche gruppenspezifische Unterschiede in den Assoziationen numerischer Irrtumswahrscheinlichkeiten zu verbalen Wahrscheinlichkeitsbegriffen bestehen. Noch gravierender dürfte sich aber die Tatsache auswirken, daß auch innerhalb der Gruppen keineswegs mit einheitlichen Begriffsinterpretationen gerechnet werden kann. Vielmehr zeigen sich auch von Sachverständigem zu Sachverständigem sowie innerhalb der Gruppe der Richter und der der Laien erhebliche Auffassungsunterschiede.

Sicherlich könnte die Kommunikation zwischen dem Sachverständigen und dem Gutachtenempfänger dadurch erleichtert werden, wenn man sich allgemein auf bestimmte Formulierungen für verschiedene Wahrscheinlichkeitsgrade verständigen könnte. Am häufigsten werden – nicht nur bei Schriftvergleichsgutachten – folgende Wahrscheinlichkeitsgrade verwendet:

- Mit an Sicherheit grenzender Wahrscheinlichkeit
- Mit hoher (großer) Wahrscheinlichkeit
- Mit Wahrscheinlichkeit
- Non liquet (unentscheidbar).

Umstritten war vor allem die Frage, ob in einzelnen Fällen nicht auch eine Schlußfolgerung "mit Sicherheit" abgegeben werden könne (so z.B. *Pfanne* 1954 oder *Schima* 1977; eingeschränkt jedoch *Schima* 1981 b). Wenn mit der Formulierung "mit an Sicherheit grenzender Wahrscheinlichkeit" – in Übereinstimmung mit der höchstrichterlichen Rechtsprechung – gemeint ist, daß kein vernünftiger Zweifel an der Richtigkeit des Ergebnisses möglich ist, so ist nicht einzusehen, warum dann in einzelnen Fällen mit der Formulierung "mit Sicherheit" ein offenbar noch höherer Gewißheitsgrad ausgedrückt werden soll. In empirischen Wissenschaften gibt es keine absolute Gewißheit, und deshalb sollte man sich hier generell bei gutachterlichen Schlußfolgerungen auf den Ausdruck "mit an Sicherheit grenzender Wahrscheinlichkeit" als höchsten Wahrscheinlichkeitsgrad beschränken.

Manche Schriftsachverständige verwenden auch noch einige Zwischengrade, wie "mit sehr hoher Wahrscheinlichkeit" oder " unentscheidbar, aber eher ..." etc. Die gegenseitige Verständigung kann sicherlich dadurch erleichtert werden, daß der Sachverständige ausdrücklich die Wahrscheinlichkeitsgrade nennt, mit denen er üblicherweise seine Schlußfolgerungen formuliert. Eine solche Mitteilung der zugrunde gelegten Beurteilungsskala ist sicherlich eine nützlichere Interpretationshilfe als irgendwelche Prozentangaben über die "Wahrscheinlichkeit" (gar noch mit Angaben hinter dem Komma!), die nur eine Scheingenauigkeit vortäuschen.

Im übrigen lassen sich für die richterliche Urteilsbildung die Schlußfolgerungen des Gutachters auf drei Kategorien reduzieren. Ergebnisse, die mit höchstem Wahrscheinlichkeitsgrad formuliert sind, besagen, daß der Sachverständige keinen begründeten Zweifel an der Schrifturheberidentität bzw. -nichtidentität hat. In solchen Fällen kann für das Gericht das Schriftvergleichsgutachten auch alleinige Beweisgrundlage für eine Verurteilung bzw. entscheidender Entlastungsbeweis sein. (*Peters* 1972 und *Lange* 1980 stehen mit ihrer gegenteiligen Auffassung weitgehend allein; hierzu *Schima* 1981 b.) Wird das Schriftvergleichsgutachten unter diesen Voraussetzungen als Entscheidungsgrundlage abgelehnt, so wird dies das Gericht in der Regel überzeugend zu begründen haben.

Ein Non-liquet-Gutachten liefert demgegenüber keinerlei direkte Entscheidungsgrundlage; es ist beweisneutral. – In die dritte Kategorie fallen schließlich die Gutachten, die nur mit einem mehr oder minder höheren Wahrscheinlichkeitsgrad abgegeben werden. Es ist dabei letztlich unmaßgeblich, wie der Gutachter den Wahrscheinlichkeitsgrad, den er unterstellt, verbalisiert (in diesem Sinne auch *Schubert & Weiß* 1979). Entscheidend ist vielmehr, daß der Sachverständige damit zu erkennen gibt, daß für ihn Zweifel an der Richtigkeit der Schlußfolgerungen verblieben sind. Als alleinige Entscheidungsgrundlage wird daher in der Regel ein solches Gutachten nicht ausreichen können.

4. Das mündliche Gutachten

Wie einleitend in diesem Kapitel ausgeführt wurde, wird der Schriftsachverständige durch das Gericht selten ausschließlich mit der Erstattung eines mündlichen Gutachtens beauftragt, obwohl dies nach den Prozeßordnungen ohne weiteres möglich wäre. Gelegentlich wird allerdings vom Schriftsachverständigen erwartet, daß er in eine bereits angelaufene Hauptverhandlung noch rasch einspringt und direkt vor dem Gericht Schriftmaterial begutachtet und sich dazu äußert. Ein solches Procedere ist aus wissenschaftlicher Sicht in aller Regel nicht vertretbar.

Es kann auf diesem Wege allenfalls eine Vorprüfung möglich sein, durch die geklärt werden kann, ob eine Stellungnahme zu dem Beweisthema überhaupt grundsätzlich möglich erscheint, welche weiteren Voraussetzungen für eine stichhaltige Begutachtung gegeben sein müßten, in welcher Frist das Gutachten erstattet werden kann usw. – Dringend zu warnen ist vor scheinbar souveränen Sachverständigen, die in solchen Situationen ihr "fachkundiges Auge" auf das Schriftmaterial werfen und in Kürze die gewünschten Informationen parat haben.

In Strafprozessen wird der Schriftsachverständige in vielen Fällen sein schriftliches Gutachten im Ermittlungsverfahren erstattet haben; soll ein solches oder auch in einem späteren Verfahrensstadium erstattetes schriftliches Gutachten in die Hauptverhandlung eingeführt werden, so muß es der Sachverständige – von wenigen in §§ 251 und 256 StPO geregelten Ausnahmefällen abgesehen – mündlich vor Gericht erstatten. – In Zivilverfahren kann der Sachverständige nach § 411 Abs. 3 ZPO aufgefordert werden, ein bereits schriftlich erstattetes Gutachten vor Gericht zu erläutern. Er wird sich dabei zumeist allgemein auf sein schriftliches Gutachten beziehen und primär zusätzliche Fragen des Gerichts und der Parteien zu beantworten haben. – Wurde ein ausführlich begründetes schriftliches Gutachten erstattet, wird es in vielen Fällen auch in Strafverfahren angemessen sein, den Inhalt des Gutachtens zunächst in geraffter Form darzustellen, um es – soweit erforderlich – dann im Detail zu erläutern und für zusätzliche Fragen der Prozeßbeteiligten zur Verfügung zu stehen. Eine wörtliche Verlesung des schriftlichen Gutachtens ist zwar möglich, sicherlich in den meisten Fällen aber nicht erwünscht.

Allgemein möchte man empfehlen, daß von der mündlichen Anhörung des Schriftsachverständigen, sofern diese nicht ohnehin zwingend vorgeschrieben ist, möglichst weit Gebrauch gemacht werden sollte. Es können dadurch nicht nur die sachlichen Ausführungen im Gutachten transparenter werden, sondern es wird zugleich weitere Gelegenheit gegeben, sich von der Sachkunde und der persönlichen Eignung des Sachverständigen zu überzeugen. Wegen der in Kapitel II dargestellten besonderen Probleme sollten das Gericht und die Prozeßbeteiligten keine Scheu haben, den Schriftsachverständigen auch nach seiner Qualifikation zu befragen (Ausbildung, Fortbildung, praktische Erfahrung etc.).

ANHANG A

SCHULSCHRIFTVORLAGEN IN DEUTSCHLAND

Wie in Kapitel III schon allgemein ausgeführt wurde, ist die Kenntnis der Schulschriftvorlage, nach der ein Schreiber unterrichtet wurde, erforderlich, um bestimmen zu können, welche graphischen Eigenheiten schreiber- und welche nur vorlagenspezifisch sind. Es wurde jedoch auch schon darauf hingewiesen, daß die alleinige Kenntnis dieser Schulvorlagen nicht ausreicht, weil darüber hinaus die Schrift durch verschiedenartige überindividuelle generations- und kulturspezifische Einflußgrößen geprägt wird. Der Schriftsachverständige muß daher genaue Vorstellungen von der allgemeinen Ausprägung und Variationsbreite haben, die für die Schreibweise einer bestimmten Generation und innerhalb einer abgrenzbaren Kultur kennzeichnend sind.

Es ist seit *Saudek* (1929) wiederholt darauf hingewiesen worden, daß bei Schriftvergleichsuntersuchungen mit Ausländerhandschriften ganz besondere Zurückhaltung geboten ist. Auch hier reicht nämlich, wie aus praktischer Erfahrung bekannt ist, die Kenntnis der jeweiligen Schulvorlage, soweit diese überhaupt zugänglich ist, nicht allein aus. Vielmehr kann der Sachverständige erst durch vielfältige Konfrontation mit Schriften von Personen eines anderen Staates langsam die typischen Nationaleigentümlichkeiten kennen und sie gegenüber den schreiberspezifischen graphischen Eigentümlichkeiten absetzen.

Eigentümlicherweise ist aber bislang der generationsspezifische Erfahrungshorizont des Schriftsachverständigen in der einschlägigen Literatur noch nicht diskutiert worden (*Michel* 1981 d). Aufgrund von Erfahrungen in der Ausbildung jüngerer Nachwuchssachverständiger ist die Forderung zu vertreten, daß ein Schriftsachverständiger in der Regel nur solche Handschriften begutachten sollte, die innerhalb seines altersmäßigen Erfahrungshorizontes liegen. Da zu diesem persönlichen Erfahrungsbereich auch die Schriften der Elterngeneration gehören, kann man als grobe Faustregel für eine Begrenzung die Formel "Alter des Schriftsachverständigen + 30" setzen. Bei Schriften, die von Personen herrühren, die vermutlich deutlich älter sind, sollte ein Sachverständiger in der Regel diese Aufgabe einem älteren Kollegen überlassen, es sei denn, er habe sich gründlich auch in die Schriften früherer Generationen eingearbeitet.

Besondere Probleme können sich bei der schriftvergleichenden Analyse von Schriftstücken ergeben, die von Personen herrühren, die vor dem Ersten Weltkrieg geboren sind. Erst in den 20er Jahren setzten sich nämlich in zunehmendem Maße einheitliche Schriftvorlagen durch. Vorher gab es in Deutschland keine für alle Schulen verbindlichen Ausgangsschriften. Auch in den einzelnen deutschen Ländern, ja sogar innerhalb einer einzigen Stadt, wurden an verschiedenen Schulen unterschiedliche Schriftformen gelehrt. An höheren Schulen wurde anders geschrieben als an Volksschulen. Teilweise kam es sogar zu Modifikationen der Schriftvorlage von der Unterstufe zur Oberstufe. In Abbildung 38 ist lediglich ein Beispiel einer Schulvorlage wiedergegeben, wie sie in Bayern teilweise zu Beginn unseres Jahrhunderts verwendet wurde. Daneben muß man aber mit einer sehr großen Vielfalt anderer älterer Schulvorlagen rechnen. Es bleibt dementsprechend nur die dringende Warnung, besonders an die jüngeren Schriftsachverständigen, bei der Arbeit mit Schriftmaterial, das von Schreibern herrührt, die im vorigen oder zu Beginn unseres Jahrhunderts geboren sind, äußerste Vorsicht walten zu lassen. Übereinstimmungen in scheinbar noch so eigentümlichen Formen können nämlich durchaus auf eine Anlehnung an ein und dieselbe Schulvorlage zurückgehen.

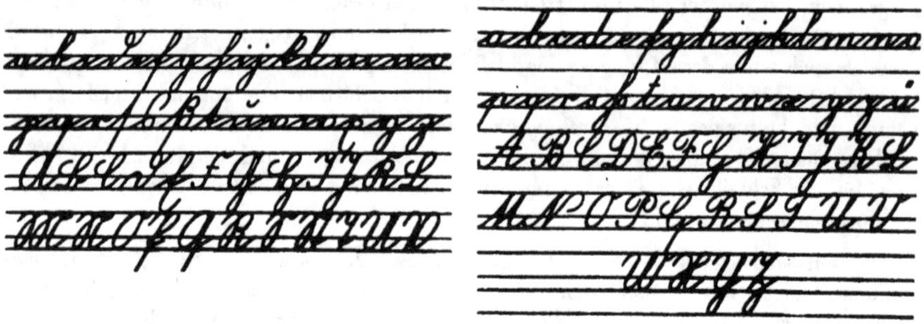

Abb. 38: Amtliche Schulvorlage aus Bayern von 1907

Nach dem Ersten Weltkrieg verstärkten sich die Bemühungen um eine Schriftreform, die vor allem von *Ludwig Sütterlin* (1865-1917) eingeleitet wurden. Ab 1915 wurden an einzelnen Schulen deutscher Länder seine Ausgangsschriften eingeführt, aber erst Ende der 20er Jahre hatte sich diese Schulvorlage in nahezu allen deutschen Schulen durchgesetzt (Abb. 39).

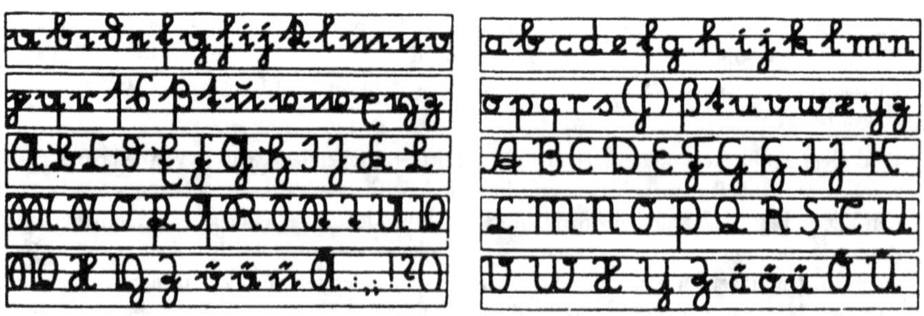

Abb. 39: Deutsche und lateinische Schulvorlage nach *Sütterlin*

Fälschlicherweise wird oft nur die deutsche Ausgangsschrift als "Sütterlinschrift" bezeichnet. Auch die zu dieser Zeit überwiegend zugrunde gelegte lateinische Ausgangsschrift stellt eine Sütterlinvorlage dar. – Es sei in diesem Zusammenhang noch darauf hingewiesen, daß bis 1941 in der Regel als erste die deutsche Kurrentschrift und danach die lateinische Kurrentschrift gelehrt wurde. Übliche Verkehrsschrift war die deutsche Schrift. Die lateinische Schrift wurde überwiegend nur zum Schreiben von Eigennamen sowie bei der Niederschrift fremdsprachlicher Texte verwendet. Nur ein kleinerer Personenkreis schrieb allgemein eine lateinische Alltagsschrift.

In den 20er Jahren wurden aber neben den Sütterlinvorlagen auch noch teilweise ältere Schulvorlagen verwendet und andere Reformversuche unternommen. Zu nennen sind vor allem die Bemühungen von *Kuhlmann*, der von der Druckschrift ausgehend, die Schüler ihre Kurrentschrift selbst erarbeiten ließ. Seine Reformpläne wurden in einzelnen Teilen Deutschlands praktiziert, konnten sich aber auf die Dauer nicht durchsetzen.

Relativ bald kam es aber auch zu leichten Modifikationen der Sütterlinvorlagen. Voran ging Bayern, das 1933 die "Volksschrift" einführte, die die Sütterlinvorlagen leicht modifizierte und wieder etwas stärker an ältere Schulvorlagen anlehnt. Gegenüber den Sütterlinvorlagen weist sie etwas weniger Vereinfachungen auf und ist – als Verkehrsschrift – leicht rechtsschräg zu schreiben. – In einem Erlaß des Reichserziehungsministers vom September 1934 wird für den Schreibunterricht eine enge Anlehnung an die Schriftform und Schreibweise der Sütterlinschrift gefordert, ohne daß jedoch Richtformen vorgegeben werden. Dasselbe gilt auch für die entsprechenden Richtlinien vom 15. Dezember 1939. Einzelne Länder geben zu diesen Erlassen Ausführungsbestimmungen und gegenüber den Sütterlinvorlagen leicht geänderte Richtformen heraus.

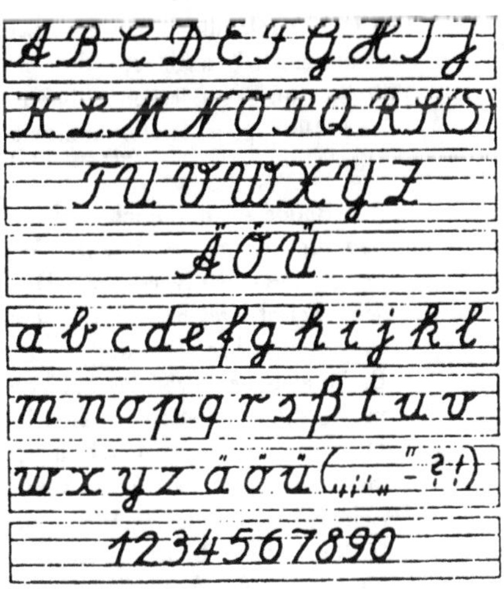

Abb. 40: "Deutsche Normalschrift" ab 1941

Eine grundlegende Umstellung erfolgte durch Erlaß des Reichserziehungsministers vom 1. September 1941. Reichseinheitlich wurde seither nicht mehr die deutsche, sondern nur noch die lateinische Kurrentschrift gelehrt, die jedoch unter dem Namen "Deutsche Normalschrift" eingeführt wurde. Die Vorlage orientiert sich an der lateinischen Sütterlinvorlage, greift aber auch auf ältere Schulvorlagen zurück. Diese Ausgangsschrift wurde in den deutschen Besatzungszonen nach dem Zweiten Weltkrieg und in den Nachfolgeländern zunächst beibehalten. Lediglich im Freistaat Bayern wurde 1950 eine von *Waidmüller* entwickelte lateinische Schrift eingeführt, die sich jedoch nur unwesentlich von der "Deutschen Normalschrift" unterscheidet.

Am 4. November 1953 verständigten sich die Kultusminister und -senatoren auf eine "Lateinische Ausgangsschrift", die in den einzelnen Bundesländern überwiegend in der Zeit von 1953 bis 1955 eingeführt wurde, Bremen folgte 1960 und Bayern 1966. – Wiederum sind die Unterschiede gegenüber der "Deutschen Normalschrift" nicht so gravierend. Zudem sind die kleineren Unterschiede im praktischen Unterricht offenbar nicht selten gar nicht so strikt beachtet worden. Insgesamt kann man also davon ausgehen, daß Personen die nach 1935 geboren wurden, in der Regel die deutsche Schrift nicht mehr beherrschen und nach weitgehend ähnlichen Vorlagen die lateinische Schrift erlernt haben. (Einen allgemeinen Überblick über die Entwicklung der Schulschrift findet man bei *Glöckel* 1981).

Abb. 41: Lateinische Ausgangsschrift ab 1953

Abb. 42: Schulausgangsschrift in der DDR ab 1968

In Österreich wurde jedoch die "Deutsche Normalschrift" bereits 1946 durch die "Österreichische Schulschrift" abgelöst, die eine Reihe von Besonderheiten aufweist und 1965 ganz leicht modifiziert wurde.

Am Rande sei nur noch vermerkt, daß auch nach dem Zweiten Weltkrieg vereinzelt wieder die Deutsche Schrift gelehrt wurde, so in Bayern zwischen 1950 und 1970, in Berlin zwischen 1955 bis 1969 und in Nordrhein-Westfalen zwischen 1955 und 1971. Erfahrungsgemäß wurde dieser Schreibunterricht, der in der vierten oder fünften Klasse begann, nicht sehr intensiv durchgeführt. Es gibt ganz offensichtlich nur sehr wenige Personen, die nach 1936 geboren wurden, und über eine ausreichende Schreibfertigkeit in der Deutschen

Schrift verfügen. Die meisten Vertreter dieser Generation haben allerdings das Lesen der Deutschen Schrift gelernt, das in vielen Lehrplänen jetzt aber auch nicht mehr vorgesehen ist.

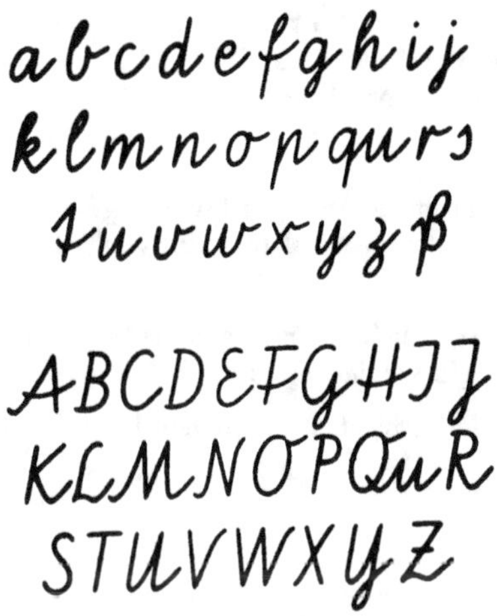

Abb. 43: Die Vereinfachte Ausgangsschrift

In jüngster Zeit sind – nach einer Periode weitgehender Vernachlässigung des Schreibunterrichts – wiederum Bestrebungen zu einer Erneuerung der Schreiberziehung zu verzeichnen. Hierzu gehören die Bemühungen von *Lockowandt*, die Reformversuche von *Kuhlmann* in einem kreativen Schreibunterricht wieder aufzunehmen (*Lockowandt & Honegger-Kaufmann* 1981). Es scheint jedoch, daß von seiten der Kultusminister kein Interesse an einer weiteren Verfolgung dieses Ansatzes besteht. – Die Arbeitsgemeinschaft Schreiberziehung im Arbeitskreis Grundschule e.V. hat im Einvernehmen mit den Vertretern der Richtlinienkommissionen für Schrift und Schreiben bei den Kultusministern und Senatoren für das Schulwesen der Bundesrepublik Deutschland und West-Berlins eine "Vereinfachte Ausgangsschrift" erarbeitet (Abb. 43). Diese neue Ausgangsschrift soll das Schreibenlernen vereinfachen und erleichtern (*H. Grünewald* 1981, *Warwel* 1981). – Die Erprobung begann 1974 in Baden-Württemberg im Raum Eßlingen an einer Stichprobe von ca. 5.000 Schülern, die inzwischen abgeschlossen ist. Weitere Untersuchungen laufen derzeit noch in Niedersachsen sowie in Schleswig-Holstein. In anderen Ländern scheinen sie grundsätzlich möglich zu sein. Eine freie Wahl zwischen der herkömmlichen lateinischen und der Vereinfachten Ausgangsschrift ist den Lehrern bislang jedoch nur in den Ländern Nordrhein-Westfalen und Hessen gegeben, sie ist aber vermutlich demnächst auch in einigen anderen Bundesländern zu erwarten (*Frede* 1981). Da andererseits eine allgemeine Einigung der Kultusminister noch nicht abzusehen ist, wird man wohl für einen längeren Zeitraum mit einem Nebeneinander von zwei unterschiedlichen Ausgangsschriften in der Bundesrepublik Deutschland zu rechnen haben. Da die ersten Schüler, die die Vereinfachte Ausgangsschrift erlernt haben, bereits jetzt strafmündig sind und 1986 volljährig werden, wird man also möglicherweise schon relativ bald gelegentlich mit Schriftstücken zu tun haben, die von solchen Schreibern herrühren.

ANHANG B

RICHTLINIEN FÜR DIE BESCHAFFUNG VON SCHRIFTPROBEN FÜR DIE HANDSCHRIFTENVERGLEICHUNG

Herausgegeben vom Bundeskriminalamt Wiesbaden

Die nachfolgenden Richtlinien sollen dem meist nicht sachkundigen Ermittlungsbeamten sachdienliche Hinweise zur Beschaffung von geeignetem Material für schriftvergleichende Untersuchungen vermitteln.

In der Praxis werden sich weiterhin Zweifelsfälle ergeben. Dann muß sich der Beamte mit dem für seinen Bereich zuständigen Sachverständigen in Verbindung setzen.

Die Einhaltung dieser Richtlinien im Rahmen der Möglichkeiten ist erforderlich, um nichtwiedergutzumachende Versäumnisse zu vermeiden.

1. Allgemeines

1.1 Benötigtes Schriftmaterial

Für eine fundierte Handschriftenvergleichung müssen – von Ausnahmefällen abgesehen – zur Vergleichung mit dem fraglichen Material vorliegen:

- Unbefangene Vergleichsschriften nach Ziffer 3
- Diktatschriftproben nach Ziffer 4
- Der Bericht nach Ziffer 6.

1.2 Behandlung der Schriftstücke

Alles einer Vergleichung zu unterziehende Schriftmaterial darf nicht in die Akten ein- oder untereinander zusammengeheftet werden, sondern ist lose in besonderen Umschlägen zu den Akten zu nehmen. Es darf nicht verändert (z.B. beschnitten, gelocht, chemisch behandelt oder aufgeklebt) werden. Faltungen sollen Schriftzüge nicht kreuzen.

1.3 Kennzeichnung

Die Schriftstücke dürfen nur mit Bleistift an nicht störender Stelle durch eine Zahl oder einen Buchstaben gekennzeichnet werden. Sonstige Beschriftungen (Unterstreichungen, Einkreisungen, Pfeile usw.) sind unzulässig.

1.4 Ungewöhnliche Fälle

In allen ungewöhnlich erscheinenden Fällen ist möglichst frühzeitig der Schriftsachverständige zu Rate zu ziehen, damit er entscheiden kann, ob und inwieweit bei der Beschaffung des Materials durch Anwendung besonderer Verfahren von den folgenden Richtlinien abgewichen werden soll. Das gilt auch für nicht transportable Schriftträger (z.B. bei Aufschriften an Türen, Hauswänden usw.).

2. Fragliches Material

Fragliche Schriftstücke (Tatschriften) müssen grundsätzlich im Original beschafft werden. Durchschriften und Reproduktionen jeder Art bilden keine geeigneten Grundlagen für eindeutige Untersuchungen.

3. Unbefangenes Vergleichsmaterial

3.1 Anzahl, Umfang, Art, Entstehungszeit

Vor einer Schriftprobenabnahme ist möglichst zahlreiches und umfangreiches Schriftmaterial der tatverdächtigten Personen zu beschaffen, und zwar aus der Zeit kurz vor und kurz nach Entstehung der fraglichen Schrift. Dabei sind von besonderem Wert Schriftproben in derselben Schriftart (z.B. deutsch, lateinisch, Druckbuchstaben, Ziffern) wie bei der fraglichen Schrift. Falls zum fraglichen Material Briefumschläge (Postkarten, Formularausfüllungen) gehören, soll auch entsprechendes unbefangenes Vergleichsmaterial beschafft werden.

"Kurz vor und kurz nach" Entstehung der fraglichen Schrift ist je nach Alter der tatverdächtigten Person verschieden auszulegen. Je jünger oder älter die tatverdächtigte Person ist, desto mehr ist mit einer Schriftänderung zu rechnen, so daß manchmal schon Monate, bei fraglichen Testamenten oft Wochen oder gar Tage von großer Bedeutung sein können.

Außer Briefen usw. sind sowohl Konzeptschriften und flüchtige Notizen als auch "Schönschriften" (z.B. Bewerbungen, Lebensläufe) erwünscht.

3.2 Anerkennung des unbefangenen Materials

Es muß darauf geachtet werden, daß die beschafften Proben auch wirklich von der tatverdächtigten Person stammen. Stellt sie diese selbst zur Verfügung, soll ihre Echtheit von anderen Personen anerkannt werden. Werden sie von anderer Seite eingereicht, soll sich die tatverdächtigte Person selbst zur Frage ihrer Echtheit äußern. Im übrigen darf auch zweifelhaftes Material mit eingereicht werden, doch muß es deutlich als solches bezeichnet sein, und es muß mitgeteilt werden, warum seine Herkunft nicht aufgeklärt werden konnte. In allen Zweifelsfällen sind amtliche Urkunden (z.B. Anträge auf Ausstellung eines Bundespersonalausweises, Reisepasses, Führerscheines, Zulassung eines Kfz und Meldebescheinigungen) mit heranzuziehen. Die Verantwortung für die Echtheit des Vergleichsmaterials trägt der Auftraggeber.

3.3 Unbefangenes Vergleichsmaterial bei Unterschriften

Handelt es sich bei dem fraglichen Material um Unterschriften, so müssen vom Namensträger möglichst viele (etwa 20) unbefangene Vergleichsunterschriften aus annähernd der fraglichen Zeit beschafft werden. Je verschiedenartiger die einzelnen Vergleichsunterschriften aussehen, desto größer ist die benötigte Anzahl.

Darüber hinaus sind auch Textschriftproben vom Namenseigner und von den tatverdächtigten Personen beizubringen.

3.4 Durchsicht des Schreibmaterials

In Sonderfällen kann auch die Durchsicht des Schreibmaterials einer tatverdächtigten Person wichtiges Beweismaterial zutage fördern (z.B. Druckrinnen im Papier eines Schreibblocks, Löschblattspuren, Vorübungen für die Nachahmung einer Unterschrift, die zur Herstellung einer "mechanischen" Fälschung benutzt worden sein kann, besondere Arten von Schreibwerkzeugen).

4. Abnahme von Schriftproben

4.1 Allgemeines

Bei den Diktatschriftproben kommt es darauf an, ein Vergleichsmaterial zu erhalten, das in der allgemeinen Schreibweise und in den äußeren Verhältnissen der fraglichen Schrift möglichst weitgehend entspricht (Tatschrifttreue).

Dem Schreiber darf zu diesem Zweck keinesfalls die fragliche Schrift gezeigt werden. Sollte er, aus welchen Gründen auch immer, das strittige Schriftstück gesehen haben, so darf die Abnahme der Schriftproben nicht unmittelbar nach dieser Einsichtnahme erfolgen.

4.2 Schreibgerechte Atmosphäre

Für die Abnahme von Schriftproben ist eine möglichst ruhige, vertrauensvolle und schreibgerechte Atmosphäre anzustreben.

Die tatverdächtigte Person muß bequem sitzen, gute Lichtverhältnisse und alle Hilfsmittel (z.B. Brille, Schreibunterlage) haben, die sie benötigt.

Werden aufgrund des Sachverhalts besondere äußere Schreibumstände (z.B. Schreiben im Stehen, an der Wand, auf besonders weicher Unterlage, mit oder ohne Brille usw.) vermutet, so sind diese auch bei der Schriftprobenabnahme zu berücksichtigen.

Weitere Ausnahmen sollten nur nach vorheriger Rücksprache mit dem Schriftsachverständigen gemacht werden.

4.3 Vorbereitendes Schreiben

Vor Abnahme gezielter Schriftproben empfiehlt es sich, zum "Einschreiben" von der tatverdächtigten Person einige Zeilen eines beliebigen Textes (z.B. Lebenslauf) in ihrer gewohnten Schreibweise fertigen zu lassen.

4.4 Einzelheiten der Probenabnahme

4.4.1 Schreibpapier und Schreibgerät

Das Schreibmaterial muß dem bei der fraglichen Schrift benutzten entsprechen. Es kommt nicht nur darauf an, daß das Papier etwa dieselbe Art (glatt, rauh usw.) und dasselbe Format hat, unliniert, liniert oder kariert ist, sondern es ist auch die Größe der Karos und der Abstand der Linien wichtig.

Beim Schreibgerät sind nicht nur Feder, Faser- und Kugelschreiber zu unterscheiden, sondern auch deren verschiedene Sorten und Strichbreiten.

Befindet sich die fragliche Schrift auf einem Formular (Vordruck), dann müssen gleichartige Formulare (Vordrucke) beschafft oder behelfsmäßig hergestellt werden. Es kommt nämlich darauf an, daß der Probengeber an den entscheidenden Stellen genau dieselben räumlichen Verhältnisse für seine Schriftprobe findet wie bei der fraglichen Schrift.

4.4.2 Schriftart

Es muß in der gleichen Schriftart geschrieben werden wie bei der fraglichen Schrift. Gemeint sind lateinische Schrift, deutsche Schrift und Druckbuchstabenschrift mit ihren verschiedenen Stilarten.

Sehr häufig behaupten die Schreiber, die von ihnen geforderte Schriftart nicht zu beherrschen. Dazu muß man wissen, daß bis 1941 an den deutschen Schulen sowohl die deutsche als auch die lateinische Schrift gelehrt wurde. Ab 1942 wurde an allen deutschen Schulen nur noch die lateinische Schrift gelehrt und gebraucht. Vereinzelt wird seit 1953 in der Bundesrepublik vom vierten Schuljahr ab auch die deutsche Schrift wieder gelehrt. Man kann davon ausgehen, daß alle Deutschen die lateinische Schrift kennen und alle vor 1936 geborenen Deutschen außerdem die deutsche Schrift. Ebenso muß man annehmen, daß alle Deutschen, die Gedrucktes zu lesen vermögen, eine Druckbuchstabenschrift schreiben können.

Es ist möglich, daß jemandem eine bestimmte Schriftart nicht mehr geläufig ist oder die betreffende Person behauptet, sie nicht zu kennen. Ihr ist vorzuhalten, daß sie diese Schriftart zumindest erlernt haben müsse.

Sind alle Bemühungen, die schreibende Person zur Hergabe einer Schriftprobe in der gewünschten Schriftart zu bewegen, erfolglos geblieben, ist sie aufzufordern, das Alphabet von der entsprechenden Vorlage abzuschreiben. Im Anschluß daran hat sie (nach Entfernung der Vorlage) von ihrer Abschrift eine weitere Abschrift zu fertigen. Unter Steigerung des Schreibtempos ist das Verfahren (Abschrift von der jeweils letzten Abschrift) so lange fortzusetzen, bis die schreibende Person das Alphabet beherrscht. Danach kann mit der eigentlichen Abnahme der Schriftproben begonnen werden.

Liegt eine Mischschrift vor, so ist in allen darin vorkommenden Schriften schreiben zu lassen.

4.4.3 Schreibgeschwindigkeit

Wird offensichtlich langsamer oder schneller geschrieben, als die fragliche Schrift entstanden zu sein scheint, so ist die schreibende Person anzuhalten, ihre Schreibgeschwindigkeit entsprechend zu ändern.

4.4.4 Einzelanweisungen

Weichen die bisher abgenommenen Schriftproben in der allgemeinen Schreibweise (z.B. Größe und Lage) grob auffällig von der fraglichen Schrift ab, so sind spezielle Einzelanweisungen zu geben. Die Art der Einzelanweisungen richtet sich nach der Lage des konkreten Falles. Volkstümliche Ausdrucksweise kann angebracht sein. Beispiele: Schreiben Sie größer und schwungvoller; kleiner und "mickriger"; enger und gedrängter; breiter und ausladender; mehr nach rechts (links) geneigt; ganz steil und aufrecht; schlicht und einfach; schulmäßiger, genauer, in "Schönschrift"; in flüchtiger Schmierschrift (sog. Doktor-Schrift); forscher und zügiger; zittriger usw.

4.4.5 Sonstiges

Die Rückseite der Proben darf in der Regel nicht beschrieben werden. Die einzige Ausnahme gilt dann, wenn das fragliche Schriftstück in einer ungewöhnlichen Weise auf seiner Rückseite beschrieben ist (z.B. quer zur Vorderseite).

Jedes beschriebene Blatt ist sofort aus dem Gesichtsfeld der schreibenden Person zu entfernen und in der Reihenfolge der Entstehung zu numerieren.

4.4.6 Fremdsprachige bzw. fremdartige Handschriften

Bei fremdsprachigen Texten in lateinischer Schrift (z.B. türkisch, jugoslawisch usw.) ist unbedingt eine von einem Dolmetscher gefertigte buchstabengetreue und möglichst zeilengerechte Abschrift (nicht Übersetzung) beizugeben. Dies gilt sowohl für die unbefangenen Vergleichsschriften und alle Schriftproben als auch für das fragliche Material.

Soweit Handschriften mit fremdartigen Schriftzeichen (z.B. kyrillisch, arabisch usw.) zur Untersuchung heranstehen, wird empfohlen, sich mit dem Schriftsachverständigen in Verbindung zu setzen.

4.5 Textschriften

4.5.1 Diktat

Der gesamte fragliche Text muß diktiert und darf keinesfalls abgeschrieben werden. Es soll wörtlich und in Sinnzusammenhängen (nicht zeilenweise) diktiert werden. Interpunktionen, Fehler, Unterstreichungen, Absätze, Ränder usw. werden in der Regel nicht angesagt. Fragen nach der Schreibweise eines Wortes sind nicht oder nur ausweichend zu beantworten. Es ist zweckmäßig, bei orthographischen oder grammatikalischen Fehlern sowie bei mundartlichen Ausdrücken und Fremdwörtern nicht zu deutlich zu diktieren, um die dem Schreiber eigene Schreibweise nicht zu beeinflussen.

Es empfiehlt sich, vor Beginn des Diktats kurze Angaben über den zu erwartenden Textumfang zu machen, den allgemeinen Verwendungszweck der fraglichen Schrift (z.B. Brief, Quittung, Anzeige) anzudeuten und Absenderangaben, Anschriften, Datumsangaben, Überschriften und Unterschriften gesondert anzusagen.

Ob anstößige oder sonst ungeeignete Textstellen wörtlich diktiert werden, ist im Einzelfall zu entscheiden. Werden sie nicht diktiert, sind Wörter mit ähnlichen Buchstabenverbindungen zu wählen.

4.5.2 Umfang

Der fragliche Text muß stets mehrfach geschrieben werden und zwar um so häufiger, je kürzer er ist:

- Einzelne Worte und Ziffern 20mal,
- Kürzere Texte bis zu einer DIN A 5-Seite bzw. einer klein beschriebenen Postkarte mindestens 5mal,

– Längere Texte mindestens 2mal.

Nur bei sehr langen Texten kann man sich darauf beschränken, den Anfang, ein Stück aus der Mitte und das Ende (jeweils im Zusammenhang) je zweimal zu diktieren.

Liegen mehrere Schriftstücke in offensichtlich derselben Schrift vor, dann wählt man für die Abnahme der Schriftproben zwei oder drei davon aus. Handelt es sich um mehrere Schriftstücke mit verschiedenen Schriftarten, so ist für jede Schriftart eine gesonderte Schriftprobe abzunehmen.

Gehören zum Material Anschriften und Absender auf Briefumschlägen oder Postkarten u.a., so sind diese unter Verwendung gleichartiger Schriftträger je zehnmal zu schreiben.

4.6 Unterschriften auf den Namen existenter Personen

Die Methodik der Schriftvergleichung bei Unterschriften unterscheidet sich von der bei Textschriften. Da bei nachgeahmten Unterschriften brauchbare Aussagen über die Person des Urhebers nicht möglich sind, ist die Untersuchung zunächst auf die Vergleichung mit Unterschriften des Namenseigners (Echtheitsprüfung) abzustellen.

4.6.1 Unterschriften des Namensträgers

Zusätzlich zu den unbefangenen Vergleichsunterschriften des Namensträgers sind von ihm mindestens 20 Unterschriftsproben nach Ziff. 4.6.3 abzunehmen.

4.6.2 Unterschriftsproben tatverdächtigter Personen

Von Tatverdächtigten sind 20 bis 30 auf den fraglichen Namen lautende Unterschriftsproben gemäß Ziff. 4.6.3 zu fertigen. In vielen Fällen ist es jedoch zweckmäßig, das Ergebnis der Echtheitsprüfung abzuwarten.

4.6.3 Abnahme von Unterschriftsproben

Bei der Abnahme von Unterschriftsproben sollte nicht gleich zu Beginn der fragliche Namenszug diktiert werden. Es empfiehlt sich vielmehr, zunächst einen besonders zusammengestellten Satz schreiben zu lassen, in dem die Buchstabenverbindungen der fraglichen Unterschrift (nicht aber diese selbst) vorkommen. Auch kann es zweckmäßig sein, nach jeweils einigen Unterschriftsleistungen diesen oder einen beliebigen Satz schreiben zu lassen, um stereotype Wiederholungen zu erschweren.

Die Unterschriftsproben dürfen nicht auf ein und dasselbe Blatt untereinander gesetzt werden. Für jede Unterschrift ist ein gesondertes Blatt (bzw. Vordruck u.a.m.) zu verwenden, das nach Unterschriftsleistung sofort aus dem Gesichtsfeld des Schreibers zu entfernen ist.

Wird die zu erzielende Schreibweise (Schriftart, Schriftlage, Schriftgröße o.ä.) damit nicht erreicht, so ist die Anzahl der Proben mit entsprechenden Einzelanweisungen angemessen zu erhöhen.

Im übrigen gelten auch hier die allgemeinen Grundsätze für die Abnahme von Schriftproben.

4.7 Fingierte Unterschriften

Bezeichnet der fragliche Namenszug eine vorerst nicht festzustellende Person (Verdacht auf fingierte Unterschrift), dann sind von den Verdächtigten die üblichen Schrift- bzw. Unterschriftsproben zu beschaffen. Von einer fingierten Unterschrift sollte man allerdings erst dann sprechen, wenn zuvor alle erforderlichen Ermittlungen nach der durch den Namenszug bezeichneten Person ergebnislos geblieben sind.

5. Geständnis

Durch ein Geständnis der tatverdächtigten Person wird die Abnahme von Schriftproben nicht überflüssig. Diese Person braucht dann nur aufgefordert zu werden, so zu schreiben, wie sie bei der Herstellung der fraglichen Schrift geschrieben hat. Die so entstandenen Schriftproben bieten für eine etwa später noch notwendig werdende Schriftvergleichung (Geständniswiderruf, falsches Geständnis) besonders günstige Möglichkeiten.

6. Bericht

Über jede Abnahme von Schriftproben ist ein Bericht anzufertigen und den Schriftproben beizufügen. Dieser Bericht muß enthalten:

- Name, Vorname (evtl. Geschlecht), erlernter und ausgeübter Beruf der schreibenden Person, Orte ihres Schulbesuchs und Art der Schule.
- Reihenfolge der Schriftproben.
- Abweichungen von den Richtlinien.
- Einzelanweisungen im Wortlaut mit Angabe der Nummer und Stelle der Schriftproben, bei denen sie gegeben oder wiederholt wurden.
- Ungewöhnliche Schreibumstände (z.B. linkshändiges Schreiben, körperliche Behinderungen).
- Verhalten des Schreibers und etwaige besondere Reaktionen auf bestimmte Anweisungen.
- Ort, Datum und Dauer der Schriftprobenabnahme.
- Name des abnehmenden Beamten.

Fundstellen für unbefangenes Vergleichsmaterial

Behörden, Ämter, Dienststellen

Polizeidienststellen	(ED-Akten)
Gerichte	(Akten von evtl. früheren Verfahren)
Zentrale Bußgeldstelle	(Anhörungsbogen)
Strafvollzugsanstalt	(Vollstreckungsakten)
Bundeswehrdienststellen	(Gesuche, schulische Arbeiten)

Notariate	
Gemeinden	(Standesamt, Meldestelle)
Landratsämter	(Sozial-, Jugend-, Ausländer- und Paßamt, Kfz-Zulassungsstelle usw.)
Arbeitsämter	
Innungen	
Berufsgenossenschaften	
Landwirtschaftliche Alterskasse	
Krankenkassen	(auch Beihilfestellen)
Gewerkschaften	
Vereine, Clubs	

Sonstige Institutionen

Versicherungsanstalten	(Anträge, Rentenakten usw.)
Banken, Sparkassen	(auch Postsparkassen, Postscheckämter, Kreditanstalten, Bausparkassen)
Öffentliche Verkehrsbetriebe	(Zeitkartenanträge)
Schulen	(auch Fahrschulen, Volkshochschulen, Fortbildungsinstitute usw.)
Krankenhäuser	(Kostensicherungsblatt, Zustimmung zu einem operativen Eingriff)

Aus der Umgebung des Schreibers

Arbeitsstelle	(Personalakten usw.)
Bekannte und Verwandte	(Briefe, Ansichtskarten, ggf. StPO beachten)
Private Korrespondenz	(Miet-, Pacht-, Lieferverträge, Bestellscheine für Versandhäuser, Notiz- und Tagebücher, Terminkalender, Telefonverzeichnis, Kochbücher, Haushaltsbücher)
Rechtsanwälte	(Prozeßvollmachten, Honorarvereinbarungen o.ä.)

ANHANG C

EMPFEHLUNGEN ZUR MATERIAL- UND INFORMATIONSBESCHAFFUNG FÜR HANDSCHRIFTENVERGLEICHUNGEN IN ZIVILPROZESSEN

Vorbemerkung: Die folgenden Empfehlungen wurden auf dem "IV. Mannheimer Symposion für Schriftvergleichung 1979" von Schriftsachverständigen des In- und Auslandes erarbeitet. Sie enthalten die Anforderungen, die aus fachlicher Sicht im Regelfall an das Schriftmaterial sowie an Informationen über Anknüpfungstatsachen zu stellen sind. Selbstverständlich können und sollen solche allgemeinen Empfehlungen niemals jeden speziellen Untersuchungsfall abdecken. Es wird daher zweckmäßig sein, im Einzelfall den gezielten Rat des Schriftsachverständigen einzuholen.

1. Allgemeines

1.1 Benötigte Unterlagen

Für eine fundierte Handschriftenvergleichung sind in der Regel folgende Unterlagen erforderlich:

- Das Original des fraglichen Schriftstücks nach Ziffer 2.
- Informationen über die angeblichen oder tatsächlichen Entstehungsbedingungen des fraglichen Schriftstücks nach Ziffer 3.
- Quantitativ und qualitativ ausreichendes Vergleichsschriftmaterial nach Ziffer 4 und 5.

Die Beurteilung der Materialangemessenheit im Hinblick auf das resultierende Untersuchungsergebnis bleibt im konkreten Einzelfall der Sachkunde des Handschriftenexperten vorbehalten.

1.2 Behandlung des Schriftmaterials

Die Schriftstücke dürfen nur mit Bleistift an nicht störender Stelle gekennzeichnet werden. Sonstige Beschriftungen (Unterstreichungen, Einkreisungen, Pfeile usw.) sollten unbedingt unterbleiben, da sie die Analysierbarkeit beeinträchtigen können.

1.4 Gutachtenauftrag

Das Beweisthema des Sachverständigengutachtens ist eindeutig zu formulieren. Im Auftrag soll deutlich gesagt werden, welches Schriftmaterial in die Untersuchung einzubeziehen ist. Weist ein Schriftstück verschiedene Handschriften auf, so ist ferner anzugeben, welches die zu untersuchenden Schriftzüge sind.

Gegebenenfalls empfiehlt es sich, den Gutachtenauftrag in Zusammenarbeit mit dem Sachverständigen zu formulieren.

2. Fragliches Material

Das fragliche Schriftstück wird für die Untersuchung im Original benötigt. Liegt das Schriftstück nur noch in einer Durchschrift oder einer Reproduktion vor, so muß der Sachverständige prüfen, inwieweit anhand dieses Materials Aussagen möglich sind.

3. Informationen über die Entstehungsbedingungen

Besteht Grund zu der Annahme, daß die fraglichen Schriftzüge unter besonderen äußeren oder inneren Schreibumständen geleistet wurden, so sind dem Schriftsachverständigen möglichst detaillierte Informationen über die jeweils bekannten, vermuteten oder behaupteten Entstehungsbedingungen des fraglichen Schriftstücks zu geben. Besondere Schreibbedingungen können nämlich die übliche Handschrift eines Schreibers aktuell oder dauerhaft deutlich verändern. Auch wenn widersprüchliche Angaben über die angeblichen Entstehungsbedingungen vorliegen, sind diese dem Sachverständigen mitzuteilen.

4. Unbefangen entstandenes Schriftmaterial

4.1 Umfang, Art und Entstehungszeit

Von der Person, deren Schrift bzw. Unterschrift in Frage steht, soll in erster Linie möglichst zahlreiches und umfangreiches unbefangen entstandenes Schriftmaterial zur Verfügung stehen, also Vergleichsschriften, die nicht in einem direkten Zusammenhang mit dem Rechtsstreit gefertigt worden sind (Spontanschriften). Im einzelnen ist dabei zu beachten:

- Die Vergleichsschriften sollen ungefähr aus der gleichen Zeit stammen wie die fragliche Schrift. Je jünger oder älter die in Frage stehende Person ist, desto mehr ist mit einer Schriftwandlung zu rechnen, so daß manchmal schon Monate (bei fraglichen Testamenten oft Wochen oder Tage) von großer Bedeutung sein können. Dies gilt auch für Personen jeden Alters, die an Erkrankungen leiden, die fortschreitende graphomotorische Abbauerscheinungen im Gefolge haben. Im übrigen können bei Personen im Alter von etwa 25 bis 55 Jahren auch Vergleichsschriftproben verwendet werden, die mehrere Jahre vom Entstehungsdatum der fraglichen Schrift entfernt sind.
- Die Vergleichsschriftproben werden ebenfalls – zumindest überwiegend – für die Untersuchung im Original benötigt.
- Von besonderem Wert sind Schriftproben in derselben Schriftart (z.B. deutsch, lateinisch, Druckbuchstaben, Ziffern) sowie solches Material, das mit einem gleichartigen Schreibgerät geschrieben ist wie die fragliche Schrift.
- Falls die fragliche Schrift sich auf einem Formularvordruck befindet (z.B. Scheck, Quittung, Bestellschein etc.), soll nach Möglichkeit auch entsprechendes unbefangen entstandenes Vergleichsmaterial vorliegen. Entsprechendes gilt für Briefumschläge, Postkarten etc.
- Es ist meist erwünscht, daß das Vergleichsmaterial möglichst breit streut, also bei möglichst verschiedenartigen Gelegenheiten gefertigt wurde und von flüchtigen Notizen bis zu sorgfältigen "Schönschriften" (z.B. Bewerbungen, Lebensläufe) reicht, damit es die Schreibgewohnheiten dieser Person möglichst vollständig repräsentiert.

4.2 Vergleichsmaterial bei Unterschriften

Ist die Echtheit einer Unterschrift strittig, so müssen von dem Namensträger möglichst viele (ca. 20) unbefangen entstandene Vergleichsunterschriften vorliegen. Je größer die Variabilität der Zeichnungsweise des Namenseigners ist, desto mehr Vergleichsunterschriften werden benötigt. Im übrigen sind die unter 4.1 genannten Empfehlungen sinngemäß anzuwenden.

4.3 Anerkennung des Schriftmaterials

Es ist darauf zu achten, daß die vorgelegten Vergleichsschriften auch tatsächlich von der Person herrühren, deren Schrift oder Unterschrift in Frage steht. Sie sollen daher stets von beiden Parteien als authentisch akzeptiert sein. Gegebenenfalls ist die Echtheit auch von einer dritten Person zu überprüfen. Wird Schriftmaterial zweifelhafter Herkunft zur Untersuchung vorgelegt, ist dies deutlich als solches zu bezeichnen. In allen Zweifelsfällen sollten amtliche Urkunden (z.B. Anträge auf Ausstellung eines Bundespersonalausweises, Reisepasses, Führerscheins, notariell beglaubigte Unterschriften etc.) mit herangezogen werden. Die Verantwortung für die Echtheit des Vergleichsschriftmaterials trägt der Auftraggeber.

5. Ad-hoc-Schriftproben

5.1 Erfordernis von Ad-hoc-Schriftproben

Konnte trotz aller Bemühungen kein ausreichendes unbefangen entstandenes Vergleichsschriftmaterial vorgelegt werden, so sind von der Person, deren Schrift in Frage steht, zusätzlich ad hoc zu leistende Schriftproben abzunehmen. Es ist dabei in der Regel nicht vertretbar, daß der Schriftprobengeber die Ad-hoc-Schriftproben in einer völlig unkontrollierten Situation oder allein in Gegenwart seines Rechtsvertreters fertigt. Vielmehr sollten zumindest in allen schwieriger gelagerten Fällen solche Schriftproben vor dem Sachverständigen oder nach dessen Weisungen abgegeben werden. In jedem Falle ist der Gegenpartei Gelegenheit zu geben, der Schriftprobenabnahme beizuwohnen.

5.2 Durchführung der Schriftprobenabnahme

Die folgenden Empfehlungen betreffen lediglich leichtere Schriftprobenabnahmen, die nicht durch den Sachverständigen erfolgen.

Für die Abnahme von Schriftproben ist eine möglichst ruhige und schreibgerechte Atmosphäre anzustreben. Der Schriftprobengeber soll bequem sitzen, gute Lichtverhältnisse und alle Hilfsmittel (z.B. Brille, Schreibunterlage) haben, die er benötigt. Vor der eigentlichen Schriftprobenabnahme soll ihm Gelegenheit zum Sich-Einschreiben gegeben werden.

Im einzelnen ist vor allem folgendes bei einer Schriftprobenabnahme zu beachten:

- Der Schriftträger soll dem bei dem fraglichen Schriftstück benutzten entsprechen. Es soll also ein Schreibpapier gleichartiger Qualität, desselben Formats und gegebenenfalls mit entsprechenden vorgedruckten Linien, Karos etc. verwendet werden. Befindet sich die fragliche Schrift auf einem Formular (Vordruck), müssen gleichartige Formulare beschafft oder behelfsmäßig hergestellt werden.

- Beim Schreibgerät sind nicht nur Feder, Stift, Faser- und Kugelschreiber zu unterscheiden, sondern auch deren verschiedene Sorten und Strichbreiten.
- Es muß in der gleichen Schriftart geschrieben werden wie bei der fraglichen Schrift (lateinische oder deutsche Kurrent-, Druck- oder Blockschrift).
- Der gesamte Text (und Unterschrift) muß diktiert und darf keinesfalls von dem fraglichen Schriftstück abgeschrieben werden. Es soll wörtlich und in Sinnzusammenhängen diktiert und dabei zunächst keine Anweisung zur Interpunktion, Orthographie, zur Textgliederung, zu Unterstreichungen etc. gegeben werden. Wenn es sich im Verlauf der Schriftprobenabnahme als zweckmäßig erweisen sollte, derartige Anweisungen zu geben, so ist dies im Protokoll der Schriftprobenabnahme festzuhalten.
- Die fraglichen Schriftzüge sollen grundsätzlich mehrfach geschrieben werden, und zwar um so häufiger, je kürzer diese sind: einzelne Wörter und Ziffern sowie Unterschriften ca. 20mal, kürzere Texte etwa 5mal, und zwar jeweils auf einem neuen Blatt (bzw. Vordruck etc.); zuvor entstandene Schriftproben sind aus dem Blickfeld des Schreibenden zu entfernen. Bei sehr umfangreichen strittigen Schriftstücken, die wegen der Länge nicht vollständig diktiert werden können, empfiehlt es sich, beim Schriftsachverständigen rückzufragen, welche Teile für das Diktat ausgewählt werden sollen.

5.3 Protokoll

Über jede Abnahme von Schriftproben ist ein Protokoll anzufertigen. Das Protokoll soll u.a. darüber Auskunft geben, ob von den vorgenannten Empfehlungen abgewichen wurde und ob besondere Schreibumstände (z.B. linkshändiges Schreiben, körperliche Behinderungen etc.) vorgelegen haben.

Fundstellen für unbefangen entstandenes Vergleichsmaterial

Private und berufliche Umgebung des Schreibers

Häuslicher Bereich	Terminkalender, Telefonverzeichnis, Koch- und Haushaltsbücher, Notiz- und Tagebücher, Notizzettel und sonstige Aufzeichnungen
Arbeitsstelle	Personalakten, Arbeitsberichte, Anwesenheitslisten, Lohnquittungen etc.
Geschäftspartner	Korrespondenzen aller Art, Miet-, Pacht- und Lieferverträge, Bestellscheine etc.
Rechtsanwälte	Korrespondenz, Prozeßvollmacht, Honorarvereinbarungen
Bekannte und Verwandte	Briefe und Postkarten

Behörden, Ämter, Dienststellen

Gerichte	Akten von evtl. früheren Verfahren, ggf. auch Vollstreckungsakten
Zentrale Bußgeldstelle	Anhörungsbogen
Polizeidienststellen	Erkennungsdienstakten
Gemeinden	Standesamt, Meldestelle
Landratsämter	Sozial-, Jugend-, Ausländer- und Paßamt, Kfz-Zulassungstelle usw.
Notariate	
Bundeswehrdienststellen	Gesuche, schulische Arbeiten usw.
Arbeitsämter	

Sonstige Institutionen

Banken, Sparkassen, Postscheckämter	Unterschriftsblätter, Schecks, Überweisungsformulare, Ein- und Auszahlungsbelege, sonstiger Schriftverkehr; auch bei Bausparkassen und Kreditanstalten
Versicherungsanstalten	Anträge, Rentenakten; auch bei Krankenkassen
Krankenhäuser	Kostensicherungsblatt, Zustimmung zu einem operativen Eingriff
Schulen	Schulhefte und Unterschriften des Erziehungsberechtigten unter Zeugnissen und Erklärungen; auch Fahrschulen, Volkshochschulen und andere Fortbildungsinstitutionen
Öffentliche Verkehrsbetriebe	Anträge auf Zeitkarten, Ermäßigungen usw.
Vereinigungen	Vereine, Clubs, Gewerkschaften, Innungen usw.

ANHANG D

ERHEBUNG DER GRAPHISCHEN BEFUNDE

Im folgenden wird ein Überblick über eine systematische schriftvergleichende Analyse gegeben, der zeigen soll, wie vielfältige Aspekte bei der Erfassung graphischer Befunde berücksichtigt werden können. In der Praxis der Schriftvergleichung wird sich allerdings, wie im Hauptteil des Buches dargestellt wurde, die Analyse in einer Reihe von Fällen wesentlich verkürzen lassen. Es soll weiterhin in die wichtigste Terminologie zur Klassifizierung und Beschreibung graphischer Merkmale eingeführt werden.

Für die Erfassung graphischer Merkmale hat *Heiß* sehr klar das wichtigste Gebot herausgestellt: "Sehen, sehen und wieder sehen ... Aber dieses Sehen muß erlernt werden, nur durch fortwährende und ständige Übung wird man fähig, in die Fülle der Merkmale einzudringen, erst allmählich gelingt es, auch die kleinsten und winzigen Besonderheiten einer Schrift zu erfassen, und erst allmählich erwirbt man die Kunst, Gewicht und Stellung der Merkmale im Schriftbild richtig zu erkennen" (*Heiß* 1943, S. 27). – Wir sind es gewohnt, Schrift zu lesen. Bei der Merkmalsanalyse aber muß sich der Beobachter vom Mitteilungsgehalt lösen und das Geschriebene als graphisches Gebilde erkennen. Für den Anfänger ist es zunächst schwer, unabhängig vom Sinn des Geschriebenen die zugrunde liegende Schreibhandlung nachzuvollziehen. Um das Lesen, das der graphischen Erfassung entgegenstehen kann, zu vermeiden, kann es nützlich sein, das Schriftstück auf den Kopf zu stellen oder im Spiegelbild zu betrachten.

Unentbehrliches Hilfsmittel für die graphische Befunderhebung ist eine Lupe mit etwa achtfacher Vergrößerung. Wesentlich erweiterte Möglichkeiten bietet allerdings ein Zoom-Stereomikroskop. Dieses ermöglicht nämlich nicht nur ein binokulares (räumliches) Sehen, sondern eine variable Vergrößerung. Auch hier wird man überwiegend mit einer etwa achtfachen Vergrößerung arbeiten, hat aber die Möglichkeit, an Details der Schrift "heranzufahren" und sie bei einer bis zu 50fachen Vergrößerung zu inspizieren. (Entgegen zuweilen vertretener Auffassung sind noch größere Abbildungsmaßstäbe allenfalls für Spezialfragen bei Urkundenprüfungen von Bedeutung, nicht aber für den Regelfall schriftvergleichender Analysen.)

Von jeder schriftvergleichenden Analyse ist ein Merkmalsprotokoll anzufertigen, und zwar sowohl für die fragliche Schreibleistung als auch für das Vergleichsmaterial. Für den Anfänger erscheint dies als sehr mühselige Arbeit, die jedoch für eine vollständige Dokumentation in vielen Fällen unerläßlich ist. Der erfahrene Praktiker wird sein eigenes Kürzelsystem entwickeln, mit Schemaskizzen arbeiten und entsprechende Markierungen auf Reproduktionen der zu vergleichenden Schriftstücke (nicht etwa auf den Originalen!) anbringen etc., um sich die Aufzeichnungsarbeit zu erleichtern. Auf ein vollständiges Merkmalsprotokoll kann in solchen Fällen verzichtet werden, bei denen aufgrund eindeutiger Merkmalsdiskrepanzen eine Urheberidentität ausgeschlossen werden kann. – Auf den folgenden Seiten ist das Schema eines solchen Merkmalsprotokolls wiedergegeben. (In der Praxis kann man ein solches Merkmalsprotokoll formlos unter Bezug auf die Dezimalklassifikation erstellen, oder aber es müssen bei Verwendung eines Vordrucks auf diesem die entsprechenden Flächen für die Protokolleintragungen – am besten nebeneinander für fragliche Schrift und Vergleichsmaterial – ausgespart werden.)

1. Allgemeine Vorinformationen

Zunächst sind im Merkmalsprotokoll allgemeine Vorinformationen festzuhalten, die die Personalien des Schriftprobengebers sowie die Material- und Produktionsmerkmale der zu vergleichenden Schriftstücke betreffen. Die Angaben zur Person des Schriftprobengebers bedürfen wohl kaum einer näheren Erläuterung. Die Informationen über die Orte des Schulbesuches sind (zusammen mit dem Geburtsdatum) für die Feststellung wichtig, nach welchen Schulvorlagen das Schreiben erlernt wurde (s. Anhang A, S. 219 ff.). Die Angaben über Schulabschluß und Beruf geben zumindest allgemeine Hinweise auf das Bildungsniveau des Schreibers, das sich im Schriftbild niederschlagen kann. Zudem gibt es aber auch eine Reihe berufsspezifischer Schrifteigenheiten, wie z.B. die "Kaufmannsschrift" oder die oft ungelenken Schreibleistungen von Personen, die grobmotorische Schwerarbeit verrichten etc.

Die Angaben über die Materialmerkmale können beispielsweise lauten:
Verwendetes Schreibgerät: *Kopierstift mittlerer Härte.*
Schriftträger: *Liniertes Papier, DIN A 4.*
Umfang: *1 1/2 Seiten.*
Gegenstand der Beschriftung: *Anonymschreiben.*
Erhaltungszustand: *Vermutlich durch Feuchtigkeitseinfluß ist die Schriftspur auf der Rückseite teilweise leicht ausgelaufen und verwischt; im übrigen befindet sich das Schriftstück in einem uneingeschränkt analysierbaren Zustand.*
Fundort: *In Hülle Bl. 27 der Hauptakte.*

Zu den Produktionsmerkmalen gehört zunächst der Entstehungszeitpunkt des fraglichen Schriftstücks. Des öfteren ist allerdings dieses Datum nicht oder nicht genau bekannt, oder es ist doch zumindest strittig. – Im Protokoll ist dann schließlich möglichst differenziert alles festzuhalten, was über die inneren und äußeren Entstehungsbedingungen des fraglichen Schriftstücks bekannt ist. Hierbei sind nicht nur die tatsächlichen Entstehungsbedingungen zu berücksichtigen, sondern auch die Behauptungen (der Parteien oder des Verdächtigten) über die angeblichen Schreibbedingungen. Endlich ergeben sich aber zuweilen auch aus den Anknüpfungstatsachen Vermutungen über die Entstehungsbedingungen des fraglichen Schriftstücks. Es ist dabei keineswegs ungewöhnlich, daß die Informationen über die tatsächlichen, behaupteten oder vermuteten Entstehungsbedingungen des fraglichen Schriftstücks in sich und untereinander widersprüchlich sind. Hier geht es zunächst nur um eine Bestandsaufnahme, noch nicht aber um eine Beurteilung unterschiedlicher Versionen, die in der Regel erst unter Berücksichtigung des graphischen Befundbildes möglich ist. – Entsprechend sind – soweit erforderlich – auch die Entstehungsbedingungen des Vergleichsmaterials festzuhalten.

2. Globale Schriftmerkmale

Bevor in die detaillierte Analyse des Schriftbildes eingetreten wird, ist es zweckmäßig, die Schriften zunächst ganzheitlich zu betrachten. Die erste allgemeine Feststellung betrifft das Schriftsystem, bei dem im deutschen Sprachraum noch zwischen deutscher und lateinischer Schrift unterschieden werden kann. Als Schriftarten sind dabei die Kurrentschrift, die Druckschrift und die Blockschrift zu unterscheiden (s. Abb. 44). Daneben gibt es na-

MERKMALSPROTOKOLL

A ALLGEMEINE VORINFORMATION

1. Personalien des Schriftprobengebers

1.1 Name:
1.2 Geburtsdatum:
1.3 Orte des Schulbesuchs (besonders Grundschule):
1.4 Schulabschluß:
1.5 Erlernter Beruf:
1.6 Ausgeübter Beruf:

2. Materialmerkmale

2.1 Verwendetes Schreibgerät:
2.2 Schriftträger
2.3 Umfang:
2.4 Gegenstand der Beschriftung:
2.5 Erhaltungszustand:
2.6 Fundstelle:

3. Produktionsmerkmale

3.1 Entstehungsdatum:
3.2 Innere Schreibbedingungen (somatisches und psychisches Befinden des Schreibers während des Schreibvollzuges):
3.3 Äußere Schreibbedingungen (sonstige Bedingungen, die außerhalb des Schreibers liegen und auf die Schreibhandlung eingewirkt haben könnten):

B GLOBALE SCHRIFTMERKMALE

1. Schriftsystem

2. Allgemeine Eindruckscharaktere

2.1 Erster Gesamteindruck:
2.2 Gewandtheitsniveau:
2.3 Eigenprägung:
2.4 Einheitlichkeit:

3. Quantitative und qualitative Ergiebigkeit

C **GRAPHISCHE GRUNDKOMPONENTEN**

1. **Strichbeschaffenheit**
   - 1.1 Strichspannung:
   - 1.2 Strichsicherheit/Strichstörungen:
   - 1.3 Strich in sich
   - 1.4 Bewegungsvorschläge und -rückschläge

2. **Druckgebung:**
   - 2.1 Druckstärke:
   - 2.2 Druckverlauf:

3. **Bewegungsfluß**
   - 3.1 Strichgeschwindigkeit:
   - 3.2 Erfolgsgeschwindigkeit:
   - 3.3 Schreibeile:
   - 3.4 Grad und Art der Verbundenheit:

4. **Bewegungsführung und Formgebung**
   - 4.1 Linienzügigkeit vs. Bogenzügigkeit:
   - 4.2 Vereinfachung vs. Erweiterung:
   - 4.3 Besonderheiten der Formgebung:

5. **Bewegungsrichtung**
   - 5.1 Bewegungsabläufe/Bewegungsinkonsequenzen:
   - 5.2 Neigungswinkel:
   - 5.3 Zeilenführung (Zeile in sich und Gesamtzeilenrichtung):

6. **Vertikale Ausdehnung**
   - 6.1 Größe der Ober-, Mittel- und Unterzone:
   - 6.2 Größenproportionen:

7. **Horizontale Ausdehnung**
   - 7.1 Primäre Weite:
   - 7.2 Sekundäre Weite:

8. **Vertikale Flächengliederung**
   - 8.1 Oben- und Untenrand
   - 8.2 Zeilenabstände:
   - 8.3 Sonstige vertikale Flächengliederung:

9. **Horizontale Flächengliederung**
   - 9.1 Links- und Rechtsrand:
   - 9.2 Wortabstände:
   - 9.3 Sonstige horizontale Flächengliederung:

10. **Sonstige Merkmale**
    - 10.1 Nicht-schriftliche graphische Besonderheiten:
    - 10.2 Besonderheiten der Schreibung (Interpunktion, Orthographie etc.):

türlich die verschiedensten Mischformen. Zuweilen ist die Bestimmung des Schriftsystems überhaupt nicht möglich, wie z.B. bei extrem vereinfachten unleserlichen Unterschriften. Zahlen werden üblicherweise in arabischen oder römischen Ziffern geschrieben.

Abb. 44: Verschiedene Schriftarten

Besonders Schriftsachverständige, die von der Graphologie kommen, halten es meist für unerläßlich, auch bei einer schriftvergleichenden Analyse zunächst bestimmte Eindruckscharaktere am Schriftbild zu erfassen. Einer solchen ganzheitlichen Bestimmung von Formniveau (*Klages* 1956), Gestalttyp (*Grünewald* 1954), Grundrhythmus (*Wieser* 1952) oder von verschiedenen Aspekten des Rhythmus (z.B. *Heiß* 1943 oder *Müller & Enskat* 1973) kommt für die graphologischen Interpretationsansätze Bedeutung zu. Es erscheint aber zweifelhaft, ob sie für die Schriftvergleichung gleichermaßen relevant sein können, insbesondere da sie nur begrenzt ausreichend objektiv erfaßt werden können. – Um der möglichen Gefahr, "den Wald vor lauter Bäumen nicht zu sehen" entgegenzuwirken, kann es dennoch durchaus sinnvoll sein, ein Schriftbild als ganzes in unreflektierter und ungerichteter Einstellung auf sich wirken zu lassen, um so das charakteristische Gesamtgepräge einer Schrift zu erfassen, ehe der Blick auf das Detail gerichtet wird. Insbesondere kann es zweckmäßig sein, die Schrift ganzheitlich unter den folgenden Aspekten zu betrachten:

Gewandtheitsniveau:	Ungelenke Unbeholfenheit? Souveränität und Geschmeidigkeit? Verfestigte Starre? Pathologische Gestörtheit?
Eigengeprägtheit:	Unentwickelte Schulschrift? Eigengeprägte Weiterentwicklung der Schulschrift? Auflösung und Zerstörung der Schulschrift?
Einheitlichkeit:	Monotone Einheitlichkeit? Einheit in der Mannigfaltigkeit? Auseinanderfallende Vielfalt?

Materialkritisch wird schließlich – auch unter Berücksichtigung dieser Eindruckscharaktere – die Frage nach der quantitativen und qualitativen Ergiebigkeit des Schriftmaterials zu stellen sein (vgl. hierzu im einzelnen S. 107 ff.).

3. Allgemeine terminologische Vorbemerkungen

Wie in Kapitel IV schon allgemein ausgeführt wurde, steht der Schriftvergleichung – wie den benachbarten Schriftfächern – nur zu einem Teil eine einheitliche und voll ausdifferenzierte Terminologie zur Verfügung. Für grundsätzliche wissenschaftliche Belange ist darin gelegent-

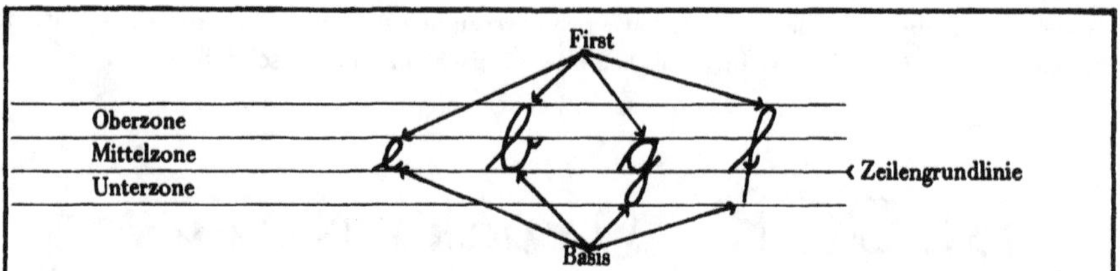

a, c, e ...:	Kurzlängen (Gesamtheit, einschl. der übrigen Teile der Mittelzone: Mittelband)
b, d, A ...:	Oberlängen
g, j, p ...:	Unterlängen
f, ß, G ...:	Langlängen

Abb. 45: Gliederung der Zeilenfläche

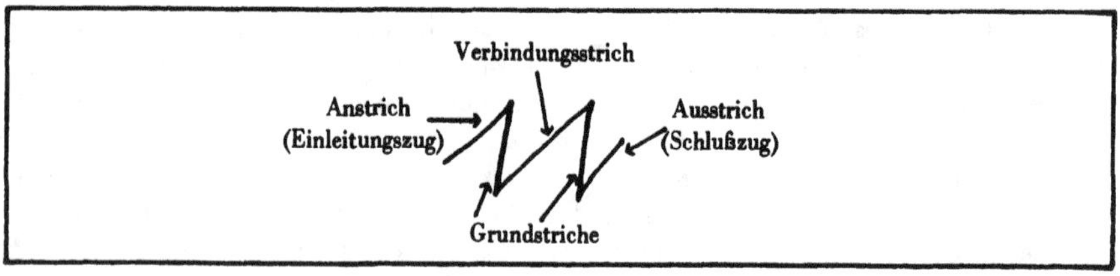

Abb. 46: Aufstriche und Abstriche

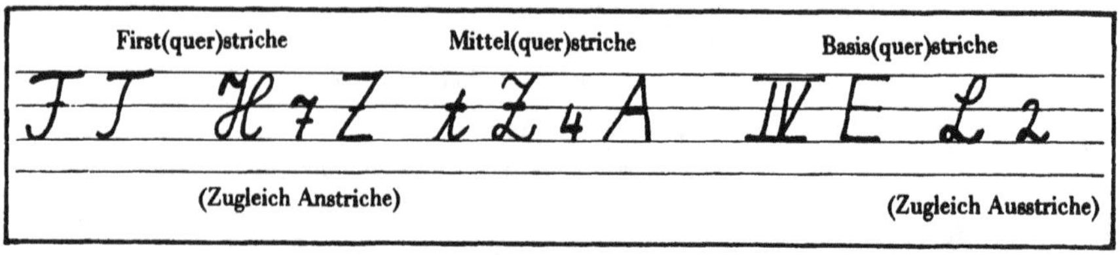

Abb. 47: Querstriche

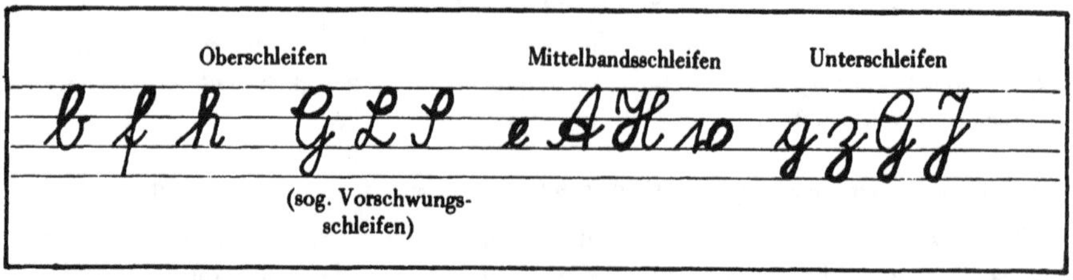

Abb. 48: Schleifen

Mit *Legrün* kann je nach Position und Funktion im Schreibablauf unterschieden werden zwischen Verbindungs-, Verknüpfungs-, Abschluß- und Basisschlingen sowie Schlingen mit Gestaltfunktion.

Abb. 49: Schlingen

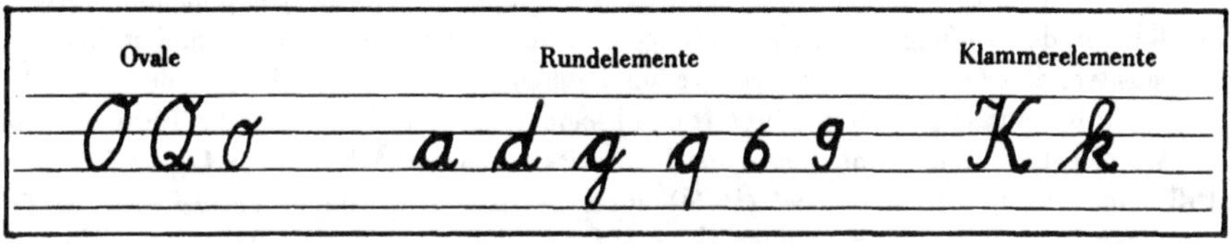

Abb. 50: Ovale, Rund- und Klammerelemente

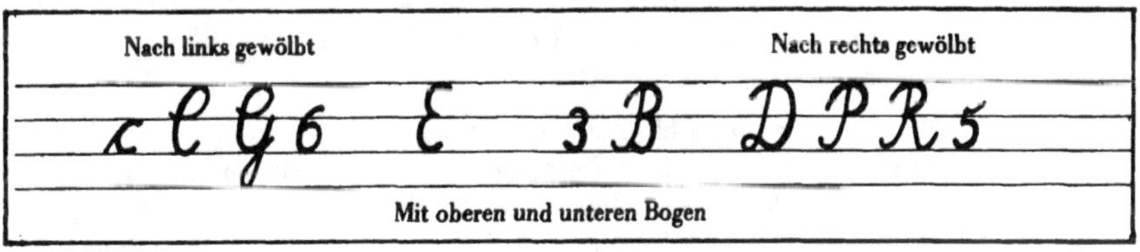

Abb. 51: Bogenelemente

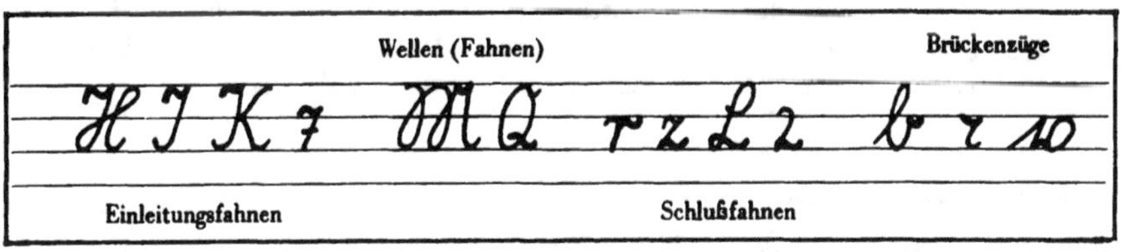

Abb. 52: Wellen- und Brückenzüge

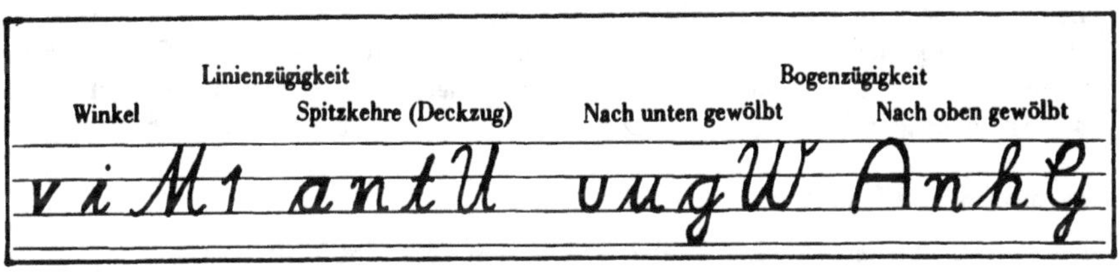

Abb. 53: Verbindung zwischen Auf- und Abstrich

lich ein gewisses Hemmnis zu sehen. Für die Praxis der Gutachtenerstattung erscheint das Problem weniger schwerwiegend. Eine gut ausgebildete Fachsprache ist nämlich nur für die Kommunikation zwischen Wissenschaftlern ein und derselben Disziplin ein sehr nützliches Vehikel. In einem Gutachten jedoch, daß sich an einen Laien wendet, sollte der Sachverständige sich einer Sprache bedienen, die dem Empfänger weitestgehend verständlich sein soll, so daß die im Gutachten dargestellten Sachverhalte von ihm nachvollziehbar sind. Man wird dabei allerdings auf eine Reihe von fachlichen Grundbegriffen zurückgreifen müssen, die teils für sich selbst sprechen, teils einer Erläuterung bedürfen.

Vor der systematischen Erörterung der einzelnen graphischen Grundkomponenten werden zunächst in den vorhergehenden Abbildungen 45 bis 53 die wichtigsten Termini an Beispielen aus verschiedenen Schulvorlagen veranschaulicht, die üblicherweise bei der Bezeichnung von bestimmten Teilen der Schrift und Elementen der Buchstaben und Ziffern verwendet werden. Es wird dabei besonders auf die bereits erwähnten Arbeiten von *Legrün* (1958 a, 1959 und 1960) sowie *Sprengel* (1976) zurückgegriffen, auf die wegen weiterer Details verwiesen wird. Bei der vorliegenden Übersicht wird jedoch auf die Erwähnung solcher Begriffe verzichtet, die man zum sprachlichen Allgemeingut rechnen kann. Weiterhin wird hier zunächst auf die Erläuterung solcher Termini verzichtet, durch die die spezifische Ausprägung der persönlichen Handschrift und ihrer Einzelaspekte charakterisiert werden können. Dies bleibt dem folgenden Abschnitt über die Darstellung der graphischen Grundkomponenten vorbehalten.

Es wurde eine Reduktion der einschlägigen Begriffe angestrebt. Es erschien jedoch nicht zweckmäßig, eine gänzlich neue, straffere Terminologie zu entwickeln, sondern weitgehend auf diejenigen Begriffe zurückzugreifen, die in der Schriftvergleichung und benachbarten Fächern eingebürgert sind. Dies hat aber auch zur Konsequenz, daß ein und dasselbe Buchstabenelement – unter unterschiedlichen Aspekten betrachtet – verschieden bezeichnet werden kann. So stellt z. B. der Einleitungszug des in der lateinischen Ausgangsschrift geschriebenen I nach seiner Funktion einen Anstrich dar, nach seiner Position einen Firstquerstrich und seiner seiner Form einen Wellenzug.

Abb. 54: Einleitungszug des I

4. Die graphischen Grundkomponenten

Die systematische Analyse der graphischen Grundkomponenten ist in Abschnitt IV.4 (s. S. 78 ff.) bereits allgemein hergeleitet und vorgestellt worden. Dort wurde auch schon der Gang der Erhebung graphischer Merkmale erörtert, der dadurch gekennzeichnet ist, daß innerhalb jeder graphischen Grundkomponente in einem hierarchisch gegliederten Analyseprozeß vom Allgemeinen zum Besonderen vorgeschritten wird. Innerhalb der Grundkomponenten lassen sich graphische Merkmale ausdifferenzieren, die in ihrer durchschnittlichen Ausprägung sowie in ihrer allgemeinen und systematischen Variabilität erfaßt werden.

4.1 Strichbeschaffenheit

Eine Untersuchung des Striches, als dem "Urelement" der Schrift, ist nur bei ausreichender Vergrößerung – in der Regel mit Hilfe eines Zoom-Stereomikroskops – möglich. Nur so können auch alle Feinheiten der Strichbeschaffenheit erfaßt werden, die mit dem bloßen

Auge oft nicht wahrnehmbar sind. Vergrößerung allein reicht allerdings bei der Beurteilung der Strichbeschaffenheit meist nicht aus, vielmehr muß das Auge des Betrachters gerade bei der Erfassung dieses Merkmalsbereiches besonders geschult sein. Diese Übung kann man sich nur dadurch erwerben, daß man ein möglichst umfangreiches und verschiedenartiges Schriftmaterial unter dem Stereomikroskop bei wechselnden Abbildungsmaßstäben und unter entsprechender Anleitung eines erfahrenen Schriftsachverständingen betrachtet. Nur durch eine solche intensive praktische Erfahrung wird man schließlich in die Lage versetzt, zwischen solchen Merkmalen zu differenzieren, die lediglich für das verwendete Schreibgerät oder den Schriftträger spezifisch sind und solchen, die tatsächlich für den Schreiber charakteristisch sind. Darüber hinaus können bestimmte Wechselwirkungen zwischen Material- und Produktionsvariablen einerseits und den Schreibgewohnheiten einer Person andererseits bestehen, die selbstverständlich auch für den Schriftsachverständigen von besonderem Interesse sind.

Besondere Schwierigkeiten bereitet dem Anfänger erfahrungsgemäß die Einschätzung der *Strichspannung*. Einer gut gespannten Schrift liegt eine optimale Bewegungskoordination zugrunde. Ihr Strich läßt sich beschreiben durch Attribute wie: elastisch, federnd, geschmeidig oder lebendig-beweglich. Die beiden Extrempole schlechter Strichspannung sind einer-

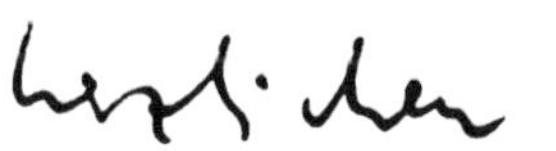

Abb. 55: Schwache Strichspannung

Abb. 56: Gute Strichspannung

Abb. 57: Zerbrechende Strichspannung

seits der schlaffe, unstraffe, zu wenig gespannte Strich und andererseits der zerbrechende, spröde, zu stark gespannte Strich. – Als Hilfsvorstellung ist vielleicht der von *Heiß* (1966) gegebene Vergleich mit einem Seil nützlich, das schlaff oder straff gespannt sein oder aber unter einer zerreißenden Über-Spannung stehen kann. Wir kennen dasselbe Phänomen weiter von anderen Körperbewegungen, denen unterschiedlich gute Muskelkoordinationen zugrunde liegen. So reicht die Skala beim Gehen z.B. von einem schlaff-schlaksigen, über einen elastisch-federnden bis zu einem verkrampft-verspannten Gang. Was beim Gehen oder anderen Körperbewegungen direkt beobachtbar ist, muß bei der Handschrift erschlossen werden, nämlich der Grad der Elastizität (Schlaffheit oder Verspanntheit) der zugrunde liegenden Schreibbewegung.

Häufig wird die Strichspannung eines Schriftstückes kein völlig konstantes Merkmal darstellen, sondern es wird auch die Variationsbreite zu erfassen sein. Dabei wird insbesondere zu prüfen sein, ob Veränderungen der Strichspannung an bestimmte Passagen des Schreibverlaufs gebunden sind (z.B. zunehmend elastischere Strichbeschaffenheit im Gesamtverlauf, Nachlassen der Strichspannung an Wortenden oder bei bestimmten Bewegungszügen). Allgemein ist eine verminderte Strichspannung in der Regel bei Schriftverstellung oder -nachahmung zu erwarten. Bei verstellten Schriften sollten Passagen mit höherer Strichspannung besondere Beachtung finden, weil es sich hierbei um Rückfälle in übliche Schreibgewohnheiten handeln kann.

Als zweiter Aspekt der Strichbeschaffenheit ist die *Strichsicherheit* zu berücksichtigen. Ein sicherer Strich ist durch einen klaren, fließenden Ablauf gekennzeichnet: Der Bewegungsentwurf wird direkt und zielstrebig verwirklicht. Nicht wenige Schreibleistungen enthalten aber, auch wenn sie von graphomotorisch unbeeinträchtigten Personen herrrühren und unter normalen Schreibbedingungen entstanden sind, mehr oder minder kleine Schreibstörungen in Form von Verunsicherungen, Strichverbiegungen, Verschmierungen, Verdickungen, Nachziehungen und sonstigen kleinen Entgleisungen. Wiederum ist zu prüfen, ob solche leichten Störungen gehäuft an bestimmten Positionen auftreten. Vermehrt sind solche Störungen naturgemäß wiederum bei Schriftnachahmungen und -verstellungen zu erwarten, meist als unwillkürliche Begleiterscheinungen, zuweilen aber auch als willkürlich gewählte Verstellungsmerkmale oder (z.B. bei Testamentsfälschungen) als Vortäuschung graphomotorischer Störungen.

In besonderem Maße sind Strichstörungen bei Personen mit krankheits- und altersbedingten graphomotorischen Störungen zu beobachten, vor allem in Form von Verzitterungen (Tremor) und ausfahrenden, entgleisten Bewegungszügen (Ataxien). Es ist dabei keineswegs in jedem Falle einfach, zwischen echten und nur vorgetäuschten Strichstörungen zu trennen, wie dies gelegentlich unterstellt wurde (*Wittlich* 1948; kritisch hierzu *Pfanne* 1954). Auch

Abb. 58: Graphomotorische Störungen als Folgen eines leichteren Schlaganfalles: Nebeneinander von deutlichen Strichstörungen (bes. starker Tremor im h) und bemerkenswert sicher geführten Passagen (Bogenelement des B)

die Homogenität der Strichstörungen ist keineswegs ein Kriterium für deren Echtheit oder Unechtheit. Man findet vielmehr auch in Schriften graphomotorisch gestörter Personen nicht selten ein erstaunliches Nebeneinander zwischen gestörten und bemerkenswert sicher geführten Passagen (vgl. Abb. 58). Die Nachahmung von Strichstörungen ist vor allen Dingen an drei Eigentümlichkeiten zu erkennen:

- Der Nachahmer übertreibt häufig die Schriftstörungen, während der Schreiber, der mit graphomotorischen Störungen zu kämpfen hat, sich gerade deshalb um ein ausreichend lesbares Schriftbild bemüht.
- Nachahmer verraten sich häufig durch fein und sicher ausgeführte Anflickungen und sonstige Retuschen, zu denen ein graphomotorisch gestörter Schreiber nicht mehr in der Lage ist.
- Endlich kommt es gelegentlich zu "Nachverbesserungen" von einzelnen Bewegungszügen, die zunächst zu gut gelungen sind und dann mit "verunsicherten" Schriftzügen

nachgezogen werden. Bei echten Störungen findet man dagegen vielmehr gerade umgekehrte Bemühungen, nämlich schlecht und unleserlich geratene Passagen nachzubessern, was meist nur unbeholfen gelingt.

Darüber hinaus kann gerade auch die Strichsicherheit durch die verschiedensten besonderen äußeren oder inneren Schreibbedingungen aktuell bei einer Schreibleistung herabgesetzt sein (vgl. S. 42 ff.). Es würde jedoch wiederum bei weitem den Rahmen dieser Darstellung sprengen, alle daraus resultierenden möglichen Veränderungen der Strichbeschaffenheit hier auszuführen.

Als weiteres Merkmal der Strichbeschaffenheit kann der *Strich in sich* (*Pophal* 1950) von Interesse sein. *Pophal* (1966) unterscheidet drei Arten von Strichtexturen, die er u.a. wie folgt charakterisiert:

– *Homogener Strich*: "Webstrich", einheitlicher Aufbau bei innerer Differenziertheit, homogen-differenziert, fest, dicht, kohärent, enger Zusammenhang der Pigmentpartikel, klar, sauber, Wechsel zwischen helleren und dunkleren Partien.

– *Granulierter Strich*: "Poröser Strich", uneinheitlicher Aufbau bei Mangel an innerer Differenzierung, inhomogen-undifferenziert, aufgelockert, aufgelöst, unfest, Pigmentzerstreuung und -auflösung, gekörnt, fleckig, unruhig, ungleichmäßig.

– *Amorpher Strich*: "Tusch-Strich", einheitlicher Aufbau ohne Differenzierung, homogen-undifferenziert, einförmig, monoton, Pigmenteinschmelzung, trübe, undurchsichtig.

Diese Einteilung ist indes in Anbetracht der vielfältigen neuen Schreibmittel sicherlich nicht mehr ausreichend. Zum anderen ist aber die Erfassung des Striches in sich für die Schriftvergleichung im allgemeinen von keiner oder nur untergeordneter Bedeutung, da die Strichtextur in der Regel kaum schreiberspezifisch ist, sondern im wesentlich von dem verwendeten Schreibgerät (Art und Funktionstüchtigkeit), dem Schriftträger (Papierqualität, Oberflächenbeschaffenheit etc.) und auch von der Schreibunterlage abhängt. Die Beachtung des Striches kann allerdings von besonderer Bedeutung bei der Frage sein, ob bestimmte Passagen einer Urkunde uno actu erfolgten oder nachträglich hinzugefügt wurden.

Im übrigen können für die Schriftvergleichung bestimmte Wechselwirkungen zwischen Schreiber und Schreibgerät (aber auch Schriftträger und sonstigen Material- und Produktionsmerkmalen) von Interesse sein. Hierzu sind u.a. die sog. Dunkellinien (*Delhougne* 1908 ff.) zu rechnen, die beim Schreiben mit Tinte und Feder durch Aufkratzen des Papieres mit den Federbeinen entstehen können. In diesen Furchen kommt es nämlich zu verstärkten Tintenauftragungen, die als dunkle Linien im Strichbild erscheinen. Verwertbar sind solche Dunkellinien allerdings nur dann, wenn davon ausgegangen werden kann, daß die zu vergleichenden Schriftstücke mit derselben oder zumindest mit einer gleichartigen Feder gefertigt wurden. – Bei grundsätzlicher Verwendung eines eigenen Füllfederhalters kann die genaue Analyse des Strichbildes noch weitere Indizien für oder gegen eine gemeinsame Schrifturheberschaft bieten. Besonders an den An- und Ausstrichen sowie an Bewegungsumbrüchen können sich Merkmale des Striches zeigen, die Produkt der spezifischen Wechselwirkung zwischen Schreiber und Schreibgerät sind (*Michel* 1971).

Bei Kugelschreibern und ähnlichen Geräten sind solche Wechselwirkungen seltener und unspezifischer. Verwertbar können zusätzliche Farbpartikelablagerungen am Strichrand oder neben dem Strich sein, wobei es sich in der Regel um Abstreifungen von Farbstoff handelt, der sich an der Bördelung angesammelt hatte. Zu einem Abstreifen kommt es dann, wenn das Schreibgerät während des Schreibaktes in einem bestimmten Winkel zur Schreibfläche gehalten wird. Diese Haltung des Schreibgerätes kann für den Schreiber mehr oder minder spezifisch sein. Gelegentlich ist auch – bei ungewöhnlich schräger Haltung des Schreibgerätes – eine direkte Prägespur durch die Bördelung zu beobachten, die als blinde, teilweise auch leicht eingefärbte Druckrille neben dem Strich zu erkennen ist (und nicht mit einer Vorzeichnungsspur zu verwechseln ist). Ähnliche Erscheinungen können sich übrigens auch bei schlecht angespitzten Blei-, Kopier- und Farbstiften ergeben sowie bei Drehbleistiften.

Endlich ist bei der vergleichenden Analyse des Striches auf kleine *Bewegungsvorschläge und -rückschläge* zu achten. Es handelt sich dabei einerseits um kleine Initialbewegungen, die den Anfangsbuchstaben an Wortanfängen (teilweise aber auch nach Absetzungen innerhalb eines Wortes) vorangehen, und andererseits um winzige Schlußbewegungen, die dem eigentlichen Ausstrich folgen. Auftreten und Ausprägung solcher Mikrobewegungen, die häufig erst bei entsprechender Vergrößerung erkennbar werden, sind in der Regel sehr schreiberspezifisch. Zu beachten sind vor allem Richtung und Form solcher Bewegungsvorschläge und -rückschläge, die meist mit der Richtung der nachfolgenden oder vorangehenden Hauptbewegung variieren.

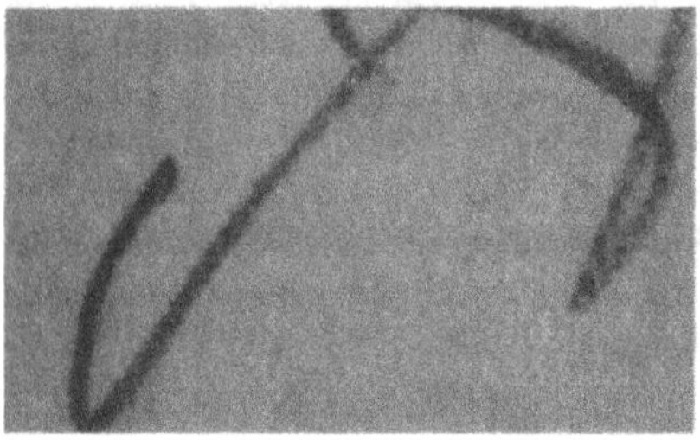

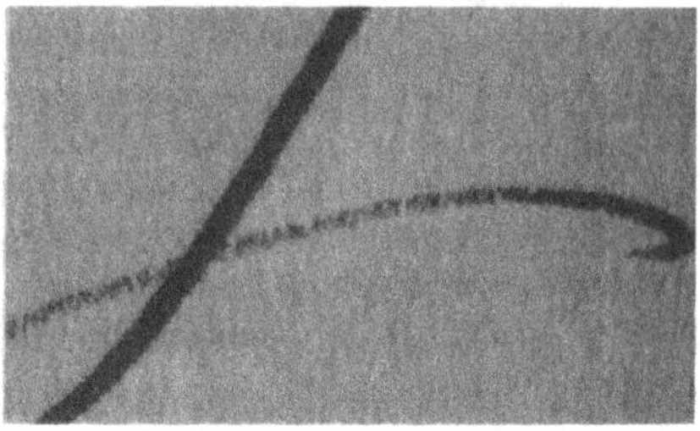

Abb. 59: Bewegungsvorschläge und -rückschläge

4.2 Druckgebung

Eine exakte Messung der absoluten Druckstärke ist nur während des Schreibvorganges selbst möglich (s. S. 65 ff.). Am fertigen Schriftstück lassen sich nur Symptome der Druckgebung erfassen, nämlich Tiefe der Schreibfurche, Strichbreite, Einfärbungsgrad sowie – bei mit Federn gefertigten Schriften – Grad der Federspreizung. Diese Symptome werden jedoch nicht nur durch den aufgewendeten Schreibdruck bestimmt, sondern sind auch abhängig von der Art und Funktionstüchtigkeit des Schreibgerätes, von der Oberflächenbeschaffenheit und Struktur des Schriftträgers sowie von der Elastizität der Schreibunterlage. – Nur wenn davon ausgegangen werden kann, daß die zu vergleichenden Schreibleistungen unter gleichartigen Bedingungen entstanden sind, können präzisere Aussagen –

gegebenenfalls unter Verwendung apparativer Hilfsmittel (s. S. 65 f.) – über die Druckstärke möglich sein. In allen anderen Fällen wird man lediglich prüfen können, ob die erkennbaren Symptome der Druckgebung in der fraglichen Schrift vermutlich innerhalb oder außerhalb der Variationsbreite des Vergleichsmaterials liegen, wobei Schreibgerät, Schriftträger und die vermutlichen Schreibbedingungen (insbesondere Schreibunterlage)zu berücksichtigen sind.

Für die Schriftvergleichung wesentlich bedeutsamer sind jedoch ohnehin Merkmale des *Druckverlaufs*, also der relativen Schwankungen der Druckgebung innerhalb des Schreibablaufes. Auch bei dieser Analyse können die schon erwähnten apparativen Hilfsmittel nützlich eingesetzt werden, die allerdings derzeit finanziell wie zeitlich noch recht aufwendig sind. Zur Zeit wird man sie daher nur bei Spezialfragen einsetzen. In den weitaus meisten Fällen erweist sich eine gründliche stereomikroskopische Inspektion zur Erfassung von Merkmalen des Druckverlaufes als völlig ausreichend. Eine Objektivierung der Befunde kann vor allem durch eine Strichbreitenmessung möglich sein.

Allgemein wird man zunächst festzustellen haben, ob die Schriften durch einen Wechsel oder aber durch eine weitgehend gleichmäßige, monotone Druckgebung gekennzeichnet sind. Der Druckgebungswechsel kann rhythmisch oder arrhythmisch sein. Im ersten Falle wird weiter zu bestimmen sein, welche Bewegungsrichtungen üblicherweise durch stärkeren und welche durch schwächeren Druck gekennzeichnet sind. Im übrigen wird man in allen drei Fällen auf bestimmte Ausnahmen vom allgemeinen Druckverlauf in den Schriften zu achten haben. Nur beispielhaft seien für solche Besonderheiten des Druckverlaufs genannt:

- Gelegentliche Verlagerungen der Druckgebung in andere Strichrichtungen (z.B. bei üblicher Druckbetonung der Abstriche zuweilen Verlagerung des Druckes in den Rechtszug, wobei zu prüfen ist, ob diese Druckverlagerung an bestimmte Bewegungszüge oder Positionen gebunden ist).
- Druckverstärkung oder -verminderung an bestimmten Positionen (z.B. Abstrich von Unterlängen, Wortanfänge oder -enden, Querstriche, Ausrufungszeichen etc.).
- Spezifisches "Aufperlen" des Striches durch besonders schwache Druckgebung in bestimmten Schriftpassagen.

4.3 Bewegungsfluß

Von den Aspekten des Bewegungsflusses sind wiederum die Tempomerkmale nur während des Schreibaktes exakt erfaßbar und am fertigen Schriftbild nur abzuschätzen. Absolute Geschwindigkeitgrößen sind *Strich- und Erfolgsgeschwindigkeit*. Strichgeschwindigkeit, früher auch Federgeschwindigkeit genannt, ist definiert als Schreibweg pro Zeiteinheit, ausgedrückt in cm/sek. Die Erfolgs- oder Leistungsgeschwindigkeit bemißt sich dagegen nach der Textleistung pro Zeiteinheit, ausgedrückt in Buchstaben oder Silben je Minute. (Ebenso kann die Schreibzeit gemessen werden, die für die Niederschrift eines Standardtextes benötigt wird.) – Der erste Aspekt betrifft also die Geschwindigkeit, mit der der Schreiber das Schreibgerät über die Schreibfläche führt. Der zweite Aspekt bezieht sich auf die Textmenge, die in einer bestimmten Zeit gefertigt wird. – *Groffmann & Fahrenberg* (1960) haben experimentell nachgewiesen, daß diese beiden Geschwindigkeitsmaße weitgehend voneinander unabhängig sind. Weiterhin ergaben aber ihre Untersuchungen, daß Experten in der Einschätzung der absoluten Geschwindigkeiten offenbar recht unsicher sind.

Dieser Tatbestand ist indes keineswegs beunruhigend, da bei Schriftvergleichungen keine Einschätzung der absoluten Strich- und Leistungsgeschwindigkeit erforderlich ist, sondern sich lediglich die Frage stellen kann, ob eine fragliche Schreibleistung in einem Schreibtempo geschrieben wurde, das innerhalb oder außerhalb der natürlichen Variationsbreite der Schreibgeschwindigkeit eines Vergleichsschreibers liegt. Zur Beantwortung dieser Frage werden einerseits die von *Heiß* (1943, S. 96) und anderen genannten Eilemerkmale (und deren Gegenmerkmale) zu berücksichtigen sein, nämlich primär Ungenauigkeit der Oberzeichen und Eilefaden sowie sekundär Rechtsschräglage, Verbundenheit, stärkere Bogenzügigkeit, Wegfall von Anfangsadjustierungen, betonte Rechtszügigkeit und Weite. Andererseits sind nach *Groffmann & Fahrenberg* (1960, S. 154) als zusätzliche Bestimmungsmerkmale großer Federgeschwindigkeit anzusehen: Größe und Ausgiebigkeit der Bewegung. Als Bestimmungsmerkmale großer Leistungsgeschwindigkeit nennen sie: Kleinheit und geringe Ausgiebigkeit der Bewegung, Vereinfachungen und Verkürzungen.

Eine relative Geschwindgkeitsgröße stellt die Schreibeile dar. Es geht dabei nicht um einen inter- sondern um einen intraindividuellen Vergleich, also um die Frage, ob und inwieweit eine bestimmte Schreibleistung in ihrer Strich- und Leistungsgeschwindigkeit von dem üblichen Schreibtempo der Person abweicht. Auch die Schreibeile ist zwar am fertigen Bild metrisch nicht exakt faßbar, läßt sich aber in der Regel mit der erforderlichen Zuverlässigkeit einschätzen.

Schließlich sind innerhalb dieser Grundkomponente Grad und Art der *Verbundenheit* zu vergleichen, also die Häufigkeit und Position der Unterbrechungen des Bewegungsflusses. Es kommt dabei nicht nur auf eine allgemeine Einschätzung des Verbundenheitsgrades an, sondern insbesondere ist zu prüfen, ob die Unterbrechungen bei denselben bzw. gleichartigen Bewegungszügen erfolgen. Die Untersuchung ist am einfachsten, wenn wortgleiche Vergleichsschriftproben vorliegen. Auch in diesem Falle muß allerdings berücksichtigt werden, daß die Verbundenheit bei vielen Schreibern kein völlig stabiles Merkmal ist, sondern eine mehr oder minder große Variationsbreite aufweist. Wiederum stellt sich also nicht die Frage, ob die Verbundenheit identisch ist, sondern ob sie in der fraglichen Schrift innerhalb der natürlichen Variationsbreite des Vergleichsmaterials liegt. Unter Umständen kann eine gleichartige Variabilität in dem zu vergleichenden Material von besonderer Beweiskraft sein.

Auf einige Besonderheiten, die bei der Vergleichung der Verbundenheit zu beachten sind, sei noch hingewiesen:

Es ist nicht nur auf Unterbrechungen zwischen, sondern auch innerhalb der Buchstaben zu achten. So werden einige Majuskeln häufiger zwei- oder gar dreizügig geschrieben. Zweizügige Schreibweise findet man zuweilen aber auch bei Minuskeln wie a, d, t oder Ziffern wie 4 und 5, aber auch 7 und 8. – Dabei sind selbstverständlich solche mehrzügig gefertigten Buchstaben und Ziffern von besonderer Beweiskraft, die üblicherweise in sich verbunden geschrieben werden.

Auf der anderen Seite sind alle solche Verbindungszüge von größerer Bedeutung, die nach der Schulvorlage nicht vorgesehen sind, so beispielsweise die einzügige Schreibweise von

Majuskeln, die schulförmig mehrzügig zu fertigen sind. Weiterhin ist die Einbindung solcher Großbuchstaben zu beachten, die schulförmig nicht mit einem Verbindungszug zur nachfolgenden Minuskel enden (wie B, D, I, O oder S). Als weitere Merkmale hoher Verbundenheit sind zu beachten: Miteinander verbundene Oberzeichen bei Umlauten, in den nachfolgenden Buchstaben eingebundene Oberzeichen, eingebundene Satzzeichen, verbunden geschriebene Ziffern oder Verbindungszüge innerhalb von Druck- und Blockschrift.

Die Prüfung der Verbundenheit darf nicht nur mit dem bloßen Auge erfolgen, sondern muß auch bei entsprechender Vergrößerung vorgenommen werden. Nur dadurch ist nämlich oft erst entscheidbar, ob eine echte Verbundenheit vorliegt, oder ob zwei Schriftzüge lediglich aneinandergesetzt, aber nach einer Unterbrechung gefertigt wurden. Solche aneinandersetzungen werden sehr anschaulich auch als "Anflickungen" oder "Lötstellen" bezeichnet. Sie können für die normale Schrift eines Schreibers kennzeichnend sein, besonders häufig findet man sie aber in Nachahmungsfälschungen.

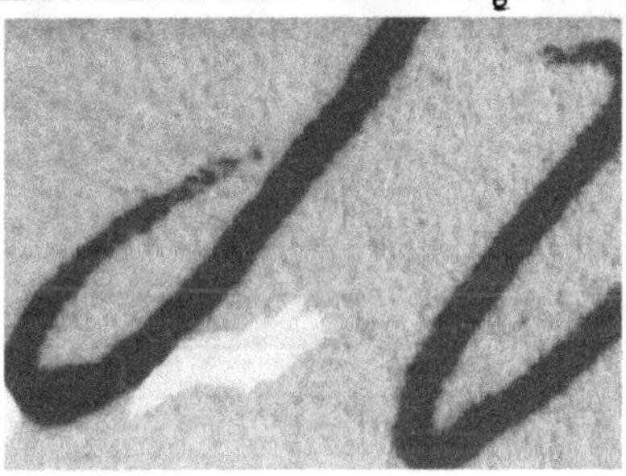

Abb. 60: Immaterielle Verbundenheit

Umgekehrt kann man Unterbrechungen in der Einfärbung durch das Schreibmittel feststellen, denen aber im engeren Sinne keine Unterbrechung zugrunde liegt. Wie man nämlich aus dem Bewegungsablauf und Einfärbungsgrad erkennen kann, ist an solchen Stellen die Schreibbewegung in einem Zug geführt worden, es wurde lediglich das Schreibgerät nicht oder zu schwach auf den Schriftträger gedrückt. Man bezeichnet solche Passagen als immaterielle Verbindungen (s. Abb. 60).

4.4 Bewegungsführung und Formgebung

Die Grundkomponente "Bewegungsführung und Formgebung" stellt zweifellos die komplexeste dar. Es gäbe durchaus Gründe, sie aufzugliedern. Einerseits legen einige faktorenanalytische Untersuchungen (s. S. 80 ff.) die Vermutung nahe, daß der Komplex Bewegungsführung zwei weitgehend unabhängige Aspekte beinhaltet, nämlich bogige vs. eckige und vereinfachende vs. erweiternde Bewegungsführung. Andererseits ist gerade auch unter graphologischen Gesichtspunkten auf die wesentliche Unterscheidung zwischen Bewegung und Form hingewiesen worden, für die ebenfalls einzelne Ergebnisse der dargestellten Faktorenanalysen sprechen. Es ist allerdings durchaus möglich, worauf z.B. *Timm* (1967) hingewiesen hat, Bewegung und Formgebung als Pole einer einzigen Dimension aufzufassen, die sich durch das Begriffspaar Bewegungsbetonung vs. Formbetonung charakterisieren läßt.

Unter systematischen Gesichtspunkten wäre also eine Aufgliederung in zwei oder gar drei Komponenten durchaus vertretbar. Unter Aspekten der praktischen Arbeit der Schriftvergleichung wäre eine solche weitere Zergliederung jedoch nicht zweckmäßig. Die einheitliche Frage, die innerhalb dieser Grundkomponente bei der Analyse des Schriftbildes gestellt wird, lautet nämlich: Wie hat der Schreiber die Schulvorlage, nach der er die Schrift erlernt hat, verarbeitet? Inwieweit hat er die in der Schule erlernte Ausgangsschrift beibehalten, inwieweit und in welcher Weise hat er sie modifiziert? – Diese allgemeine Frage beinhaltet zwar, wie gleich noch darzulegen sein wird, verschiedene Teilaspekte, die aber nicht isoliert, sondern innerhalb eines Analyseschrittes erfaßt werden sollten.

Den Formen einer jeden Schulvorlage (ob Kurrent-, Druck- oder Blockschrift) liegen die beiden elementaren Schreibbewegungen zugrunde, nämlich die *linienzügige* (gerade) und *bogenzügige* (runde) *Bewegungsführung*. Bei reiner Linienzügigkeit müssen Richtungsänderungen winklig erfolgen. Wegen dieser für rein linienzügige Bewegungen kennzeichenden eckigen Richtungsänderungen wird häufig auch von winkelzügiger Bewegungsführung gesprochen. Man sollte jedoch dem präziseren, weil umfassenderen Begriff Linienzügigkeit den Vorzug geben. Die verschiedenen Schulvorlagen und Schriftarten sind zu unterschiedlichen Anteilen linien- und bogenzügig, und der einzelne Buchstabe kann durch nur einen oder durch eine Mischung beider Bewegungszüge gekennzeichnet sein, wie dies die drei ersten Buchstaben unseres Alphabets in Blockschrift veranschaulichen (s. Abb. 61; daneben sind jeweils Beispiele anderer Bewegungsführungen derselben drei Buchstaben wiedergegeben).

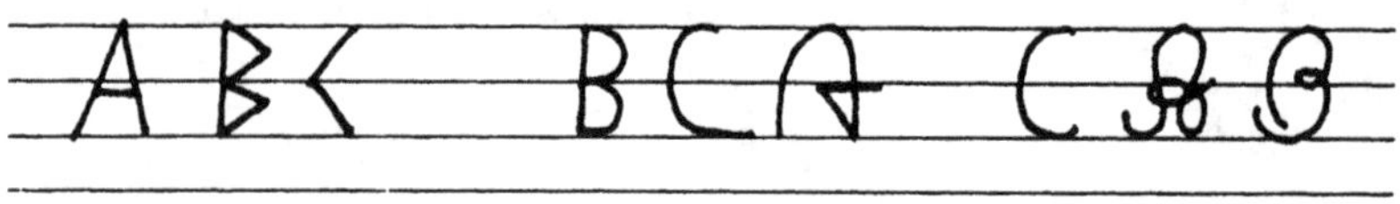

Abb. 61: Reine Linienzügigkeit Mischform Reine Bogenzügigkeit

Sofern ein Schreiber nicht völlig der Schulvorlage verhaftet bleibt, was in der Praxis so gut wie gar nicht zu beobachten ist, werden die Linien- und Bogenzüge der Ausgangsschrift nur partiell beibehalten, zu einem anderen Teil aber mehr oder minder stark modifiziert. Manche Schriften sind allgemein durch eine Tendenz zu einer stärker linienzügigen, andere zu einer dominant bogenzügigen Bewegungsführung gekennzeichnet. Bei den meisten Schriften aber findet man ein Nebeneinander beider Tendenzen, d.h. es werden in Abweichung von der Schulvorlage einzelne Bewegungselemente stärker linienzügig geschrieben ("angewinkelt"), andere mehr bogenzügig ("abgerundet"), während bei Dritten die Schulvorlage beibehalten wird. – Endlich kann man im Detail einer Schrift nicht selten gleitende Übergänge zwischen Linien- und Bogenzügigkeit finden, wie z.B. in nur ganz leicht durchgebogenen Anstrichen, in Oberschleifen, die am First leicht angewinkelt sind, in Rundelementen, die partiell linienzügig geführt oder in Spitzkehren, die etwas abgerundet oder verrollt geschrieben werden etc. – Bei Bogenzügen kann zu beachten sein, ob sie nach rechts oder links, nach oben oder unten gewölbt sind. (Die nach unten gewölbten Bogenzüge werden – der graphologischen Terminologie entsprechend – auch als Vertiefungs-

oder Schalenzüge bezeichnet, die nach oben gewölbten als Wölbe- oder Kuppelzüge.)

In diesem Zusammenhang ist auch auf die sogenannte Bindungsform hinzuweisen. Auch dieser Begriff stammt aus der Graphologie, wurde aber auch von der Schriftvergleichung häufig übernommen. Als Bindungsform wird die Art der Bewegungsführung bezeichnet, in der Auf- und Abstriche des Mittelbandes ausgeführt bzw. untereinander verbunden werden. Besonders eindeutig läßt sich diese Bindungsform an den Buchstaben m, n, u (ü) bestimmen. Herkömmlich wird zunächst zwischen den drei schulmäßigen Grundformen unterschieden:

– Winkel: Reine Linienzügigkeit wie im deutschen m.
– Arkade: Mit nach oben gewölbten Bogenzügen und Spitzkehren an der Basis wie im lateinischen m.
– Girlande: Nach unten gewölbte Bogenzüge mit Spitzkehren am First wie im lateinischen u.

Daneben werden verschiedene Misch- und Sonderformen unterschieden. Eine rein bogenzügige Bewegungsführung findet man im Doppelbogen sowie in der verrollten (oder durchgeschleiften) Arkade und Girlande (s. Abb. 62). Bei starker Vereinfachung der Bindungsform wird von einem "Faden" gesprochen, der linien- und bogenzügige Elemente enthalten kann (s. Abb. 63). – Während für die graphologische Deutung die Bindungsformen mit ver-

Abb. 62: Rein bogenzügige Bindungsformen

Doppelbogen Verrollte Arkade Verrollte Girlande

Abb. 63: Fadenbindung

schiedenen Interpretationshypothesen verknüpft werden, ist eine gesonderte Terminologie für die Bewegungsführung von Teilen des Mittelbandes entbehrlich.

Neben der Umgestaltung der durch die Schulvorlage vorgesehenen Bewegungsführung durch Linien- und Bogenzügigkeit kann diese weiter durch *Vereinfachung und Erweiterung* (Reduktion und Amplifikation) abgewandelt werden. Wiederum muß Reduktion und Amplifikation nicht ein generelles Kennzeichen einer individuellen Handschrift sein, vielmehr findet man in den meisten Schriften vereinfachende und erweiternde Tendenzen nebeneinander, aber meist gebunden an bestimmte Buchstaben, Buchstabenverbindungen, einzelne Bewegungselemente oder spezifische Positionen (insbesondere Wortanfang und -ende).

Abb. 64: "Völle" vs. "Magerkeit"

Die einfachste Art der Reduktion und Amplifikation ergibt sich aus der Einengung oder Erweiterung des Inhalts flächenumschließender Bewegungen. In der Graphologie spricht man bei Betonungen in Schleifen, Schlingen und sonstigen durch Bewegungszüge eingeschlossenen Flächen sehr anschaulich von Völle oder auch Fülle. Sind diese Flächen dagegen klein oder fehlen sie gänzlich (z.B. wegen Deckung von Auf- und Abstrich), so wird dies als Magerkeit bezeichnet (s. Abb. 64).

Des weiteren kann eine Vereinfachung dadurch erfolgen, daß schulförmige Buchstaben auf ihre (druckschriftartige) Grundgestalt reduziert werden, unter Verzicht auf Beiwerk wie An- und Ausstriche oder entbehrliche Schleifen und Schlingen. Verkürzungen der Bewegungsführung, die zu einer Wegersparnis führen, sind weiterhin besonders auch durch Buchstabenverschmelzungen, sog. Ligaturen, möglich (s. Abb. 65).

Abb. 65: Vereinfachung durch Ligatur: "er"

Die Reduzierung kann aber schließlich gleitend in eine Formvernachlässigung und -verstümmelung übergehen, so daß die Schrift schließlich unleserlich wird (was nicht notwendigerweise die Möglichkeiten einer Schriftvergleichung einschränkt). – Auf der anderen Seite kann eine Amplifikation zunächst durch eine einfache Verlängerung von Schriftzügen, insbesondere An- und Ausstrichen, erfolgen. Darüber hinaus aber gibt es die vielfältigsten Möglichkeiten für Bewegungszusätze und Formausschmückungen. Derartige Bereicherungen findet man vor allem in Schriften von Personen, die im vorigen Jahrhundert geboren sind. Abbildung 66 zeigt indes Schriftzüge eines Schreibers, der erst Mitte unseres Jahrhunderts geboren ist.

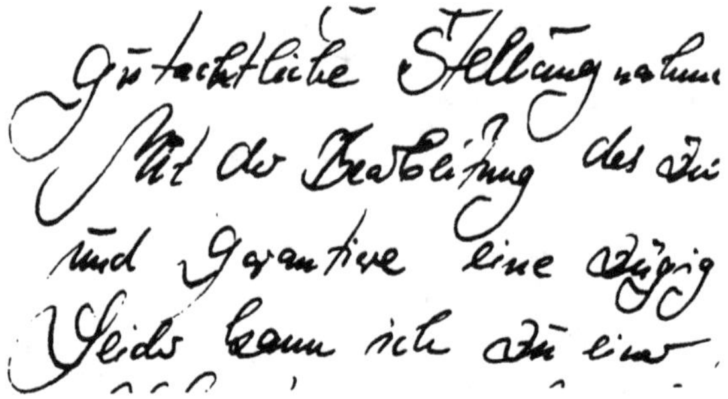

Abb. 66: Vielfältige Amplifikationen, daneben aber auch Vereinfachungszüge

Daneben findet man gelegentlich einzelne Schriftzüge, die Umgestaltungen der Schulvorlage darstellen, sich aber nicht ohne Zwang unter die Dimensionen Linienzügigkeit vs. Bogenzügigkeit und Vereinfachung vs. Erweiterung subsumieren lassen. Man sollte in solchen Fällen nicht versuchen, die Systematik auf die Spitze zu treiben, sondern schlicht derartige Besonderheiten der Formgebung beschreiben und gegebenenfalls durch Schemaskizzen veranschaulichen. In diese Kategorie fällt auch die Verwendung systemfremder Buchstaben, wie z.B. einzelner Elemente der deutschen Schrift innerhalb lateinischer Kurrentschrift sowie auch Formenwechsel, d.h. die Verwendung mehrerer Formen für ein und denselben Buchstaben. Als Beispiele wären zu nennen das Nebeneinander von lateinischem und romanischem (französischem) r, von druckschriftlichen und kurrentschriftlichen Formen (z.B. beim b, s oder vielen Majuskeln), von schulförmiger und vereinfachter Schreibweise (z.B. beim g am Wortanfang und -ende). Bei einem solchen Formenwechsel ist, wie das letzte Beispiel schon zeigt, auch darauf zu achten, ob die verschiedenen Formen in bestimmten Buchstabenkombinationen oder Positionen verwendet werden.

Die individuelle Umgestaltung der Schulvorlagen in Schriftmerkmalen der Bewegungsführung und Formgebung vollzieht sich in einem kontinuierlichen Prozeß der Schreibentwicklung im Laufe des Lebens. Diese Merkmale sind – wie die der übrigen Grundkomponenten – mehr oder minder stabil, können aber durch besondere Entstehungsbedingungen einer konkreten Schreibleistung modifiziert werden. Aber auch unter relativ ungünstigen Schreibbedingungen bleiben meist viele Charakteristika erhalten. Bei einer vorsätzlichen Schriftverstellung allerdings können in besonderem Maße Merkmale der Bewegungsführung und Formgebung betroffen sein, so daß ein Vergleich mit üblichen Schriftzügen des Schreibers sich als unergiebig erweisen kann. Bei Schriftnachahmungen (im Extremfall bei der Pausfälschung einer Unterschrift) kann die schriftvergleichende Analyse dieses Merkmalsbereichs ebenfalls von untergeordneter Bedeutung sein. (Hier sind die wesentlichen differenzierenden Merkmale in den drei ersten Grundkomponenten zu suchen. Daneben können natürlich auch scheinbar nebensächliche Details der Bewegungsführung besonderen Beweiswert gewinnen.)

Die Untersuchung der Bewegungsführung und Formgebung kann also bei schriftvergleichenden Analysen einen sehr unterschiedlichen Stellenwert einnehmen. In Einzelfällen kann sie ganz unterbleiben, in vielen anderen kommt ihr eine zentrale Bedeutung zu und kann der zeitaufwendigste Teil der Analyse sein. Sie darf sich nicht auf einen reinen Buchstabenvergleich beschränken. Vielmehr muß sich der systematische Vergleich der Bewegungsführung und Formgebung – nachdem vorher die allgemeinen Merkmale und ihre Variationsbreite bestimmt sind – primär auf solche graphische Merkmale richten, die *Pfanne* (1954) als "Aufbaueigenschaften" bezeichnet hat und die auch "Gruppenmerkmale" genannt werden. Von solchen Merkmalen kann gesprochen werden, "wenn sich die Eigenschaft nicht nur an einen speziellen Buchstaben, sondern an eine Gruppe aufbaumäßig verwandter Buchstaben heftet oder es sich um eine Buchstabenverbindung handelt" (*Pfanne* 1954, S. 43). Hierzu sind insbesondere die in den Abbildungen 45 bis 53 (S. 242 f.) dargestellten Bewegungselemente zu rechnen, aber z.B. auch die Ausbildung gleichartiger Stammelemente (wie bei H, I, J und K oder F, P, R und T), Ligaturen, fehlende oder überzählige Grundstriche, Oberzeichen- und Satzzeichensetzung usw. Darüber hinaus sind natürlich auch alle Besonderheiten in der Bewegungsführung und Formgebung einzelner Buchstaben, Ziffern und sonstiger Zeichen zu berücksichtigen.

Es ist unmöglich, hier alle Details aufzulisten, die in einem speziellen Einzelfall von Bedeutung sein können, geschweige denn, alle Varianten aufzuzählen, die bei den einzelnen Merkmalen in Schriften beobachtet werden können. So hat – um nur ein Beispiel zu nennen – *Legrün* (1959) allein bei dem Merkmal Unterschleifen 27 in der Bewegungsführung unterscheidbare Varianten dargestellt und beschrieben. Selbst eine solche Aufstellung kann aber niemals den Anspruch auf Vollständigkeit erheben. (Es ist weiterhin zu beachten, daß dabei eben nur Varianten der Bewegungsführung berücksichtigt wurden. Unterschleifen können sich aber zusätzlich in vielfältigen Merkmalen von Strichbeschaffenheit, Druckgebung, Bewegungsfluß, Bewegungsrichtung und vertikaler Ausdehnung unterscheiden.)

4.5 Bewegungsrichtung

Diese graphische Grundkomponente betrifft die Bewegungsentfaltung in den vier Schreibrichtungen: oben, unten, rechts und links. Während von den Graphologen der bevorzugten Strichrichtung (Richtungscharakter) besondere Bedeutung zugemessen wird, steht für die Schriftvergleichung zunächst die Frage im Vordergrund, ob man zwischen den zu vergleichenden Schriften gleichartige *Bewegungsabläufe* findet. Es ist also zu prüfen, ob Formentsprechungen auch gleichartige Bewegungsabläufe zugrunde liegen. Die Feststellung der Strichrichtung ist zuweilen erst bei stärkerer Vergrößerung möglich, durch die auch die Feinverteilung der Pigmentpartikel auf der Oberfläche des Schriftträgers deutlich wird. Bei einzelnen Schreibmitteln (z.B. Faserschreiber) und bei sehr glatter Oberflächenbeschaffenheit des Schriftträgers kann in einzelnen Fällen eine eindeutige Bestimmung der Strichrichtung unmöglich sein.

Abb. 67: Abweichende Bewegungsabfolge bei gleichartiger Form

Wie insbesondere schon im Zusammenhang mit Unterschriftsfälschungen erwähnt wurde, können ein und dieselben graphischen Elemente in unterschiedlicher Bewegungsabfolge bzw. -richtung zustande gekommen sein. *Pfanne* (1954) hat für solche Widersprüche zwischen Formgebung und Bewegungsrichtung den von *Klages* eingeführten Begriff *Bewegungsinkonsequenzen* verwendet. – Nicht nur bei dem Verdacht einer Nachahmungsfälschung, sondern bei jeder schriftvergleichenden Analyse sollte die Bewegungsabfolge von Buchstaben und Ziffern sehr genau beobachtet werden, auch wenn im übrigen die Bewegungsführung und Formgebung Entsprechungen aufweist. Besondere Beachtung verdienen dabei u.a. die

Abb. 68: Unterschiedliche Bewegungsabfolge bei gleicher Grundform. (Zur besseren Veranschaulichung wurden in den Schemaskizzen die Bewegungsabläufe vergröbert dargestellt.)

verschiedenen Rundelemente, wie sie bei den Minuskeln a, d, g, q und bei den Ziffern 6, 8 und 9 auftreten, sowie die Ovale der Majuskeln O und Q und der Ziffer 0. – Bei den meisten Schreibern bestehen nämlich relativ fest eingefahrene Gewohnheiten hinsichtlich des Beginns und des weiteren Ablaufes solcher Rundelemente (vgl. dazu die Schemaskizzen in Abb. 68). Dabei können diese Schreibgewohnheiten selbstverständlich zwischen verschiedenen Buchstaben variieren. Weitere Variationen können zwischen solchen Rundelementen bestehen, die mit dem vorhergehenden Buchstaben verbunden sind, und anderen, die isoliert beginnen.

Als weiteres Merkmal der Bewegungsrichtung ist der *Neigungswinkel* (Schriftlage) zu erfassen. Es empfiehlt sich, hierzu Fotokopien von den zu vergleichenden Schriftstücken zu fertigen, in die dann Hilfslinien für die exakte Vermessung mittels eines Winkelmessers eingezeichnet werden können. Für Zwecke der Schriftvergleichung ist dabei – anders als in der Graphologie – nicht nur der Neigungswinkel zu beachten, den die Grundstriche mit der Zeile bilden, sondern die Winkel sämtlicher Striche, also auch der Auf- und Querstriche.

Abb. 69: Richtungen der (gedachten) Hauptachsen bei Bogenzügen

Bei Ovalen, Schleifen, Schlingen und Bogenelementen ist – soweit dies eindeutig möglich ist – die Richtung der (gedachten) Hauptachse zu bestimmen (s. Abb. 69). – Im übrigen wurden die einzelnen Schritte bei der Erfassung von Aspekten der Schriftlage bereits beispielhaft eingehender dargestellt (s. S. 85), so daß sich hier weitere Erörterungen erübrigen.

Endlich ist unter dieser Grundkomponente die *Zeilenführung* zu erfassen. Hierzu ist zu unterscheiden zwischen der Zeile in sich und der Gesamtzeilenrichtung. Die Zeile in sich kann gerade oder unregelmäßig sein,wobei als Besonderheit die sog. gestaffelt oder dachziegelförmig fallende oder steigende Zeile zu nennen wäre (s. Abb. 70). – Die Gesamtzeilenrichtung kann waagerecht, steigend, fallend, gewölbt oder durchhängend sein. Es sind dabei die verschiedensten Kombinationen zwischen Zeile in sich und Gesamtzeilenrichtung möglich sowie auch vielfältige Mischformen.

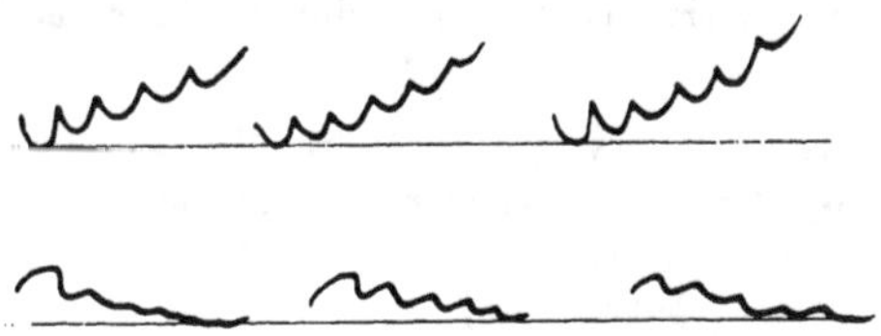

Abb. 70: Gestaffelte (dachziegelförmige) steigende und fallende Zeilenführung

Wiederum wird man im Detail zu prüfen haben, ob sich charakteristische Abläufe bei der Zeilenführung feststellen lassen (z.B. auch nur innerhalb der Unterschrift, in der einzelne Buchstaben oder Passagen die Zeilengrundlinie durchstoßen oder über ihr schweben können). Innerhalb eines längeren Schriftstückes wird man auf bestimmte Verläufe zu achten haben, wie z.B. eine zunehmend fallende oder steigende Gesamtzeilenführung.

4.6 Vertikale Ausdehnung

Die durchschnittliche *absolute Schriftgröße* ist in den meisten Fällen für Schriftvergleichungen von keiner oder nur untergeordneter Bedeutung. Bei sehr vielen Schreibern ist sie kein konstantes Merkmal, sondern die Schriftgröße wird häufig – neben sonstigen situativen Bedingungen – durch die jeweils gegebenen Flächenverhältnisse bestimmt. – Allerdings kann die Anpassung oder Nicht-Anpassung in einzelnen Fällen ein brauchbares Indiz für oder gegen eine vermutete Schrifturheberschaft sein. So gibt es Schreiber, die ihre Unterschrift ohne Rücksicht auf die gegebenen Flächenverhältnisse stets gleich groß schreiben. Eine angepaßte Schriftgröße könnte in solchen Fällen ein Indiz für die Unechtheit darstellen. Dasselbe gilt für eine flächenüberschreitende Unterschrift, wenn der Namenseigner sich in der Schriftgröße üblicherweise gut anpaßt. – Bei einer vermuteten Schriftverstellung sind Unterschiede in der absoluten durchschnittlichen Schriftgröße meist beweisneutral, da bis auf sehr wenige Personen die meisten Schreiber ihre Schriftgröße leicht willkürlich verändern können (*Riedel* 1965, *Rosowski* 1965).

Dennoch wird man in der Regel auf eine Vermessung der vertikalen Ausdehnung nicht verzichten, und zwar getrennt für die drei Schreibzonen. Es interessiert dabei jedoch, wie gesagt, meist nicht die absolute Ausdehnung, sondern vielmehr die *Größenproportionen*. In der graphologischen Literatur werden dabei folgende Proportionen genannt:

- *Längenunterschiedlichkeit*: Verhältnis von Kurzlängen zu Langlängen.
- *Längenteilung*: Verhältnis von Oberlängen zu Unterlängen.

Heiß (1943) hat diese üblicherweise verwendeten Maße zu einem gemeinsamen Maß der Größenproportionen zusammengefaßt, nämlich dem Verhältnis Mittelband : Oberlänge : Gesamtlänge, wobei die Höhe des Mittelbandes gleich 1 gesetzt wird.

Diesen aus graphologischen Deutungsansätzen entwickelten Maßen braucht man in der Schriftvergleichung nicht zu folgen. Hier erscheint es am einfachsten und völlig hinreichend, die vertikale Ausdehnung der drei Zonen getrennt zu vermessen und als Bezugsgröße die Mittelbandshöhe zu wählen, die gleich 1 gesetzt wird. Die Messung sollte für jede Zone an zehn bis zwölf zufällig bestimmten Meßorten erfolgen. Wiederum sind dabei zentrale Tendenz und Variabilität zu ermitteln.

Darüber hinaus sind sodann die vielfältigen für die zu vergleichenden Schriften gemeinsamen oder diskrepanten Details der Größenproportionen zu erfassen, nämlich bestimmte Schwankungen der vertikalen Ausdehnung der einzelnen Zonen,

- die an bestimmte Buchstaben oder Ziffern gebunden sind,
- die sich im Verlauf einzelner Buchstaben zeigen,
- die für den Verlauf einzelner Bewegungspassagen, Wörter oder Sätze kennzeichnend sind (insbesondere Kleiner- oder Größerwerden der Schrift).
- Endlich können einzelne Buchstaben in Abhängigkeit von ihrem Buchstabenumfeld unterschiedliche Ausdehnung aufweisen etc.

4.7 Horizontale Ausdehnung

Wie bei der vertikalen, so ist auch bei der horizontalen Ausdehnung in der Regel nicht die absolute Ausdehnung von Schriftzügen von Interesse, sondern die Schriftweite wird bezogen auf deren Größe. In der Graphologie wird die Schriftweite üblicherweise nur im Mittelband gemessen als das Verhältnis von Grundstrichhöhe zu Grundstrichabstand. Dieses Verhältnis der Grundstriche wird innerhalb eines Buchstabens als *primäre Weite* (Buchstabenbreite) bezeichnet und zwischen den Buchstaben als *sekundäre Weite* (Buchstabenabstände).

Eine solche allgemeine Bestimmung der horizontalen Ausdehnung ist für die Schriftvergleichung zwar auch notwendig, aber nicht hinreichend. Zum einen müssen in die Analyse neben dem Mittelband auch die Ober-, Unter- und Langlängen einbezogen werden, und zum anderen müssen auch in diesem Merkmalsbereich allgemeine und systematische Variabilität sorgsam erfaßt werden. Es ist also zu prüfen, ob in der primären und sekundären Weite in den zu vergleichenden Schriften eine gleichartige Schwankungsbreite gegeben ist. Insbesondere sind aber die Schriften darauf zu inspizieren, ob sie gleichartige Dehnungen oder Pressungen in der horizontalen Ausdehnung enthalten, die wiederum an bestimmte Buchstaben, Buchstabenverbindungen oder Passagen (z.B. Wortanfänge und -enden) gebunden sein können oder aber einen gleichartigen unregelmäßigen Wechsel aufweisen. Endlich ist auch auf charakteristische Verläufe im Gesamtschriftbild zu achten.

4.8 Vertikale Flächengliederung

Innerhalb dieser Grundkomponente wird die allgemeine Frage gestellt, wie die Schreibleistung in der Vertikalen in die zur Verfügung stehende Fläche eingepaßt wird. Die Ausgangsvoraussetzungen für die Flächengliederung können je nach Art und Größe des Schriftträgers sowie Art und Umfang der Schreibleistung sehr unterschiedlich sein. Völlig freie Entfaltung ist dem Schreiber bei einem unlinierten Blatt ausreichender Größe gegeben. Eine gewisse Einengung besteht schon bei einem Schriftträger mit vorgegebenen Zeilen- und Randlinien, noch begrenzter können die Entfaltungsmöglichkeiten schließlich bei verschiedenartigen Fomularen sein. – Im allgemeinen findet man in einem freien Text (z.B. Brief oder Testament) mehr Charakteristika der Flächengliederung als bei der Niederschrift einzelner Wörter und Ziffern. Dennoch sollte man in der Regel die Flächengliederung in die vergleichende Analyse einbeziehen, selbst bei Unterschriftsprüfungen, da auch hier viele Schreiber mehr oder minder fixierte Plazierungsgewohnheiten haben. Auch Scheckausfüllungen weisen eine beachtliche interindividuelle Variabilität und in nicht wenigen Fällen eine bemerkenswerte intraindividuelle Stabilität auf. Ein Vergleich ist naturgemäß nur dann möglich, wenn auch Vergleichsschriftproben vorliegen, die auf entsprechenden Formularen gefertigt wurden.

Bei der vertikalen Flächengliederung sind insbesondere folgende Aspekte zu berücksichtigen:

– *Oben- und Untenrand*: Hier ist nicht nur bei Briefen und ähnlichen Schriftstücken die Höhe der ausgesparten Fläche am oberen und unteren Blattrand zu beachten, sondern auch die vertikale Einpassung von Beschriftungen auf Briefumschlägen oder in vorgedruckten Flächen (z.B. Betragsangabe in Ziffern auf Scheckformularen).

– *Zeilenabstand*: Gemessen wird der Abstand zwischen den Zeilengrundlinien, wobei wiederum zentrale Tendenz und Variabilität zu berücksichtigen sind. (Solche Messungen entfallen natürlich, wenn auf Papier mit vorgegebenen Linien oder mit Hilfe eines Linienblattes geschrieben wurde.) Die Zeilenabstände sind gegebenenfalls auf die Schriftgröße zu beziehen. Neben allgemeinen Verlaufseigentümlichkeiten der Zeilenabstände sind u.a. zu beachten: Werden vorgegebene Zeilenlinien genau beachtet? Steht das Mittelband direkt auf der Zeilenlinie, schwebt es darüber oder durchschneidet es sie, oder findet man einen unregelmäßigen oder systematischen Wechsel? Kommt es zu Berührungen oder Verstrickungen zwischen den Zeilen oder wird dem ausgewichen?

– *Sonstige vertikale Flächengliederung*: Auch im übrigen werden die zu vergleichenden Schriftstücke in der Vertikalen systematisch auf sonstige Gliederungsmerkmale durchgegangen. Zu beachten sind die Abstände zwischen und gegebenenfalls auch innerhalb von Absender-, Orts-, Datums- und Empfängerangaben, Betreff, Überschrift, Anrede, Grußformel und Unterschrift. Wird der Abstand zwischen Absätzen vergrößert? Wie werden Korrekturen oder Zusätze eingepaßt? Wie werden Beschriftungen in vorgedruckte Flächen eingegliedert? Kommt es zu Flächenüberschreitungen?

4.9 Horizontale Flächengliederung

In gleichartiger Weise werden die Schriftstücke schließlich in der Horizontalen auf ihre Flächengliederung verglichen, wobei insbesondere zu beachten sind:

- *Links- und Rechtsrand*: Es sind Breite und Verlauf (Verbreiterung, Verjüngung, Unregelmäßigkeiten etc.) zu berücksichtigen und gegebenenfalls mit dem Papierformat und der Schriftgröße in Relation zu setzen.
- *Wortabstände*: Neben der Erfassung des Durchschnitts und der Variationsbreite möglicher Verlaufseigentümlichkeiten der Abstände zwischen den einzelnen Wörtern, ist auf folgende Details zu achten: betonte Abstände zwischen Passagen innerhalb eines Wortes, Abstände zwischen Vor- und Zunamen bei Unterschriften, Abstände hinter Satzzeichen (besonders auch bei Datums- und Betragsangaben in Ziffern) etc.
- *Sonstige horizontale Flächengliederung*: Bei dem weiteren systematischen Vergleich der Flächengliederung ist die horizontale Anordnung von Absender-, Orts-, Datums- und Empfängerangaben, Betreff, Überschrift, Anrede, Grußformel und Unterschrift zu berücksichtigen. Auch alle sonstigen Einrückungen und Versetzungen für Anfänge neuer Absätze, für Hervorhebungen etc. sind zu beachten. Nur beispielhaft seien noch folgende Fragen gestellt: Wie werden Korrekturen oder Zusätze in der Horizontalen angeordnet? Wie erfolgt die Einpassung auf vorgedruckten Zeilenlinien oder eingerahmten Schreibflächen (linksbündig, eingerückt, mittenzentriert, nach rechts versetzt etc.)? Kommt es dabei zu Flächenüberschreitungen?

4.10 Sonstige Merkmale

Neben den bereits erwähnten vielfältigen Möglichkeiten, durch physikalisch-technische, chemische und andere Untersuchungsverfahren (s. S. 64 ff.) zusätzliche direkte oder indirekte Hinweise auf den Schrifturheber zu erhalten, ist schließlich noch auf einige sonstige Merkmale hinweisen, die zur Urheberidentifizierung beitragen können. Es handelt sich dabei einerseits um nicht-schriftliche graphische Besonderheiten und andererseits um Besonderheiten der Schreibung..

Satzzeichen werden zu den Schriftmerkmalen gerechnet und ihre graphischen Merkmale daher in die Analyse der Grundkomponenten einbezogen. In Schriftstücken, Wandbemalungen etc. können darüber hinaus aber auch *nicht-schriftliche graphische Merkmale* enthalten sein. Hierzu sind einerseits zu rechnen: Unterstreichungen, Einkästelungen, Durchstreichungen, Übermalungen, Anbringung von Sicherungsstrichen (auf Schecks und anderen Formularen) etc. Naturgemäß sind solche graphischen Leistungen in der Regel von relativ geringer Ergiebigkeit. Dennoch kann es sich im Einzelfall durchaus lohnen, sie in die Vergleichung einzubeziehen. Manche Personen haben nämlich auch für solche graphischen Details bestimmte Gewohnheiten herausgebildet (z.B. Vorliebe für Mehrfachunterstreichungen, Unterstreichungen als Schlangenlinien, Durchstreichungen durch Roll- bzw. Zickzackbewegungen, Plazierungsgewohnheiten bei Sicherungsstrichen, Verwendung eines oder mehrerer Sicherungsstriche etc.). – Andererseits gehören hierzu graphische Zusätze in Form von Ornamenten, Randverzierungen, Zeichnungen u.ä. Es lassen sich zwar, wie eine Untersuchung von *Zuberbier* (1956) gezeigt hat, einige allgemeine graphische Gemeinsamkeiten zwischen Handschrift, Zeichnung und Ornament feststellen, die jedoch keine hinreichende Basis für eine direkte Einbeziehung in eine Schriftvergleichung bieten. Eine Einbeziehung in eine Urheberidentifizierung ist nur dann möglich, wenn vergleichbare graphische Leistungen von der in Frage stehenden Person zur Verfügung stehen. Der einschlägigen Literatur muß entnommen werden, daß solche Möglichkeiten bislang offenbar kaum genützt werden. Brauchbarere Resultate wird man im allgemeinen nur dann zu erwarten haben, wenn es sich um graphische Leistungen handelt, die einen ausreichend individuellen Stil erkennen lassen. Die mehr oder minder primitiven Kritzelzeichnungen, die man zuweilen auf anonymen Briefen findet, erfüllen die Voraussetzungen meist nicht.

Zu Merkmalen der *Schreibung* sind Interpunktion, Orthographie, Schreibung von Abkürzungen und Zahlen, Art und Weise der Anbringung von Korrekturen, Zusätzen, Fußnoten etc. zu rechnen. Es gilt zuweilen als strittig, ob der Schriftsachverständige Besonderheiten der Schreibung in seinen Begutachtungen berücksichtigen soll. Es wird im Zweifelsfalle empfohlen, auf gemeinsame oder divergente Eigentümlichkeiten von Rechtschreibung, Zeichensetzung etc. im Gutachten zwar hinzuweisen, sie aber bei der Bewertung der graphischen Befunde nicht zu berücksichtigen.

Bei der Interpunktion können u.a. folgende Aspekte berücksichtigt werden: Beachtung der einschlägigen Zeichensetzungsregeln, Anbringung von zusätzlichen Satzzeichen, wie Punktsetzung hinter der Unterschrift, hinter der Jahreszahl von Datumsangaben, in Abkürzungen wie "DM" etc., Besonderheiten bei der Zeichensetzung innerhalb von Betragsangaben in Ziffern, häufige Verwendung relativ seltener Satzzeichen oder Neigung zur Mehrfachwiederholung von Satzzeichen.

Hinsichtlich der Orthographie wird man insbesondere auf gemeinsame Rechtschreibfehler hinweisen können, aber auch auf die Verwendung bestimmter Abkürzungen, die ungewöhnliche Schreibung von Abkürzungen oder auf die Schreibweise von Zahlen (in Buchstaben oder arabischen bzw. römischen Ziffern). – Allgemein sollte der Schriftsachverständige solche orthographischen Merkmale im weitesten Sinne jedoch – wenn überhaupt – nur sehr zurückhaltend bewerten. Orthographische Abweichungen haben in der Regel keine identitätsverneinende Bedeutung. Gerade rechtschreibschwächere Personen machen häufig wechselnde Orthographiefehler. Aber auch rechtschreibsichereren Personen können im Einzelfall Flüchtigkeitsfehler unterlaufen. Weiterhin kann der Text (z.B. bei Testamenten) von einer dritten Person im Entwurf vorgeschrieben und von dem Schreiber lediglich abgeschrieben worden sein, wodurch es zu abweichenden orthographischen Besonderheiten kommen kann. In anderen Fällen endlich (z.B. bei Anonymschreiben) kann eine vorsätzliche Veränderung der Orthographie zu der Verstellungsstrategie gehören. – Auf der anderen Seite sprechen aber auch orthographische Gemeinsamkeiten keineswegs zwingend für eine Urheberidentität. Bestimmte orthographische Fehler sind relativ weit verbreitet und damit weitgehend unspezifisch. Für einen Fälscher kann es wesentlich leichter sein, auf orthographische Besonderheiten eines Schreibers zu achten als auf dessen graphische Merkmale.

Auf Erörterungen über mögliche *stilistische Gemeinsamkeiten* sollte der Schriftsachverständige in aller Regel verzichten. Er sollte jedoch – wenn ihm dies angezeigt erscheint – auf die Möglichkeit einer philologischen Stilanalyse, die sich auf Rhetorik, Syntax, Grammatik und Wortschatz beziehen kann, verweisen (*Jöns* 1982).

LITERATURVERZEICHNIS

Adolfs, K. (1963): Faktorenanalytische Untersuchung der gebräuchlichsten Handschriftvariablen. Phil. Diss, Freiburg i.Br.

Afzal, R.G. (1935): Schriftexpertise in Britisch Indien. Die Schrift 1, 295-300

Altukhov, G.V., Neumyvakin, I.P., Orlova, V.F., Trubnikova, V.A. & Freidberg, I.M. (1965): Study of handwriting under conditions of space flight. Zeitschrift für höhere zentralnervöse Prozesse 15, 863-868

Ammann, R. (1916): Die Bromvergiftung und ihre Schriftstörungen. Zeitschrift für Neurologie und Psychiatrie 34, 12-69

Angst, E. & Erismann, K. (1972): Auswertung von anonymen und pseudonymen Handschriften mit elektronischer Datenverarbeitung. Kriminalistik 26, 60-66

Aufroix, L., Milluy, I. & Ceccaldi, P.F. (1975): La détermination de l'ordre d'apposition de traits d'encre entrecroisés par spectrophotométrie de réflexion. Revue Internationale de Criminologie et de Police Technique 28, 181 ff.

Baake, F. (1966 a): Querschnittsmessung des Striches zur Registrierung des Schreibdruckes. Zeitschrift für Menschenkunde 30, 249-252

Baake, F. (1966 b): Verfahren zur Darstellung des Schreibdruckverlaufs in graphischen Kurven. Zeitschrift für Menschenkunde 30, 253-259

Baake, F. (1966 c): Technische Möglichkeiten zur schnellen Ermittlung des Schreibdruckverlaufs. Zeitschrift für Menschenkunde 30, 334-336

Bärmann, F. (Hg.) (1979): Lernbereich: Schrift und Schreiben. (= Grundschulunterricht. Studien zur Pädagogik und Didaktik des Primarbereiches, Bd. 10). Braunschweig: Westermann

Baier, P.E. (1977): Die Fälschungsschwierigkeit von Unterschriften. Klassifikation aufgrund der Merkmale "Eigenprägung" und "Variation graphischer Elemente". Zeitschrift für Menschenkunde 41, 193-201

Baier, P.E. (1979): Computer gegen Scheckbetrüger. Mannheimer Hefte für Schriftvergleichung 5, 48-50

Baier, P.E. (1980 a): Schreibdruckmessung in Schriftpsychologie und Schriftvergleichung. Düsseldorf: Mannhold

Baier, P.E. (1980 b): Die 37. Jahrestagung der American Society of Questioned Documents Examiners in Rochester N.Y. Mannheimer Hefte für Schriftvergleichung 6, 82-86

Baier, P.E. (1980 c): Elektrostatische Oberflächenprüfung. Eine experimentelle Untersuchung. Mannheimer Hefte für Schriftvergleichung 6, 155-168

Baier, P.E., von Hauff, R., Hüttel, W. & Wettling, B. (1972): Alkoholschrift und Unterschriftsfälschung. Unveröffentlichte Diplomarbeit, Universität Mannheim

Baier, P.E., Dhom, Marianne & Lehmann, R. (1978): Bericht über das 8th International Meeting of Forensic Sciences in Wichita, Kansas, vom 22.-24. Mai 1978. Mannheimer Hefte für Schriftvergleichung 4, 81-95

Baxter, M.F. (1927): An experimental study of the differentiation of temperament on the basis of rate and strength. American Journal of Psychology 38, 39-47

Bayer, K. (1939): Experimentelle Untersuchung über die Schreibzeit und den Schreibdruck. Phil. Diss., Bonn

Beacom, M. (1961): Was this document written with the left hand? Journal of Forensic Sciences 6, 321-330

Beacom, M. (1967): Handwriting by the blind. Journal of Forensic Sciences 12, 37-59

Becker, Minna (1926): Graphologie der Kinderhandschrift. Freiburg i.Br.: Kampmann

Becker, Minna (1957): Beziehungen zwischen Graphologie und Schriftexpertise. Zeitschrift für Menschenkunde 21, 1-13

Becker, Minna (1966): Handschrift. In: R. Sieverts (Hg.), Handwörterbuch der Kriminologie, Bd. 1. Berlin: de Gruyter, S. 368-373

Bein, W. (1970 a): Handführung und Handstützung. Kriminalistik und forensische Wissenschaften 1, 83-90

Bein, W. (1970 b): Verbesserungen in Text- und Unterschriften und die daraus ableitbaren Schlußfolgerungen für die Schriftexpertise. Kriminalistik und forensische Wissenschaften 2, 125-132

Bellavic, H. (1948): Die sekundären Veränderungen bei Schriftverstellung. Juristische Habilitationsschrift, Universität Graz (unveröffentlicht)

Benjamin, M. (1963): Autographs. A Key to Collecting. 2. Aufl. New York

Bennett, B.M. (1969): Note on discrimination between symptoms in medical diagnosis. Biometrische Zeitschrift 11, 171-174

Berchtold, B. (1957): Ein Kurvenblatt für den Handschriftenvergleich. Archiv für Kriminologie 120, 115-117

Bills, A.G. (1927): The influence of muscular tension in the effiency of mental work. American Journal of Psychology 38, 227-235

Birge, W. R. (1954): An experimental inquiery into the measurable handwriting correlates of five personality traits. Journal of Personality 23, 215-223

Birren, J.E. & Botwinick, J. (1950): Effects of age and senile psychoses upon speed of writing digits and words. Journal of Gerontology 5, 383-384

Birren, J.E, & Botwinick, J. (1951): The relation of writing speed to age and to the senile psychoses. Journal of Consulting Psychology 15, 243-249

Black, D.A. (1970): Identifying ball pens by the burr striations. Journal of Criminal Law, Criminology and Police Science 61, 280-282

Blank, P. (1964): Graphologie - Kritik und Warnung. Kriminalistik 18, 18-21

Blind, Evelyn (1972): Handführung und Handstützung. Unveröffentlichte Diplomarbeit, Mannheim

Blumenthal, E. (1957): Schulschriften der verschiedenen Länder. Bern: Huber

Bosch, K. (1958): Identifizierung von Farbstoffen in Schreibmitteln mit Hilfe der Papierchromatographie in verschiedenen Lösungsmittelsystemen. Med. Diss., Heidelberg

Bosch, K. & Mueller, B. (1960): Die Möglichkeiten einer Differenzierung von Kugelschreiberschriften durch Papierchromatographie. Archiv für Kriminologie 126, 75-89

Bosch, K., Schweitzer, H. & Milz, U. (1974): Veränderungen des Schreibdrucks unter Einwirkung von Alkohol. Beiträge zur gerichtlichen Medizin 32, 33-39

Bousfield, W.A. (1932): The influence of fatigue on tremor. Journal of Experimental Psychology 15, 104-107

Bracht, Christiane, Gregorzewski, Petra & Gretzig, Angelika (1977): Alois Legrün – Perspektiven seines Denkens im Fach der Kinderschriftpsychologie. Bielefeld: Selbstverlag von Bracken, H. (1932): Zur Psychologie der Kinderhandschrift. Vortrag auf dem 12. Kongreß für Psychologie in Hamburg. In: Kafka, G.: Bericht über den Kongreß der Deutschen Gesellschaft für Psychologie. Jena: Fischer

von Bracken, H. (1940 a): Erbbiologische Untersuchungen über die Handschrifteneigenart. Deutsche Zeitschrift für die gesamte gerichtliche Medizin 33, 64-72

von Bracken, H. (1940 b): Untersuchung an Zwillingen über die quantitativen und qualitativen Merkmale des Schreibdrucks. Zeitschrift für angewandte Psychologie 58, 367-384

Brandt, V. (1974): Zum Häufigkeitsproblem von Schriftmerkmalen im Schreibraum. Archiv für Kriminologie 153, 111-122 und 160-179

Brandt, V. (1976 a): Problematik der Schriftexpertise. Kriminalistik 30, 304-305

Brandt, V. (1976 b): Veränderungen graphischer Merkmale beim Schreiben mit der schreibungewohnten Hand. Eine experimentelle Untersuchung zum Problem der Lateralität auf dem Gebiet der Schriftexpertise. Zeitschrift für Menschenkunde 40, 344-410

Brandt, V. (1977 a): Das Problem der Doppelgängerhandschrift am Beispiel einer Falldarstellung. Referat auf dem III. Mannheimer Symposion für Schriftvergleichung. Kurzreferat in: Mannheimer Hefte für Schriftvergleichung 3, 101

Brandt, V. (1977 b): Probleme des Schriftsachverständigen. Kriminalistik 31, 161

Brandt, V. (1977 c): Die Bedeutung partieller Schriftmerkmale bei der Eingrenzung eines angenommenen Täterkreises. Kriminalistik 31, 489-490

Brandt, V. (1978): "Kriminalpsychologisches" und "Glaubhaftigkeit" von Aussagen bei Schriftexpertisen? Zeitschrift für Menschenkunde 42, 308-328

Brandt, V. (1981): Befunderhebung von Schriftmerkmalen - ein Exkurs. Zeitschrift für Menschenkunde 45, 138-164

Breil, Maria Anna (1960): Graphologische Untersuchung von 14 Handschriften von Patienten mit genuiner Epilepsie. Monatsschrift für Psychiatrie und Neurologie 140, 382-405

Breil, Maria Anna (1970): Merkmalsveränderungen in Handschriften nach Verabreichung von LSD-Drogen. Zeitschrift für Menschenkunde 34, 392-407

von Bremen, U. (1965): Invisible ultraviolett fluorescence. Journal of Forensic Sciences 10, 368-375

Brosson, P. (1959): Die Unterschrift und ihre geometrische Projektion. Ein neues Verfahren bei Gutachten. Internationale polizeiliche Revue 125, 34-43

Bühler-Oppenheim, Kristin (1973): Die Bedeutung der Elektronischen Drucksonde für die Graphometrie. Zeitschrift für Menschenkunde 37, 66-77

Buhtz, G. (1931): Die Bedeutung der Handführung und Handstützung bei eigenhändigen Testamenten. Deutsche Zeitschrift für die gesamte gerichtliche Medizin 17, 460-480

Buhtz, G. & Köstner, H. (1936): Die Beurteilung verstellter, abgestrittener echter Unterschriften. Deutsche Zeitschrift für die gesamte gerichtliche Medizin 26, 413-429

Bundeskriminalamt (1977): Richtlinien für die Beschaffung von Schriftproben für die Handschriftenvergleichung. Wiesbaden: Bundeskriminalamt

Busse, H.H. (1898): Graphologie und gerichtliche Handschriften-Untersuchungen. Leipzig: List

Busse, H.H. (1899): Über Gerichtsgraphologie. Archiv für Kriminologie 2, 113-131

Busse, H.H. (1901/03): Ein Handschriften-Künstler. Graphologische Monatshefte 5, 3-14 und 7, 17-31 und 33-47 und 49-52

Caponi, A. (1972): Der Einfluß des Sehvermögens auf die Handschrift. Vortrag 6th International Meeting of Forensic Sciences. Kurzreferat in: Mannheimer Hefte für Schriftvergleichung 1975, 1, 112

Carney, B.B. (1980): Transfer of pencil writing by cellophane tape. Journal of Forensic Sciences 25, 423-427

Clement, J.L., Le Pareux, A.L. & Ceccaldi, P.F. (1970): Recherches expérimentales et statistiques sur la détermination (par réplique de foulage) de l'ordre d'apposition de deux textes. (Zwei Teile.) Revue Internationale de Criminologie et de Police Technique 24, 131-139, 225-236 und 309-311

Cohen, R. (1969): Systematische Tendenzen bei Persönlichkeitsbeurteilungen. Bern: Huber

Coldwell, B.B. (1955): The comparison of inks and writings by paper chromatography. Analyst 80, 68-72

Conrad, W. (1964): Untersuchung über die Faktorenstruktur der Handschrift. Unveröffentlichte Zulassungsarbeit, Freiburg i.Br.

Conrad, W. (1970): Authentische Unterschriften und Unterschriftsfälschungen. Phil. Diss., Mannheim

Conrad, W. (1971): Empirische Untersuchungen zur Differentialdiagnose zwischen verschiedenen Unterschriftsgattungen. Zeitschrift für Menschenkunde 35, 195-222

Conrad, W. (1975 a): Empirische Untersuchungen über die Urteilsgüte verschiedener Gruppen von Laien und Sachverständigen bei der Unterscheidung authentischer und gefälschter Unterschriften. Archiv für Kriminologie 156, 169-183

Conrad, W. (1975 b): Alkoholbedingte graphische Variabilität bei authentischen und gefälschten Unterschriften. Zeitschrift für Menschenkunde 39, 14-42

Conrad, W. (1978): Probleme der Begriffsbestimmung verbaler Wahrscheinlichkeitsaussagen in Gutachten. Mannheimer Hefte für Schriftvergleichung 4, 35-52

Conrad, W. & Baier, P.E. (1975): Experimentelle Untersuchungen zur Überprüfung der Schreibdruck-Variation in Abhängigkeit von Lebensalter, Geschlecht und Alkohol. Zeitschrift für Menschenkunde 39, 77-84

Conrad, W. & Mayer, H. (1975): Alkoholbedingte graphische Effekte in Kurrentschriften. Zeitschrift für Menschenkunde 39, 85-104

Crown, D.A., Conway, J.P.V. & Krik, P.L. (1961): Differentiation of blue ballpoint pen inks. Journal of Criminal Law, Criminology and Police Science 52, 338-343

Cureton, E. E. (1958): The defination and estimation of testreliability. Educational and Psychological Measurement 18, 715-738

Deen, L. (1975): Prüfung und Zulassung von Schriftsachverständigen in den Niederlanden. Mannheimer Hefte für Schriftvergleichung 1, 85-91

Deinet, W., Linke, M. & Rieger, B. (1981): Untersuchungen zur Dynamik des Schreibens. Bericht auf dem V. Mannheimer Symposion für Schriftvergleichung. Kurzreferat in: Mannheimer Hefte für Schriftvergleichung 7, 143-144

Deitigsmann, O. (1954): Grundlagen und Praxis der gerichtlichen Handschriftenvergleichung. Stuttgart: Enke

Delhougne, A. (1908 ff.): Dunkle Linien in der Schrift. Archiv für Kriminologie 32, 56-62; 34, 311-331; 41, 75-87

Demant, G. (1965): Untersuchungen über Schreibdruckveränderungen im höheren Alter. Unveröffentlichte Vordiplomarbeit, Bonn. (Zitiert nach Doubrawa 1977)

Dennemark, H.G. (1964): Die Handschrift Angetrunkener unter Berücksichtigung der Reaktionstypen. Kriminalistik 18, 38-40

Deutschmann, Evelyn, Hartmann, G., Jenkevics, Mara, Lück, D. & Zeller, R. (1965): Untersuchungen zur Frage der Erkennbarkeit von Unterschriftsfälschungen. Unveröffentlichte Zulassungsarbeit, Freiburg i.Br.

Dhawan, B.N., Bapat, S.K. & Saxena, V.C. (1969): Effect of four centrally acting drugs on handwriting. Japanese Journal of Pharmacology 19, 63-67

Diener, K. (1980): Schreibenlernen. Psychologische und didaktische Voraussetzungen. Stuttgart: Kohlhammer

Dilcher, H. (1975): Der Beweis durch Sachverständige in der Geschichte. Der Sachverständige 2, 38-40

Donig, C. (1978): Die Handschrift als diagnostischer Hinweis für psychogene Erkrankungen. Therapie der Gegenwart 112, 3-19

Doubrawa, R. (1972): Handschrift, Schreibdruck und psychomotorische Leistungsfähigkeit bei älteren Männern und Frauen. Aktuelle Gerontologie 2, 481-492

Doubrawa, R. (1977): Die Handschrift im höheren Erwachsenenalter. Zeitschrift für Menschenkunde 41, 129-140

Doud, D. (1958): Chromatographic analysis of inks. Journal of Forensic Sciences 3, 486 bis 492

Drösler, J. (1960): Vektoren graphischer Ausdrucksbewegungen. In: Thomae, H. (Hg.), Bericht über den 22. Kongreß der Deutschen Gesellschaft für Psychologie. Göttingen: Hogrefe, S. 93-95

Duvernoy, J. (1976): Optical pattern recognition and clustering: Karhunen-Loève analysis. Applied Optics 15, 1584-1590

Duvernoy, J., Charraut, D. & Baures, P.Y. (1977): Hybrid optical-digital image processing applied to handwriting recognition and aerial photograph clustering. Optica Acta 24, 795-810

Duvernoy, J. & Charraut, D. (1978): Prédiction linéaire de paramètres optiques de l'écriture. Optic Communications 27, 27-32

Duvernoy, J. & Charraut, D. (1979): Stability and stationarity of cursive handwriting. Pattern Recognition 11, 145-154

Duyster, M. (1934): Ein Beitrag zur Klassifikation von Hand- und Unterschriften. Reichshandschriftenbund 3, 90-91

Duyster, M. (1935): Eine Methode, auch bei unleserlichen Unterschriften die Echtheit oder Fälschung zu ermitteln. Archiv für Kriminologie 97, 181-193

Edelmann, W. (1972): Schreiben lernen: Experimentelle Untersuchungen zur Psychomotorik des Schreibenlernens und zur Frage der Schreibmaterialien in der Grundschule. Düsseldorf: Schwann

Eliasberg, W. G. (1959): Pen, paper and parkinsonism. Geriatrica 14, 705-708

Eliasberg, W.G., Teltscher, H.O. & Trautmann, E.C. (1961): Neuropsychiatry and graphodiagnostics in parkinson research. Acta Psychiatrica et Neurologica Skandinavica 36, 387-406

Engelke, H. (1954): Graphologie und gerichtliche Schriftuntersuchung. Zeitschrift für Menschenkunde 18, 185-192

Erismann, K. & Hofmann, W. (1975): Die Wirkung von ungewöhnlichen Drogen auf die Handschrift und das Persönlichkeitsverhalten. Referat auf dem 7th International Meeting of Forensic Sciences. Kurzreferat in: Mannheimer Hefte für Schriftvergleichung 1976, 2, 22

Erlenmeyer, A. (1879): Die Schrift. Grundzüge ihrer Physiologie und Pathologie. Stuttgart: Bonz

Etman, A. (1962): Enkele Notities betreffende de Psychologie van het Kogelpenschrift. Acta Graphologica 13, 35-48

Fahrenberg, J. (1961): Graphometrie. Phil. Diss., Freiburg i.Br.

Fahrenberg, J. & Conrad, W. (1965): Eine explorative Faktorenanalyse graphometrischer und psychometrischer Daten. Zeitschrift für experimentelle und angewandte Psychologie 12, 223-238

Fahrenberg, J. & Prystav, G. (1966): Psychophysiologische Untersuchung eines Tranquilizers nach kovarianzanalytischem Plan zur Kontrolle von Ausgangswerten und Persönlichkeitsdimensionen. Arzneimittelforschung 16, 754-759

Fanta, O. (1935): Die internationale Schriftexpertise und das Schriftsachverständigenwesen in der Tschechoslowakei. Die Schrift 1, 259-269

Fanta, O. (1937): Das Problem der Doppelgängerschrift im Lichte der Schriftcharakterologie und Schriftexpertise: Schriften von "Doppelgängern" und "Doppelgänger"-Schriften. Die Schrift 3, 65-86

Fanta, O. & Fürst, B. (1935): Schriften Hypnotisierter im Lichte der Schriftexpertise. Die Schrift 1, 163-173

Fischer, G. (1962): Die faktorielle Struktur der Handschrift. Phil. Diss., Wien

Fischer, G. (1964): Zur faktoriellen Struktur der Handschrift. Zeitschrift für experimentelle und angewandte Psychologie 11, 254-280

Fisher, R., England, S.M., Archer, R.C. & Dean, R.K. (1966): Psilocybin reactivity and time contraction as measured by psychomotor performance. Drug Research 16, 180-185

Flynn, W. J. (1979): Paper mate's new erasable ink pen. Journal of Police Science and Administration 7, 346-349

Foley, B. & Miller, L. (1978): Effects of marijuana smoking on handwriting. Referat auf dem 8th International Meeting of Forensic Sciences vom 22. 5.-26. 5. 1978. Kurzreferat in: Mannheimer Hefte für Schriftvergleichung 4, 84

Forster, F. & Rinderknecht R. (1974): Universal-Makro-Vergleichsprojektor. Kriminalistik 28, 266-269

Foster, D.J. & Morantz, D.J. (1979): An electrostatic imaging technique for the detection of intented impressions in documents. Forensic Science International 13, 51-54

Frauchiger, E. (1964): Einleitung zu: Ludwig Klages, Ausdruckskunde (= Klages, L.: Sämtliche Werke, Band 6). Bonn: Bouvier

Frauchiger, E. (1968): Die Handschrift als Gehirnschrift? Zeitschrift für Menschenkunde 32, 365-375

Frazer, P. (1886): Composite photography applied to handwriting. Proceedings of the American Philosophical Society 23, 433-441

Frede, A. (1981): Darf ich oder darf ich nicht? Von den Länder-Schriften zur VA (diesmal: Vereinigte Ausgangsschrift). Grundschule 13, 69-71

Frei-Sulzer, M. (1971): Messungen zeitlicher Veränderungen der Schreibrillentiefe. Kriminalistik 25, 348-349

Fritz, H. & Jordan, H. (1971): Kontrastreiche Darstellung von Schrifteindrücken auf Kohlepapier mittels fluoreszierender Tageslichtpigmente. Kriminalistik und forensische Wissenschaften 6, 189-191

Frölich, R.H. (1932): Untersuchungsgefahren bei nachgeahmter Handschrift. Reichshandschriftenbund 1, 5-7

Fürmann, H. (1976): Überführung eines anonymen Drohanrufers durch Schriftvergleich. Kriminalistik 30, 550-552

Gajwani, A.K. & Sukerkar, N.V. (1974): Characteristics of automatic writing during a state of trance. Forensic Science 3, 129-134

Galbraith, N.G. (1980): Trends in the field of questioned document examination. Journal of Forensic Sciences 25, 132-140

Gallmeier, M. (1934): Über die Entwicklung der Schülerschrift. Phil. Diss., München

Galton, F. (1883): Inquieries into human faculty and its development. London: MacMillan

Gander, R. (1974): Mikrophotographie: Rezepte für Mediziner und Biologen. München: Urban & Schwarzenberg

Geerds, F. (1980): Kriminalistik. Lübeck: Schmidt-Römhild

Gerchow, J. (1959): Zur Methodik der Feststellung und Bewertung alkoholbedingter Persönlichkeitsveränderungen. Deutsche Zeitschrift für gerichtliche Medizin 49, 70-77

Gerchow, J. & Wittlich, B. (1957): Experimentelle Untersuchungen zum Nachweis alkoholbedingter Persönlichkeitsschädigungen. Kiel: Bund für alkoholfreien Verkehr e.V.

Gerchow, J. & Wittlich, B. (1960): Experimentelle und statistische Untersuchungen über alkoholbedingte Persönlichkeitsveränderung in der postresorptiven Phase. Kiel: Bund für alkoholfreien Verkehr e.V.

Ginner, F. (1969): Kriminalistische Fotografie. Ein Leitfaden. Lübeck: Schmidt-Römhild

Glöckel, H. (1976): Schreiben lernen – Schreiben lehren. Probleme und Wege des Schreibunterrichts in den Schulen. 3. Aufl. Donauwörth: Auer

Glöckel, H. (1981): Vom Werden der Schulschrift in diesem Jahrhundert. Grundschule 13, 57-60

Görtheim, H.O. (1942): Wissenschaftliche Graphologie und gerichtliche Schriftidentifizierung. Lübeck: Verlag für polizeiliches Fachschrifttum

Goetschel, E. (1967): Zum Einfluß von Drogen auf die Handschrift. Kriminalistik 21, 7 bis 10

Göttel, W. (1933): Experimentelle Beiträge zur Untersuchung des schnellen und des gestörten Schreibakts. Archiv für die gesamte Psychologie 89, 291-370

Goldscheider, W. (1892): Zur Physiologie und Pathologie der Handschrift. Archiv für Psychiatrie 24, 503-520

Gottschalk, L.A., Serota, H.M. & Romàn-Goldzieher, Klara (1949): Handwriting in rheumatoid arthritics. Psychosomatic Medicine 11, 354-360

Grant, J. (1973): The role of paper in questioned document work. Journal of Forensic Science Society 13, 91-95

Grasmeier, K. (1980): Polizeiliche Fachfotografie. Grundwissen und Aufnahmetechnik. Wissenschaft und Praxis, Band 10. Heidelberg: Kriminalistik-Verlag

Groffmann, K.J. (1960): Aus der Geschichte der Graphologie. Ciba-Zeitschrift 9, 3246 bis 3258

Groffmann, K.J. (1968): Einleitung zu: Ludwig Klages, Graphologie (=Klages, L.: Sämtliche Werke, Band 7). Bonn: Bouvier

Groffmann, K.J. & Fahrenberg, J.A. (1960): Experimentelle Untersuchungen zum Problem der Schreibgeschwindigkeit. Psychologische Forschung 26, 114-156

Groffmann, K.J. & Michel, L. (1982) (Hg.): Psychologische Diagnostik. 4 Bände. (= Enzyklopädie der Psychologie, Themenbereich B, Serie II). Göttingen: Hogrefe

Groß, C. (1942): Vitalität und Handschrift. Berlin: Pfau

Gross, E., Sin-David, L. & Almog, J. (1980): Transmitted infrared luminiscence in document examination. Journal of Forensic Sciences 25, 382-385

Groß, H. (1905): Über den Wert der Schriftvergleichung. Deutsche Juristenzeitung 10, 784-788

Groß-Geerds (1977 f.): Handbuch der Kriminalistik. Band 1 und 2, 10. Aufl. München: Schweitzer

Grube, W. (1970): Die Spektralphotometrie in der kriminalistischen Dokumentenuntersuchung. Kriminalistik und forensische Wissenschaften Heft 1, 101-111

Grünewald, G. (1954): Graphologische Studien. Zur Analyse des graphischen Tatbestandes. Zürich: Rascher

Grünewald, G. (1957): Graphometrie: Größenveränderungen einer 25 Jahre umfassenden Handschriftenentwicklung. Zeitschrift für Diagnostische Psychologie und Persönlichkeitsforschung 5, 81-100

Grünewald, G. (1959 a): Über Auswirkungen von Belastungs- und Überforderungsreaktionen auf die Schreibpsychomotorik bei Hirnverletzten und Gesunden. Archiv für Psychiatrie und Zeitschrift für die gesamte Neurologie 199, 235-247

Grünewald, G. (1959 b): Über den Einfluß von Drogen auf die Schreibpsychomotorik. Archiv für Psychiatrie und Zeitschrift für die gesamte Neurologie 198, 687-704

Grünewald, G. (1961): Störung und Reorganisation des Schreibverhaltens nach Elektroschock. Archiv für Psychiatrie und Zeitschrift für die gesamte Neurologie 201, 378-393

Grünewald, G. & Mücher, H. (1964 a): Über den Einfluß zentraler Funktionsaktivierung auf die Schreibmotorik. Psychopharmalogia 5, 372-389

Grünewald, G. & Mücher, H. (1964 b): Das Schreiben nach Elektroschock. Eine Studie des organisierten Verhaltens. Aktuelle Fragen der Psychiatrie und Neurologie 1, 470-490

Grünewald, G. & Zuberbier, Erika (1965): Störung und Kompensation der Schreibhandlung bei Ausschaltung der visuellen Kontrolle. Archiv für die gesamte Psychologie 117, 155 bis 165

Grünewald, H. (1981): Schreiben mit der Vereinfachten Ausgangsschrift. In: Neuhaus-Siemon 1981, S. 55-88

Guilford, J.P. (1959): Personality. New York: McGraw-Hill

Guilford, J.P. (1964): Persönlichkeit. Weinheim: Beltz

Gulliksen, H. (1950): Theory of Mental Tests. New York: Wiley

Haas, J. (1972): Atlas der Schreibmaschinenschriften Pica. Stuttgart: Selbstverlag

Haase, H.J. (1954): Über Vorkommen und Deutung des psychomotorischen Parkinsonsyndroms bei Megaphen- bzw. Largactil-Dauerbehandlung. Der Nervenarzt 25, 486-492

Haase, H.J. (1961): Extrapyramidal modification of fine movements. A "conditio sine qua non" of the fundamental therapeutic action of neuroleptic drugs. Revue Canadienne de Biologie 20, 425-449

Haase, H.-J. (1979): Die Handschrift zur Dosierung der Neuroleptika. Zeitschrift für Menschenkunde 43, 177-191

Händel, K. (1956): Die Handschrift Betrunkener. Das Polizeiblatt 19, 92-95

Händel, K. (1976 a): Offenlegung von Untersuchungsmethoden. Kriminalistik 30, 167 bis 168

Händel, K. (1976 b): Akteneinsicht durch den Sachverständigen. Kriminalistik 30, 494 bis 497

Häufler, E. (1970): Zur Schreibmotorik der Cerebralsklerotiker. Wiener Zeitschrift für Nervenheilkunde 28, 34-49

Hager, W. (1956): Der Verbundenheitsgrad in genetischer Sicht. Zeitschrift für Menschenkunde 20, 174-192

Hager, W. (1957): Genetische Graphologie. Die Persönlichkeit im Wandel der Handschrift. München: Barth

Hamman, B. (1968): Nondestructive spectrophotometric identification of inks and dyes on paper. Journal of Forensic Sciences 13, 544-556

Hampel, R. (1961): Identifizierung verstellter Handschriften aufgrund gezielter Schriftproben. Unveröffentlichte Zulassungsarbeit, Freiburg i.Br.

Harrison, W.R. (1966): Suspect Documents. 2. Aufl. London: Sweet & Maxwell

Hartge, Margaret (1936): Eine graphologische Untersuchung von Handschriften ein- und zweieiiger Zwillinge. Zeitschrift für angewandte Psychologie und Charakterkunde 50, 129-148

Hecker, M.R. (1971): Handschriftenauswertung im Bundeskriminalamt. Kriminalistik 25, 316-318

Hecker, M. (1972): Persönliche und sachliche Fehlerquellen in der Schriftexpertise. Kriminalistik 26, 369-371

Hecker, M.R. (1975): Die Unterschrift und ihre Bedeutung für die Schriftexpertise. Archiv für Kriminologie 155, 110-120

Hecker, M.R. & Philipp, M. & Wagner, Barbara (1976): Wie problematisch ist die Schriftexpertise wirklich? Kriminalistik 30, 24-27

Heiß, R. (1943): Die Deutung der Handschrift. Hamburg: Goverts

Heiß, R. (1948): Person als Prozeß. Bericht über den Kongreß des Berufsverbandes Deutscher Psychologen in Bonn, Band 2. Hamburg: Nölke, S. 11-25

Heiß, R. (1951): Antwort (zu der Diskussionsbemerkung von W.H. Müller: "Zum Artikel Robert Heiß. Die diagnostischen Verfahren in der Psychologie, Heft I/5"). Psychologische Rundschau 2, 113-114

Heiß, R. (1966): Die Deutung der Handschrift. 3., völlig umgearbeitete und erweiterte Aufl. von Robert Heiß und Inge Strauch. Hamburg: Claassen

Hellwig, A. (1916): Die Graphometrie im Strafverfahren. Archiv für Kriminologie 67, 42 bis 66

Hepner, W. (1966): Richter und Sachverständiger. Kriminologische Schriftenreihe Band 21. Hamburg: Kriminalistik-Verlag

Hermann, E. (1939): Messungen an Handschriftenproben von Zwillingspaaren unter 14 Jahren. Zeitschrift für Psychologie und Physiologie der Sinnesorgane 147, 238-255

Herrmann, T. (1969): Lehrbuch der empirischen Persönlichkeitsforschung. Göttingen: Hogrefe

Hildebrandt, Barbara (1969): Faktorenanalytische Untersuchung graphometrischer Variablen und Persönlichkeits-Variablen. Unveröffentlichte Diplomarbeit, Freiburg i.Br.

Hilton, O. (1955): Entzifferung ausradierter Texte auf fotografischem Wege. Internationale kriminalpolizeiliche Revue 10, 47-50

Hilton, O. (1956 a): Scientific Examination of Questioned Documents. 3. Aufl. Chicago: Callaghan & Co

Hilton, O. (1956 b): An evaluation of chemical methods for resoring erased ink writing. The Police Journal 29, 264-272

Hilton, O. (1958): Über den Einfluß schwerer Erkrankungen auf das Aussehen der Handschrift. Kriminalistik 12, 129-133

Hirsch, M.W., Jarvik, M.E. & Abramson, H.A. (1956): Lysergic acid diethylamide (LSD-25): XVIII. Effects of LSD-25 and six related drugs upon handwriting. Journal of Psychology 41, 11-22

Högler, Auguste (1958): Messungen an Zwillingshandschriften. Zeitschrift für Diagnostische Psychologie und Persönlichkeitsforschung 6, 39-47

Hönel, H. (1975): Ein einfaches Verfahren zur Registrierung des Schreibdruckes bei Kugelschreiberschriften. Zeitschrift für Menschenkunde 39, 105-123

Hofmann, W. (1958): Der Ultraschall in der Urkundenuntersuchung. Kriminalistik 12, 268-278

Hofmann, W. (1962): Die Identifizierung von Schreibmitteln unter besonderer Berücksichtigung der Kugelschreiberpasten. Polizeiblatt für das Land Baden-Württemberg 25, 17 bis 21

Hofsommer, W., Holdsworth, R. & Seifert, T. (1965): Reliabilitätsfragen in der Graphologie. Psychologie und Praxis 9, 14-24

Hofstätter, P.R. (1940): Die diagnostische Bedeutung der Dunkelschrift. Zeitschrift für angewandte Psychologie und Charakterkunde 59, 188-214

Hotimsky, S. (1972): Linkshändig angefertigte anonyme Briefe. Referat auf dem 6th International Meeting of Forensic Sciences. Kurzreferat in: Mannheimer Hefte für Schriftvergleichung 1975, 1, 110-111

Huelke, H.H. (1977): Kriminaltechnik. In: R. Sieverts & H.J. Schneider (Hgg.), Handwörterbuch der Kriminologie Band 2. Berlin: de Gruyter, S. 138-187

Iten, P.X. (1981): Fortschritte in der Kriminaltechnik. Kriminalistik 35, 156-163 und 182 bis 188

Jacoby, H. (1937): Das Problem der Doppelgängerschrift im Lichte der Schriftcharakterologie und Schriftexpertise: Psychische Identifikation und Schriftausdruck. Die Schrift 3, 55-64

von Jagemann, L. (1854): Criminallexikon. Erlangen: Enke

Jansen, G. (1931): Die Anwendung der Ergebnisse der experimentellen Schriftforschung auf die gerichtliche Schriftuntersuchung. Zeitschrift für gerichtliche Schriftuntersuchungen 24, 2-4

Jansen, G. & Hoffmann, H. (1965): Lärmbedingte Änderungen der Feinmotorik und Lästigkeitsempfindungen in Abhängigkeit von bestimmten Persönlichkeitsdimensionen. Zeitschrift für experimentelle und angewandte Psychologie 12, 594-613

Jansen, P. (1908): Schriftgutachten und Zeugenaussagen. Archiv für gerichtliche Schriftuntersuchungen 1, 323-332

Jessnitzer, K. (1980): Der gerichtliche Sachverständige. 8. Aufl. Köln: Heymanns

Jöns, D. (1982): Der philologische Steckbrief: Über den Einsatz der Philologie bei der Täterermittlung. In: Festschrift zum 75jährigen Bestehen der Universität Mannheim. Im Druck

Käser-Hofstetter, F. (1955): Kugelschreiber-Schrift. Ausdruckskunde 2, 49-60

Kaiser, H. (1932): Lassen sich die geometrischen und physiologischen Momente, welche beim Schreiben mit Tinte und Feder gegeben waren, aus der Handschrift erschließen und kriminalistisch auswerten? Reichshandschriftenbund 1, 13-19

Kanger, A. (1942): Die Bedeutung des Vergleichsmaterials bei der Identifizierung von Handschriften und Unterschriften. Kriminalistik 16, 38-41

Kelly, J.H. (1975): Effects of artificial aids and protheses on signatures. Journal of Police Science and Administration 3, 294-399

Kerlinger, F.N. (1979): Grundlagen der Sozialwissenschaften, Band 2. Aus dem amerikanischen übertragen, bearbeitet und herausgegeben von W. Conrad und P. Strittmatter. Weinheim: Beltz

Kircher, R. (1926): Experimentelle Untersuchungen der Entwicklung des Schreibens während der Volksschulzeit, besonders im ersten Schuljahr. Archiv für die gesamte Psychologie 54, 313-354

Kiss, L. (1972): Das Verhältnis der Handschriftenexpertise zu den Schriftsachverständigenuntersuchungen. Kriminalistik und forensische Wissenschaften 7, 49-58

Klages, L. (unter dem Pseudonym Dr. Erwin Axel) (1904-1908): Graphologische Prinzipienlehre. Graphologische Monatshefte 8-10 und 12; davon von besonderem Interesse der Abschnitt: Handschriftenverstellung und forensische Schriftexpertise. Graphologische Monatshefte 8, 12-15

Klages, L. (1910): Die Probleme der Graphologie. Entwurf einer Psychodiagnostik. Leipzig: Barth

Klages, L. (1926 a): Gegen das graphologische Pfuschertum. Zeitschrift für Menschenkunde 2, Heft 4, 19-45

Klages, L. (1926 b): Psychologische Hilfsmittel der Schriftvergleichung. Zeitschrift für Menschenkunde 2, Heft 3, 35-42

Klages, L. (1927): Gegen das graphologische Pfuschertum. Nachtrag. Zeitschrift für Menschenkunde 2, Heft 6, 62-67

Klages, L. (1956): Handschrift und Charakter. 24. Aufl. Bonn: Bouvier

Klages, L. (1964 ff.): Sämtliche Werke. 10 Bände mit Supplement. Herausgegeben von E. Frauchiger, G. Funke, K.J. Groffmann, R. Heiß & H.E. Schröder. Bonn: Bouvier

Klement, V., Naske, R.D., Steinke, K.-H. & Kuckuck, W. (1981): Die Anwendung von Bildverarbeitungs- und Mustererkennungstechniken zur Untersuchung von Handschriften. Kriminalistik 35, 199-202

Kluge, E. & Steinwachs, F. (1952): Schreibpsychomotorische Veränderungen in Hypnose. Archiv für Psychiatrie und Nervenkrankheiten 187, 537-546

Koch, K. (1933): Zur Anwendung statistischer Verfahren in der Schriftexpertise. Zeitschrift für Menschenkunde 9, 227-232

Konttinen, R. (1968): Relationship between graphic expansivity and extraversion as a function of anxiety and defensiveness. Annales Academiae Scientiarum Fennicae 159, 1 ff.

Kroener, A.R. (1938): Schreiben und Zittern als Ausdrucksbewegung der Hand. Archiv für die gesamte Psychologie 100, 68-132

Kruger, W. (1978): Paper analysis for document examiners. Referat auf dem 8th International Meeting of Forensic Sciences. Kurzreferat in: Mannheimer Hefte für Schriftvergleichung 4, 89-90

Lacy, G.J. (1944): Handwriting and forgery under hypnosis. Journal of Criminal Law and Criminology 35, 338-343

Lampl, H. (1974): Fehlerquellen für die Schriftexpertise in der Beurteilung des potentiellen Schreibgewandtheitsgrades. Zeitschrift für Menschenkunde 38, 378-385

Lampl, H. (1977): Weitere praktische Hinweise für den Sachverständigen als Ergänzung zum Beitrag von P. Baier: "Verwendung von langwelligem Licht innerhalb der kriminaltechnischen Urkundenprüfung". Mannheimer Hefte für Schriftvergleichung 3, 35-36

Lampl, H. (1978): Zur Bewertung der Deckungsgleichheit, insbesondere von Unterschriften. Zeitschrift für Menschenkunde 42, 275-283

Lampl, H. (1979): Sicherheitsgrade der Schlußfolgerungen bei Handschriftenvergleichungen. Mannheimer Hefte für Schriftvergleichung 5, 55-57

Lang, M. (1961): Änderungen der Handschrift bei krisenhaften Zuständen interner Erkrankungen und Vergiftungen. Münchner Medizinische Wochenschrift 102, 1757-1761

Lange, Regina (1980): Fehlerquellen im Ermittlungsverfahren. Heidelberg: Kriminalistik-Verlag

Langenbruch, H. (1944): Die Bedeutung der Strukturuntersuchung von Schreibflächen bei der Urkundenprüfung. Archiv für Kriminologie 114, 111-123

Langenbruch, W. (1895): Graphologische Studien. Berlin: List

Langenbruch, W. (1914): Die Graphometrie. Ein geometrisch-mathematisches Identifizierungsverfahren für Handschriften. Archiv für Kriminologie 59, 336-357

Langenbruch, W. (1915): Zur Kritik der Graphometrie. Archiv für Kriminologie 64, 40 bis 50

Langenbruch, W. (1917): Die Graphometrie. Ausbau und Abschluß. Nebst einem Nachweis ihrer wissenschaftlichen Grundlagen. Archiv für Kriminologie 68, 178-210

Laube, H. (1928): Aus der Praxis der gerichtlichen Schriftuntersuchung. Zeitschrift für gerichtliche Schriftuntersuchungen 14, 1-3

van Ledden-Hulsebosch, C.J. (1939): Auf waagrechter oder senkrechter Unterlage geschrieben? Eigenartige Überführung eines Dokumentenfälschers. Archiv für Kriminologie 104, 13-18

Lee, C.D. & Abbey, R.A. (1922): Classification and Identification of Handwriting. New York: Appleton

Legień, M. (1977 a): Wykorzystanie ekspertyzy pisma we wykrywaniu narkomanów-sprawców przestepstw falszowania recept lkarskich. (Die Nutzung von Handschriftenbegutachtungen bei der Überführung von Drogensüchtigen). Studia Iuridica Silesiana 2, 189-202

Legień, M. (1977 b): Der Einfluß von Drogen auf die Handschrift. Kriminalistik 31, 451-bis 453

Legień, M. & Pobocha, J. (1981): Beurteilung der kriminalistischen Bedeutung des Einflusses von Neuroleptika auf die Handschrift Schizophrener. Mannheimer Hefte für Schriftvergleichung 7, 57-65

Legrün, A. (1932): Handschrift von Zwillingen. Eine Untersuchung über deren auffallende Ähnlichkeiten und Verschiedenheiten. Charakter 1, 230-239

Legrün, A. (1937): Über die Handschrift erbgleicher Zwillinge. Zeitschrift für menschliche Vererbungs- und Konstitutionslehre 21, 704-736

Legrün, A. (1956 a): Zur Frage der Schriftreifung. Darstellung einer Schriftentwicklung. Die Schulwarte 9, 549-552

Legrün, A. (1956 b): Schreib- und Schriftenentwicklung einer Mädchenklasse in der Volksschulzeit. Unser Weg 11, 166-178

Legrün, A. (1956 c): Schriftgröße und Federart. Ausdruckskunde 3, 255-256

Legrün, A. (1958 a): Zur Terminologie im Schriftfache. Kriminalistik 12, 381

Legrün, A. (1958 b): Schriftstörungen knapp vor dem Tod. Kriminalistik 12, 454-455

Legrün, A. (1959): Zur Terminologie im Schriftfach. Schleifen und Schlingen. Kriminalistik 13, 350-352

Legrün, A. (1960): Zur Terminologie im Schriftfach. III. Deutlichkeit, Leserlichkeit, Lesbarkeit. IV. Schreib- und Schriftzüge. Kriminalistik 14, 354 und 446-447

Legrün, A. (1962): Feststellungen aus Schriftentwicklungsreihen. Schriftreifung. Zeitschrift für Menschenkunde 26, 209-232

Legrün, A. (1963): Alkohol und Handschrift. Archiv für Kriminologie 132, 80-87

Lehmann, R. (1976): Bericht über das 7th International Meeting of Forensic Sciences. Mannheimer Hefte für Schriftvergleichung 2, 17-24

Lehmann, R. & Dhom, Marianne (1979): Das Papier als Träger der Schrift. Referat auf dem IV. Mannheimer Symposion für Schriftvergleichung. Kurzreferat in: Mannheimer Hefte für Schriftvergleichung 1980, 6, 22

Lehmann, R. & Baier, P. E. (1981): VSC-1: Ein neues Gerät zur Dokumentenprüfung. Referat auf dem V. Mannheimer Symposion für Schriftvergleichung. Kurzreferat in: Mannheimer Hefte für Schriftvergleichung 7, 139

Leischner, A. (1957): Die Störungen der Schriftsprache. Agraphie und Alexie. Stuttgart: Thieme

Leischner, A. (1979): Aphasien und Sprachentwicklungsstörungen. Klinik und Behandlung. Stuttgart: Thieme

Locard, E. (1931): Traité de criminalistique. (Zitiert nach Weder, W. 1944). Lyon

Locard, E. (1935): Die Schriftexpertise in Frankreich. Die Schrift 1, 270-272

Locard, E. (1951): The inert hand. A rare type of forgery. International Criminal Police Review 51, 45-47

Lockowandt, O. (1966): Faktorenanalytische Validierung der Handschrift mit besonderer Berücksichtigung projektiver Methoden. Phil. Diss., Freiburg i. Br.

Lockowandt, O. (1968): Faktorenanalytische Validierung der Handschrift mit besonderer Berücksichtigung projektiver Methoden. Zeitschrift für experimentelle und angewandte Psychologie 15, 487-530

Lockowandt, O. & Honegger-Kaufmann, Ada (1981): Die Praxis des kreativen Erstschreibunterrichts. In: Neuhaus-Siemon 1981, S. 89-133

Lohl, H. (1978): Neuere Wege zur Erlangung brauchbarer Schriftproben. Diskussion des "Klüter-Verfahrens" und seiner Nachfolger. Zeitschrift für Menschenkunde 42, 339-352

Lohl, H. (1979): Kohlepapier-Durchschrift – eine Pausfälschung? Zeitschrift für Menschenkunde 43, 51-54

Lohl, H. (1981): Wenige Striche verraten den Scheckfälscher. Der Sachverständige 4, 76 bis 82

Lorr, M., Lepine, L.T. & Golder, J.V. (1954): A factor analysis of some handwriting characteristics. Journal of Personality 22, 348-353

Luthe, W. (1953): Über die Schreibhaltung. Beihefte zur Schweizerischen Zeitschrift für Psychologie und ihre Anwendungen 20, 89-113

Maehly, A. & Strömberg, L. (1981): Chemical Criminalistics. Berlin: Springer

Mally, R. (1955): Der Handschriften-Erkennungsdienst. In: Schriftenreihe des Bundeskriminalamtes, Band 2, 145-150. Wiesbaden: Bundeskriminalamt

Mally, R.(1956): Der Kugelschreiber. Kriminalistik 10, 55-60 und 130-134

Mansfield, W.R. (1935): Der Schriftsachverständige in England. Die Schrift 1, 285-291

Margadant, S.V. (1968): Die graphometrische Methode der Schriftvergleichung. Archiv für Kriminologie 141, 78-92 und 157-180

Mathyer, J. (1959): L'Institut de police scientifique et de criminologie de l'université de Lausanne. Revue Internationale de Police Criminelle 13, 142-153

Mathyer, J. (1966): Der Einfluß des Schreibinstruments auf Handschrift und Unterschrift. In: Bericht zur 2. Internationalen Tagung der Urkundenexperten. Kriminalistik 20, 642 bis 652

Mathyer, J. (1963): Ecriture et signatures tracées à main guidée. Revue Internationale de Criminologie et de Police Technique 17, 131-146

Mathyer, J. (1980): The problem of establishing the sequence of super-imposed lines. International Criminal Police Review 35, 238-250 und 271-281

Mathyer, J. (1981): The determination of sequence of crossing strokes by the "Kromekote" paper lifting process and by the scanning electron microscopy method. Referat auf dem 9th International Meeting of the International Association of Forensic Sciences in Bergen. Kurzreferat in: Mannheimer Hefte für Schriftvergleichung 1982, 8 (im Druck)

Matwejeff, S.N. (1934): Zur Identifizierung der Unterschriften. Archiv für Kriminologie 95, 91-103

Mauerhofer, H. (1951): Über den Einfluß des Alkoholgenusses auf die Handschrift. In: F. Walther, Über den Einfluß des Alkohols auf das Nervensystem und das Seelenleben, Teil I. Basel: Schwabe

Maus, E. (1974): Untersuchung zur Verwendbarkeit eines Oberflächenprüfgerätes für Schriftforschung und Schriftvergleich. Unveröffentlichte Diplomarbeit, Mannheim

Maus, E. (1979): Reproduktion von Schreibdruckkurven. Vortrag auf dem IV. Mannheimer Symposion für Schriftvergleichung. Zusammenfassend referiert in: Mannheimer Hefte für Schriftvergleichung 1980, 6, 23

Maus, E. (1981): Mannheimer System für Schrift- und Schreibdruckprüfung (MASYS). Firmenprospekt

Mayer, H. (1975): Alters- und krankheitsbedingte Veränderungen der Handschrift. Zeitschrift für Menschenkunde 39, 43-51

Mayer, M. (1901): Über die Beeinflussung der Schrift durch den Alkohol. Psychologische Arbeiten 3, 535-586

Mayer, R.M. (1933): Die gerichtliche Schriftuntersuchung. In: Abderhalden, E. (Hg), Handbuch der biologischen Arbeitsmethoden, Abt. IV: Angewandte chemische und physikalische Methoden, Teil 2, 473-616. Berlin: Urban & Schwarzenberg

Mayer, R.M. (1934): Zulässige und unzulässige Schreibhilfe. Archiv für Kriminologie 95, 203-208

Meier, Marie Anne (1977): Schizophrenie in der Handschrift. Zeitschrift für Menschenkunde 41, 161-174

Metzger, W. (1953): Gesetze des Sehens. Frankfurt: Kramer

Meyer, G. (1899): Experimentelles über Ausdrucks- und Schreibbewegungen. Graphologische Monatshefte 3, 37-40 und 59-64

Meyer, G. (1900): Über Schriftverstellung. Zur Reform der gerichtlichen Schriftexpertise. Graphologische Monatshefte 4, 1-12, 105-120 und 125-139

Meyer, G. (1906): Die Bedeutung und die Mängel der gerichtlichen Schriftexpertise und die Beschaffung von Schriftproben für die Handschriftenvergleichung. Archiv für Kriminalanthropologie und Kriminalistik 22, 336-359

Meyer, G. (1909 a): Besprechung des Aufsatzes: Groß, H., Über den Wert der Schriftvergleichung. Archiv für gerichtliche Schriftuntersuchungen und verwandte Gebiete 1, 104-112

Meyer, G. (1909 b): Veränderungen der Schrift bei Trunkenheit des Schreibers. Archiv für gerichtliche Schriftuntersuchungen und verwandte Gebiete 1, 67-71

Meyer, G. (1909 c): Schriftverstellung durch Schreiben mit der linken Hand. Archiv für gerichtliche Schriftuntersuchungen und verwandte Gebiete 1, 60-66

Meyer, G. (1909 d): Der Fall Kracht. Archiv für gerichtliche Schriftuntersuchungen und verwandte Gebiete 1, 121-195

Meyer, G. & Schneickert, H. (1916): Die Graphometrie und ihre Gegner. Archiv für Kriminologie 65, 331-343

Mezger, G.R., Rall, H. & Heess, W. (1931): Neuere Tintenuntersuchungen. Zeitschrift für angewandte Chemie 44, 645-651

Michel, L. (1964): Allgemeine Grundlagen psychometrischer Tests. In: R. Heiß (Hg.), Psychologische Diagnostik (= Handbuch der Psychologie, Bd. 6). Göttingen: Hogrefe, S.19-70

Michel, L. (1968): Die Zuverlässigkeit von Aussagen des Namenseigners über die Echtheit einer strittigen Unterschrift. Archiv für Kriminologie 141, 127-132

Michel, L. (1970): Was leisten interessierte Laien bei der Beurteilung der Echtheit oder Unechtheit fraglicher Unterschriften? Archiv für Kriminologie 146, 69-74

Michel, L. (1974): Die Verstellung der eigenen Unterschrift. Archiv für Kriminologie 154, 43-53 und 65-76

Michel, L. (1975 a): Schriftvergleichung. In: R. Sieverts & H.J. Schneider (Hgg.), Handwörterbuch der Kriminologie, Band 3, 93-105. Berlin: de Gruyter

Michel, L. (1975 b): Die Problemstellungen bei Unterschriftsprüfungen. Zeitschrift für Menschenkunde 39, 2-13

Michel, L. (1975 c): Schriftverstellung bei Unterschriftsleistungen. Zeitschrift für Menschenkunde 39, 52-75

Michel, L. (1975 d): Zur Frage der Verwertbarkeit von Durchschriften und Reproduktionen für Schriftvergleichungen. Mannheimer Hefte für Schriftvergleichung 1, 29-38 und 71-84

Michel, L. (1976): Buchbesprechungen von Norlén & Wallner (1973 und 1974). Mannheimer Hefte für Schriftvergleichung 2, 43-48

Michel, L. (1978 a): Zulässige und unzulässige Schreibhilfe bei der Errichtung eigenhändiger Testamente. Archiv für Kriminologie 162, 1-10

Michel, L. (1978 b): Anforderungen an das Schriftmaterial. Mannheimer Hefte für Schriftvergleichung 4, 1-11

Michel, L. (1978 c): Disguised signatures. Journal of Forensic Science Society 18, 25 bis 29

Michel, L. (1981 a): Zu einigen Grundsatzfragen der Schriftvergleichung. Anmerkung zu dem Beschluß des OLG Celle vom 7. 7. 1981. Mannheimer Hefte für Schriftvergleichung 7, 169-179

Michel, L. (1981 b): Das Schriftsachverständigenwesen in der Bundesrepublik Deutschland. Zeitschrift für das gesamte Sachverständigenwesen 2, 262-267

Michel, L. (1981 c): Kritische Anmerkungen zur Methodik und Praxis der Urheberidentifizierung bei Schriftverstellung. Vortrag auf dem V. Mannheimer Symposion für Schriftvergleichung. Kurzfassung in: Mannheimer Hefte für Schriftvergleichung 7, 130-131

Michel, L. (1981 d): Die Bedeutung der Ausgangsschrift und Schreiberziehung für die Schriftvergleichung. Vortrag auf dem V. Mannheimer Symposion für Schriftvergleichung. Kurzreferat in: Mannheimer Hefte für Schriftvergleichung 7, 144-145

Michel, L. (1981 e): Schriftvergleichung im Dienste der Verbrechensaufklärung. In: E. Müller (Hg.), Stand der wissenschaftlichen Kriminaltechnik, S. 21-39. Münster: Polizei-Führungsakademie

Michel, L. & Conrad, W. (1972): Möglichkeiten einer Differenzierung zwischen verschiedenen Arten von Unterschriftsfälschungen. Archiv für Kriminologie 149, 31-48

Michel, L., Baier, P.E. & Conrad, W. (1979): Graphische Dimensionen der Variationen von Unterschriften. Unveröffentlichter Forschungsbericht für die DFG, Mannheim

Michon, J.H. (1875): Système de graphologie. Paris: Lecuir

Michon, J.-H. (1971): System der Graphologie. Übersetzt nach der 11. französischen Auflage 1893. Herausgegeben und eingeleitet von R. Pophal (französische Erstauflage 1875). München: Reinhardt

Mierke, K. (1934): Psychologische Beobachtungen an eineiigen Zwillingen. Volk und Rasse 9 (zitiert nach Rohracher 1961)

Mildbrandt, H. & Stargardt, A. (1971): Die Verwendung von Infrarotfilmen für die kriminalistische Dokumentenuntersuchung. Kriminalistik und forensische Wissenschaften 4, 231-250

Moll, A. (1929): Eine Nachprüfung der Graphometrie. Archiv für Kriminologie 84, 149 bis 151

Mücher, H., Grünewald, G. & Fuchs, R. (1964): Schreibmotorische Effekte der Angst, dargestellt am Beispiel einer Claustrophobie. Psychologische Forschung 27, 541-564

Muehlberger, R.J., Newman, K.W., Regent, J. & Wichmann, J.G. (1977): A statistical examination of selected handwriting characteristics. Journal of Forensic Sciences 23, 206 bis 215

Müller, A. (1972): Untersuchungen zur Handschrift von Schizophrenen. Zeitschrift für Menschenkunde 36, 312-338

Mueller, B. (1930): Studien über Schriftverstellung. Deutsche Zeitschrift für die gesamte gerichtliche Medizin 15, 102-115

Mueller, B. (1933): Der Einfluß der Schreibgeschwindigkeit und des Schreibraumes auf die allgemeinen Schriftmerkmale. Zeitschrift für die gesamte gerichtliche Medizin 20, 556 bis 570

Mueller, B. (1936): Eine seltene Pausfälschung und Fehlerquellen bei ihrer Feststellung. Archiv für Kriminologie 98, 19-28

Müller, K. (1978): Der Sachverständige im gerichtlichen Verfahren. 2. Aufl. Kronberg: Athenäum

Müller, W.H. (1957): Über die Objektivität von Anmutungsqualitäten in der Handschrift. Psychologische Beiträge 3, 188-191 und 364-389

Müller, W.H. & Enskat, Alice (1973): Graphologische Diagnostik. 2. Aufl. mit einem Anhang von O. Lockowandt. Bern: Huber

Naumann, E. & Rentz, A. (1970): Neue Mikro-Stanzmethode zur Entnahme eingetrockneter Schriften für die Dünnschicht-Chromatographie. Archiv für Kriminologie 145, 149-159

Nemecek, J. (1972): Handschriftenveränderung unter dem Einfluß von Hypnose. Referat auf dem 6th International Meeting of Forensic Sciences. Kurzreferat in: Mannheimer Hefte für Schriftvergleichung 1975, 1, 111

Neudert, G. (1959): Die Entwicklung der Schrift unter Gifteinwirkung. Kriminalistik 13, 238-241

Neudert, G. (1974): Handschriftenveränderung durch endogene und exogene Einflüsse. Zeitschrift für Menschenkunde 38, 225-238

Neuhaus-Siemon, Elisabeth (Hg.) (1981): Schreibenlernen im Anfangsunterricht der Grundschule. Königstein/Ts.: Scriptor

Neves, M. (1954): Familienähnlichkeiten bei Handschriften. Internationale kriminalpolizeiliche Revue 9, 116-120

Nicolay, E. (1940): Messungen an Handschriftproben von Zwillingspaaren über 14 Jahren. Archiv für die gesamte Psychologie 105, 275-295

Nissen, K.D. (1979 a): Die Sicherheitsgrade der Schlußfolgerungen bei Handschriftenvergleichungen. Mannheimer Hefte für Schriftvergleichung 5, 1-20

Nissen, K. D. (1979 b): Einige Mißverständnisse zum Thema "Sicherheitsgrade bei Handschriftenvergleichungen". Mannheimer Hefte für Schriftvergleichung 5, 122-123

Nissen, K.D. (1980): Wahrscheinlichkeitsaussagen in der Schriftexpertise. Mannheimer Hefte für Schriftvergleichung 6, 55-81

Norinder, Y. (1946): Twin differences in writing performance: A study of heredity and school training. Phil. Diss., Lund

Norlén, Saga-Marianne & Wallner, T. (1973): Att datera manuskript. (= Acta Universitatis Stockholmiensis Nr. 13). Stockholm: Almquist & Wiksell

Norlén, Saga-Marianne & Wallner, T. (1974): Skriftatlas för datering av Birger Sjöbergs manuskript. (= Acta Universitatis Umensis Nr. 2). Stockholm: Ljunglöfs Litografiska

Nürnberg, A. (1957): Infrarot Photographie. Halle: VEB Knapp

Ockelmann, H. (1976 a): Soll der Schriftsachverständige Aktenkenntnis haben oder nicht? Kriminalistik 30, 21-24

Ockelmann, H. (1976 b): Probleme eines Schriftsachverständigen. Kriminalistik 30, 493 bis 494

Ockelmann, H. (1977): Der Schriftsachverständige, seine Auftraggeber und seine Aufträge. Zeitschrift für Menschenkunde 41, 175-192

Ockelmann, H. (1979 a): Vergleichungsschriften und Anweisungen zu ihrer Beschaffung. Zeitschrift für Menschenkunde 43, 81-111

Ockelmann, H. (1979 b): Anmerkungen zur Ergebnissicherheit urheberschaftsbezogener Untersuchungen handschriftlicher Schreibleistungen. Mannheimer Hefte für Schriftvergleichung 5, 111-121

Osborn, A.S. (1921): Der technische Nachweis von Schriftfälschungen. Unter besonderer Berücksichtigung der Photographie. Halle: Knapp

Osborn, A.S. (1929): Questioned Documents. 2. Aufl. London: Sweet & Maxwell

Osborn, A.S. (1935): Die Schriftexpertise in den Vereinigten Staaten. Die Schrift 1, 292 bis 294

Ostermeyer, G. (1937): Die Beeinflussung der Handschriften durch gesteigerte Schreibgeschwindigkeit, Ärger und Verstellungslüge. Zeitschrift für angewandte Psychologie und Charakterkunde 52, 6-23

Ostlyngen, E. (1945): Über erbliche und umweltliche Bedingungen der Variabilität von Handschriften; eine Studie über Zwillingsschriften. Acta Psychiatrica et Neurologica Scandinavia 20, 75-106

Pakesch, E. (1960): Cerebralsklerose und Schriftbild. Wiener Zeitschrift für Nervenheilkunde 17, 218-226

Paskind, H.A. & Brown, M. (1940): Constitutional differences between deteriorated and non-deteriorated patients with epilepsy. IV. Handwriting. Archives of Neurology and Psychiatry 44, 507-516

Paul-Mengelberg, Maria (1965): Die Symptome der Voralterung in der Handschrift. Zeitschrift für Menschenkunde 29, 3-27

Paul-Mengelberg, Maria (1970): Die Handschrift der Linkshänder. Arbeit und Leistung 24, 210-214

Paul-Mengelberg, Maria (1972 a): Schreibmotorik älterer Menschen. Aktuelle Gerontologie 2, 493-500

Paul-Mengelberg, Maria (1972 b): Die Handschrift von ehemaligen Kriegsgefangenen und politisch Verfolgten. Abhandlungen zur Philosophie, Psychologie und Pädagogik, Band 80. Bonn: Bouvier

Paul-Mengelberg, Maria (1975): Bericht über das 6th International Meeting of Forensic Sciences. Mannheimer Hefte für Schriftvergleichung 1, 108-115

Paul-Mengelberg, Maria (1976): Über einige Variablen in der Handschrift von chronischen Alkoholikern. Zeitschrift für Menschenkunde 40, 411-436

Paul-Mengelberg, Maria (1980): Die Handschrift von Hämophilen. Zeitschrift für Menschenkunde 44, 430-449

Pawlik, K., Amelang, M., Heinze, B. & Beyer, W. (1973): Zur Abhängigkeit graphometrischer Variablen von Merkmalen der Anatomie und Psychomotorik. Zeitschrift für experimentelle und angewandte Psychologie 20, 630-652

Peters, K. (1972): Fehlerquellen im Strafprozeß, Band II. Karlsruhe: C.F. Müller

Pfanne, H. (1954): Die Schriftexpertise und ihre Bedeutung für die Rechtsprechung. Rudolstadt: Greifenverlag

Pfanne, H. (1955): Die Veränderungen der Längenunterschiedlichkeit in verstellten Schriften. Zeitschrift für Menschenkunde 19, 94-103

Pfanne, H. (1956): Fälschung der eigenen Unterschrift – Urkundenfälschung oder Betrug? Angewandte Graphologie und Charakterkunde 4, 8-10

Pfanne, H. (1958): Ein Grundproblem der Schriftvergleichung bei verstellten Handschriften (mit einer Erwiderung von O. Deitigsmann). Zeitschrift für Menschenkunde 22, 323-333

Pfanne, H. (1961): Lehrbuch der Graphologie. Berlin: de Gruyter

Pfanne, H. (1963 a): Beschaffung von handschriftlichen Vergleichsschriftproben und ihre Probleme in der Praxis. Kriminalistik 17, 453-460

Pfanne, H. (1963 b): Zum Problem der Schriftverstellung. Archiv für Kriminologie 131, 140-157

Pfanne, H. (1964): Schriftprobenabnahme und § 136 a StPO. Kriminalistik 18, 125-128

Pfanne, H. (1966): Über Prinzipien in der Handschriftenexpertise. Archiv für Kriminologie 138, 16-24 und 76-84

Pfanne, H. (1968): Bestellscheinfälschungen aus der Sicht des Handschriftenexperten. Archiv für Kriminologie 141, 14-27

Pfanne, H. (1970): Eine interessante Unterschriftsvergleichung. Archiv für Kriminologie 145, 1-10

Pfanne, H. (1971 a): Handschriftenverstellung. Bonn: Bouvier

Pfanne, H. (1971 b): Handschriftenvergleichung für Juristen und Kriminalisten. (= Kriminalwissenschaftliche Abhandlungen Band 4). Lübeck: Schmidt-Römhild

Pfanne, H. (1971 c): Eine bittere Erfahrung. Archiv für Kriminologie 148, 121-133

Pfanne, H. (1974): Anmerkung zum Urteil des OLG Celle vom 4. 12. 1973 – 1 Ss 271/73. Neue Juristische Wochenschrift 74, 1439-1440

Pfanne, H. (1975 a): Karl Peters': Fehlerquellen im Strafprozeß aus der Sicht eines Schriftsachverständigen. Mannheimer Hefte für Schriftvergleichung 1, 3-9

Pfanne, H. (1975 b): Zwei ungewöhnliche Fälle von Textschriftnachahmung. Archiv für Kriminologie 155, 171-179

Philipp, M. (1973): Über die Beschaffung von Schriftproben für die Handschriftvergleichung. Kriminalistik 27, 257-259

Philipp, M. (1976): Auswertung und Diskussion von Stellungnahmen zu dem Urteil des OLG Celle vom 4. 12. 1973. Mannheimer Hefte für Schriftvergleichung 2, 27-31

Philipp, M. (1980): Demonstration und erste Erfahrungen mit der 3-Kanal-Video-Vergleichs-Anlage. Mannheimer Hefte für Schriftvergleichung 6, 23-24

Pohl, K. D. (1981): Handbuch der Naturwissenschaftlichen Kriminalistik. Unter besonderer Berücksichtigung der forensischen Chemie. Heidelberg: Kriminalistik-Verlag

Pokorny, R.R. (1963): Die Lage des Schreibpapiers. Zeitschrift für Menschenkunde 27, 180-184

Polk, D.E. & Giessen, B.C. (1977): Forensic characterisation of papers: Determination of batch differences by scanning electron microscopic elemental analysis of the inorganic components. Journal of Forensic Sciences 23, 524-533

Pophal, R. (1938): Grundlegung der bewegungsphysiologischen Graphologie. Leipzig: Barth

Pophal, R. (1943): Die Handschrift im Alter. Zeitschrift für Altersforschung 4, 134-164

Pophal, R. (1949): Zur Psychophysiologie der Spannungserscheinungen in der Handschrift. Rudolstadt: Greifenverlag

Pophal, R. (1950): Das Strichbild. Stuttgart: Thieme

Pophal, R. (1966): Eidetische Graphologie. (= Graphologie in Vorlesungen Band II). Stuttgart: Fischer

Pophal, R. (1968): Kinetische Graphologie. (= Graphologie in Vorlesungen Band III). Stuttgart: Fischer

Poppée, Rudolphine (1925): Graphologie. 2. Aufl. Leipzig: Weber

Preyer, W. (1895): Psychologie des Schreibens. Mit besonderer Rücksicht auf individuelle Verschiedenheiten der Handschriften. Hamburg: Voss

Prystav, G. (1969): Beitrag zur faktorenanalytischen Validierung der Handschrift. Phil. Diss., Freiburg i.Br.

Prystav, G. (1971): Reliabilität graphometrischer Schriftbeschreibung. Teil I: Merkmalsebene. Zeitschrift für Menschenkunde 35, 70-94

Prystav, G. (1973): Faktorenanalytische Validierung graphometrischer Variablen. Psychologische Rundschau 24, 248-277

Puri, K.S. (1965): Effects of intoxication on handwriting. Journal of Criminal Law, Criminology and Police Science 56, 372-374

Purtell, D.J. (1965): Effects of drugs on handwriting. Journal of Forensic Sciences 10, 335 bis 346

Rabin, A. & Blair, H. (1953): The effects of alcohol on handwriting. Journal of Clinical Psychology 9, 284-287

Rautenberg, R. (1974): Untersuchungen an Kugelschreiberschriften. Kriminalistik und forensische Wissenschaften 16, 77-89

Rautenberg, R. (1975): Veränderungen von Kugelschreiberfarbstoffen durch Lichteinwirkung. Kriminalistik und forensische Wissenschaften 21, 119-124

Rautenberg, R. & Howorka, H. (1971): Untersuchungen von Filz- und Faserschreibern. Kriminalistik und forensische Wissenschaften 4, 251-266

Rautenberg, R. & Stargardt, A. (1974): Über eine Methode zur Altersfeststellung von Kugelschreiberschriften. Kriminalistik und forensische Wissenschaften 15, 69-84

Rautenberg, R. & Stargardt, A. (1976): Untersuchungen zur Infrarotphotographie von Schreibmitteln. Kriminalistik und forensische Wissenschaften 25, 17-30

Richards, G.B. (1977): The application of electronic video techniques to infrared and ultraviolet examinations. Journal of Forensic Sciences 23, 53-60

Riedel, D. (1965): Untersuchungen zur Frage der Konstanz graphischer Merkmale bei willkürlicher Verkleinerung der Schrift. Unveröffentlichte Zulassungsarbeit, Freiburg i.Br.

Rohracher, H. (1961): Kleine Charakterkunde. 9. Aufl. Wien: Urban & Schwarzenberg

Román-Goldzicher, Klara (1936): Studies on the variability of handwriting. The development of writing speed and point pressure in school children. Journal Genetic Psychology 49, 139-160

Román-Goldzieher, Klara (1937): Schriftuntersuchungen an Hirnverletzten. Die Schrift 3, 128-139

Román-Goldzieher, Klara (1945): Untersuchungen der Schrift und des Schreibens von 283 Zwillingspaaren. Beiheft zur Schweizerischen Zeitschrift für Psychologie und ihre Anwendungen 6, 29-55

Rosowsky, W. (1965): Untersuchungen zur Frage der Konstanz graphischer Merkmale bei willkürlicher Vergrößerung der Schrift. Unveröffentlichte Zulassungsarbeit, Freiburg i.Br.

Rudolf, H. (1973): Schreiberziehung und Schriftpsychologie (= Bielefelder Hochschulschriften Band 11). Bielefeld: Pfeffer

Rudolf, H. (1978): Über die Entwicklung der Graphomotorik unter besonderer Berücksichtigung der Intelligenztheorie Piagets. Paed. Diss., Bielefeld

Rudolf, H. (1980): Die Entwicklung der Graphomotorik als psychomotorischer Prozeß. Diagnostica 26, 354-360

Rudolf, K. (1980): Die Formulierung der Beweisfrage beim richterlichen Sachverständigenbeweis. Zeitschrift für das gesamte Sachverständigenwesen 1, 208-211

Ruml, W. (1935): Ähnliche Handschriften. Archiv für Kriminologie 97, 38-44

Ruml, W. (1936): Links- und Rechtshandschrift ein- und derselben Person. Kriminalistische Monatshefte 10, 25-30

Saudek, R. (1928): Experimentelle Graphologie. Archiv für Kriminologie 83, 103-195

Saudek, R. (1929): Experimentelle Graphologie. Berlin: Pan-Verlag

Saudek, R. (1933): Können verschiedene Schreiber gleiche Schriften schreiben? Charakter 2, 191-202

Scheffer, W. (1918): Bemerkungen über I.) Schriftvergleichung durch Typenbildung nach dem Kompositionsverfahren von Galton, II.) Mikroskopische Schriftuntersuchung. Archiv für Kriminologie 70, 157-162

Schenck, R. & Kistler, G. (1960): Mikrophotographie. – Eine Einführung in die Grundlagen der Mikroskopie und ihre Anwendung in der mikrophotographischen Praxis. Basel: Karger

Schima, K. (1974): Möglichkeiten und Grenzen der Urkundenexpertise. Österreichische Richterzeitung 7/8, 123-127

Schima, K. (1976): Ausbildung und Zulassung von Schriftsachverständigen in Österreich. Mannheimer Hefte für Schriftvergleichung 2, 1-9

Schima, K. (1977): Wahrscheinlichkeitsgutachten und Schriftvergleichung. Kriminalistik 31, 1-8

Schima, K. (1980): Die Bindung des Sachverständigen an seinen Auftrag, dargestellt am Beispiel des Schriftsachverständigen. Mannheimer Hefte für Schriftvergleichung 6, 1-11 (nachgedruckt in: Zeitschrift für das gesamte Sachverständigenwesen 1, 159-164)

Schima, K. (1981 a): Neue Wege in der Untersuchung von Prägespuren. Archiv für Kriminologie 168, 29-38

Schima, K. (1981 b): Schriftgutachten kein allein ausreichendes Beweismittel? Mannheimer Hefte für Schriftvergleichung 7, 3-13

Schima, K. (1981 c): Der radierbare Kugelschreiber. Der Sachverständige (Österreich) 5, Heft 3, 2-8

Schima, K. (1981 d): Schreibhilfe bei der Errichtung von Testamenten. Zeitschrift für Menschenkunde 45, 57-72

Schindl, K. (1951): Über Veränderungen der Handschrift bei Sauerstoffmangel. Ein bewegungsphysiologischer Beitrag. Acta neurovegetativa 2, 408-432

Schneevoigt, I. (1961): Untersuchungen zur Frage der Konstanz graphischer Merkmale bei Wechsel der rechtsschrägen Schriftlage. Unveröffentlichte Zulassungsarbeit, Freiburg i.Br.

Schneickert, H. (1899): Besprechung von Busse, Hans H. "Über Gerichtsgraphologie". Graphologische Monatshefte 3, 155-156

Schneickert, H. (1902): Die Beschaffung von Vergleichsmaterial zum Zwecke der gerichtlichen Handschriftenvergleichung. Archiv für Kriminologie 9, 344-349

Schneickert, H. (1908): Über Schreibunterlagen. Archiv für gerichtliche Schriftuntersuchungen 3, 304-309

Schneickert, H. (1914): Über Handschriftenmessung. Archiv für Kriminologie 60, 49-66

Schneickert, H. (1917): Vereinfachung der Handschriftensammlung. Archiv für Kriminologie 68, 142-143
Schneickert, H. (1918): Leitfaden der gerichtlichen Schriftvergleichung. Berlin: Guttentag
Schneickert, H. (1924): Die Schriftvergleichung im Dreyfus-Prozeß. Archiv für Kriminologie 76, 31-46
Schneickert, H. (1925): Die Verstellung der Handschrift und ihr graphonomischer Nachweis. Jena: Fischer
Schneickert, H. (1930): Die verdächtigen Bleistiftstriche. Zeitschrift für gerichtliche Schriftuntersuchungen 20, 9-10
Schneickert, H. (1933): Kriminaltaktik und Kriminaltechnik. 4. Aufl. Lübeck: Deutscher Polizeiverlag
Schneickert, H. (1934 a): Verfälschung der eigenen Unterschrift. Archiv für Kriminologie 94, 177-180
Schneickert, H. (1934 b): Die eigenhändig verfälschte Unterschrift. Vierteljahresschrift für Angewandte Kriminalistik 6, 11-15
Schneickert, H. (1935): Das Schriftsachverständigenwesen in Deutschland. Die Schrift 1, 280-284
Schneickert, H. (1939): Die Handschrift im Rechts- und Verkehrsleben. Rechtskunde für Schriftsachverständige. Berlin: Springer
Schneidemühl, G. (1916): Die Handschriftenbeurteilung. Eine Einführung in die Psychologie der Handschrift. Leipzig: Quelle & Meyer
Schoch, W. (1962): Papier. In: W. Foerst (Hg.), Ullmanns Encyklopädie der Technischen Chemie Band 13, 112-168. München: Urban & Schwarzenberg
Schoepf, H. (1957): Das Mikrofoto. Technik der neuzeitlichen Mikrofotografie. Düsseldorf: Knapp
Schubert, G. & Weiß, K. (1979): Wahrscheinlichkeitsangaben in Schriftgutachten. Mannheimer Hefte für Schriftvergleichung 5, 58-72
Schuppius, R. (1912): Über Schreibstörungen bei Epileptikern. Zeitschrift für die gesamte Neurologie und Psychiatrie 9, 224-238
Schweitzer, H. (1955): Graphologische, klinische und psychologische Untersuchungen unter Alkoholeinwirkung. Der öffentliche Gesundheitsdienst 16, 361-372
Seelig, E. (1929): Anleitung zur Durchführung des Identitätsnachweises durch vergleichende Handschriftenuntersuchungen. Graz: Mosers
Seelig, E. (1935): Konstanz und Variabilität der Handschrift. Die Schrift 1, 3-10
Seifert, T. (1964): Faktorenanalyse einiger Schriftmerkmale. Zeitschrift für experimentelle und angewandte Psychologie 11, 645-666
Sellers, C. (1962): Assisted and guided signatures. Journal of Criminal Law, Criminology and Police Science 53, 245-248
Seufert, P. (1977): Süchtigkeit und Handschrift. Das Suchtproblem in neuer Sicht. Leer: Grundlagen und Praxis
Sjörgren, T. (1955): Handschriftenvergleich und Wahrscheinlichkeit. Internationale kriminalpolizeiliche Revue 92, 274-283
Skoda-Somogye, Rosa (1979): Schriftbefunde bei hirnorganischen Veränderungen. Zeitschrift für Menschenkunde 43, 16-36
Smith, S.S. (1954): Eine Methode zum Vergleich handgeschriebener Dokumente. Internationale kriminalpolizeiliche Revue 80, 205-216

Sokolova, E.N. (1963): Development of writing habits in primary school-children. Voprosy psikhologii 5, 140-146

Specht, W. (1958): Ultraschallschwingungen als Hilfsmittel in der forensisch-chemischen Forschung und Praxis. In: Bundeskriminalamt (Hg.), Grundfragen der Kriminaltechnik. Wiesbaden: Bundeskriminalamt

Specht, W. (1966): Chemische Untersuchungsmethoden. In: R. Sieverts (Hg.), Handwörterbuch der Kriminologie Band 1, S. 106-117. Berlin: de Gruyter

Spieth, R. (1964): Konstanz und Variabilität des Schriftbilds im Verlauf der Entwicklung. Zeitschrift für Menschenkunde 28, 395-420

Spitznagel, A. (1958): Zur Schreib- und Sprechmotorik der Epileptiker. Zeitschrift für Psychotherapie und Medizinische Psychologie 8, 30-39

Sprengel, T. (1976): Terminologie für die Schriftvergleichung. Mannheimer Hefte für Schriftvergleichung 2, 57-73

Stainbrook, E. & Löwenbach, H. (1944): Writing and drawing of psychotic individuals after electrically induced convulsions. Journal of Nervous and Mental Disease 99, 382 bis 388

Stangohr, G.R. (1968): Opposite handwritings. Journal of Forensic Sciences 13, 376-389

Stein Lewinson, Thea (1937): Die Handschrift des chronischen Arthritikers. Die Schrift 3, 114-127

Stein Lewinson, Thea (1968): Entwicklung einer ausdruckskundlichen Faktorenanalyse der Handschrift mit Hilfe des Elektronenrechners. Zeitschrift für Menschenkunde 32, 393-413

Stein Lewinson, Thea (1980): Pathognomik der Handschrift. Zeitschrift für Menschenkunde 44, 247-269

Stein Lewinson, Thea & Zubin, J. (1973): Handschriften-Analyse. Frankfurt am Main: dipa

Steinwachs, F. (1951): Die verfeinerte mechanische Schreibwaage. Archiv für Psychiatrie und Zeitschrift für Neurologie 187, 521-535

Stepina, J. (1935): Die Schriftexpertise vom Standpunkt des Richters. Die Schrift 1, 303 bis 305

Stern, E. (1926): Über den Einfluß künstlicher Sauerstoffatmung im Hochgebirge. Zeitschrift für die gesamte Neurologie und Psychiatrie 103, 776-785

Stevens, S.S. (Hg.) (1951): Handbook of Experimental Psychology. New York: Wiley

Stokvis, B. (1943): Graphologische Untersuchungen als Mittel zur Nachprüfung der Theorie der Hypnose. Schweizerische Zeitschrift für Psychologie und ihre Anwendungen 2, 64 bis 83

Stracke, H. (1933): Über die Beeinflussung der Handschrift durch Ausführung einer Nebentätigkeit neben dem Schreibakt. Archiv für die gesamte Psychologie 89, 109-138

Stuckey, D.G. (1964): The re-adoption of previous habits to diguise handwriting. Australian Police Journal 24, 93-108

Suchenwirth, R. (1967): Abbau der graphischen Leistung. Stuttgart: Thieme

Suchenwirth, R.M.A. (1981 a): Das Schriftbild bei Hirnerkrankungen. Fortschritte der Neurologie · Psychiatrie 49, 64-73

Suchenwirth, R.M.A. (1981 b): Neurologie und Pathologie des Schreibens. Zeitschrift für Menschenkunde 45, 113-137

Tewari, N. & Bhatt, N. (1971): Dünnschichtchromatographische Analysen von indischen Füllfederhaltertinten zu forensischen Zwecken. Archiv für Kriminologie 148, 46-52

Timm, U. (1965): Graphometrie als psychologischer Test? Eine Untersuchung der Reliabilität, Faktorenstruktur und Validität von 84 Schriftmerkmalen. Phil. Diss., Freiburg i.Br.

Timm, U. (1967): Graphometrie als psychologischer Test? Eine Untersuchung der Reliabilität, Faktorenstruktur und Validität von 84 Schriftmerkmalen. Psychologische Forschung 30, 307-356

Traxel, W. (1968): Über Gegenstand und Methode der Psychologie. Bern: Huber

de Trey, M. (1954): Handschriftenveränderungen unter Alkoholeinfluß. Ausdruckskunde 1, 9-12

Tripp, C.A., Fluckiger, F.A. & Weinberg, G.H. (1957): Measurement of handwriting variables. Perceptual and Motor Skills 7, 279-294

Tripp, C.A., Fluckiger, F.A. & Weinberg, G.H. (1959): Effects of alcohol on the graphomotoric performance of normals and chronic alcoholics. Perceptual and Motor Skills 9, 227-236

Türkel, S. (1932): Die Vornahme der Schreibversuche zwecks forensischer Schriftexpertise. Reichshandschriftenbund 1, 7-10

Überla, K. (1968): Faktorenanalyse. Berlin: Springer

Vernon, D.E. (1934): A new instrument for recording handwriting pressure. British Journal of Educational Psychologie 4, 310-316

Viktor, F. (1937): National-Alphabete. Die Schrift 3, 2-10

Voigt, J. (1955): Die Handschrift als Indikator für Ermüdung. Zeitschrift für experimentelle und angewandte Psychologie 3, 458-471

Vorkastner, W. (1926): Über gerichtliche Schriftuntersuchungen. Greifswald (zitiert nach Pfanne, H. 1954)

Wäschle, P.A. (1979): Examination of line crossings by scanning electron microscopy. Journal of Forensic Sciences 24, 569-578

Wagner, G. (1972): Infrarot-Photographie: Der Weg ins Unsichtbare. Stuttgart: Strache

Wallner, T. (1959): Das System der Handschriftvariablen. Zeitschrift für Menschenkunde 23, 173-189

Wallner, T. (1961 a): Experimentelle Untersuchung über die Reliabilität direkt metrisch meßbarer Handschriftvariablen. Zeitschrift für Menschenkunde 25, 49-78

Wallner, T. (1961 b): Bemerkungen zu W.H. Müllers Untersuchungen über die Objektivität von Anmutungsqualitäten in der Handschrift. Psychologische Beiträge 5, 586-596

Wallner, T. (1961 c): Reliabilitätsuntersuchungen an metrisch nicht meßbaren Handschriftenvariablen. Zeitschrift für Menschenkunde 25, 1-14

Wallner, T. (1962): Neue Ergebnisse experimenteller Untersuchungen über die Reliabilität von Handschriftvariablen. Zeitschrift für Menschenkunde 26, 257-269

Wallner, T. (1967): Entwurf eines Klassifizierungs- und Registrierungssystems für schriftpsychologische Daten. Referat auf dem Salzburger Kongreß für Graphologie (unveröffentlichtes Manuskript)

Wallner, T. (1968): Zusammenhänge zwischen graphischen Variablen und Persönlichkeitsbeurteilungen. Zeitschrift für Menschenkunde 32, 438-445

Wallner, T. (1972): Die grundlegenden Arbeitshypothesen der Schriftpsychologie und ihre Verifikation. Zeitschrift für experimentelle und angewandte Psychologie 19, 517-528

Wallner, T. (1975): Die relative Konstanz der Handschrift. Zeitschrift für Menschenkunde 39, 139-147

Wanscher, J.H. (1943): The hereditary background of handwriting: An investigation of mono- und dizygotic twins. Acta Psychiatrica, Kbh. 18, 349-375

Warwel, K. (1981): Warum Vereinfachung der Ausgangsschrift? Grundschule 13, 54-55

Weder, W. (1944): Die Stellung der Schriftexpertise und des Schriftexperten im Strafprozeß. Iur. Diss., Zürich

Weiss- Mossdorf, J. (1955): Technische Störungen an Kugelschreibern und ihre Ursachen. Ausdruckskunde 2, 63-70

Wennemar, H. (1981): Veränderungen der Handschrift nach Einnahme von hirndurchblutungsfördernden und herzkraftsteigernden Medikamenten. Vortrag auf dem V. Mannheimer Symposion für Schriftvergleichung. Kurzreferat in: Mannheimer Hefte für Schriftvergleichung 7, 134-136

Wentzel, K. (1927): Der Schriftindizienbeweis. Berlin: Bali

Werner, R. (1937): Über den Anteil des Bewußtseins bei Schreibvorgängen. (= Neue Psychologische Studien Band 11, S. 1-72). München: Beck

Wieser, Roda (1969): Grundriß der Graphologie. München: Reinhardt

Winter, A. (1976): Photokopie-Fälschung. Kriminalistik 30, 409

Wittlich, B. (1948): Angewandte Graphologie. Berlin: de Gruyter

Wittlich, B. (1961): Graphologische Praxis. Berlin: de Gruyter

Wittlich, B. (1967): Der Schriftänderungstest als Hilfsmittel bei der Feststellung der Fahrtüchtigkeit. Acta Graphologica 18, 66-84

Wolff, W. (1948): Diagrams of the Unconscious. New York (zitiert nach Conrad, W. 1970)

Woods, W.A. (1953): Influence of ink color on handwriting of normal and psychiatric groups. Journal of Applied Psychology 37, 126-128

Wormser, P. (1947): Die Beurteilung der Handschrift in der Psychiatrie. Zürich: Rascher

De Zamponi, T. et al. (1972): Die Wirkung von "Insulamine" auf die Handschrift von psychiatrischen Patienten. Vortrag auf dem 6th International Meeting of Forensic Sciences. Kurzreferat in: Mannheimer Hefte für Schriftvergleichung 1975, 1, 113

Zbinden, K. (1976): Verbrecherische Photomontage und Fälschungen beim Photokopieren. Kriminalistik 30, 211-214 und 254-257

Zuberbier, Erika (1956): Untersuchungen zur Konsistenz des graphischen Ausdrucks: Handschrift, Baumzeichnung und Ornament. Zeitschrift für Diagnostische Psychologie und Persönlichkeitsforschung 4, 238-259

Zuberbier, Erika (1957): Zur Schreib- und Sprechmotorik der Depressiven. Zeitschrift für Psychotherapie und Medizinische Psychologie 7, 239-249

Zuberbier, Erika (1960): Über die Einwirkung von Stimmungsfaktoren auf Sprech- und Schreibweise. Psychologische Beiträge 4, 253-272

Zuberbier, Erika & Grünewald, G. (1964): Schreibmotorische Indicatoren mangelnder Kontrollanpassung bei verhaltensschwierigen Kindern. Archiv für Psychiatrie und Zeitschrift für die gesamte Neurologie 205, 591-599

AUTORENREGISTER

SACHREGISTER

Gewandelte Kriminalitätsformen fordern eine flexible und informierte Polizei. Sie braucht daher eine Fachzeitschrift, die den sich ständig verändernden Umständen der kriminalistischen Gegenwart gerecht wird:

Kriminalistik

Zeitschrift für die gesamte kriminalistische Wissenschaft und Praxis

KR ist das Medium polizeilicher Aus- und Fortbildung

KR informiert über jüngste Entwicklungen der Kriminaltechnik und den neuesten Stand der naturwissenschaftlichen Kriminalistik

KR dient als Diskussionsforum für den gesamten Sicherheitsbereich

---

Themenübersicht

- **Kriminaltechnik**
- **Kriminaltaktik**
- **Organisation**
- **Kripo-Gegenwart**
- **Kriminalistische Grundsatzfragen**
- **Kriminalpolitik**
- **Phänomenologie**
- **Naturwissenschaftliche Kriminalistik**
- **Recht**
- **Kriminologie**
- **Aktuelle Auslands- und Kurzberichte**
- **Verstecke**
- **Kommentare**
- **Tagungsberichte**
- **Literatur**
- **Leserbriefe**
- **Interviews**
- **Kriminalistik SKRIPT**

KR erscheint monatlich im Format DIN A 4. Ein Jahresabonnement kostet 69,60 DM, für die Schweiz 69,60 Fr., jeweils zuzüglich Versandspesen. Verlagsauslieferung für die Schweiz: Kriminalistik Verlag, Werner Schlatter, Köschenrütistraße 140, 8052 Zürich. Ein Studenten-Vorzugs-Abonnement kostet 48,72 DM zzgl. Versandkosten. Bitte fordern Sie ein Probehaft an.

Kriminalistik Verlag

Im Weiher 10 · Postfach 102640 · 6900 Heidelberg 1

ARCHIV FÜR KRIMINOLOGIE

unter bes. Berücksichtigung der gerichtlichen Physik, Chemie und Medizin

Monatsschrift begründet von
Prof. Dr. jur. Hans Gross
fortgeführt von
Geh. Rat Dr. jur. Robert Heindl
und Präsident Franz Meinert

unter Mitwirkung von
Prof. Dr. med. Steffen Berg,
Universität Göttingen,
Dr. jur. Karlheinz Gemmer,
Polizeipräsident Frankfurt a. M.

herausgegeben von
Prof. Dr. jur.
Friedrich Geerds,
Universität Frankfurt a. M.

Das „Archiv für Kriminologie" soll die wissenschaftlichen Erkenntnisse von Kriminologie und Kriminalstatistik fördern und für die Praxis nutzbar machen. In welchem Ausmaß dies der ältesten Fachzeitschrift ihrer Art in der Welt bisher gelungen ist, beweist bereits die Tatsache, daß das „Archiv" im Jahre 1982 seinen 170. Band erreichen wird. Dies wäre nicht möglich gewesen, wenn nicht Abonnenten und Leser durch viele, wechselvolle Jahrzehnte hindurch das in dieser Zeitschrift von namhaften in- und ausländischen Autoren aus Wissenschaft und Praxis Gebotene als Gewinn für eigene Forschungen und ihre Arbeit in der Praxis empfunden hätten. Ebenso wie auf aktuellen Inhalt ist besonderer Wert auf optimale Wiedergabe reichhaltigen Bildmaterials gelegt worden.

Bezugsbedingungen

Das „Archiv für Kriminologie" erscheint zweimonatlich in Doppelheften auf Kunstdruckpapier. Der Preis des Doppelheftes beträgt 34,80 DM zuzüglich Postgebühren. Drei Doppelhefte (= ein Halbjahr) bilden einen Band, für den jeweils ein besonderes Inhaltsverzeichnis mitgeliefert wird. Gesondert können die 1966 bzw. 1975 erschienenen Registerbände bezogen werden. Das Abonnement kann mit vierteljährlicher Frist zum 30. Juni oder 31. Dezember jeden Jahres gekündigt werden. Abonnementsannahme durch alle Buchhandlungen oder durch den
Verlag für polizeiliches Fachschrifttum Georg Schmidt-Römhild, Mengstraße 16, Postfach 2051, D-2400 Lübeck 1.

SCHMIDT RÖMHILD
DEUTSCHLANDS ÄLTESTES VERLAGS- UND DRUCKHAUS SEIT 1579

www.ingramcontent.com/pod-product-compliance
Lightning Source LLC
LaVergne TN
LVHW010651300926
849161LV00005B/1096